新时代

天津农业农村发展研究

天津市农业科学院农村经济与区划研究所　编著

中国农业出版社

北　京

序

PREFACE

农业是立国之本，强国之基。党的二十大报告提出，加快建设农业强国，扎实推动乡村产业、人才、文化、生态、组织振兴。在2022年底召开的中央农村工作会议上，习近平总书记强调："强国必先强农，农强方能国强"，明确提出建设农业强国的基本要求并进行战略部署。农业是国民经济的基础，满足人民美好生活需要、实现高质量发展、夯实国家安全基础，都离不开农业发展。近年来，在国家政策的引领与激励下，天津农业农村发展取得了显著的成效。我院农村经济与区划研究所将自身近十年来所开展的研究以成果集著的方式呈现出来，从多个角度回顾天津农业农村发展历程，点线面结合地深入探讨天津农业农村发展的现状、问题和未来趋势。

本书涉及的内容十分广泛，包括现代农业发展、农业技术推广、土地制度改革、新型经营主体、农业农村规划等多个方面，共分为三个篇章：第一篇是政策创新研究——主要围绕天津现代都市型农业在不同发展阶段所面临的形势，以重点领域的升级发展为核心目标开展的政策性研究。第二篇是决策咨询研究——重点围绕天津农业农村发展过程中迫切需要解决的问题所开展的对策研究。第三篇是规划案例研究——发挥研究所工程咨询单位的职能，面向不同主体开展的农业农村领域规划研究，并总结形成了一批天津模式与经验。以上内容为研究天津农业农村的特征优势、堵点难点、政策设计等提供了丰富的研究视角，并形成了一批具有实践指导价值的对策建议，成为天津农业农村发展战略与政策制定的重要参考。

· 1 ·

当前，我们正深入学习宣传习近平总书记视察天津重要讲话精神，贯彻落实聚焦经济建设这一中心工作和高质量发展这一首要任务，以推进京津冀协同发展为战略牵引，勇担使命、开拓进取，全面建设社会主义现代化大都市，奋力谱写中国式现代化天津篇章的重要要求，为我院现代农业科技创新和农业农村发展研究工作指明了前进方向，提供了根本遵循，注入了强大动力。《新时代天津农业农村发展研究》一书的出版是一项具有重要意义的工作，它不仅为我们提供了全面、深入的视角来了解天津农业农村的发展状况，更为我们指明了未来发展的方向和思路，体现了我院在农业农村软科学研究领域的担当与作为。我相信，在广大读者的关注和支持下，本书将会产生更为广泛的影响和作用。在此，我向本书的作者和编辑表示衷心的感谢和敬意！

农业农村现代化是实现中国式现代化的重要组成部分，也是我们每个人的职责使命。让我们共同关注农业农村的发展，以科技创新为高质量发展持续注入澎湃动能，以天津之为助力农业强国建设，为实现中华民族伟大复兴的中国梦而努力奋斗！

天津市农业科学院党委书记

李金田

2024 年 2 月

前言

FOREWORD

党的十八大以来，习近平总书记从党和国家事业全局高度出发，对新时代"三农"工作作出一系列重要讲话和指示，指引农业农村发展取得历史性成就、发生历史性变革，为我们做好"三农"工作明确了前进方向，提供了根本遵循。

2022年，中央农村工作会议对加快建设农业强国作出系统部署，明确了当前和今后一个时期"三农"工作的目标任务、战略重点和主攻方向。科技是第一生产力，贯彻落实党的二十大和中央农村工作会议精神，加快建设农业强国，必须充分发挥科技创新的引领带动作用，不断提高土地产出率、劳动生产率和资源利用率，走主要依靠科技进步支撑农业强国的内涵式发展之路。

作为"三农"软科学研究机构，要潜心学习、一体领悟，全面地而不是片面地、系统完整地而不是碎片化地加以贯彻落实，才能精准把握全面推进乡村振兴、明确农业农村现代化的顶层设计和方向路径，才能系统掌握为什么要振兴乡村、怎样全面推进乡村振兴等一系列重大理论和实践问题，才能夯实新阶段做好"三农"工作的理论基础。

天津市农业科学院农村经济与区划研究所成立于1984年3月，2024年将迎来建所40周年。在各级领导、社会各界的支持帮助下，研究所四十年潜心攻关、砥砺前行，勇于奉献、硕果累累。在此，我们谨向长期以来关心、关注、支持研究所发展建设的各级领导、各界朋友、全所职工致以崇高的敬意和诚挚的感谢。

回顾过去十年，我所科技人员依托各类课题开展大量调查研究与决策咨询工作，围绕建设社会主义现代化大都市、推动天津高质量发展、实施乡村振兴全面推进行动的重大需求，深入开展调查研究，为天津农业农村发展提供了多角度、多方位、多层次的政策咨询建议和决策咨询方案，形成了具有时代特征、天津特色和研究所特长的系列研究成果。为喜迎建所 40 周年，充分彰显我所科技人员在新时代中国特色社会主义伟大实践中的担当作为，经研究所领导班子研究决定，由所学术委员会组织实施，将 2013—2022 年十年间我所重要科研成果结集成书，撰写出版《新时代天津农业农村发展研究》，共同见证研究所十年发展成就。

本书编撰出版过程中，得到天津市农业科学院领导的指导和鼓励。农村经济与区划研究所刘印合书记、孟治华副所长及研究所办公室工作人员给予了多方支持。此外，本书的顺利出版得到了中国农业出版社农业古籍整理出版中心孙鸣凤主任及各位编辑的大力帮助，在此一并表示衷心感谢！

进入新时代，开启新征程。站在新的历史起点上，研究所将坚持以习近平新时代中国特色社会主义思想为指导，全面贯彻党中央、天津市委关于"三农"工作和农业科技工作决策部署，秉承"攀峰创新、严谨求实、团结拼搏、敬业奉献"的农科精神，弘扬"团结、拼搏、创新、奉献"的研究所理念，为在农业软科学研究和咨询服务领域走在我国农科系统同类研究所前列而接续奋斗。

本书编委会

2023 年 12 月

目 录
CONTENTS

序

前言

第一编

新时代天津农业农村发展政策创新研究

科技支撑引领天津休闲农业发展的对策研究

一、研究背景

天津休闲农业的快速发展紧密依托现代农业科技创新与推广应用。"十一五"期间，天津在农业新品种选育、新技术新品种新设施研发、农产品贮藏加工及农村生态环境建设等领域取得科技成果 500 多项，尤其在黄瓜和花椰菜等蔬菜育种、西甜瓜育种、杂交粳稻和专用小麦育种、生猪育种、动物克隆、转基因农产品检测以及农产品保鲜等方面，取得了一批全国领先水平的成果，共获得市级以上各种科技奖励 93 项。先后启动建设滨海国际花卉科技园区、滨海耐盐碱植物科技园区、滨海观赏鱼科技园区、滨海生态农业科技园区、滨海茶淀葡萄科技园区等 9 个滨海农业科技园区。在农业新品种、新技术的推广应用过程中，休闲农业的引领、示范和载体作用越来越明显，很多休闲农业从业者从产业发展和市场需求的角度出发，主动寻求各类农业新技术、新品种成果，进行引进、试种试用和推广，并将这些成果打造成为独特的休闲观光产品和服务，以新、奇、特的内容吸引游客，从而成为农业科技成果推广应用的重要载体。

然而，在休闲农业的升级发展中，也存在一些制约因素和瓶颈问题。

一是地域特色有待挖掘。休闲农业和乡村旅游开发项目过分依赖农业资源和农村景观，缺乏文化内涵和对地域特色的深度挖掘。大部分经营实体规模较小，经营者品牌意识淡薄，高品位、高档次、多功能、知识型的农业旅游项目较少，内容不够丰富。尤其是在农家乐旅游方面，还主要停留在旅游观光、住宿餐饮服务上，对参与性项目的深度挖掘不够，产品内容单一，游客停留时间较短。并受季节影响，淡旺季差别明显，造成了一定程度上的资产闲置和浪费。

二是科技支撑有待完善。休闲农业科技领域发展尚处于起步阶段，缺乏专业的科研服务机构从事休闲农业科技研发及推广服务，急缺适于精品生产、创意农产品加工以及观光采摘等更多休闲农业需求的优质专用农作物新品种和新技术。同时，休闲农业产前、产中和产后各环节的科技创新、科技服务以及与之配套的科技培训体系均未得到完善及有效整合，现代生物技术、信息网络技术、资源高效利用技术等多种高科技手段应用于休闲农业的空间十分广阔。

三是服务水平有待提升。近年来，天津休闲农业发展较快，游客人数逐年增加，游客对于休闲农业项目的需求和期望值与日俱增，尤其对于休闲农业经营过程中能否提供优质服务更为关注。休闲农业经营主体大多为农民自发建设，从业经营者多数是当地农民，服务意识相对淡薄，服务技能相对较差，需要通过相关服务技能培训和服务监督管理，不断规范餐饮、住宿、休闲等相关经营活动，全方位提升休闲服务水平。

四是人才队伍建设有待加强。人才是产业发展不可或缺的资源，休闲农业的发展同样离不开科技人才、管理人才和实用人才等一系列相关专业人才的培养和梯队建设。目前，休闲农业领域的人才队伍相对薄弱，经营项目主要依赖于自然景观资源和一些农业设施，从业人员多为农民，不仅缺少直接为休闲农业项目提供研发服务的科技人才，而且缺少熟悉农业项目经营管理、能策划主题活动的复合型人才，以及保障休闲农业项目正常运行的各类农村实用人才。

五是低碳环保意识有待深化。休闲农业快速发展过程中，低碳环保发展方式不容忽视。目前，在环境保护方面仍存在一些问题，如：废弃物处理设施短缺，废弃物综合利用技术尚未推广应用等，使得大量的污水和固体废弃物得不到及时有效处理，严重影响了休闲农业的健康发展。同时，低碳农业、生态农业发展模式和先进技术仍需进一步融入休闲农业的发展中来，使得更多农业资源和新型能源得到更加高效地开发利用，为休闲农业的可持续发展提供坚实保障和不竭动力。

二、天津休闲农业产业升级动力机制分析和路径选择

（一）升级动力机制

在新的历史时期，天津休闲农业发展面临着前所未有的历史机遇，在内部与外部多重因素影响下，休闲农业产业不断实现升级，其中，拉动休闲农业产

业升级的内部动力机制包括产业价值链提升的需求、技术条件的进步以及市场需求的变化，而推动休闲农业产业升级的外部因素主要包括外部环境的更新，以及相关产业的促进。具体可见图1。

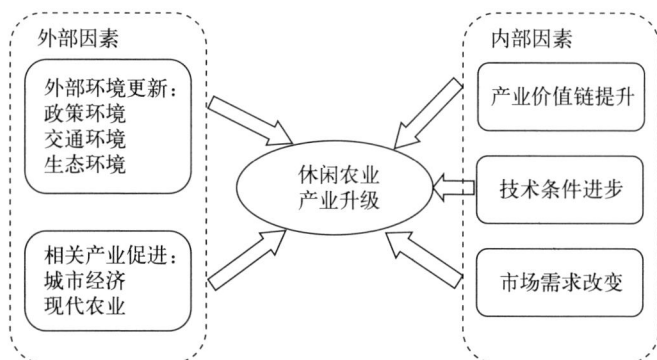

图 1　休闲农业产业升级动力机制解析

（二）升级路径选择

根据动力来源的不同，休闲农业产业升级表现为"双轮驱动"：一是内源驱动，以内涵提升为目的，动力来源于休闲农业内部，具体升级路径包括结构升级、产品升级、功能升级、管理升级和服务升级等；二是外源驱动，指依托政府或市场自发力量，休闲产业向外扩张，与其他产业相互融合，升级路径为产业内升级和跨产业升级。

1. 内源驱动

（1）结构升级——由资源低效利用向资源整合和要素聚集转变。休闲农业发展初期通常以对资源的消耗和低效利用为特征，由农户自发形成的以特色农产品、农家餐饮、农家住宿经营为主要形式，对特色农业资源深度开发和经营的理念缺乏。未来，休闲农业产业在发展中应逐步摆脱对资源的依赖和初级利用，通过建设现代农业园区、休闲农业基地等途径，将多种农业资源高度集中、统一规划、深度开发，通过挖掘农产品和资源与休闲度假、康体养生、文化创意、科普教育、体验参与等活动的内在关联，提升原有资源的附加值，从而在资源整合、要素聚集、价值提升等方面实现突破。

（2）产品升级——由单一初级休闲产品结构向发展创意产品体系转变。休闲农业发展初期常常存在初级休闲产品所占比重较高、产品开发同质化严重、产品布局单体化明显、产品标准体系不完整等问题，休闲活动主要局限在"吃农家饭、住农家院、观自然景、赏民俗情、享田园乐"等几个方面。未来，随着人们生活水平的提高，对休闲度假的要求也随之提高，休闲农业的产品结构也必须进行调整与升级，深度挖掘景区所属地区的文化内涵，将创意的内容加入休闲农业产品开发中，培育参与性、休闲性、体验性和学习性强的休闲项目，并通过开发乡村旅游精品线路，打造休闲农业产品体系。

（3）功能升级——由单一功能开发向产业功能体系建设转变。休闲农业景点或项目在发展初期往往着力于开发某一单一功能，如餐饮住宿、果蔬采摘、风景游览型，休闲活动内容单一，与其他产业的横向联系较少，随着时间的推移，对游客失去吸引力，从而影响产业的持续发展。未来，休闲农业也应走多元化发展的道路，与地区二、三产业紧密结合，通过建设要素聚集和产业聚集的休闲农业园区和基地等形式，拓展休闲农业在特色产品供给、生态资源保护、民俗文化传承、康体养生医疗、度假接待服务等多个领域的功能，从而形成完善的由一产延伸至三产的产业功能体系。

（4）管理升级——由政府主导型向市场主导型管理模式转变。一般休闲农业发展初期政策导向性较强，受政策影响的因素较大，往往在立项初衷、项目设计、运营手段、宣传推介等方面均有明显的政府主导特征。这种管理模式在产业发展初级阶段具有一定的优势，可在一定程度上规范和约束产业发展方向，但随着产业规模的不断扩大与内涵的不断升级，政府应逐渐由主导力量转变为支持和引导力量。未来，休闲农业产业发展应积极构建"政府引导，市场主导，以企业与合作组织为主体，全社会参与"的管理运作模式，将休闲农业项目所有权、管理权和经营权合理分割，强调市场机制作用，发挥休闲农业经营主体的积极性和创造性，从而优化升级产业运行机制和管理水平。

（5）服务升级——由面向天津市民向打造环渤海旅游目的地转变。天津休闲农业目前主要服务于天津市区居民和极少数北京、河北市民，市场潜力还未被完全开发。天津地处环渤海地区核心位置，与北京和河北接壤，城市定位于国际港口城市、北方经济中心和生态城市，随着其外向度的不断提升，休闲农业的目标市场也应发生改变。未来，应充分发挥天津便捷的交通路网优势，以打造环渤海旅游目的地为目标，将休闲农业融入天津旅游业整体发展中去，通过与北京、河北等地的错位发展，以独特的海洋资源和民俗文化吸引周边地区游客；以高端的服务和富有民族品味的产品吸引国际游客，从而打造天津外向型经济新的增长点。

2. 外源驱动

（1）产业内升级——由分散化小规模经营向组织化、集群化经营转变。休闲农业发展初期多以农户自发经营为主，经营规模小，产业集中度低，产品类型单一，重复建设情况严重，对市场信息的把握和抵御市场风险的能力都较弱，影响了产业效益和竞争力的提升。"十二五"期间，休闲农业的发展将更多地依靠产业化龙头组织，通过龙头组织的带动，将农户与市场紧密联系。在具体建设中，应根据不同地区资源特点，探索企业主导型、企业集团型、龙头景区带动型、中介组织带动型等产业化经营模式，培育休闲农业企业，鼓励农户成立休闲农业合作社，积极扩大经营规模，从而打造休闲农业产业集群。

（2）跨产业升级——由单一产业发展向全产业链发展模式转变。跨产业升级指传统休闲农业以资源和品牌为纽带，将产业类型向农业产业链以外的其他产业链延伸，从而扩大经营规模和范围，提高产业经济、社会、生态效益。休闲农业跨产业升级实质上是实现全产业链式发展，既包括实现农业内部的全产业链发展，将农产品精深加工、物流配送产业引入休闲农业发展；也包括多行业间的融合发展，将休闲农业领域拓展延伸到房地产业、交通运输业、商贸服务业、文化创意业、咨询服务业以及电子商务业等产业中，构建复合型产品体系和产业链条，实现规模经济，从而提高休闲农业产业的整体竞争能力和可持续发展能力。

（三）升级的关键领域

1. 产品更新

产品是休闲农业的核心和载体，休闲农业产业升级最终表现为休闲农业产品的不断更新和品质提升。目前已形成规模的休闲农业产品包括各类鲜活农产品、初级加工农产品、农事参与体验产品、文化创意产品以及节庆活动产品等，其中以实物为核心和以体验为核心的产品占主导地位。以科技支撑引领休闲农业产品更新，即在休闲农业产品开发中加入科技理念、运用科技手段，打造具有高科技含量和高附加值的产品体系，如以农作物新品种为核心的珍奇产品、高品质精深加工农产品、科技成果展示型产品、科普教育互动产品以及各类个人定制化产品等。

2. 设施升级

休闲农业设施既包括以生产功能为核心的农业生产设施装备，也包括以服务功能为核心的接待服务设施。其中生产型设施提升是休闲农业产业升级的基础，主要体现在农业新材料、新设施的引进，农产品质量安全检测设施设备提升，农业物联网技术应用等。服务型设施提升是休闲农业产业升级的关键，主要体现在接待服务设施的智能化、便捷性、人性化设计，重点是对交通系统、接待系统、商贸系统、景观系统、讲解导视系统、环境控制系统等的重新设计与提升，充分运用电子信息技术，打造网络商务平台、便捷支付交易平台等现代化服务设施。

3. 信息服务建设

休闲农业属于一种全面向市场开放的经营性农业产业，对内外部信息的收集、整理、反馈对产业发展十分重要。内部信息包括景区景点内经营运作信息，如产品销售信息、餐饮设施使用信息、客房预订信息、停车位数量信息、游客意见反馈信息等；外部信息包括客源市场信息、农产品价格信息、交通运输信息、其他同类景区景点信息等。依托科技手段，特别是信息采集系统、信息传递系统和信息处理系统的建立，从硬件与软件两个方面提升产业对信息的收集、整理、传递能力，从而打造休闲农业的信息服务平台。

4. 生态环境改善

休闲农业以良好的生态景观为依托，特别是森林资源、农田资源、湿地水系资源等都是开发休闲农业的重要载体。休闲农业产业发展必须走节能、低碳、环保、可持续的道路，促进产业与生态的和谐发展。因此，在休闲农业生产方式、休闲方式和项目打造设计时，应以生态环境的维护、改善为前提，坚持适度开发、科学规划的思路，完善预警机制与补偿机制，强化科技支撑，以技术手段实现生态环境保护与完善。例如应用集约化生产技术、环境控制技术、废弃物资源再生利用技术、水处理净化技术、新材料新能源应用技术等，实现休闲农业的低碳化升级。

5. 质量安全提升

休闲农业汇集了从种植、养殖到加工流通再到休闲服务的多种业态，是现代农业全产业链发展的载体，其产品在生产与流通过程中应特别突出体现优质、安全、绿色、健康等特质，因此对质量安全的要求较高。在生产环节，依托科技手段，构建食品安全风险评估、精准溯源与预警、质量安全标准体系及评估方法等，关键生产环节采用物联网技术严格控制生产过程；在加工环节，开展粮油、果蔬、畜禽产品、水产品和林特产品的综合加工与精深利用，开展食品包装材料、营养功能食品和特殊专用食品等技术研发集成示范，提升加工产品附加值；在流通环节，采用冷链物流技术、生态保鲜技术、精准调控和智能可视化物流信息技术等，确保产品安全优质。

6. 专业人才培养

休闲农业发展关键还在于专业人才的培育和队伍的建设，既包括创意型人才、技能型人才、管理型人才，也包括服务型人才。通过科技手段对不同类别人才进行专业培训，构建网络化学习平台、资源共享平台和实训操作平台，帮助从业人员熟悉休闲农业产业提升中运用的新设施、新装备并掌握其使用方法，从而满足休闲农业不断升级的需求。特别是培育一批既能够传承历史，又能够推陈出新的创意型人才，在继承发扬传统民间文化的基础上，运用技术手段，不断赋予其新的内涵，促进传统文化不断焕发新的魅力，从而实现可持续发展。

三、科技支撑引领天津休闲农业发展的思路与模式

（一）总体思路

贯彻落实《美丽天津建设纲要》，以彰显美丽乡村建设成果、实现城乡统筹发展为根本出发点，以提升休闲农业功能水平和产业能级为目标，以构建科技支撑服务体系为保障，以发展资源节约型、环境友好型、生态循环型、服务都市型的休闲农业为重点，以现代高科技手段和创新发展思路解决休闲农业发展瓶颈问题，促进休闲农业发展目标更为明确，功能体系日趋健全，服务能力逐步提升，在京津冀都市圈中的地位更加凸显，从而使休闲农业成为天津现代都市型农业的重点产业，现代旅游业的支柱产业，国民经济的新兴产业和改善民生、美化环境、促进城乡融合的富民产业。

（二）支撑模式

1. 科技项目研究开发

采用科技项目研究开发模式对休闲农业产业升级进行科技支撑，其核心在于选取科学、合理、适用性强，具有较高经济、社会和生态效益的科研项目，用于休闲农业各领域的提升和改进。科技项目的发起者应为行业管理部门、科技管理部门，而从事科技项目研究开发的主体既可以是休闲农业管理者、从业者，也可以是专门的研究和服务机构。项目针对产业发展瓶颈问题或发展亟待解决困难，有针对性地设立，并注重研究成果与实际运用的结合，从而使科研项目研究成果能够解决休闲农业产业升级过程中遇到的实际问题，或为休闲农业产业升级进行成果储备。

2. 科研机构技术服务

采用科研机构技术服务模式对休闲农业产业升级进行科技支撑，依托高等院校、科研院所、高新技术企业以及各类科技服务中介组织，将已有的科研成果直接引入休闲农业发展过程中，能够实现休闲农业产业的快速提升。其中科研机构的技术服务既可以是直接的成果投入，也可以是通过参股、技术入股等形式将其技术成果转化为休闲农业发展所需的无形资产，或与休闲农业技术引进方共同完成研发、转化与推广的过程。技术出让方应与技术引进方就某项具体科研成果或技术签订正式合同，并在合同中约定技术服务提供模式与服务费用，从而提高科研机构为休闲农业产业升级提供支持的积极性。

3. 科技专项资金扶持

科技专项资金扶持是最为直接推动休闲农业产业升级中科技支持力度的一种支撑模式，能够从源头上解决休闲农业产业升级中面临的资金困境。在休闲农业领域设立科技专项资金尚处于探索阶段，应根据现代农业政策导向、休闲农业发展现状、新领域新业态发展趋势等因素，科学合理设置资金投入领域和扶持方向，从而使科技专项资金高效使用。休闲农业领域的科技专项资金应主要运用于支持新品种的选育更新、农产品质量安全提升、生态环境改善与多功能开发、农业市场和信息服务体系建设、农民技术法规培训、国际先进理念技术引进与创新，以及新方法、新模式、新产品的开发性研究等方面，充分发挥休闲农业从业者的自主创新积极性，从而提升产业整体科技含量。

4. 科技型企业投入拉动

科技型企业具有强大的技术优势、先进的管理理念和科学合理的组织结构，并在经营过程中直接面向市场，因此具有较强的市场信息收集处理和应变能力，这些优势使得科技企业成为产业链条上最具创造力的力量，能够依托自身的研发团队和已有的科技成果，不断给传统休闲农业发展注入新的活力。未来，农业科技企业或其他行业的科技企业应成为休闲农业领域发展的一只重要力量，并依靠自身对市场前景的把握和良好的品种、充分的技术储备，不断创新休闲农业的发展理念和发展模式，将企业自身成果与休闲农业紧密结合，推出个性化休闲产品，从而拉动产业链创新升级。

5. 多领域战略合作

休闲农业本身是一种新型产业，具有多产业交叉的特征。休闲农业产业升级涉及多领域、多部门、多地区和多种利益群体，主要包括农业、旅游、文化、交通、商业等行业。因此，集合各行业的先进科技成果，以科技为纽带，实现多领域战略合作，特别是在一些涉及产业链延伸的公共性领域，进行关键技术联合开发、科技成果行业共享，以更加高效、经济、快捷的手段促进科技成果在休闲农业产业链条上推广应用，将成为科技支撑休闲农业产业发展的重要渠道。

（三）科技支撑体系

科技支撑休闲农业升级发展应紧紧围绕产业发展的现实矛盾，分领域实行科技创新，有针对性、有重点地选择关键技术进行攻关。具体而言，应围绕休闲农业产品升级、设施升级、服务升级、生态改善和效益提升五个方面，构建相应的科技支撑体系（图2）。

1. 休闲产品升级关键技术集成

一是农产品质量安全提升，主要涉及生产、加工、流通环节的主要关键性技术，重点包括设施农业技术、有机生产技术、物联网应用技术、保鲜储运技术等；二是新型产品打造，涉及主要关键技术包括新品种开发技术、农产品精深加工技术等；三是体验式产品开发，主要依托的关键技术包括客户需求定位开发技术等。

2. 休闲设施升级关键技术集成

主要体现在休闲农业"吃、住、行、游、购、娱"的各个环节：一是餐

科技支撑重点领域　　科技支撑具体内容　　科技支撑关键技术

休闲产品升级
- 农产品质量安全提升
- 新型产品打造
- 体验式产品开发

设施农业技术
有机生产技术
物联网应用技术
保鲜储运技术
新品种开发技术
农产品精深加工技术
客户需求定位开发技术
……

休闲设施升级
- 餐饮、住宿设施的完善与升级
- 导视、环卫设施的完善与升级
- 娱乐、游览设施的完善与升级

智能化、人性化服务技术
多媒体技术
互联网技术
视觉设计与传达技术
……

休闲服务升级
- 信息服务升级
- 交通服务升级
- 导购服务升级
- 安全服务升级

多媒体技术
互联网技术
智能交通系统设计技术
卫星导航定位技术
电子商务技术
安全监测技术
医疗救援技术
……

生态环境改善
- 环境友好发展
- 循环经济链条打造
- 低碳生产生活模式探索

立体农业技术
生态修复技术
水资源综合利用技术
资源化再利用技术
绿色再制造技术
新能源、新材料开发技术
节能建筑技术
……

产业效益提升
- 休闲品牌打造
- 管理机制健全
- 推介机制完善
- 专业人才培养

品牌、包装设计技术
商标防伪技术
物流配送技术
数据库管理技术
电子商务技术
网络信息平台搭建技术
多媒体技术
远程教学技术
数据库管理技术
……

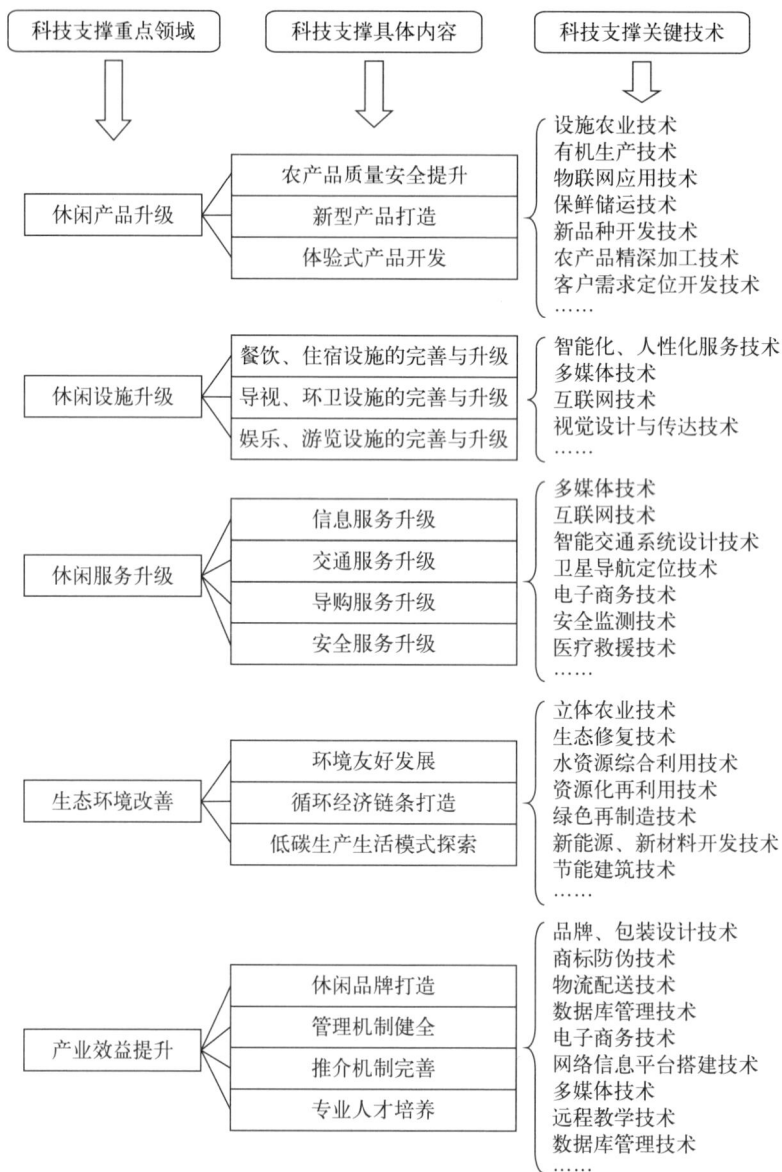

图 2　休闲农业升级发展的科技支撑体系

饮、住宿设施的完善与升级，二是导视、环卫设施的完善与升级，三是娱乐、游览设施的完善与升级。以上几方面所涉及的主要关键技术包括智能化、人性化服务技术、多媒体技术、互联网技术、视觉设计与传达技术等，从而使休闲农业各项设施在规划设计、建筑建造、运行使用、管理维护等各个环节均体现智能、科学、人性、便利的理念。

3. 休闲服务升级关键技术集成

一是信息服务升级，主要包括多媒体技术、互联网技术等；二是交通服务升级，主要包括智能交通系统设计技术、卫星导航定位技术等，特别是轨道交通设计与建造技术、车辆运行与管理技术等；三是导购服务升级，主要包括电子商务技术等；四是安全服务升级，主要包括安全监测技术、医疗救援技术等。

4. 生态环境改善关键技术集成

一是环境友好发展，主要包括立体农业技术、生态修复技术等；二是循环经济链条打造，主要包括水资源综合利用技术、资源化再利用技术、绿色再制造技术等；三是低碳生产生活模式探索，主要包括新能源、新材料开发技术、节能建筑技术等。

5. 产业效益提升关键技术集成

重点研究促进产业提升的外部保障机制中所应用的关键技术：一是休闲品牌打造，主要包括品牌、包装设计技术，商标防伪技术，物流配送技术等；二是管理机制健全，主要包括数据库管理技术等；三是推介机制完善，主要包括电子商务技术、网络信息平台搭建技术、多媒体技术等；四是专业人才培养，主要包括远程教学技术、数据库管理技术等。

四、科技支撑引领休闲农业发展的对策建议

（一）强化制度创新，推进休闲农业科研体制机制改革

一是建立和完善农业科研开发体系，加强休闲农业基础与前沿技术、重大关键技术等技术研究。二是改革和完善农业科技推广体系，加快休闲农业科技推广，提高休闲农业专业化水平。三是以产业需求为导向，改革农业科技管理体制。

（二）培育创新型企业，打造休闲农业技术创新主体

一是支持科技型农业企业建立研发机构。二是完善科技型农业企业自主创新机制。三是建立科技型农业企业科学管理机制，提高农业企业科学管理水平。四是建立科技型农业企业科技创新考核评价机制。

（三）优化投资结构，加大休闲农业科技投入力度

一是明确农业科技公益性定位，增加政府财政投入力度。二是鼓励民间资本采取独资、合资、合伙等多种形式参与休闲农业技术开发。三是鼓励金融机构开展与休闲农业技术相结合的金融服务试点。

（四）加强人才培养，提升休闲农业服务管理水平

一是加强休闲农业科技领军人才的培养和引进。二是加强休闲农业专业技术人才培养。三是强化农村社区教育，大力提高村民素质。四是培养产学研联合攻关团队，形成分工协作、优势互补的农业科技创新组织人才培养模式。五是建立休闲农业科技人才激励机制。

（五）优化发展环境，提升休闲农业产业发展水平

一是优化生态环境，推进农业资源保护和农村可再生资源的开发利用。二是优化休闲农业基地环境，扩大休闲农业产业规模。三是优化休闲农业产品质量，打造天津休闲农业地域品牌。四是加强农业科技信息服务平台建设。五是加强休闲农业科技对外合作与交流。

项目来源：2012 年天津市科技发展战略研究计划项目（项目编号：12ZL-ZLZF04400）

执笔人：史佳林、李瑾、贾凤伶、张蕾、牛高华

参考文献

宝胜，2013. 我国"三农"问题的科技支撑体系和政策措施研究［J］. 渤海大学学报（3）：18-21.

凤菊，宋治文，王晓蓉，等，2013. 天津市设施农业科技发展对策研究［J］. 农业科技管理（1）：35-37.

高玲，2010. 旅游安全评估与恢复系统的科技支撑体系［J］. 闽江学院学报（7）：86-90.

黄景麟，2012. 农业科技企业在成果产业化中的发展问题与对策分析［J］. 北京农业（5）：260-261.

贾凤伶，李瑾，黄学群，2011. 天津都市休闲农业发展模式与对策研究［J］. 天津农业科学
　　（5）：93 - 97.

贾凤伶，刘会想，2013. 天津低碳农业发展现状与对策研究［J］. 农业环境与发展（1）：
　　17 - 21.

李瑾，孙国兴，2013. 加快天津都市型现代农业科技创新的思路与对策［J］. 天津农村
　　（1 - 2）：106 - 107.

刘会想，李瑾，孙国兴，2012. 天津都市型现代农业科技支撑体系创新思路探讨［J］. 农业
　　科技管理（6）：14 - 17.

刘勇，张郁，2011. 低碳经济的科技支撑体系初探［J］. 科学管理研究（4）：75 - 79.

宁淼，邹秀萍，叶文虎，2008. 中国农业可持续发展的科技支撑体系及其关键技术［J］. 中
　　国科技论坛（10）：102 - 106.

史佳林，张蕾，贾凤伶，2012. 天津休闲农业区域类型划分与发展前景展望［J］. 天津农业
　　科学（4）：58 - 61.

史佳林，张蕾，贾凤伶，2013. 天津休闲农业发展思路及重点区域规划研究［J］. 天津农业
　　科学，19（1）：59 - 62.

田迎芳，2013. 现代农业科技园区旅游产品谱系构建：以河南现代农业研究开发基地为例
　　［J］. 农业科技管理（2）：18 - 21.

郑健壮，徐寅杰，2012. 产业转型升级及其路径研究［J］. 浙江树人大学学报（7）：50 - 53.

中国科学院能源战略研究组，2006. 中国能源可持续发展战略专题研究［M］. 北京：科学
　　出版社.

京津冀综合农业资源区划调查（天津）综合报告

一、研究背景

农业资源与区划是揭示地域分异规律，研究农业资源时空配置和生态环境变化趋势，因地制宜规划和指导农业发展的一项基础性、战略性、综合性工作。自国务院国发〔1979〕142 号文件批转《全国农业自然资源调查和农业区划会议纪要》以来，我国县级以上各级人民政府都成立了农业区划委员会及其办事机构。天津市于 1985 年编制完成《天津市综合农业区划》，将全市农业划定为城郊综合发展区、北部山地和丘陵林果农牧区、中部平原农牧区、南部平原农牧区、东部滨海滩涂农牧区共 5 个综合农业区。1994 年编制的《天津市农业资源与综合区划》在 1985 年农业区划的基础上，将有农业的区县划分为近郊副食品区、东部滨海渔农区、中南部平原农业区和北部山地丘陵生态农业区共 4 个综合农业区。2007 年国务院颁布了《关于编制全国主体功能区规划的意见》（国发〔2007〕21 号）。天津市根据农业部的统一要求编制了《天津沿海都市型农业功能区划》，采用聚类分析法，并依据聚类分析结果的四类区域和农业功能地域分异结果对天津农业功能进行划分，把全市有农业区县划分为滨海休闲与生态调节功能区、环城休闲功能区、远郊农产品供给与就业保障功能区、山区生态调节与休闲功能区共 4 个农业功能区。

在实施乡村振兴战略和京津冀协同发展战略的新形势下，特别是《京津冀现代农业协同发展规划（2016—2020 年）》颁布后，天津市农业资源与区划工作面临着新形势、新挑战、新任务，亟须站在京津冀一体化发展高度，创新开展综合农业资源调查与区划工作，对原来的农业区划方案进行调整，在京津冀现代农业协同发展中找到自己的定位，其成果将为天津建设国家现代农业示范区、编制"十三五"农业农村发展规划、促进京津冀农业协同发展、加快美丽乡村建设提供科学依据和有力支撑。

二、农业区划调整目标及区划结果

(一) 农业区划调整总体目标

根据天津农业资源条件、要素禀赋和环境因素等方面的地区差异与结构特征，按照"一减三增"农业供给侧结构性改革的总体要求，优化农业资源配置和用地空间范围，科学划分农业发展功能区，明确各区发展定位，把握现代都市型农业发展趋势，优化天津农业生产力布局，为优势产业、特色产业、新兴产业提供发展空间；在确定农业分区后，完善农业发展的区域性扶持政策，以农业生产性功能为基础，因地制宜提升农业生态调节、休闲服务、文化传承等功能，促进一二三产业融合发展，带动全市农民就业增收、农业可持续发展。

(二) 农业分区方法及结果

按照《全国农业可持续发展规划（2015—2030 年)》《建立以绿色生态农业为导向的农业补贴制度改革方案》以及《天津市城市总体规划（2016—2030 年)》《天津市"十三五"生态环境保护规划》和《天津市主体功能区规划》等规划要求，采用聚类分析方法，并结合区域定性研究，进行天津农业区划调整。

本次调整确定了农产品供给、就业与生活保障、生态调节、文化传承与休闲等四大指标组共 34 个定量指标。将定量指标数据整理后，根据主导因素定性分析和系统聚类定量分析结果，配合京津冀农业协同发展战略意图，同时充分考虑天津农业用地的空间分布、农业自然资源环境、社会经济发展以及农业产业特点，特别考虑武清区在京津冀协同发展战略中的作用，将全市分为五类农业发展区，分别为蓟州生态农业旅游区（蓟州区）、京津冀农业协同发展示范区（武清区）、滨海农业高新技术产业区（滨海新区）、环城都市农业核心区（东丽、西青、津南、北辰区）、远郊优质农产品保障区（宝坻、宁河、静海区）。

三、五类农业发展区的功能定位及发展方向

(一) 蓟州生态农业旅游区

1. 开发条件

(1) 土地资源条件。蓟州是天津市唯一的山区，土地总面积的 2/3 为山区

和库区，林地面积占全市林地总面积的 77.09%。2016 年蓟州区耕地面积 74.6 万亩①，占土地总面积的 31.3%。

（2）农业增加值。2016 年该区完成农业增加值 30.61 亿元，同比增长 4%，劳均农林牧渔业增加值为 24 548 元，低于全市均值 12 136 元。农林牧渔及服务业内部结构比为 51.3∶0.9∶42.2∶1.9∶3.7，主要以种植业和畜牧业为主。农产品加工业总产值 18 亿元，占农业总产值的 25.4%。

（3）产业特色及品牌产品。蓟州区是全市绿色食品基地，农产品以蔬菜和粮食为主。渔阳蔬菜、桑梓西瓜、马各庄大葱、王家浅萝卜久负盛名，上仓北虫草、泅溜西红柿、东施有机蔬菜、出头岭食用菌、马伸桥蓝莓后来居上。有"天津板栗""黄花山核桃""盘山磨盘柿""洲河鲤"和"红花峪桑葚"5 个地理标志产品。蓟州区野生动植物资源富集，野生植物达近千种，是天津市最大的野生中药材基地。

2. 主导功能

重点发展绿色农业、生态农业和休闲农业，巩固绿色果品供给功能、强化生态保育功能、提升农业休闲旅游功能，拓展生态农业康养服务功能，做强地域特色农产品品牌，瞄准京津大都市绿色消费需求，推进与京津冀相邻区（县、市）的错位融合发展，努力建成京津都市圈绿色农产品供给基地、区域生态经济协调发展示范区和乡村生态旅游度假目的地。

3. 开发方向

一是坚持生态涵养区发展定位，不断优化农业结构与布局，积极推进农业全产业链建设，大力发展生态农业和设施农业，集约高效利用农业空间，做强现有绿色农产品、有机农产品和地理标志产品，提升高品质农产品供给能力。二是促进生产空间、生活空间、生态空间和谐发展，发挥农田、水域、林业三大生态系统的生态涵养与休闲观光功能，以农业特色小镇、田园综合体、农业园区、特色种植基地等为重要载体，发展山水特色休闲农业、康养农业和乡村旅游，塑造"京津花园"的品牌形象，做强休闲服务品牌，成为服务京津冀的乡村旅游聚集区。

---

① 我国非法定计量单位。1 亩≈0.067 公顷。

（二）京津冀农业协同发展示范区

1. 开发条件

（1）土地资源条件。武清地处京津走廊中段，紧邻通州和廊坊，在京津冀协同发展战略中区位重要。2016 年全区耕地面积 127.23 万亩，占土地总面积的 42.3%。全区林地面积 77.9 万亩，森林覆盖率 33%。

（2）农业增加值。2016 年该区完成农业增加值 55 亿元，劳均农林牧渔业增加值为 34 034 元，低于全市均值 2 650 元。农林牧渔及服务业内部结构比为 50.7：2.4：13.9：7.5：25.5。农产品加工业总产值 39 亿元，占农业总产值的 43%。

（3）产业特色及品牌产品。武清是京津地区重要的"菜篮子""粮袋子"，农产品以蔬菜、粮食和牛奶为主，也是华北地区规模最大的无公害生鲜奶生产基地。2016 年武清区食用农产品总产量为 213.74 万吨，占全市农产品总产量的 25.1%。该区的田水铺青萝卜、黑马蔬菜、益捷绿色食品猪肉、绿翅肉鸡、猫不闻速冻食品、和平牌挂面等品牌农副产品在京津地区乃至全国具有较高知名度。

2. 主导功能

对接京津冀协同发展，优化农业、生态与旅游业相互促进、共同发展的区域布局，夯实现有农业基地，促进高效种植产业、健康养殖产业、加工物流产业、生态休闲产业、科技良种产业组团式或集群式发展，打造京津都市圈安全农产品供给基地、京津地区鲜活农产品物流配送基地、北运河乡村旅游观光带。

3. 开发方向

一是加强与京津冀区域农业科研院所的合作和交流，围绕高产小麦、优质棉花、优质蔬菜、优质林果、优质西甜瓜，建设一批良种（种苗）繁育基地。吸引更多的科研院所、种业龙头企业将创新基地、种子生产基地落户武清。以农业类园区和研发育种企业为主体，不断提高规模种养智能化、数字化、标准化水平，大幅提高农业科技成果贡献率，引领京津冀农业协同发展。二是巩固提高农产品供给功能，推进农业适度规模经营，围绕蔬菜、粮食、牛奶、畜禽等特色优势农产品，发展种养结合生态循环绿色农牧业。三是做强现有农业龙头企业，以劳动密集型乳品加工、肉类加工、粮食加工及蔬菜加工物流配送为重点产业，建设农产品加工物流聚集区。四是延伸产业链条，推进产业与生态协调发展，配合北运河经济带、文化带、旅游带、景观带的开发建设，发展生态农业和休闲观光农业。

（三）滨海农业高新技术产业区

1. 开发条件

（1）土地资源条件。滨海新区地处天津市东部沿海地区，由原来的塘沽区、汉沽区和大港区合并而成，处于京津城市带和环渤海经济圈的交汇点上。2016 年全区耕地面积 32.32 万亩，占土地总面积的 9.5%，有绿化造林面积 18.38 万亩，森林覆盖率 8.4%。

（2）农业增加值。2016 年该区完成农业增加值 11.8 亿元，劳均农林牧渔业增加值为 26 246 元，低于全市均值 10 438 元。农林牧渔及服务业内部结构比为 30.9∶0.1∶29.1∶39.9∶0.1。

（3）产业特色及品牌产品。区域内已形成海水养殖、特色葡萄和冬枣种植等特色农业产业链，全区水果、水产品产量分别占全市农产品产量的 21.43% 和 20.01%。杨家泊对虾、崔庄冬枣、茶淀玫瑰香葡萄等地理标志农产品，在京津地区乃至全国具有较高知名度。滨海特色休闲渔业已初具规模，年接待游客 108 万人次以上。

2. 主导功能

借助京津冀丰富的科技资源，构建海珍品、葡萄、冬枣、畜禽、食用菌、耐盐碱植物等种苗繁育创新高地，不断增强农业高新技术自主创新能力、产业发展能力。借助自贸试验区建设和港口优势，打造连接国内外、服务京津冀的农产品加工物流基地，提升示范辐射能力和国际竞争力。构建滨海新区高质、高新、高端现代农业新业态发展体系，发展产业融合度高、科技含量高、品牌影响力大和服务能力强的休闲农业、会展农业、创意农业、电商农业，提高农业科技含量和附加值，建成京津都市圈新业态农业发展先行区。

3. 开发方向

一是发展特色种源农业，利用农业科技园区、农业产业园区、重点农业龙头企业等科技资源，在水产、畜禽、葡萄、食用菌、耐盐碱植物领域，构建现代化育种体系，建设一批育种繁育基地，创出滨海种业品牌，增强辐射能力。二是发展加工、物流、会展经济。加强以水产品、畜禽产品、食用菌等为主的农产品加工体系建设，促进农产品加工项目向工业园区聚集；以批发交易市场、农超对接为重点，建设农产品物流基地，形成农产品加工物流产业集群；

紧抓农业对外开放合作试验区机遇，建设跨境农产品展销中心、电子商务平台和仓储物流中心等，打造境外农业示范园区、境外示范农场、农产品出口基地。三是加强海洋资源的保护和利用，发展以海水工厂化养殖、生态循环养殖、河流湖泊海水增养殖、滩涂贝类增养殖及海洋捕捞为主的现代渔业，全面提升水产养殖业科技化、智能化、标准化水平。四是依托特色水产和特色水果基地，结合滨海风景林、盐田风光、风力发电等景观以及和美乡村建设，着力打造滨海休闲农业和乡村旅游品牌。

（四）环城都市农业核心区

1. 开发条件

（1）土地资源条件。该区环绕天津中心城区，包括东丽区、西青区、津南区和北辰区。该区土壤分布大致由西向东随地势变化由普通潮土为主递变为盐化潮土为主。2016年，该区耕地面积为73.62万亩，占土地总面积的25.5%，农业发展空间有限。

（2）农业增加值。2016年该区完成农业增加值35.7亿元，劳均农林牧渔业增加值为54611元，高于全市均值17927元。农林牧渔及服务业内部结构比为46.6∶2.3∶18.1∶11.3∶21.7，农业内部结构以种植业和服务业为主。

（3）产业特色及品牌产品。依托龙头企业规划建设了花卉、食用菌、蔬菜、观赏鱼、小站稻、特色畜禽等一批特色产业园区，农业设施装备水平、信息化水平较高，延伸特色产品产业链，农文旅融合发展模式逐渐成熟，三产融合发展特征明显。拥有日思小站稻、神农蔬菜种子、宏程蔬菜种子、大顺花卉、宽达水产、无暇脆枣、双街幸福葡萄、曙光沙窝萝卜、金三农食用菌、精武放心肉、毕先生葡萄等农业名牌产品。

2. 主导功能

加快农业供给侧结构性改革，坚持"高端精品、绿色生态、文旅结合"发展原则，聚焦现代种业、休闲农业、生态循环农业和农产品物流业等四大重点领域，以重点龙头企业、农民专业合作社为主体，构建三产融合发展的乡村产业体系。加强小站稻、沙窝萝卜等地理标志产品全产业链建设，巩固绿色精品生产功能，延伸完善种业研发、加工贸易、示范展示和休闲观光等产业链，形成较强的品牌价值和多业态聚合能力，打造成为天津市三产融合发展领航区。

3. 开发方向

一是发展高科技农业。积极开展高端农业精品科技提升行动，以新品种、新技术、新装备等"三新"技术和模式创新为抓手，提升一批农业示范园区，发展以苗种繁育、工厂化生产为主的智慧农业。二是加快推动休闲农业升级，依托沙窝萝卜、小站稻、葡萄、花卉等特色园区或基地，创建提升一批三产融合发展示范区、田园综合体或农业特色小镇。三是着力发展农产品物流业，依托区内农产品批发市场，做强具有国际竞争力的冷链物流企业，发展"电商网＋农业"，实现产销精准对接，提升产品附加值。四是发展循环生态农业，严守生态红线，提升生态畜禽养殖园集约化、标准化管理和产业化经营水平。推进池塘生态循环养殖、水产工厂化养殖、稻田立体种养等模式，发展生态渔业和休闲渔业。

（五）远郊优质农产品保障区

1. 开发条件

（1）土地资源条件。该区包括宝坻区、宁河区和静海区，农用地资源较为丰富，是天津主要农产品生产基地，也是天津农业生产功能和就业保障功能最为集中的地区。2016年，该区耕地面积为266万亩，占土地总面积的46.4%。

（2）农业增加值。2016年该区完成农业增加值93亿元，农林牧渔及服务业内部结构比为32.9：2.2：24.7：9.4：62.2，农业内部结构以种植业、服务业和畜牧业为主。

（3）产业特色及品牌产品。宁河区已经建成种猪、种鱼、种稻、种蟹、蔬菜、种苗六大国家级育种基地。培育了津沽小站米、天河种猪、换新观赏鱼、七里海河蟹等一批市级以上品牌农产品。宝坻区形成了集"三辣（六瓣红大蒜、天鹰椒、五叶齐大葱）"、林下经济、稻田立体种养等为特色的农业产业，以绿色、有机和地理标志农产品为重点，培育壮大了黄庄大米、黄板泥鳅、宝坻三辣、潮白河鲫鱼等品牌农产品。静海区以龙海现代农业产业带为轴线，构建起现代农业示范基地和林下循环经济产业带。先后注册了弘历福西瓜、口头福蘑菇、林绿康散养鸡蛋、静海金丝小枣、中延杏鲍菇等品牌农产品。

2. 主导功能

顺应京津冀协同发展大势，依托生态资源优势和特色农业基础，着力调整优化农业产业结构，发展高效种植业、现代畜牧业、健康水产业、生态林果业、农产品加工物流业、休闲观光农业，形成科技先进、资源集约、产业高效、布局合理、功能完善、结构优化、特色明显、机制创新、生态良好的现代农业发展体系，努力建成京津冀都市圈精品"菜篮子"供给基地。

3. 开发方向

一是加强与京津冀地区农业科研院所、高等院校的产学研合作，以节水、绿色、高效农业为方向，继续做强宁河津沽小站米、天河种猪、换新观赏鱼、七里海河蟹、宝坻"三辣"、黄庄大米、潮白河鲫鱼、静海弘历福西瓜、口头福蘑菇、林绿康散养鸡蛋、静海金丝小枣、中延杏鲍菇等品牌农产品。二是加快农业循环经济发展。构建种植、养殖、农业废弃物利用链条，促进种植户与养殖户之间的物质循环利用。推广"稻—鱼（蟹、鳅）"立体种养发展模式，提升农业综合效益。三是构建集服务和交易为一体的农产品电子商务平台，探索冷链宅配、线上线下、会员定制、农超对接等电子商务服务模式。四是围绕特色优势农产品，延伸产业链条，发展生物农药、生物饲料、生物肥料等绿色加工业，培育资源主导型加工企业集群。五是以建设京津都市圈田园景区和全产业休闲基地为目标，以现代农业园区、特色旅游专业村（点）、农家乐休闲旅游为重点，促进关联产业互动发展，深化区域涉农旅游品牌培育，提升乡村旅游业整体水平。

项目来源：2016 天津市农村工作委员会京津冀综合农业资源区划调查（天津）项目（项目编号：0615－164116170504）

执笔人：黄学群、李瑾、秦静、张蕾、郭华

参考文献

陈晓红，王玉娟，万鲁河，等，2012. 基于层次聚类分析东北地区生态农业区划研究 [J].
　　经济地理 (1)：137－140.

郭军，2007. 发展现代农业是建设社会主义新农村的必然抉择 [J]. 今日中国论坛 (8)：
　　60－63.

国家发展改革委，2016. 国家发展改革委关于印发《全国农村经济发展"十三五"规划》
　　的通知 [EB/OL]. (2016－11－17) [2016－12－13]. http://www.gov.cn/xinwen/2016－

11/17/content _ 5133806. htm.

国家统计局天津调查总队，天津市统计局，2016. 天津调查年鉴：2016 ［M］. 北京：中国统计出版社 .

李瑾，2015. 天津现代都市型农业发展规划研究 ［M］. 天津：南开大学出版社 .

李树德，李瑾，黄学群，等，2008. 天津沿海都市型现代农业功能区划及发展重点研究 ［J］. 中国农业资源与区划（3）：36 - 41.

刘立颖，2010. 天津区县创新视角下的产业发展研究 ［D］. 天津：天津大学 .

刘秀英，黄国勤，2007. 江西省生态农业区划研究 ［J］. 中国农学通报（12）：347 - 355.

毛科军，2013. 天津都市型现代农业发展机制与政策研究 ［M］. 太原：山西经济出版社 .

秦静，黄学群，2015. 天津现代都市型生态农业分区规划及发展研究 ［J］. 天津农业科学（2）：21 - 24，67.

秦静，贾凤伶，2016. 科技推动天津市农村创新能力建设评价及路径研究 ［J］. 湖北农业科学（13）：3511 - 3515.

曲宁，高艳芳，虞冬青，等，2016. 天津构建现代都市农业典范 ［J］. 天津经济（5）：19 - 26.

天津北方网 . 东丽区强化科技支撑 搭建农业科技服务平台 ［EB/OL］.（2016 - 11 - 16）［2016 - 12 - 13］. http://news. enorth. com. cn/system/2016/11/16/031323959. shtml.

王玉娟，2006. 东北生态农业分区及其发展方向研究 ［D］. 吉林：东北师范大学 .

新华社，2016. 中共中央 国务院关于落实发展新理念加快农业现代化 实现全面小康目标的若干意见 ［EB/OL］.（2016 - 01 - 27）［2016 - 12 - 13］. http://www. gov. cn/zhengce/2016 - 01/27/content _ 5036698. htm.

新华网，2016. 2016 年中央一号文件 ［EB/OL］.（2016 - 01 - 27）［2016 - 12 - 13］. http://news. china. com/domestic/945/20160127/21322182 _ 1. html.

中国农业新闻网，2017. 2017 年中央一号文件发布 ［EB/OL］.（2017 - 02 - 09）［2017 - 10 - 13］. http://hh. hljagri. gov. cn/detail/7686. html.

中华人民共和国农业部，2017. 农业部、财政部关于开展国家现代农业产业园创建工作的通知 ［EB/OL］.（2017 - 04 - 01）［2017 - 10 - 13］. http://www. moa. gov. cn/govpublic/FZJHS/201704/t20170401 _ 5548300. htm.

周玉亮，2010. 枣庄市生态农业区划与模式研究 ［D］. 泰安：山东农业大学 .

朱晓霞，2005. 基于承载力分析的蓟县土地资源优化配置研究 ［D］. 天津：天津师范大学 .

天津推进一二三产业融合发展的
特色小镇建设路径研究

一、研究背景

(一) 现状情况

在 2015 年的中央经济工作会议上，习近平总书记对《浙江特色小镇调研报告》作了重要批示，要求全国各省市学习借鉴浙江经验，因地制宜建设特色小镇。2015 年底，国务院办公厅发布的《关于推进农村一二三产业融合发展的指导意见》指出："以新型城镇化为依托，推进农业供给侧结构性改革，着力构建农业与二、三产业交叉融合的现代产业体系，形成城乡一体化的农村发展新格局。"由此，在全国推进新型城镇化建设的背景下，如何通过一二三产业融合发展，因地制宜打造具有我国地方特点的特色小镇，通过产业融合支撑带动城镇经济，已成为推进我国城镇化进程的工作重点。

我国特色小镇建设已取得显著成效。截至 2018 年，住建部已公布两批次共 403 个特色小镇，其中第一批 127 个，第二批 176 个。各省公布省级特色小镇 979 个，县（市、区）级特色小镇创建计划累计超过 2 000 个。通过特色小镇建设，有效促进了特定区域内产业融合，拉动了地方经济发展。

随着国家特色小镇建设的有序推进，天津特色小镇建设工作效果显著。截至 2018 年，天津市确定了三批特色小镇，数量达到 29 个，成为推进本市城镇化建设的新亮点。

(二) 存在的问题

1. 特色小镇的"特"与"色"不够突出

目前本市推介的大部分特色小镇产业基础薄弱，主导产业基本上是在小镇建设完成之后从零起步，无产业基础，在特色小镇审批和小镇建设项目选择上，雷同现象也较为严重。在小镇产业由以农业生产为主导向休闲农业和乡村旅游转型过程中，大部分均是以休闲观光采摘、养生度假等项目为主，缺乏新意，为项目的可持续发展带来障碍。

2. 小镇建设需要大量资金投入

按照《天津市特色小镇规划建设指导意见》要求，本市特色小镇建设固定资产投资要完成 50 亿元以上的指标（商品住宅和商业综合体除外），其中信息经济、金融、旅游和历史传统产业的特色小镇固定资产投资额可放宽到不低于 30 亿元。目前，本市特色小镇建设主要采取 PPP、BOT 等政府与社会资本合作方式，资金一方面源于特色小镇开发主体，另一方面需要招商引资，如资金链不顺畅或资金短缺将给小镇开发带来巨大困难。

3. 建设用地不能满足建设需求

特色小镇建设在产业发展和市政道路、自来水厂、污水处理厂等一大批基础设施建设方面，都需要大量的建设用地指标。按照《天津市特色小镇规划建设指导意见》要求，3 平方公里的特色小镇规划面积，建设面积要达到 1 平方公里。在本市推介的特色小镇中，在规划范围内用于特色小镇产业发展和基础设施建设的建设用地指标普遍缺乏，严重制约了特色小镇发展。

（三）问题的原因分析

1. 地方特色资源与文化挖掘不够

每个城市都有其独特的资源优势和源远流长的文化积淀。本市大部分特色小镇主导产业不突出，主要是尚未充分挖掘本地传统文化和特色产品资源，导致推介的部分特色小镇产业优势不突出、特色不明显，有些甚至需要通过招商引资来新建特色小镇，进一步抑制了特色主导产业发展。

2. 小城镇主导产业聚集效应不明显

2006 年以来，本市加大新型城镇化建设力度，截至 2016 年底，天津城镇化率已达到 82.93%。然而，在本市城镇化快速推进的情况下，对人才、技术、企业等的聚集能力仍不强，企业发展速度滞后于城镇化发展速度，龙头企业带动作用不明显，在地域和空间上较难聚集关联产业，形成产业发展"小、散、乱"的局面。

3. 三产融合发展尚处于起步阶段

从国内外典型经验看，在以农业为主导产业地区，特色小镇的形成基本上是由一产逐渐向二、三产的过渡转型发展。本市农业基础薄弱，目前农业规模效应尚不明显，带动第二、三产业的能力还不强，农村一二三产业融合发展仍处于起步期，不利于支撑特色小镇建设。

二、三产融合支撑特色小镇建设路径

(一) 总体思路

全面贯彻落实党的十九大精神，按照国家推进农村一二三产业融合发展的总体要求及天津市委、市政府关于农村产业融合发展的总体部署，结合本市农村产业发展实际，主动适应农村经济发展的新常态，以镇域内特定区域的特色资源为依托，以市场需求为导向，以农民增收为核心，着力培育主导产业和地域品牌，构建产业融合主体，加快推进农村一二三产业相互交叉、深度渗透融合，在特定区域内构建出农村三产融合支撑特色小镇发展的总体格局，引领带动镇域社会经济快速稳定发展，为农业增效、农民增收拓展空间，为农村繁荣发展注入新动力。

(二) 发展模式选择

1. 农业生产特色小镇

以耕地富足、适宜农作物生产地区为载体，以发展特色农业主导产业为核心，形成规模化、标准化、品牌化特色农产品生产基地，打造具有地理标识的特色农产品产区，为京津冀都市圈提供生态有机特色农产品，并以特色农产品吸引游客前去体验和消费，促进一产向三产融合发展。

2. 农业加工特色小镇

以本地特色农产品为原料来源，以农产品加工园区为载体，加强基础设施和公共服务平台建设，吸引农产品加工企业入驻，创建集标准化原料基地、集约化加工、便利化服务于一体的农产品加工集聚区，引导农产品加工业与农业休闲、文化、教育、养生养老等产业深度融合，促进二产向三产业融合发展。

3. 农业旅游特色小镇

以交通优势明显、生态资源丰富地区为载体，以发展旅游产业为核心，建设具有历史、地域、民族特点的特色旅游小镇，小镇具备观光、住宿、商业、休闲、娱乐、生活等功能，建设入口景观、公园景观、节点广场，大型中心广场或集散广场等景点，以打造主题文化为重点，多种文化整合延伸形成旅游小镇，通过把多元文化景观化、建筑化、娱乐化，打造休闲化业态，形成以旅游业为特征的产业发展格局。

4. 农机制造特色小镇

以农业机械制造为核心，着力打造集农机展示交易基地、农机装备制造基地、农机创新示范基地和农耕文化体验基地于一体的农机小镇，引进农机零部件生产企业和农机总装企业，拉长农机产业链，形成农机装备制造企业产业集群，集农机销售展示、维修养护、技术培训于一体，同时打造农机公园、农耕文化博物馆和农耕文化体验区，带动建制镇一二三产业融合发展。

5. 农业科技特色小镇

以农业科技创新为核心，建立农业生产、农产品加工和储藏保鲜等技术研发基地，创建重点农业技术研究实验室，建设农业科技孵化器，打造农业新技术应用推广示范基地，示范展示最新农业科研成果，并与农业观光业相结合，推进产业融合发展。

6. 农业文化特色小镇

以特定区域独特的自然景观、历史遗迹、特色文化积淀为载体，贯穿尊重自然、传承历史、彰显特色的理念，以特色文化产业为主导产业、文化功能作为主体功能，打造"文化＋旅游"的经营模式，深度开发文化产业，延长以文化为主题的产业链，带动小镇发展。

7. 农业体验特色小镇

建设农业实践教学中心、农业游学体验馆、农业科普教育基地，通过设计农业生产及农产品加工等各种体验项目，形成农业教育体验基地，传承农耕文化和技术，在农业生产中寓教于乐，增进青少年游客对大自然的了解和对农业生产的热爱。

8. 农业康养特色小镇

以生态康养为核心，采取"农业＋旅游"的经营方式，建设生态农业养生基地、运动健身基地、生态度假基地，打造以养老养生、医疗保健、体育运动、休闲度假为主题的特色小镇，体现农业的生态养生和保健功能，开发园艺疗法，构造从身体、心理到心灵的疗愈景观，着力发展康养产业，并延长康养产业链，培育农业康养文化，使农业由生产功能向休闲、康体、疗养等更高层次的体验消费功能转型。

9. 农业金融特色小镇

以开发农业金融产品为主，吸引金融机构入驻，以金融机构为投资建设主体，建设农业金融培训中心、农业基金研究院、农业金融社区、农业基金总部、农业基金人才公寓、农业金融服务中心孵化中心、农业金融会议中心酒店等设施，培育以服务农业为主的金融特色小镇，为本市农业提供金融支撑。

10. 农业电商特色小镇

以"互联网＋现代农业"为经营模式，以发展农村电子商务为核心，建设农业电商基地，培育、引进电商产业，形成专业化农业电商企业集聚基地、现代农业互联网创新区及农业电商文化体验基地，通过互联网发展订单农业，带动小镇农业经济发展。

（三）重点建设任务

1. 加快发展现代农业

农业是我国弱势产业，也是基础产业，必须扎实推进现代农业发展，才能实现一产与二、三产的有效融合。一是全面提升农业园区建设水平。加强招商引资，做强实体，做大规模，做响品牌，拓展农业功能，拓宽投资渠道，创建具有区域带动效应的高效特色农业典型，带动建设一批标准化生产基地和园区，形成一批高度集中的特色农业产业集群。二是加强农产品质量监管。实施农产品质量安全监管示范工程，加强农产品质量和食品安全监管能力建设，将农产品质量监管活动常态化。建立健全农产品可追溯体系，严格市场准入备案制度，借此推进农业供给侧结构性改革，淘汰落后企业，提升农产品市场竞争力。三是完善农产品流通体系。加强京津冀农产品流通体系规划，大力培育农产品现代流通产业，积极推广电子商务、连锁经营、农超对接等营销模式，大力提升本地农产品的市场占有率。

2. 培育新型农业经营主体

推动农村一二三产业融合发展，离不开专业大户、家庭农场、农民合作社、农业龙头企业等新型农业经营主体的广泛参与，相关政府部门要在项目申报、承接产业转移等方面开辟绿色通道，引导其在推进农村一二三产业融合发展中发挥主力军作用。一是培育专业大户和家庭农场。加强信息化服务，提升专业大户、家庭农场与市场的连接能力，促进产销信息对称。二是规范发展农民专业合作社。加大对农民合作社的政策优惠和财政补贴支持力度，加强农民合作社规范化管理，使合作社真正带动农民增收致富。三是壮大龙头企业。充分利用龙头企业在资金、人才、管理、技术等方面的优势，通过实施财税、金融、人才等配套措施，支持龙头企业拓展产业链，引导龙头企业与其他农业经营主体互相合作，实现利益共享。

3. 大力推进二、三产业发展

推动农村一二三产业融合发展，要通过引导发展第二、三产业，带动城乡协同发展和农业农村发展方式转变。一是加快推进第二产业发展。鼓励发展农产品精深加工业，改造一批传统农产品加工企业，引进做大一批技术含量高的新兴产业，提高农产品附加值。二是加快推进第三产业发展。积极推进休闲农业与乡村旅游产业发展，加大对与农业项目有关的休闲、观光、住宿、餐饮等企业的扶持力度；加强农产品销售及流通企业建设，完善对农产品销售企业和农贸批发市场的扶持政策；健全农村市场网络体系，提升农产品及其加工产品的消费档次和水平。三是积极推进二、三产业各环节与农村资源要素的融合互动。培养和集聚农业创新创业人才，吸引和鼓励返乡农民工和农创客发展各类创意农业。发挥专业大户、家庭农场、农民合作社、农业龙头企业等新型农业经营主体的作用，向前推动农业生产，向后带动销售、物流、观光休闲产业的发展，促进三产之间的要素流通。

4. 加强农村基础设施建设

加强基础设施建设是推进农村一二三产业融合发展的重要保障。一是对以农业生产和农产品加工为核心的区域，配套完善水电路气、农田路网、通信网络等设施建设，满足农业生产和企业发展对基础设施的基本需求。二是围绕休闲农业和乡村旅游业发展，支持建设生态停车场、田间观光道路、木栈道、观景台、农耕文化科普展示场所、多功能生产体验中心、游客接待休息设施、生态厕所、生产生活垃圾污水收集处理设施、电子商务配送设施等公共基础设施和配套服务设施。三是加强安全和环保设施建设，在旅游景区、景点建设安全设施，加强垃圾和污水处理、养殖场粪污处理等环保设施建设，确保农村生态安全。

5. 注重农业科技创新与推广应用

农业科技创新与推广应用是提高农业生产效率的根本。一是充分利用京津冀地区农业科研院所科研条件，鼓励开展以提高农业生产效率、改善农业生态环境为核心的重大农业生产技术和设施设备的研发和推广，以满足现代农业发展模式的科技需求。二是壮大农业科技推广人员队伍，大力提升科技推广人员素质，以建制镇为服务点，建立科技推广服务网络，确保特色小镇农业科技先进性，为提高农业生产效率提供有效支撑。三是对本市高标准基本农田进一步提升改造，如水利设施、农田路网等，使其适应现代农机使用要求。

6. 着力培育新型职业农民

进一步完善农民教育体制机制，培养具有良好教育背景和有良好管理能力的新型职业农民。一是完善农民教育培训机制，以区农广校为核心，改革农民培训机制，在对农村劳动力进行登记的基础上，广泛吸纳具有劳动能力的农民，普及基本农业技能。二是以农业院校为核心，设立专业培训机构，要求拟从事农业生产经营的农场主、农业企业管理者在注册前接受与经营内容相关的专业技能和管理技能培训，提升农业经营管理水平。三是建立由基层农技推广人员、农业院校和科研院所专家教授、各农业领域致富能手组成的专家培训队伍，保证新型职业农民培训质量。

7. 加快推进新型城镇化建设

新型城镇化建设是全面建成小康社会的重要途径，为特色小镇建设营造了良好的生产、生活、生态"三生"环境。一是强化新型城镇化管理。创新管理体制，改革当前管理方式和手段，利用现代信息技术推进城镇数字化管理，建立数字化小城镇，提高城镇动态管理水平。二是大力发展镇域实体经济。立足镇域区位交通及产业基础优势，在耕地富足地区，以农业生产为载体，大力发展二、三产业，促进三产融合发展，特别是第三产业，如休闲旅游、商贸和现代物流业的发展。在耕地不足地区，以发展工业为主，推进工业集约化、规模化、生态化和科技化"四化"建设。三是强化环境卫生综合整治。以镇域为单元，打破村与村的界限，对镇域垃圾、污水、公厕及坑塘进行综合治理，强化公共场所绿化美化，达到镇域整体美的效果。

三、推进三产融合支撑特色小镇建设的对策建议

（一）强化政策服务，助力小镇发展

进一步完善小镇建设内涵，按照国家对特色小镇建设的要求，进一步明确特色小镇基本特征及特色小镇应具备的基本条件，避免与美丽乡村、田园综合体、休闲农业园、旅游景区建设相混淆。出台相关扶持政策，在特色小镇推介认定的基础上，以本市特色小镇规划建设工作联席会议办公室为主导，联合其他相关部门共同出台特色小镇基础设施建设、产业发展、财政补贴、建设用地增补及人才培育引进等一系列扶持政策，通过政策激励，引导特色小镇健康发展。健全组织领导体系，改变"任务下达＋监督考核"的政府管理机制，安排相关工作人员及专业人员下沉到各建制镇，解读特色小镇建设的相关政策、听取实际遇到的难题并进行专业指导，用实际行动引导特色小镇的建设思路。

（二）立足小镇定位，强化规划引领

根据特色小镇发展定位，结合建制镇镇域实际空间，合理划分特色小镇生产、生活、生态的空间布局，在小镇核心区域打造小镇公园等公共服务设施，在小镇外圈层布局生活和生产功能，实现小镇边界可延展变化，和外围交通、周边城镇板块协调发展，创造"宜居、宜业、宜游"的新空间载体，推进产城融合、功能叠加、资源集中，彰显小镇特色。完善基础设施建设，作为功能完善的综合体、产业融合体和城乡复合体，特色小镇在道路、水电、燃气、垃圾处理、污水处理等基础设施建设方面要与镇域基础设施建设统筹协调，以政府为主导，利用民间资本采取 PPP、BOT 等市场化融资模式，提升小镇基础设施建设水平，满足特色小镇发展高起点、高品位建设需求。强化小镇功能协调，加快产业功能与社区、环境功能的融合，加大人才公寓、员工宿舍、居民社区等与产业相关的社区功能配套建设，为小镇居民和工作人员提供配套设施完善的生活空间，营造绿色环保的生活社区。加快产业与文化功能的融合，通

过产业内涵挖掘，促进产业文化与地方历史文化的有效对接，使地方历史文化融入产业经营理念当中，突出产品的地方文化特色。促进产业功能与旅游功能深度融合，外延产业功能，与旅游业结合，通过发展科普教育、休闲观光等衍生产业，提高主导产业附加值。

（三）注重产业培育，优化产业结构

推动三产纵向融合，在横向扩大主导产业规模的基础上，聚集相关联产业，强化产业间各环节的联系，以全产业链的思路推动农村一二三产业纵向深度融合发展。按照特色小镇聚类结果，梯次培育三产融合支撑的特色小镇，优先发展第一类基础条件好、产业特色明显、文化背景深厚、区位交通优势明显的建制镇，通过科学选址，在核心区重点培育主导产业。按照小镇定位，培育引进相关联的二、三产业，丰富主导产业功能，形成以主导产业为核心的产业集群。培育特色品牌，以特色产品为依托，通过发展绿色农业、有机农业，着力培育具有地理标识的特色农产品品牌，提升品牌品质和影响力，形成具有地方历史文化背景的品牌特色，打造具有地方特色、文化特色的伴手礼，以特色品牌带动小镇发展。

（四）拓宽融资渠道，加大投资力度

设立特色小镇发展基金，按照"政府引导、市场运作、注重效益、防范风险"的原则，以中央及天津市支农财政资金作为引导资金并充分利用，同时，通过引导资金注资和市场化募集等方式，吸引国内外金融机构、企业和社会资本共同发起设立天津特色小镇专项基金，形成千亿元规模的基金群，优先投入天津特色小镇建设，解决特色小镇建设资金难题。加大市级财政扶持力度，出台三产融合支撑的特色小镇建设财政扶持政策，充分发挥财政支农资金的作用，使财政支农资金优先向以农业生产为主的特色小镇倾斜。对特色小镇内与第一产业相关联的第二、三产业，实行税收优惠政策，并在建设用地指标方面给予倾斜。以财政贴息的办法鼓励金融机构向小镇内产业融合发展项目发放贷款，促进小镇项目尽快落地实施。特色小镇验收命名后，对其规划建设范围内新增财政收入按一定比例返还特色小镇所在镇财政，用于提升特色小镇基础设施和公共服务设施配套建设。对特色小镇建设范围内的重点项目优先申报市重点建设项目，争取市财政资金支持。

（五）保障农民利益，促进农民增收

对以农为本的特色小镇，鼓励发展订单农业，支持龙头企业、家庭农场、农民合作社等新型农业经营主体与农户之间签订产前订单合同，合理确定收购价格，形成稳定购销关系。鼓励新型农业经营主体优先聘用已流转土地或以土地经营权入股的农民作为职业农民参与农业生产经营，拓宽农村富余劳动力稳定就业渠道。完善利益分配机制，采取"保护价收购＋利润返还"的方式，使每个农民都成为公司的股东，在产品收购中采取保护价收购，按年度进行利润返还，与农户建立稳定的利益联结关系，让农民分享更多农产品增值收益。完善征地、拆迁等补偿机制，通过提供合理用地补偿、土地租赁、企业入股、提供就业创业机会和良好社会福利等手段，确保农民利益得到切实保护，与农民意愿达成统一。强化农民教育培训，依托新型农业经营组织开展相关专业技能培训，提高农民适应现代生产的劳动技能，为传统农民身份转型奠定基础。以各区农广校为依托，设立适于特色小镇发展的相关专业，鼓励具有劳动能力的农民和新型农业经营组织创办人到学校接受免费培训，强化农民教育，使其适应现代农业生产和时代发展要求。增强新型农业经营主体的契约意识，规范合同文本，鼓励制定适合农村特点的信用评级办法，约束合同履约行为。加强合同履约监督，对农用地土地流转、订单农业等建立风险保障金制度，并探索与农业保险、农担公司担保相结合，提高合同风险防范能力。

（六）加大宣传力度，强化经验推广

加强特色小镇宣传引导，充分利用天津卫视、北方网、天津新闻广播、天津日报等媒体，及时总结国内外尤其浙江等地区典型经验及做法，营造全社会关心、支持特色小镇培育创建的浓厚氛围。在深度挖掘本市特色资源的基础上，强化涉农大镇特色主导农业产业及农村一二三产业融合发展典型事例的宣传，激发企业投资热情，宣传展示天津地方特色产业及产品，塑造三产支撑特色小镇典型形象。建立典型经验学习推广机制，逐年组织以农业生产为主的建制镇采取互学互看的方式，互学互看模式先进、成效突出、经验普适的特色小

镇，总结提炼特色产业发展、三产融合方式及地方配套政策机制等典型经验做法，形成示范样板，并在全市范围推广，引领带动其他特色小镇建设。鼓励各建制镇依托自身资源优势，采取差异化发展路径，对于资源相似地区，通过细分市场，形成"特色农业＋科创""特色农业＋教育""特色农业＋休闲""特色农业＋艺术""特色农业＋体育""特色农业＋养生"等"特色农业＋"的不同发展路径，避免模式雷同和重复建设。

课题来源：天津市哲学社会科学规划基金项目（项目编号：TJYY16－028）

执笔人：贾凤伶、孙国兴、李元亭、黄学群、时会芳、韩金博、胡文星

参考文献

郭栋，2016. 关于浙江特色小镇建设的思考与建议［J］. 党政视野（3）：28－32.

韩刚，于新东，2015. 特色小镇的发展路径研究［J］. 环球市场信息导报（21）：27－31.

韩金博，贾凤伶，2017. 天津发展特色小镇初探［J］. 天津农业科学，23（11）：27－31.

贾凤伶，2018. 推进天津市农村一二三产业融合发展思路探讨［J］. 湖北农业科学，57
　　（13）：120－125.

贾凤伶，秦静，2018. 乡村振兴战略背景下天津新型城镇化的转型发展［J］. 开发研究
　　（6）：53－59.

兰秉强，周爱飞，叶芳，2015. "三态融合"：山区特色小镇建设思路［J］. 浙江经济
　　（12）：50－51.

兰建平，2015. 建设工业特色小镇加快转型升级发展［J］. 浙江经济（19）：14－15.

李娜，白小虎，2018. 特色小镇产业生态圈构建的实践研究：以浙江省云栖小镇为例［J］.
　　长春市委党校学报（6）：51－55.

李硕扬，刘群红，2018. 产城融合视角下特色小镇的功能定位研究：以南昌太平镇为例
　　［J］. 城市发展研究，25（12）：168－172.

李涛，2017. 产业集聚视角下我国特色小镇创新体系研究［J］. 科学管理研究，35（6）：
　　61－64.

马海涛，赵西梅，2017. 基于"三生空间"理念的中国特色小镇发展模式认知与策略探讨
　　［J］. 发展研究（12）：50－56.

沈朝阳，2015. 基于产业定位打造特色小镇的探索：以龙坞茶镇规划建设为例［J］. 杭州
　　（生活品质）（12）：31－32.

王栋，董海云，2018. 广东省特色小镇类型与发展模式研究 [J]. 经济研究导刊（34）：123-124.

王伟，2018. 推进特色小镇建设的路径选择：以湖南省郴州市为例 [J]. 经济研究导刊（34）：129，137.

徐黎源，颜传津，2016. 嘉兴市培育特色小镇路径研究 [J]. 价值工程（4）：183-184.

薛小龙，窦玉丹，2018."PPP 模式＋装配式"特色小镇项目的主体关系研究 [J]. 工程管理学报，32（6）：40-45.

周旭霞，2015. 特色小镇的建构路径 [J]. 浙江经济（6）：25-30.

供给侧改革视角下天津现代都市型农业科技创新路径研究

一、研究背景

当前，我国经济发展进入新常态，现代农业发展面临"天花板"和"紧箍咒"双重束缚，农产品结构和质量安全"不适应"等问题日益严峻，农业的主要矛盾已由总量不足转变为结构性矛盾。党的十八届五中全会提出了创新、协调、绿色、开放、共享等五大发展理念，确立了推进农业供给侧结构性改革的任务，这对更好地发挥农业科技创新作为农业发展第一动力的作用，提出了更高的要求。近年来，天津现代都市型农业发展取得重大进展。然而，农业发展仍存在主要依靠资金与资源驱动，农产品供给结构性失衡，产品档次不高，土地产出率、劳动生产率和资源利用率提高较慢，农产品竞争力不强，资源环境压力较大等问题。农业科技创新是农业结构优化升级和要素效率提高的根本途径，对推动产业升级、发展新兴产业、培育新供给具有不可替代的作用。

新形势下，贯彻创新驱动发展战略和五大发展理念，探索基于农业供给侧结构性改革的农业科技创新路径，构建与农业产业融合发展的农业技术体系，为强化农业科技创新提供方案，对提高天津农业的供给质量、效益和竞争力，促进农民持续增收意义重大。

二、推进农业供给侧结构性改革的科技创新战略需求

（一）面临形势

近年来，天津坚持现代都市型农业发展方向，不断加大强农惠农富农政策支持力度，大力推广节约、集约、高效农业发展方式，稳步推进"菜篮子"产品供给区、农业高新技术示范区和农产品中心物流区建设，在保障农产品稳定

供给，促进农民增收致富等方面取得了显著成效。然而，在京津冀协同发展大背景下，着眼于满足京津冀大市场的需求，致力于打造现代都市型农业升级版，天津农业供给侧正面临着新的形势与挑战。

1. 京津冀居民消费结构升级，优质菜篮子产品有效供给不足

保障菜篮子产品的安全稳定供给是现代都市型农业的基本功能。2016 年，全市粮食总产量 196.37 万吨，蔬菜、猪肉、禽蛋、牛奶、水产品自给率分别达到 116％、59％、61％、141％、143％，在全国大城市中位居前列，保证了全市鲜活农产品有效供给和市场价格稳定。随着京津冀协同发展战略实施，基于京津冀都市圈的农产品大流通格局已经形成。京津冀都市圈高收入群体人口较多，对安全、健康、优质、高档菜篮子产品需求旺盛。天津农业在北京、唐山等周边市场鲜活农产品供应方面发挥了一定的作用。但天津农产品市场份额较小，优质、高端农产品供给不足。此外，对于季节性较强、需求量较大的夏季蔬菜类产品，天津依赖河北等外地市场供给。整体上看，天津部分季节性农产品短缺，优质、绿色、品牌农产品种类较少且供给数量不足，与京津冀都市圈高端化、个性化、多样化的农产品需求不匹配，农产品需求升级但有效供给跟不上的矛盾突出。

2. 农业经营体制机制活力不足，农业转型升级组织支撑乏力

近年来，天津每年安排 2 000 万元资金，通过土地流转试点补贴和扶持平台建设等，提高农业组织化和产业化程度。但整体上看，农业经营体制机制还不能适应现代都市型农业发展需要。全市小规模、分散经营仍占主导，土地适度规模经营率与土地流转率均为 40％左右，与同期北京、上海均达 60％的水平相比，差距较大。农民专业合作社发展不够规范，农业兼业化、副业化现象普遍。家庭农场仍处于起步和探索阶段。全市农业生产经营人员多为年龄较大、文化水平较低的中老年人。现代都市型农业转型升级所需的技术型人才和经营管理型人才非常短缺，农业企业、合作社普遍存在经营效益不高、收益不稳定、劳动力素质有待提高等问题。新型农业经营主体培育不足，且生产经营主体实力不强，导致天津农业适度规模经营发展较慢，农业发展活力不足，制约了农业竞争力提高。

3. 农业新旧动能转换不足，农民持续增收动力减弱

近年来，天津农业设施化、现代化程度不断提升，在京津冀都市圈及北方地区位居前列。但受要素资源、价格等因素影响，天津农业产出水平仍偏低。2016 年，天津农业土地产出率为 5.08 万元/公顷，距离全国基本实现农业现代化 6 万元/公顷的目标值还有很大差距。依靠土地、资金、劳动力等物质要素投入提升天津农业效益，增加农民收入的传统动力减弱。此外，虽然天津在发展休闲农业推动农村产业融合方面进行了积极探索，但农村一二三产业融合发展力度还不够。2016 年全市各类休闲农业经营主体接待游客 1 810 万人次，实现旅游及农副产品综合收入达 60 亿元。从接待游客数量看，远低于北京的 4 548 万人次；从旅游综合收入看，仅相当于天津农业总产值的 12.13%，且不及统计口径一致的重庆的 20%。休闲农业产品和服务供给层次还处于低端，产业链附加值提升还不够，驱动农业效益空间拓展和农民增收动能不足。

4. 资源环境约束瓶颈突出，绿色农业发展任重道远

天津土地资源稀缺、水资源极度短缺，农业发展长期受到土地、水资源约束。2016 年，全市耕地面积 43.69 万公顷，呈逐年减少态势。水资源总量 18.92 亿立方米，用水量 27.23 亿立方米，缺口达 8.31 亿立方米。每万元农业增加值用水量 542.67 立方米，与以色列每万元农业增加值用水量 200～400 立方米的标准相比，农业水资源浪费严重。同时，天津农业资源投入强度过高和农业废弃物综合利用不足并存。2016 年，全市每万元农业增加值化肥施用量（折纯）96.19 千克，高出同期全国平均水平 5.5 千克；单位耕地面积化肥施用量 488.87 千克/公顷，高出同期全国平均水平 45 千克/公顷。此外，天津市畜禽粪污、农作物秸秆、农膜有效利用率偏低。突破生态环境和资源约束，转变农业发展方式，发展集约、节约、可持续的绿色农业，任重道远。

（二）战略需求

2017 年 3 月，天津市人民政府与农业部签署《农业部天津市人民政府共同推进农业供给侧结构性改革落实京津冀农业协同发展战略合作框架协议》。天津提出坚持"一重两保"工作思路，加快推进农业供给侧结构性改革，推动"四区两平台"建设，全力打造国家级现代都市型农业示范区、农业高新技术产业园区、农产品物流中心区、国家农业农村改革试验区和农业信息化平台、农业对外合作平台。新形势下，天津必须牢固树立"创新、协调、绿色、开放、共享"理念，主动融入京津冀协同发展大局，通过改结构、转方式、育主体、促融合进一步推进农业供给侧结构性改革，培育发展新动能，打造现代都市型农业升级版。习近平总书记强调："创新是引领发展的第一动力。""适应和引领我国经济发展新常态，关键是要依靠科技创新转换发展动力。"推动天津农业供给侧结构性改革，要破解农产品供需结构性矛盾、提高农业质量效益、缓解资源环境压力，这对于农业科技在节本、高效、智能、绿色等方面提出了更高的要求。

1. 满足京津冀都市圈高端农产品消费需求、建设绿色精品高档菜篮子产品生产基地对农业科技创新方向提出新要求

满足京津冀都市圈高端农产品消费需求，发展以优质、绿色、特色为核心的高端农产品生产，迫切要求天津农业科技创新由满足农产品数量型增长向质量型提升转变，围绕菜、渔、花、果开展设施农业、绿色农业、特色农业、加工农业科技创新，选育一批具有重大应用前景的优良品种，攻克一批集约、节约农业生产关键技术，配套一批附加值高的农产品加工保鲜技术，构建一套完善的绿色农产品质量标准体系、检验检测体系和可追溯体系，为形成更有效率、更有效益、更可持续的菜篮子产品供给体系提供科技支撑。

2. 驱动天津农业高质量发展、建设农业高新技术产业示范区要求天津农业科技创新走在全国前列

重点围绕天津农业供给侧结构性改革方向，充分发挥种源农业和农业生物制品产业优势、设施农业及现代农业园区基础优势、农业物联网平台和技术示范应用优势等，提升农业科技创新能力，推进现代种业、生物农业快速发展，做大做强一批优势农业高新技术产业，将天津打造成为农业高新技术产业集聚地、技术创新研发高地，支撑引领天津现代都市型农业科技化、现代化水平全面提升。

3. 突破资源环境约束、补齐可持续发展的农业现代化短板要求构建完善的绿色农业技术体系

为贯彻落实习近平总书记"绿水青山就是金山银山"理念，突破生态环境容量和资源承载能力制约，提高资源利用效率、改善生态环境、拓展农业功能、促进农村三产融合，实现农业绿色可持续发展对农业科技创新发展需求十分迫切。针对现代都市型农业发展亟须解决的资源环境问题，天津必须加强开展农业节水节地节能技术、绿色循环农业技术、农业生态修复技术等的创新，形成与农业可持续发展要求相适应的资源节约型、环境友好型的技术体系，强化科技引领绿色农业发展能力，依靠科技创新有效转变农业发展方式，推动农业现代化发展。

4. 增强农业经营主体实力、激发现代都市型农业发展活力要求强化农业科技创新成果供给支撑的有效性

新型农业经营主体是助推农业供给侧结构性改革的重要力量，也是农业科技成果的主要需求主体。发展壮大新型农业经营主体，释放农业经营主体积极应用农业科技成果的动力需求，激发现代都市型农业经营活力迫切需要完善农业科技创新体系，增强农业科技创新成果供给的有效性。依靠科技培训，提升新型农业经营主体素质，增强农业经营主体创新意识和能力；以农业经营主体科技需求为导向，加强能有效提升农产品附加值和竞争力的适宜新品种、新技术和新模式等成果供给，有效提升农业科研成果质量匹配度及产出效率，提升农业竞争力。

三、基于农业供给侧结构性改革的农业科技创新路径

进行农业供给侧结构性改革就是要进行质量变革、效率变革、动力变革和路径变革。新形势下，天津推进农业供给侧结构性改革，必须更加依靠科技创新培育发展新引擎，加快转变发展方式，实现创新驱动、内生增长。立足天津农业科技创新中存在的问题和障碍，坚持以需求引领供给创新，构建适合天津现代都市型农业产业体系的科技创新体系，形成适应天津现代都市型农业发展的科技创新支撑机制，是引领天津农业供给侧结构性改革，推动农业高质量发展的路径。

（一）调整农业科技创新领域，形成满足需求的农业科技成果供给结构

农业供给侧结构性改革的主要任务之一就是调结构、提品质，解决需求不足表象下的供需错配问题。研发与农业供给侧结构性改革需求相匹配的农业科技成果是农业科技创新的重点方向。适应天津农业生产结构调整、质量升级需要，明确天津农业绿色化、集约化、功能化发展方向，以满足京津冀都市圈高

端农产品消费市场需求为导向，天津农业科技创新要调整方向、优化领域，形成有效支撑天津现代农业产业体系建设的农业科技成果供给结构。

1. 加强引领优质农产品供给的种源农业科技创新

发挥天津种业优势，提升自主创新水平，强化从源头支撑引领优质农产品供给。重点研究动植物遗传种质资源保护与利用技术，应用常规技术、转基因技术、分子定向育种技术以及航天诱变育种技术等，加大优质、高产、高效新品种选育力度。巩固黄瓜、花椰菜、粳稻、肉羊、生猪等育种科研优势，拓展优势种业领域，提升设施栽培条件下蔬菜、果树、食用菌、花卉等新品种选育，突破优质专用小麦、特用玉米和优质水稻等粮食作物专用品种选育，强化畜禽优良品种、特色品种的选育，培育一批重大突破性农业优良新品种。

2. 加强促进农业竞争力提高的高效农业科技创新

强化提升天津设施农业水平的技术攻关，加强设施农业新装备、新材料引进和研发，开展设施环境调控技术研究与传感器研发，强化病虫害防控、连作障碍防治等技术研发，提高设施农业工程技术水平。开发设施农业水肥一体化技术，开展立体种养、产期调节、精准监测控制等技术创新。围绕疫病防治、环境治理、饲料营养、工厂化养殖装备与工程技术，开展现代畜禽健康养殖，都市渔业生态养殖等领域农业科技创新。加强农产品生物、物理保鲜新技术以及新工艺、新材料和新设施、农产品采后技术研究。加强大宗农产品、加工副产品的高值利用技术研究，以及加强食（药）用菌，地产特色水果，海、淡水鱼类，乳制品等的精深加工及产业化研究等。

3. 加强促进可持续发展的绿色农业科技创新

强化农业资源高效利用研究，开展农业节水、节地、节肥、节力技术研发，建立节约型的优质高效农业发展模式；强化农业投入品减量技术、精准监测控制技术等技术创新，提高农业智能化和精确化水平；开展立体种养、农业综合节水技术、海水淡化利用技术的集成创新。开展复合农业生态系统研究，盐碱地土壤改良和绿化技术研究，生物土壤修复剂研究，生物质资源保护与利用技术研究；开展农业面源污染防控技术研究，农业废弃物资源化利用技术研究，农村污水治理与循环利用技术研究。

4. 加强依托"互联网+"平台的智能农业科技创新

依托天津农业物联网试点的平台优势，以推进农业生产经营的信息化、数字化、精准化为目标，以农业物联网技术开发为核心，加快农业信息化开发。突破农产品供应链全程质量安全、智能感知与装备、无线传感网与云通信、智能化信息处理与云计算等农业物联网共性关键技术；构建以智能化农业机械为支撑的节水、节肥、节药、节能的资源节约型精准农业技术体系；依托以大数据为支撑的农业数据平台，建立基于互联网信息技术的农产品流通体系，满足农业智能化管理、农产品安全追溯、农产品电子商务和农产品物流等农业供给链条上各环节对农业信息技术的全面需求。

5. 加强拓展农业功能的观光休闲农业科技创新

加快现代科学技术在农业领域的应用，引领新兴交叉学科发展，培育新产业。强化现代工程技术、材料技术、信息技术、循环生态技术和节能环保技术在休闲农业中的应用和集成创新，开展园区规划、景观设计、乡村旅游、文化创意开发等软科学技术的集成应用，挖掘农业在休闲观光、文化传承、宜居生态等方面的潜力，拓展农业功能，促进农业农村生产、生活、生态功能协调发展。

（二）强化自主创新能力，打造强劲有力的农业科技支撑

以天津农业高新技术产业示范区建设为契机，瞄准现代都市型农业的高端、前沿和关键性技术领域，开展基础研究，强化自主创新成果产出，提高自主创新知识产权的成果积累，实现核心技术和关键技术的重大突破，抢占现代都市型农业科技制高点，以高质量的成果支撑天津现代都市型农业可持续发展。

1. 加强农业基础科学和前沿技术自主创新

进一步升级以天津农科院为代表的农业科研院所的科研基础条件和科技创新基础设施，围绕生物育种、农业生态环保、智慧农业和现代农技装备等领域，加强前沿技术和基础研究，实现天津农业科技创新率先发展。重点在农作物分子育种及数字化育种、动植物基因克隆及转基因、农产品冷链物流生物学机理、农产品质量安全风险评估与预警技术等领域开展应用基础及前沿技术研究，强化原始创新，储备一批具备前沿性、前瞻性的技术和成果；在作物新品种选育、设施农业、"互联网＋现代农业"、畜禽健康养殖、农产品保鲜加工、农产品质量安全、农村生态环境等方面，开展关键与共性技术攻关，研发一批

接地气、可复制、可推广的应用技术与成果，满足现代都市型农业产业升级需求。

2. 加快培育农业高新技术产业

以集群化、高端化、融合化为发展方向，加快生物育种、生物制品等高新技术产业发展，推动农业高新技术产业示范区载体平台建设，提升农业高新技术产业产值和竞争能力。重点提升种业自主创新能力，强化种质资源鉴评与利用、动植物新品种选育、转基因育种技术研发。突出蔬菜种业科技优势，大力发展畜禽水产种业，积极发展果树、花卉、绿化苗木等特色种业。整合利用现有科技资源与创新平台，组建种业集团，建立完善育、繁、推良种繁育体系建设，培育一批重大突破性优良新品种。加快生物农业发展，在关系农业安全的关键生物技术领域掌握自主知识产权，开发创制一批新型生物饲料、疫苗、兽药、肥料、农药、动植物生物反应器药物等重大产品，建设一批国家级农业生物制品创新企业和政产学研用有机结合的生物制品产业化平台，孵化带动一批生物农业企业，形成生物农业产业集群。

（三）优化农业科技资源配置，构建合作共享的一体化协同创新格局

要解决农业科技与产业经济无法衔接的问题，必须加强协同创新，促进农业科技成果的转化应用。在京津冀协同发展战略下，必须强化开放合作、协同创新，促进区域内创新要素无障碍流动，构建跨区域、跨学科、多主体、多手段的农业科技协同创新路径，激发创新活力，提高创新效率。

1. 深化京津冀农业科技合作，强化区域一体化协同创新

以京津冀区域共性关键技术研究为基础，发挥天津在动植物育种、转基因工程、生物技术、特色品种资源开发利用等方面的科技优势，借助"四院两校"科技资源，深入推进区域科技合作，建立京津冀区域现代都市型农业科技创新中心，加速京津冀农业科技力量和要素资源聚集和合理流动，搭建开放、畅通、共享的科技资源平台，建立工作、项目、投资对接机制，打造京津冀农业科技研发新高地，形成京津冀一体化的农业科技创新发展格局。重点建设种业科技创新平台、绿色农业科技创新平台和智慧农业发展平台，实现三地农业科技创新资源互联互通、合作共享，服务京津冀农业协同创新发展。

2. 构建农业科技创新联盟，形成产学研一体化协同创新

坚持科技创新与制度创新双轮驱动，建立由科研机构、高校、企业、农业经营主体等共同参与的协同创新组织，打破产业、教学、科研的阻隔，充分发挥各主体的比较优势，激发各创新主体的积极性，实现科技资源网络中多要素的组合、创新链条上多环节的衔接以及服务体系中多元主体的协同。重点以联盟化的资源整合方式、市场化的运行机制，将天津农业科技创新重点领域及特色优势产业的上、中、下游资源进行有效衔接，实现各创新主体之间的资源、信息、服务的深度融合，构建多学科集成、上中下游协同、产学研企结合的农业科技创新联盟，形成各科技创新主体紧密联系和有效互动的支撑系统，共同研究农业科技整体解决方案，实现农业科技"顶天"与"立地"的有效衔接，提升农业科技创新能力和整体运行效率，实现联盟各方互利共赢。

3. 完善现代农业产业技术体系，强化深度融合的双链协同创新

重点围绕水产、蔬菜、生猪、奶牛、林果等六大现代农业产业技术体系建设，以产业需求为导向，以产业链为主线，以农产品为单元，优化体系整体设计和布局，完善体系联合协作机制，增强体系内部和体系间协作交流，全面整合产业链条前、中、后环节上的产学研优势力量和科技资源，聚集人才、资金、技术、项目等创新要素，凝炼科研攻关任务，强化首席专家负责制，推进生物育种、标准化种养、农机装备、新型肥药、疫病防控、农产品精深加工、储藏与流通、互联网销售等全产业链环节联合攻关，构建适应产业高效、产品高端、资源节约、环境友好的天津现代农业产业与科技一体化创新体系，推动创新链与产业链深度融合。

四、基于农业供给侧结构性改革的农业科技创新对策

（一）加大投入力度，完善农业科技创新投入机制

一是加大财政科技投入力度。构建"稳定投入、适度竞争"的农业科技经费投入机制，逐步建立以财政投入为基础、企业投入为主体、各类社会投资共同参与的农业科研投入格局。设立市级农业科研院所基本科研业务费专项资金、农业科技创新联盟专项资金、农业科技创新专项资金等。加大公益性科研院所基本科研业务费专项资金投入力度。二是创新财政科技投入方式。实行农

业科技创新活动"后补助"机制。完善稳定支持和竞争性支持相协调的机制。完善税收优惠、财政返还等配套政策，调动农业企业投入科技创新的积极性和主动性，鼓励和支持科技人员以科技入股方式参与成果转化收益分配。三是强化科技金融投入。完善政策扶持机制，引导金融资本、创投资金、社会资本积极投向农业科技创新。构建多元化的融资渠道和平台，综合运用财政拨款、基金、贴息、担保等多种方式，大力吸引境内外资本、上市公司、风险投资和社会资本投入农业高新技术产业。

（二）深化农业科技体制改革，营造良好的创新环境

一是构建分工明确的农业科技创新体系。建立统筹协调机制，优化配置农业科技资源，设定针对不同类型主体的科研项目类别，引导不同主体明确功能分工。二是完善高效有序的农业科技管理运行机制。深化改革，明确各机构的科技管理职能和权限，形成责权一致、分工合理、决策科学、公平公正的农业科技管理运行机制。建立完善以产业需求为导向的科研立项机制，提高科技成果供给的有效性。建立高效协同创新管理机制，强化科技创新与应用，实现农业科技管理质量和效率的有效提升。三是健全农业科技成果转化机制。完善农业科技成果评价、权益分配、绩效管理等机制，促进科技要素在各类主体间的合理分配。深入实施以农业科技成果投资、对外转让、合作、作价入股等收益分成方式对各类人才实施激励的政策，保障成果转化收益按科学比例进行分配。建立以创新价值和产业贡献为导向、职能定位为基准的科研机构和科技人员分类评价制度，评价结果与绩效激励挂钩。实行以增加知识价值为导向的分配政策，落实成果转化奖励等激励措施，激发科技人员创新活力。

（三）壮大农业科技力量，构建农业科技创新人才保障体系

一是加强领军人才培养和创新团队建设。依托科技计划项目、重点实验室、现代农业产业技术体系、农业科技创新联盟等，培养构建一支规模大、素质优、结构合理的农业科技创新人才队伍。以天津优势科技领域为载体，支持培养农业科技企业创新领军人才，建立总量结构合理、创新气氛浓厚的科研人才队伍。二是以充实一线、强化服务为重点，完善农技推广人才队伍建设。全

面实施基层农技推广骨干培训专项计划，开展技术交流、学习研修、观摩展示等活动，重点培养服务到村的全科农技员。鼓励高等学校、科研院所和市科技管理部门向农村选派优秀干部和科技人才挂职进行科技扶贫。三是大力推进以新型职业农民为主体的农村实用人才队伍建设。加强对大学生村官、乡土人才、科技示范户的培训，培养一批懂技术、会经营、善管理的脱贫致富带头人和新型职业农民。健全农村实用人才培养机制，开展多种形式的农业职业技能竞赛活动。大力发展农业职业教育，深化产教融合、校企合作，推动集团化办学。加大农业农村科普工作开展力度，不断提高农业从业者科学素质。

项目来源：2016 年天津市科技发展战略研究计划课题（项目编号：6ZL-ZXZF00040）

执笔人：陈丽娜、孙国兴、陈琼、崔凯、韩金博

参考文献

曹博，赵芝俊，2017. 基于产业结构升级的现代农业科技创新体系研究［J］. 农村经济（1）：99 - 104.

陈丽娜，孙国兴，刘会想，2013. 加快农业科技创新与推广支撑天津都市现代农业发展［J］. 天津农业科学（2）：35 - 37.

傅晋华，2016. 科技创新在农业供给侧改革中的作用［J］. 中国国情国力（8）：41 - 43.

韩长赋，2016. 着力推进农业供给侧结构性改革［J］. 求是（9）：37 - 39.

姜长云，杜志雄，2017. 关于推进农业供给侧结构性改革的思考［J］. 南京农业大学学报（社会科学版）（1）：1 - 10.

孔祥智，2016. 农业供给侧结构性改革的基本内涵与政策建议［J］. 改革（2）：104 - 115.

李瑾，于战平，孙国兴，等，2005. 天津都市农业科技发展战略研究［J］. 农业技术经济（5）：71 - 75.

李鹏，吴海霞，李平，等，2016. 产业链与技术链双向融合下的我国农业科技创新系统的协同发展研究［J］. 科技管理研究（3）：1 - 7.

李仕宝，孟洪，饶智宏，2017. 农业供给侧结构性改革的科技需求分析与对策建议［J］. 江苏农业科学（14）：312 - 314.

刘蓉蓉，徐志宇，2016. 农业供给侧结构性改革与科技创新［J］. 农业科技管理（5）：11 - 14.

罗必良，2017. 农业供给侧改革的关键、难点与方向［J］. 农村经济（1）：1-10.

马伟，2015. 强化农业科技创新驱动作用［J］. 科技中国（2）：68-69.

毛科军，樊敏，陈曦丹，2015. 新常态下天津现代都市型农业发展的新思路、新目标与新举措［J］. 天津农业科学，21（7）：1-6.

农业部，2017. 中共中央国务院关于深入推进农业供给侧结构性改革加快培育农业农村发展新动能的若干意见［EB/OL］.（2017-02-06）［2017-09-10］. http://www.moa. gov.cn/ztzl/yhwj2017/zywj/201702/t20170206_5468567.htm.

彭锦星，杨磊，鲍振博，2016. 天津市畜禽粪便量估算及能源环境效应分析［J］. 家畜生态学报（10）：65-68.

邱启程，袁春新，唐明霞，等，2016. 基于供给侧和需求侧需求视角的农业科技成果转化［J］. 江苏农业科学，44（8）：5-9.

王丽娟，信丽媛，2017. 促进农业科技成果转化的激励路径分析：以天津市为例［J］. 山西农业科学（1）：135-138.

张江丽，庄严，2016. 把握农业科技创新方向引领农业科技管理新常态［J］. 农业科技管理，35（1）：18-20.

赵军洁，张建胜，2016. 加快农业科技创新的机理和路径研究：基于 TRIZ 理论［J］. 经济问题（12）：106-111.

赵芝俊，朱福守，2016. 依靠技术创新推进农业供给侧结构性改革：2016 年中国技术经济学会农业技术经济分会年会综述［J］. 农业技术经济（12）：91-294.

周蓉，2016. 农业供给侧改革的科技支撑［J］. 中国农村科技（5）：26-29.

周镕基，皮修平，2017. 供给侧视角下农业"悖论"的成因及其对策［J］. 湖南师范大学社会科学学报（1）：97-102.

天津休闲农业创新体系构建及政策建议

一、研究背景

依托特色资源条件和良好的发展政策，2011 年以来，天津休闲农业取得了快速发展，年接待人次和综合收入年递增速度达到 30％左右，截至 2015 年，全市休闲农业与乡村旅游经营户超过 3 000 家，带动农民就业人数 28 万人，接待游客 1 600 多万人次；实现农副产品及旅游综合收入 50 亿元。但同时也存在一些亟待解决的问题，其中休闲农业项目雷同，缺乏创意与创新，从业人员素质不高等问题严重制约着休闲农业的提质增效。对于这些问题，亟须构建休闲农业的创新体系，推动休闲农业的供给侧结构性改革，提升整个行业的档次和水平。本研究按照"创新主体、创新网络、创新要素"的结构框架，构建了天津休闲农业创新体系，同时分析了天津休闲农业创新体系现状问题，提出了政策建议，以期对天津市休闲农业创新体系的构建提供指导。

二、天津市休闲农业创新体系构建

天津市休闲农业创新体系包括创新人才系统、创新组织系统、创新服务系统、创新反馈系统和创新驱动系统 5 个部分。在组织协调和制度保障的基础上，政府、企业、高校、科研机构、中介机构、共享平台、市场、消费者、资本、技术、文化、政策等多要素参与构成协同创新系统（图 1）。其中，创新人才系统是核心，包括以产业技术、创意设计、商业模式等领域的人才创新；创新组织系统是基础，为创新体系的稳定运行提供重要保障；创新服务系统负责信息技术收集、运用等服务工作；创新反馈系统是联结市场、消费者与创新主体的桥梁；创新驱动系统是动力，包含资本、技术、文化、政策等多种要素。

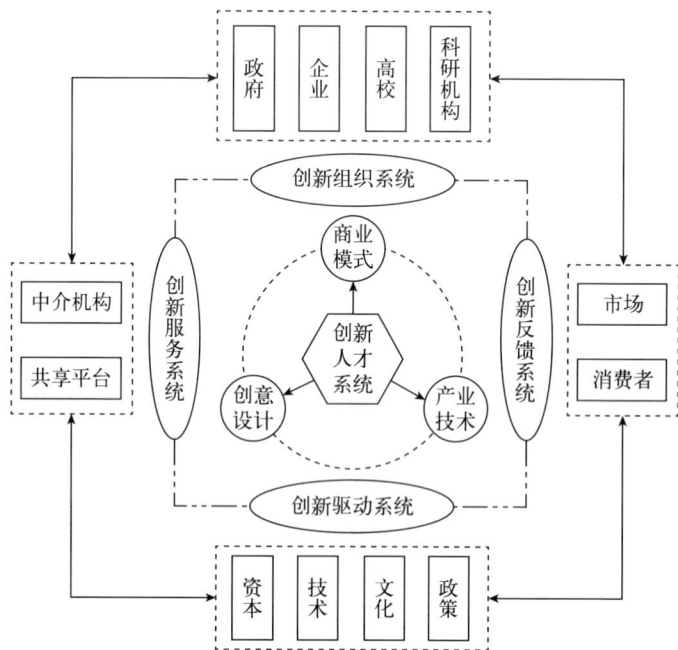

图 1 天津市休闲农业创新体系

（一）创新人才系统

创新人才系统是创新体系的核心，是知识创新和技术创新的载体，主要包括商业模式、产业技术和创意设计等领域的创新。①商业模式领域：包括休闲服务提供模式创新、农产品生产模式创新、采购模式创新等。②产业技术领域：通过对其他行业技术的引进、消化与吸收，实现休闲生产要素和产业链的重新组合，提供新的休闲产品与服务。③创意设计领域：包括创意构思形成、休闲项目策划、节庆活动策划、规划设计、产品包装设计等。

（二）创新组织系统

创新组织系统是由政府、企业、高校和科研机构形成的组织结构。①政府：在体系构建的整个过程中，政府部门通过宏观调控、政策引导、资金辅助、平台建设和资源整合等手段，调动参与者的积极性和主动性，为休闲农业创新体系的稳定运行提供有力保障。②企业：企业拥有人力、土地、设备等生产资源，洞悉市场前景，是创新的重要场所和重要载体。③高校和科研机构是休闲农业创新的技术支撑。高校和科研机构通过成果转化实现自身价值，以人才输送、技术输送、信息输送为途径，为产业资源整合、规划设计、创意策划、运营管理、品牌打造、产品开发、人才建设、标准制定等提供专家咨询和服务指导。

（三）创新服务系统

创新服务系统的主要作用是实现优势互补与资源共享，促进参与主体间的交流沟通，是连接参与主体与参与要素的纽带。①中介机构：中介机构是休闲农业创新体系的重要组成部分，休闲农业的发展离不开旅游、金融、咨询、广告策划、信息技术等机构的支持，在规划咨询、行业组织、信息平台建设、投资融资等方面，为休闲农业创新活动提供第三方服务与支持。②共享平台：以信息共享为宗旨，构建集休闲农业信息服务、管理咨询、营销推介、物流交易、虚拟展示为一体的高速信息网及信息库，实现有效的外部知识联结，促进创新主体之间的沟通交流，发挥信息化对休闲农业发展的作用。

（四）创新反馈系统

创新反馈系统是市场与创新主体沟通的桥梁，是创新主体与消费者互动的纽带，其主要功能是通过信息反馈来调整创新方向。①市场：市场需求变化是社会经济发展的重要因素，创新体系的所有参与要素都受市场供需与竞争环境的影响。②消费者：在互联网时代，消费者不仅是使用者和体验者，同时也是设计者、制造者和营销者，参与主体通过收集消费者的反馈，获取碎片化的需求和创意，通过分析这些需求产生新的创意，拉近参与主体与消费者的距离。

（五）创新驱动系统

创新驱动系统反映创新环境，包含资本、技术、文化、政策等多种要素。①资本：资本是创新体系有效运行的关键。建立相应的投资基金，设计推出科技金融产品，更全面更科学地把握整体产业集群和产业链发展格局，降低企业的投融资成本，提高投资成功率。②技术：物联网、移动互联网、大数据等技术及智能农业装备在休闲农业领域的广泛应用，正在从"空间、时间、成本、安全性、个性化"五个角度全面改变休闲农业消费市场，增强客户体验和客户黏性。③文化：文化是休闲农业创新体系的基石，影响着创新活动的价值选择和行为习惯。④政策：政府通过实施税收优惠、人才政策以及产业政策等，吸引投资主体投资当地的创新活动，推动协同创新活动的良性发展。

三、天津市休闲农业发展的人才创新创业激励机制构建

基于利益相关者理论构建天津市休闲农业发展的人才创新创业激励机制，包括组织激励机制、服务激励机制、反馈激励机制和驱动激励机制。

（一）组织激励机制构建

1. 政府协调机制

政府协调机制主要是为创新创业生态体系内部知识、信息的传递创造开放的环境，构建的有利于企业和其他利益主体之间建立双向联系的机制，以促进各主体间合作效率的提升。即政府部门负责对创业创新活动的方向进行引导，通过健全政策体系、合理投入和分配资金、提供公共服务等多种措施从制度和体制方面支持，推动企业与高校及科研机构之间、企业与企业之间的协同创新。

2. 协同联动机制

关联企业之间的协同联动是整个行业可持续健康发展的关键。关联企业主要包括产业链上的上游企业（农资、技术企业）、下游企业（旅行社、互联网企业）和竞争企业（其他休闲农业企业）。企业之间通过相互学习或者横向联合，形成一个基于技术合作、市场共建、人才共享的创新创业生态体系。①关联企业之间的协同联动可随时跟进和了解消费者需求的变化，最大幅度提升消费者满意度，并注意听取消费者反馈，从中发现改进和创新方向。如结合自驾游、骑行游的新方式，创建自驾车、房车营地以及骑行野外帐篷宿营地等。②引入专业技术人才和高级管理人才。企业出资或资助一些专家和技术人员来负责为小企业提供技术咨询、管理人员和技术人员培训。还可以邀请学者、专家、企业家等，给企业的高层管理者们讲授企业运行的理论知识。

3. 利益协调机制

休闲农业的开发过程实际上是各利益主体之间的博弈过程，是资源的分配

和利益平衡的过程，是利益相关者之间通过交易、协调、利益让渡和责任分担
而进行社会建制的过程（表1）。

表1　休闲农业开发中利益主体的职责与权利

利益主体	身份	职责与权利
当地农民	参与者、受益者	环境保护，文化传承，投资就业，监督反馈，利益分配
当地政府	调控者	决策规划，资金扶持，招商引资，人才培养，设施建设，利益协调
游客	实践者、反馈者	文化交流，信息反馈
企业	执行者	企业文化建设，环境保护，利润回报
第三方	指导者、协助者	扶助弱势群体，技术支持，决策咨询，制衡政府
同类竞争者	合作者、竞争者	旅游合作，市场竞争
社会公众	监督者	社会监督

（二）服务激励机制构建

1. 中介服务机制

休闲农业企业的成长需要各种高度专业化社会分工服务的支持，如法律、
人才、财务、评估和信息服务等，通过各种专业化服务的支持降低其初创期的
经营阻力，提高创新创业的成功率。充分依托各种相关中介机构提供的各项服
务，涉及融资、创业与管理咨询、技术咨询、法律、财务、人才招聘与培训等
方面，通过合作，中介机构提供信息服务支持，帮助企业获得所需的信息服务
以减少信息服务的搜索成本，并为企业定制信息服务内容。

2. 培训教育机制

根据天津市休闲农业整体发展的需要，结合不同区域的发展特点和能力建
设的要求，坚持以市场需求为出发点，有针对性地开展岗位培训和专题培训。
对分管休闲农业的主管领导，开展结合新农村建设如何发展乡村旅游、规划编
制、产品开发与策划等培训；对乡镇和村休闲农业负责人，开展特色旅游乡镇
村评定标准、农家乐发展与规范管理、农家乐等级的划分与评定、农业旅游示
范点评定标准等培训；对农户和旅游示范点，开展食品卫生、餐饮服务规范、
休闲农业旅游管理安全、服务礼仪等培训。

3. 知识共享机制

在知识共享的创新创业生态体系中，政府部门、高校、科研院所、中介服务机构等部门建立密切联系，成员间通过信息与知识的交流，实现优势互补和资源的有效利用，从而提高创新创业生态体系运营效率并降低运营成本。

（三）反馈激励机制构建

1. 政府—企业反馈机制

政府有关部门应对业绩突出的经营者适时适度地授予各种荣誉称号，宣传其业绩以提高经营者的社会知名度和职业美誉度。而对于身处困境的企业经营者，一定要从实际出发，体谅他们投入高、收益低的境况，通过出台政策和提供辅导，鼓励企业脱困。而企业也可以将经营过程中遇到的困难和问题、需要政府提供的支持，与政府进行汇报和交流，实现正向反馈。

2. 企业—机遇反馈机制

机遇来自社会中可获取的知识和信息，包括新技术、新知识和新理念。企业必须增强把握机会的能力，从企业利益最大化的角度出发，寻求与各市场主体进行合作的机会，谋求共赢发展。一方面通过相互交流取长补短，例如外出考察，不断引进新经验和新理念，定期组织休闲农业企业家文化沙龙，鼓励参与者深入沟通进而碰撞出新理念，形成联动效应；另一方面通过与上游企业和下游企业接触与合作，引进新技术、新模式提升自身经营水平，实现产业链内部的资源流动和优势互补，形成资源共享和声誉共享机制。

3. 企业—人才反馈机制

如何有效地调动休闲农业创新创业人才的主动性、积极性，是休闲农业人才创新创业激励机制最为重要的环节。

（1）关注福利待遇。企业在发展过程中，要持续关注人才的福利待遇，适时地提高职工的收入水平，改善企业职工的工作环境。不断地完善薪酬制度，为企业发展壮大提供保障。

（2）拓展晋升空间。拓宽晋升路径，即便是参加一线工作的职工也有晋升的机会，获取更加优越的待遇。增进不同岗位人员之间的交流，并通过轮岗，使员工提高工作能力，成长为全面发展的人才。

（3）培养发掘潜力。推行岗前、短期脱产、专项、师徒制等灵活多样、行之有效的培训方式，广泛开展岗位练兵、技能竞赛、技能比武、专业调考和学习观摩交流等活动，使培训贴近职工、贴近实际，增强实效性。

（4）完善人才激励约束机制。规范岗位分类和标准，建立以业绩为重点，由品德、知识、能力等要素构成的绩效考核体系，通过实践检验人才，以素质论高低，以能力比强弱，以业绩定优劣。

（5）培育优秀企业文化。对在企业发展各个领域作出突出贡献的人才，加大挖掘、培养、选拔和宣传力度，充分发挥先进典型的示范带动作用，营造学先进、比先进、赶先进、争当先进的浓厚氛围，推动企业良性发展。

（四）驱动激励机制构建

1. 资金撬动机制

从问卷调查分析可以看出，资金短缺是目前天津市休闲农业企业普遍面临的问题，需要建立由政府、金融机构等多元主体共同参与的投融资机制。

（1）政府通过提供基础设施、节庆活动、创意设计等方面的补贴和贷款，向休闲农业企业提供资金支持。

（2）政府牵头，吸纳社会资本共同建立休闲农业创新创业基金，为休闲农业企业筹措资金，以确保创新创业持续推进。

（3）引进风险投资。依托互联网风投，对农业项目进行包装设计，引入共享和直播模式，拓宽休闲农业企业获得投资的渠道。

（4）政府向高校及科研院所提供经费支持，高校及科研院所为休闲农业企业提供技术和人才支持，促进科研单位在创新创业生态体系中功能的发挥。

2. 技术驱动机制

高校、科研院所拥有技术和知识的优势，但缺乏将技术进行商业化和市场化的能力，而这正是企业的强项，这种互补性为两者之间合作关系的建立奠定基础。企业可以通过创新创业生态体系向高校、科研院所等单位寻求技术支持与帮助，而针对在经营管理、市场推广过程中遇到的难题，企业可以邀请高校的专家或教授、咨询公司的专业人员进行辅导。

3. 文化激励机制

这种创新文化氛围可以影响到其中的每一个参与者，文化激励与知识共享可以促进企业创新，增强企业的生存与竞争能力：第一，成长环境的影响。寻找和培养具有创新精神的企业，休闲农业企业经营管理者的成长与成熟得益于社会网络对其认可的程度，包括社会的认可、市场的需求、转型的需要都会对休闲农业的创新产生重大影响。第二，学习环境的影响。企业可信度、学习周期、解决问题的速度和资源共享能力直接影响着企业的创新创业行为，对休闲农业企业而言，经营过程中会遇到各种困难与挑战，也正是在这个过程，企业会逐渐积累学习能力和解决问题的能力。

四、政策建议

（一）强化政府的行业管理者地位

一是市财政农业项目资金向休闲农业创新方向倾斜，将休闲农业创新纳入各类财政支农项目和产业基金扶持范围，同时采取财政贴息、融资担保、扩大抵押物范围等综合措施，努力解决休闲农业创新融资难问题。二是加强休闲农业基础设施配套建设，给予休闲农业项目适当的用地优惠，在符合土地利用总体规划的前提下，通过调整存量土地资源，缓解休闲农业创新用地缺乏的问题。三是提升公共服务能力，设立行政审批"绿色通道"，为休闲农业创新提供便利服务。

（二）突出企业在创新体系中的主体地位

一是扶持休闲农业企业提升其技术创新能力，推动现代农业生物技术、信息技术、文化创意技术的集成、创新与应用；鼓励高校、科研院所与企业共建技术开发机构。二是完善休闲农业企业创新合作平台建设，加大企业的创新研发投入，鼓励建立以技术中心、重点实验室、专家工作站等为主导的企业创新平台，以数据收集和使用为主要功能的信息平台，以及面向产业创新服务的协同创新平台，设置科技奖励机制和利益激励机制，增强企业创新能力。三是建立休闲农业创新试点型企业，发展成为现代农业、农产品加工、现代服务业三产融合型企业，打造休闲农业示范样板和创新重要载体。

（三）以产业集聚发展模式提升创新能力

一是依托特色资源与文化，引导休闲农业向产业集聚方向转变，通过产业集聚的优势，推动一二三产业在功能上的交叉和融合发展，培育产业集群和产业融合先导区。二是紧密围绕聚集区发展定位，打造一批地域特色鲜明、影响力强的休闲农业与乡村旅游知名品牌，通过节庆会展、主题活动、经营主体形象设计等多种方式广泛宣传推介，塑造一批休闲农业聚集区的精品形象。三是政府支持引导休闲农业聚集区的创新活动，制定补贴、贷款、税收等优惠政策，并对基础设施配套建设给予长期扶持，调动从业人员创新的积极性。

（四）构建休闲农业创新公共服务平台

一是强化天津市休闲农业协会平台建设，依托行业协会提供创业辅导、政策咨询等有针对性的培训项目，并将休闲农业创新培训经费纳入财政预算。二是加强集休闲农业信息服务、管理咨询、营销推介、虚拟展示为一体的休闲农业信息平台建设，提高休闲农业信息入户率，拓展互联网在引领行业发展上的作用，为天津市休闲农业发展营造良好氛围。三是加强休闲农业研究平台建设，组建休闲农业与乡村旅游研究中心，以加快系统改造和要素组合，推动产业开发和科技创新协调并举、良性发展。四是加强休闲农业中介平台建设，采取各种政策措施吸引旅游、金融、咨询、广告策划、信息技术等第三方中介服务机构，为系统创新直接提供服务支持，全面提高创新效率。

（五）强化休闲农业创新人才引进与培养

一是扩大天津休闲农业创新人才规模，培育新型农业经营主体，制定对返乡下乡人员、大学生、留学回国人员、科技人员和妇女等创新人员的优惠政策。二是加强吸引人才的软硬件环境构建，为服务天津休闲农业创新体系构建的专业人才开设人才引进"绿色通道"，完善休闲农业基础设施、改善休闲农业工作环境，集中有限财力用于人才福利的改善，创造"栓心留人"的环境。三是培养与聚集对天津休闲农业创新起主导作用的领军人物，发挥他们在攻克重大技术创新项目的智力优势，进一步提升天津休闲农业创新能力，构建一流创新团队。

项目来源：2016 年天津市科技发展战略研究计划项目（项目编号：16ZL-ZXZF00020）

执笔人：郭华、徐虹、孙国兴、高书军、董霞、郁滨赫

参考文献

曹静，2010. 产学研结合技术创新模式研究 ［J］. 现代管理科学（3）：87-88.

陈秋华，李有绪，2013. 福建休闲农业技术创新路径的选择 ［J］. 台湾农业探索（4）：34-37.

冀晴，2015. 产学研协同创新运行机制的研究 ［D］. 河南：郑州大学.

李有绪，陈秋华，2013. 福建休闲农业技术创新体系构建研究 ［J］. 福建论坛（人文社会科学版）（9）：139-143.

刘颖，2013. 政产学研结合推进区域协同创新的机制研究：以武汉光谷为例 ［D］. 武汉：华中师范大学.

毛政珍，林小星，2012. 湖南农业经济发展及其人才需求状况分析 ［J］. 职业（36）：122-123.

王文烂，刘伟平，银小柯，2008. 农业技术创新体系研究述评 ［J］. 福建农业学报，23（2）：205-210.

王兴元，姬志恒，2008. 山东省农业创新体系分析与改善对策 ［J］. 科学与管理（4）：33-37.

基于绿色发展的天津现代农业产业
技术体系深化路径研究

一、研究背景

（一）问题的提出

2017 年，中共中央办公厅、国务院办公厅印发了《关于创新体制机制推进农业绿色发展的意见》，推进农业绿色发展成为时代要求。现代农业产业技术体系建设是农业科技体制改革中的一项重大创新。国家现代农业产业技术体系建设于 2007 年由农业部和财政部联合启动，是深入实施科技创新驱动战略，全面提升农业科技自主创新能力的重要举措。以农产品为单元，以产业链为主线，整合优势资源，注重联合攻关、集成创新和产学研一体化，是现代农业产业技术体系区别于传统科技组织模式的基本特征。实践证明，现代农业产业技术体系围绕产业链打造科技链的科技组织模式，有效解决了长期以来农业科技领域存在的资源分散、条块分割、产学研脱节、成果转化率低等问题。

借鉴国家现代农业产业技术体系做法和经验，天津市现代农业产业技术体系于 2017 年启动第一轮建设，初步形成蔬菜、奶牛、生猪、水产、水稻、林果六个创新团队，其功能地位、体制机制等尚处于探索阶段，有在极大程度上优化、深化的必要性和可能性。面对农业绿色发展的战略要求，深化天津现代农业产业技术体系建设，构建支撑农业绿色发展的科技创新体系势在必行。本研究针对绿色发展背景下天津现代农业产业技术体系建设面临的需求、发展现状和存在问题，从技术层面寻求天津现代农业产业技术体系深化路径，提出进一步完善现代农业产业技术体系的对策建议，对提升体系运行效果和服务产业发展能力有重要的现实意义，为政府主管部门进一步加强现代农业产业技术体系建设、优化配置科技资源、深化农业科技体制改革，提供科学的决策依据。

（二）现状与挑战

1. 体系建设的广度和深度仍需进一步拓展

相对新时期天津现代都市型农业的战略定位和高质量发展要求，天津现代农业产业技术体系无论从广度还是深度方面都需要进一步拓展。一是从广度来看，现代农业产业技术体系安排建设的产品偏少，与天津建设国家现代农业示范区和打造现代都市型农业升级版的要求不匹配。二是从深度来看，现有体系的全产业链集成创新水平仍有待提升。现代农业产业技术体系旨在建设从产地到餐桌、从生产到消费、从研发到市场各个环节紧密衔接的技术体系，增强农业科技含量和竞争力。

2. 顶层设计和统筹联动机制需要进一步完善

天津市现代农业产业技术体系全产业链互动效果较差，整合资源、联合攻关、集成创新的效果不理想。一是顶层设计不完善。第一轮建设周期设为三年，与农业科研推广周期长、见效慢的特点不匹配，导致对产业发展中的关键问题和关键目标把握不准，不利于重大科研成果的发现和关键问题解决；同时制度设计不完善，特别是长效机制的缺乏导致项目建设的延续性存在问题。二是统筹联动机制不完善，创新团队缺乏统筹协调，联动协作不够顺畅，六个不同团队之间以及团队内部各自为战，在共性关键问题上联合攻关力度不够。

3. 团队协作和高效对接机制需要进一步完善

打破产学研之间的藩篱，推进创新、转化、推广各环节有机对接，建立高效的团队协作机制，提升全产业链集成创新水平，是体系建设的根本宗旨。问卷调查显示，有65％的被调查者反映体系各环节之间的有效对接不畅，团队协作效果不佳，通过高效精准对接实现技术集成创新效果还不理想。创新团队内部岗位专家和试验站之间实质性合作较少，团队创新成果转化效率有待提高。

4. 重心下移和人员下沉机制需要进一步加强

天津市现代农业产业技术体系第一轮建设中在资金分配、团队人员、项目执行方面，重心下移、人员下沉不够，服务产业发展的影响力仍然不足。一是在资金分配方面，从不同环节的资金配比来看，岗位专家每人 40 万元，而每个试验站资金仅 10 万元。试验站作为成果转化和推广示范的主体，面向广大辐射基地，推广规模和覆盖面大，资金明显不足，导致体系辐射带动能力发挥不足。二是在人员和项目执行方面，由于创新团队成员多为科研机构和龙头企业的骨干专家，立项项目偏向新产品、新技术研发，集中于科研等中上游环节较多，深入生产一线和试验站开展实质性合作、推广示范较少，影响了现代农业产业技术体系的运行服务效果。

5. 考核管理系统和激励约束机制需要进一步完善

考核管理系统是体系建设的关键环节，完善激励约束机制，对激发创新团队能动性，提高体系运行效果有重要意义。访谈和问卷调查结果显示，天津现代农业产业技术体系第一轮建设中，考核管理系统对创新团队的激励约束不足，存在两方面问题。一是建设期限和考核标准有待调整。天津市现代农业产业体系建设周期为三年，周期偏短，考核标准中某些条款被普遍认为要求过高，合理性不足，如对考核标准中的"宣传成果"认可率仅有 13.6%。二是考核办法和考核方式有待完善。目前考核办法为体系管理委员会考核和体系人员自评相结合，是传统的自上而下的考核方式，忽略了服务对象即受众群体的意见，如龙头企业、合作社、科技示范基地等，缺乏自下而上的对服务真实效果的反映。

6. 辐射带动和服务产业的影响力需要进一步扩大

天津市现代农业产业技术体系建设第一轮建设初见成效，但是辐射带动和服务产业发展的影响力还需进一步扩大。一是由于第一轮建设中重心下移不够，偏重于科研试验等中上游环节，与生产一线对接不够紧密，技术服务的精准到位率和辐射带动范围不够，服务产业发展的影响力还需要进一步提升。二是体系建设的信息化和开放程度不高，信息化是服务产业发展的重要手段，是影响体系服务效率的关键因素。调研中发现，天津市第一轮建设的六个创新团队中信息化岗位普遍存在科研资金不足问题，因为缺乏资金，不能实现全方位的应用开发，仅能实现体系作为交流平台的基本功能，信息交流仍存在封闭、交流面窄、对外体系开放不够等问题，尚未实现体系面向广大生产者的服务功能。

二、绿色发展背景下深化天津现代农业产业技术体系建设思路和重点方向

(一) 总体思路

绿色发展背景下天津现代农业产业技术体系建设思路，应全面贯彻党的十九大精神，落实中央和天津市关于农业绿色发展的方针和理念，围绕绿色发展和天津现代都市型农业发展定位对天津现代农业产业技术体系的战略需求，以解决制约产业发展的关键技术为导向，以提高服务产业发展能力为目标，坚持特色优先、重点突破、分批推进、强化协同的原则，在现有基础上进一步提高运行效率，以强化统筹管理、推动科学布局、优化资源配置、完善顶层设计、创新运行机制为路径，逐步形成"管理科学、健康持续、高效运行、覆盖全局"的现代农业产业技术体系，以全面提升农业科技创新能力和市场竞争能力，全面提升天津现代都市型农业的产业竞争能力，为推进现代都市型农业绿色发展和打造现代都市型农业升级版，助推乡村振兴战略实施提供有力的科技支撑。

(二) 重点方向

在农业绿色发展的战略背景下，天津现代农业产业技术体系应将绿色发展要求贯穿于体系建设的全过程，以农产品为单元、以产业为主线，推动农业科技资源纵横合理配置，突出在遗传育种、栽培与养殖、病虫害防治、设施设备升级、产后处理与加工、生态保育修复等环节中绿色产业技术的研究试验、集成示范和推广应用，形成覆盖产前、产中、产后各环节的绿色产业技术体系，为特色优势产业绿色发展提供全面、系统的技术支撑。按照农业农村部《农业绿色发展技术导则（2018—2030 年)》的要求，结合天津现代都市型农业发展需求和天津现代农业产业技术体系建设的实际，明确深化天津现代农业产业技术体系建设的重点方向。

1. 加强绿色投入品的研发示范和推广应用

（1）加强高效优质多抗新品种的选育推广。围绕天津蔬菜、奶牛、生猪、水产、水稻、林果等六大特色优势产业，选育和推广一批高效优质多抗的新品

种，显著提高农产品的生产效率和优质化率。在传统育种的基础上，加强转基因技术、全基因组选择和多性状复合育种等高新育种技术研究；进行高效优质多抗新品种选育，开展品种生产与生态效益评估，建立以优质和绿色为重点的市场准入制度；加强高效优质多抗新品种及良种良法配套技术熟化、集成示范和推广应用。

（2）环保高效肥料、农业药物与生物制剂的研发推广。围绕天津蔬菜、奶牛、生猪、水产、水稻、林果等六大特色优势产业，重点研发推广和集成示范高效液体肥料、水溶肥料、缓/控释肥料、新型土壤调理剂、高效复合肥料、新型微生物肥料等新产品及其生产工艺，高效低毒低风险化学农药、新型生物农药、种子生物制剂处理产品和天敌昆虫产品，微生物、酶制剂、高效植物提取物等新型绿色饲料添加剂，新型中兽药、动物专用药、动物疫病生物防治制剂、诊断制品及工程疫苗等生物制剂，纳米智能控释肥料、绿色环保型纳米农药，新型可降解地膜及地膜制品、农产品包装材料等。

2. 加强安全绿色生产技术的研发示范和推广应用

（1）畜水产品绿色健康养殖技术。围绕奶牛、生猪、水产三大特色优势产业，以疫病防治、环境治理、饲料营养等为主题，建立现代奶牛、生猪、水产产业技术体系。加强饲料营养调控关键技术、饲料精准配方技术、饲料原料多元化综合利用技术、非常规饲料原料提质增效技术、畜水产品绿色提质增效养殖技术、畜水产品营养精准供给技术、新型绿色环保兽药、疫苗、饲料等投入品研发、新型疫苗及诊断制品生产关键技术、健康养殖及清洁生产关键技术、规模化养殖场环境控制关键技术、受控式集装箱高效循环水养殖技术、水生动物无规定疫病菌种场建设技术、疫病监测诊断与防控技术、废弃物减量化和资源化利用技术等研发推广。

（2）农作物安全生产技术。围绕蔬菜、水稻、林果三大特色优势产业，开展安全生产，投入品和质量检测技术的集成创新，建立农产品"从产地到餐桌"的全程可追溯体系，确保农产品的质量安全。重点包括：农作物标准化、规模化、精准化水肥控制等安全生产技术的研发推广；病虫害综合防治及可持续控制技术研究、农药多残留检测技术与快速筛选体系建立、农产品近红外无破损性检测技术研发；农产品产地溯源技术、农业生产投入品质量监测技术研发；高效安全、低毒低残留新型农药化肥等研发推广。

3. 加强绿色产后增值技术的研发示范和推广应用

（1）农产品低碳减污加工贮运技术。围绕天津蔬菜、奶牛、生猪、水产、水稻、林果等六大特色优势产业，重点研发绿色农产品质量监测控制技术、农产品质量安全监管与溯源关键技术、农产品产地商品化处理和保鲜物流关键技术、农产品物理生物保鲜和有害微生物绿色防控关键技术、鲜活水产品绿色运输与品质监控技术、新型绿色包装材料制备技术、农产品智能化分级技术。集成示范农产品新型流通方式冷链物流关键技术、农产品贮藏与物流环境精准调控技术、农产品冰温贮藏技术、畜禽肉绿色冷藏保鲜技术、鲜活水产品绿色运输和冷藏保鲜技术。

（2）农产品智能化精深加工技术。围绕天津蔬菜、奶牛、生猪、水产、水稻、林果等六大特色优势产业，重点开展农产品的营养功能研究，加工过程中食品的品质与营养保持技术、食品功能因子的高效利用技术、食品 3D 打印技术、超微细粉碎技术、真菌毒素脱毒酶制剂和菌制剂的开发技术、营养调理肉制品和水产品加工关键技术。集成示范绿色食品品质与安全快速无损检测技术、绿色食品全程清洁化制造关键技术，加强功能性食品的开发研究，高端的功能性乳品、果蔬类绿色休闲食品、淡水鱼类休闲食品、制品的研究与开发、鲜酿果酒的技术研究与开发。

4. 加强节能低耗智能化农业装备研发示范和推广应用

（1）节能低耗设施装备。围绕天津蔬菜、奶牛、生猪、水产、水稻、林果等六大特色优势产业，重点研发和示范推广种子优选、精量播种与高效移栽、精准施药、精准施肥、节水灌溉、秸秆收储及利用、残膜回收、饲料精细加工、采收嫁接、分级分选、智能挤奶捡蛋、屠宰加工、智能化水产养殖以及农产品智能精深加工关键技术装备、农业机器人。集成示范智能化深松整地装备、轻简节本减排耕种管技术装备，低损保质收储运与产后处理技术装备，规模化农场全程机械化生产工艺及机器系统，适度规模种养循环设施技术装备，植物工厂绿色高效生产设施技术装备，畜禽水产生态循环养殖与安全卫生保质储运技术装备，畜禽养殖、水产加工废弃物资源化利用装备。

（2）农业信息技术装备。以推进农业生产经营的信息化、数字化、精准化为目标，以农业物联网技术开发为核心，加快农业信息化建设。重点研发推广农业土壤—作物养分运转、动植物生长发育过程的信息感知机理、农业地物遥感及解析机理等基础研究；研究农林动植物数字农业技术；突破农产品供应链全程质量安全信息感知技术与装备、无线传感网与云通信、智能化信息处理与云计算等农业物联网共性关键技术；开发肥、水、药变量作业与自动导航等精准作业技术系统。面向水稻、林果、设施蔬菜、畜水产品等主要农产品的生产、加工、包装、储藏、流通等供应链，全程开展数字农业与精准农业关键技术和产品的集成示范。

5. 加强农业资源高效利用和生态修复技术研发示范和推广应用

（1）农业资源高效利用技术。围绕天津蔬菜、奶牛、生猪、水产、水稻、林果等六大特色优势产业，以农业综合节水技术、化肥农药减施增效技术、农业废弃物资源化利用技术等三个方面为核心，重点研发和示范推广农业用水生产效率研究与监测技术，农作物最佳养分管理技术，水肥一体化精量调控技术，设施园艺智能水肥一体化技术，化肥减施增效技术，新型肥料高效施用技术，无人机高效施肥施药技术，化学农药协同增效绿色技术，农药靶向精准控释技术，秸秆肥料化、饲料化、燃料化、原料化、基料化高效利用工程化技术及生产工艺，规模化畜禽场废弃物堆肥与除臭技术，秸秆—沼气发电技术，沼液高效利用技术。

（2）农业生态保育和修复技术。围绕天津蔬菜、奶牛、生猪、水产、水稻、林果等六大特色优势产业，以耕地质量提升与保育技术、农业面源污染治理技术、水生生态保护修复技术等三个方面为核心，重点研发和示范推广合理耕层构建及地力保育技术、作物秸秆还田土壤增碳技术、有机物还田及土壤改良培肥技术、土壤连作障碍综合治理及修复技术、盐碱地改良与地力提升技术、农业面源污染在线监测及污染负荷评价技术、农田残膜污染综合治理配套技术、微生物化学降解技术、农田有机污染植物—微生物联合修复技术、水环境生态修复技术、海洋牧场立体养殖技术、工厂化循环水养殖技术、池塘工程化循环水养殖技术、水生生物资源养护技术。

三、天津现代农业产业技术体系深化路径

（一）强化统筹管理，完善顶层设计

提升统筹规划与管理水平，进一步完善顶层设计是体系建设的重要保证。

一是在"十四五"时期深入实施乡村振兴战略的时代背景下,提升现代农业产业技术体系建设的战略高度,建立天津市农业农村委、科委、财政局等相关部门负责人经常性沟通的联席会议制度,制定加强跨部门联合促进现代农业产业技术体系建设的办法。二是建立长效机制,借鉴国家和其他省市现代农业产业技术体系建设经验,制定天津市现代农业产业技术体系长期的建设规划,使体系建设更符合农业科研周期长的特点,逐步健全管理制度,促使现代农业产业技术体系运行更趋科学性和规范性,提高体系运行效率,不断完善并长期发挥作用。三是推动科学布局,按照"择优布点,试点先行,分批建设"的思路,逐步扩大产业覆盖面。

(二)强化协调联动,推进协同创新

探索建立高效的团队协作机制,强化现代农业产业技术体系首席专家、岗位专家和试验站之间的协调联动,塑造团结协作的团队文化,推动全产业链的有机连接和高效联动,形成联合攻关和协同创新局面。一是完善交流协作机制,定期交流与随机交流相结合,推进创新团队成员之间的交流互动,加强首席专家、岗位专家与试验站的紧密对接,形成产学研有机结合的利益共同体。二是完善信息化平台,充实平台内容,提高信息资源的共享、开放和利用水平,利用信息化平台提升体系对产业发展的服务效率,增加体系的影响力。三是积极推动对外交流,加强对外宣传,扩大影响范围,形成以京津冀为核心的不断扩展的开放型工作格局。

(三)强化需求导向,推动重心下移

天津市现代农业产业技术体系建设的主要任务是解决天津特色优势农产品的重大农业科技问题,工作要以进一步强化服务产业发展需求为导向。一是深入调研凝练关键问题,明确研究目标和关键节点,建立需求导向的体系工作机制,以最急需、最关键、最薄弱环节和领域为重点,实施重大项目,集中解决影响和制约产业发展的关键瓶颈和技术难题。二是推进重心下移,促进资金、人才、项目等创新要素和优势科技资源向综合实验站和产业示范基地聚集。坚持人才下沉、科技下乡,突出产业技术体系集成创新示范直接服务于产业发展的职能,利用信息技术提高科技服务效率,构建覆盖全市的产业技术体系网络。

(四) 强化主体职能，提高执行能力

天津现代农业产业技术体系涉及首席专家、岗位专家、综合实验站及相关依托单位等多个主体，需要各主体各司其职、高效协作才能提高运行效率。一是天津市现代农业产业技术体系管理委员会应进一步强化管理职能，促进资源整合，进一步理顺部门之间协调联动工作流程，促进各部门、各环节有序衔接与高效运行。二是进一步强化首席专家对创新团队的统筹协调职能，推进岗位专家和实验站全方位合作，实现全产业链的有机联结和高效联动，形成联合攻关和协同创新局面。三是进一步发挥试验站的推广示范和辐射带动职能，使之成为农业科技资源相互对接、集成创新和推广示范的真正载体。

四、推进天津市现代农业产业技术体系深化建设的对策建议

(一) 加强资源整合，为体系建设提供良好的人才和资源保障

现代农业产业技术体系创新团队建设的核心是在不改变现有体制的条件下，实现人才和科技资源的整合，开展联合攻关、集成创新和推广应用。一是理顺体系建设过程中各方面的关系，提高资源配置效率，加强现代农业产业技术体系与各类科技计划之间的衔接，妥善处理首席专家、岗位专家身兼数职、科研任务交叉重叠等问题，使科学家能够持续稳定地投入体系建设。二是广泛吸引社会资源参与体系建设，广泛吸引涉农企业、基层农业技术推广部门以及农村实用人才等科技资源，丰富体系创新团队人才队伍、夯实资源基础。

(二) 完善共享平台，构筑高效运行的基础平台支撑

现代农业产业技术体系的持续建设和高效运行，需要有完善的共享平台支撑。一是完善天津现代农业产业技术体系信息化平台建设，在遵守保密原则的前提下，将体系工作的情况展现在网络平台上，及时发布体系工作的新动态，逐步实现创新技术推广，成果转化信息化。二是扩大体系平台的开放和共享程度，让更多利益相关群体参与体系建设，特别是保障合作社、专业大户、涉农企业等服务对象的参与权、知情权、沟通权、监督权和共享成果的机会。三是

以体系信息化平台建设为基础，构建开放共享的技术服务平台，与"三农大数据"等平台相衔接，拓展服务渠道和服务方式，提升现代农业产业技术服务效果。

（三）完善评价监管机制，构建坚实有力的制度保障

科学设计管理制度、健全评价监督机制，是激发产业技术体系活力的现实需求和保障现代农业产业技术体系运行效果的关键。一是进一步完善体系管理制度，在现有制度基础上，进一步制定和完善创新团队工作细则，健全岗位责任制、绩效考核办法等相关制度；强化健全激励制度，引入竞争机制，建立并执行严格的奖惩制度，形成能进能出、动态管理的格局。二是完善监督评估机制，推进评价监督主体多元化，引入技术用户即涉农企业代表、农民合作社代表等，形成自上而下和自下而上相结合的多维评价考核方式。三是修正考核标准，引入体系对产业发展的贡献相关指标，把科技创新和成果转化对产业发展的贡献作为体系建设的出发点和落脚点，依据产业发展结果来考核，避免成果与应用相脱节，形成多维评价指标体系。

（四）加强科学管理，构建资金高效使用和多元化保障机制

贯彻落实国务院办公厅《关于改革完善中央财政科研经费管理的若干意见》（国办发〔2021〕32号）文件精神，针对第一轮建设中存在的项目经费管理刚性偏大、经费报销难、资金分配不合理及部分关键岗位资金严重不足的问题，进一步改革完善资金的分配、使用和管理制度。一是加大对岗位专家和试验站科技人员的激励力度，建议在下一轮项目资金预算中设立间接费用，项目承担单位可将间接费用全部用于绩效支出，并向绩效突出的团队和个人倾斜。二是建立以需求为导向、以项目为核心的专项资金分配制度，集中梳理产业发展中的"卡脖子"、技术推广"最后一公里"等问题，有针对性地设立项目，以项目为载体进行资金分配，并引导资金向关键岗位倾斜，改变资金使用分散的局面，提高资金使用效率。三是发挥财政资金的杠杆效应和导向作用，综合运用金融、税收等政策激励措施吸引社会资本参与现代农业产业技术体系建设，建立多元化的投入渠道，为体系建设和持续运行提供资金保障。

项目来源：2017年天津市科技发展战略研究计划项目（项目编号：17ZL-

ZXZF00830)

执笔人：刘会想、孙国兴、陈琼、崔凯、张蕾

参考文献

胡瑞，李忠云，陈新忠，2015. 湖北省现代农业产业技术体系深化研究［J］. 华中农业大学
学报（社会科学版）（3）：40-46.

李平，2012. 现代农业产业技术体系运行绩效及提升策略研究［D］. 武汉：华中农业大学.

李平，王维薇，2018. 现代农业产业技术体系湖北团队协同创新绩效及影响因素研究［J］.
湖北农业科学，57（11）：140-145.

李平，王维薇，张俊飚，2016. 国家现代农业产业技术体系建设现状调查与统计分析［J］.
湖北农业科学，55（22）：5995-6000.

梅方竹，涂立超，伍新玲，等，2010. 国家现代农业产业技术体系建设与发展之我见［J］.
科技管理研究，30（24）：11-13，20.

农业部，2016. 农业科技创新的"体系模式"：农业部现代农业产业技术体系发展纪实［J］.
新农村（黑龙江）（10）：20-22.

祁春节，苏小姗，2010. 我国现代农业产业技术体系的建设：基于新制度经济学视角的分
析［J］. 科技进步与对策，27（14）：60-63.

苏小姗，祁春节，2013. 国家现代农业产业技术体系制度创新与技术创新互动关系实证研
究［J］. 科技进步与对策，30（2）：26-31.

伍莺莺，许宁，张昭，等，2012. 现代农业产业技术体系地方创新团队建设探析［J］. 科技
进步与对策，29（12）：70-73.

阳恺，2011. 现代农业产业技术体系"四川创新团队"建设的问题与对策研究［D］. 成都：
电子科技大学.

张克俊，张娜敏，伍红玮，2014. 现代农业产业技术体系建设的制度创新特征、问题及对
策建议［J］. 农村经济（11）：37-41.

张娜敏，2014. 基于制度创新的现代农业产业技术体系建设研究［D］. 成都：四川省社会
科学院.

邹雁燕，2018. 浅议现代农业产业技术体系建设专项财务管理［J］. 中国农业会计（9）：
8-9.

基于制度创新视角天津现代农业产业技术体系建设研究

一、研究背景

2007 年底，农业部和财政部联合启动了小麦、玉米、水稻等 10 个农产品现代农业产业技术体系的建设试点工作。在此基础上，于 2008 年底全面启动了 50 个农产品的现代农业产业技术体系建设，实现了我国农业现代化进程中一项重大的制度创新和飞跃，为农业科学技术的创新提供了必要的制度保障。

国家"十三五"现代农业产业技术体系紧紧围绕农业供给侧结构性改革和绿色发展新要求，在保持 50 个体系总量不变情况下，通过合并小体系、适当新增部分体系、新增部分岗位和试验站等方式，进行内部结构调整优化，全面提高体系服务国家目标和产业发展的支撑能力。

在统筹城乡发展背景与要求下，现代农业发展已不仅仅限于农业产业本身的壮大提升，而是一二三产业联动发展，带有产业互动和区域互动的明显趋势，同时还要体现经营规模化、现代化和农民组织化等重要特征。围绕现代农业的这些重要特征，天津通过积极探索农业科技资源组合模式创新，构建现代农业产业技术体系并取得了突出成效。这些重要探索优化了农业科技资源配置，提高了技术为产业服务的能力、带动了农民科技创业的积极性并完善了农村科技服务体系，但是，在这种探索和运行中也暴露出一些新问题。因此，在新时期新阶段，如何在更新理念、更高层次、更好机制和更大范围下促进现代农业产业技术体系的建设，需要总结经验、发现规律，从而提出进一步完善的方案。

二、天津现代农业产业技术体系的制度设计

(一) 总体思路

将天津现代农业产业技术体系建设工作放在打造天津市现代都市型农业升

级版的总体要求中，以发展新理念、新思想、新战略为统领，包括创新、协调、绿色、开放、共享五大发展理念，全面建成小康社会、全面深化改革、全面依法治国、全面从严治党"四个全面"，经济建设、政治建设、文化建设、社会建设、生态文明建设"五位一体"；以乡村振兴战略和农业供给侧结构性改革为主线；以"四个全覆盖"为抓手，即农业种养殖规模化规范化经营全覆盖，规模新型经营主体网络销售农产品全覆盖，农业产业化经营体系全覆盖，农村产权确权全覆盖；以"三区"定位为目标，即建设京津冀都市圈绿色、高档、精品"菜篮子"产品供给区，以种业、生物农业和信息化为主的农业高新技术产业示范区，以国内外名优农产品集散中心、农产品电子商务中心、农产品直配直送中心为内容的农产品物流中心区。

（二）重点任务

1. 总体任务

天津市现代农业产业技术体系创新团队平时开展事关产业发展的基础性、前瞻性技术研究，进行产业技术的集成示范和推广、农产品产业发展与技术发展动态分析及产业经济政策研究，为行政部门提供决策咨询意见，为社会提供信息与技术服务。非常时期承担应急任务。

2. 具体任务

（1）服务天津市乡村振兴战略和农业供给侧结构性改革。通过多年的发展，天津在全国范围内形成了农业设施化优势、科技创新优势、农业信息化优势、农产品质量安全优势等，但是，在乡村振兴战略和农业供给侧结构性改革方面，依然存在优质特色农产品较少、农业科技成果转化应用较少、农业集约生产较少、产业化体系有效带动较少等问题。通过产业技术体系的建设，为推进乡村振兴战略和供给侧结构性改革发挥作用。

（2）全面提升农产品质量安全水平。近年来天津农产品质量安全总体情况良好，但也存在农药残留等问题。农产品质量安全贯穿"从田间到餐桌"的整个供应链，包括生产、加工、流通和消费等多个环节，通过产业技术体系的建设，调新调优品种品质结构，调长调广市场时空结构，调专调高功能价值结构，满足多样化需求。

（3）培育天津市农业产业发展的新动能、新产业、新业态。一二三产业融合发展很大程度上依托于创新的技术手段和新型的商业模式，就目前来看，各产业内部的技术创新发展较快，但打破产业界限，促进各产业间联动的关键技术研发和推广体系尚不完备。应通过产业技术体系的建设，实现技术集成整合，依靠质量与效能提升促进发展。

（三）运行机制

天津现代农业产业技术体系建设每三年为一个实施周期，实行"开放、流动、协作、竞争"的运行模式，分为任务确定、任务执行和绩效考核三个环节，其流程详见图1。

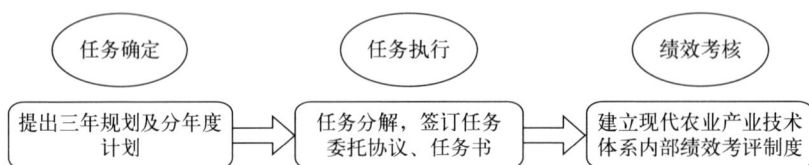

图 1　天津现代农业产业技术体系运行机制流程

1. 任务确定

各产业技术体系在建设启动之年，由首席专家组织本体系内人员，全面调查征集产业技术用户，包括政府（行业主管）部门、推广部门、龙头企业、农民专业合作组织、家庭农场等，提出需要解决的技术问题，经产业技术体系专家组讨论梳理后，提出本产业技术体系未来三到五年发展规划与年度计划，经组织专家咨询指导委员会论证后，报管理委员会审议下达。

2. 任务执行

首席专家根据审批下达的本产业技术体系创新团队发展规划与年度计划，制定任务分解具体实施方案，将任务分解落实到本体系内各功能研究室、综合试验站。然后由首席专家与市农委签订任务书；岗位专家与首席专家、综合试验站站长签订任务书，层层落实责任，保证产业技术体系顺利运行。

3. 绩效考核

建立现代农业产业技术体系创新团队绩效考评制度。每年由专家咨询指导委员根据考核指标，对每个产业体系创新团队工作情况和各专家岗位、综合试验站站长岗位绩效进行考核，并将考核结果报管理委员会。考核结果将作为下年度资金安排的重要依据。每三年对各产业技术体系进行一次综合考核，实行动态管理。综合考核结果分为良好、合格、不合格三种。

三、天津现代农业产业技术体系制度建设的成效总体评价

（一）建设进展

2017 年，天津市启动了水产、蔬菜、生猪、奶牛四个现代农业产业技术体系创新团队建设工作。四个体系共设置首席专家 4 人，专家岗位 64 个，试验站 49 个。项目分三年实施，总投资 1 亿元。2018 年，天津市又陆续启动了水稻、林果两个现代农业产业技术体系创新团队建设工作。两个体系共设置首席专家 2 人，专家岗位 26 个，试验站 23 个。项目依然分三年实施，总投资 3 405 万元。

现代农业产业技术体系创新团队建设的项目机制是通过整合教学、科研、推广、产业的农业科教资源，避免条块分割、资源分散、低水平重复、分工不明、协作不力等竞争性项目的短视行为，以解决制约农业产业发展的关键技术问题为导向，集中力量进行技术研发、成果转化。党的十九大提出实施乡村振兴战略，2018 年全国农业农村工作会议围绕落实乡村振兴战略作出了重要的工作部署。天津市现代农业产业技术体系创新团队建设围绕乡村振兴战略实施，支撑农业供给侧结构性改革，加快推进农业由增产导向转向提质导向，走质量兴农、绿色兴农之路，推进品牌、品质、品味化绿色、优质农产品生产，促进农业产业兴旺、农村生态宜居、农民生活富裕，加快推进农业农村现代化，让农业成为有奔头的产业，让农民成为有吸引力的职业，让农村成为安居乐业的美丽家园。

（二）取得成效

1. 优化农业科技资源配置

天津现代农业产业技术体系涉及六大类农产品，吸纳了 80 余个农业科研教学单位，聚集了近百位农业科技专家，整合了天津六大产业技术体系内的优势科研力量，凭借农业科研工作者的自身优势进行互为补充的合作行为，某种程度上避免了相同领域内专家重复工作的问题，进而有利于营造专家们精诚合

作的研究氛围，促进交流，使得科研成果产出最大化，实现天津农业科技资源配置的最优化，还提高了资金使用效率。同时，各产业体系按照天津产业需求，确题立项，着重关注研究成果的应用和服务效果，激发农业科研工作者的创造性，调动科研人员深入基层，实现科研与生产一体化发展，利于推进天津农业科技创新与实践。

2. 提高科技成果转化能力

天津现代农业产业技术体系吸纳本市优秀农业科研骨干，实行立体化的管理机制和灵活有效的财政资金分配方式，推动产学研合作发展，加大科研创新力度，提升农业科技创新与应用水平，促进农业产业升级和发展方式转变。

3. 有效衔接基层农技推广体系

作为天津现代农业产业技术体系的示范区和试验点，综合试验站为各个体系提供了专业的技术开发研究平台。天津市财政资金每年给予各个体系综合试验站一定的资金支持，以确保各综合试验站技术推广工作有序进行，提升试验站配合各体系建设的积极性。同时，各产业体系通过试验站这个平台，最大限度地拓展了专业技术的服务范围，使农户享受到现代农业技术，有效提高农业产出效率。天津现代农业产业技术体系共有 72 个试验站，各创新团队经常到试验站深入开展技术指导服务工作。

4. 大力培育造就新型职业农民

实施乡村振兴战略离不开乡村人才的支撑，需要培育有文化、懂技术、会经营、善合作的新型职业农民。天津现代农业产业技术体系通过综合试验站这个平台可以直接帮助农民提高其技能水平，有助于实现农业先进技术的转化应用，从而提高农业产量和生产率，进而实现农民增收。

5. 积极对接企业、新型经营主体和社会化服务组织

天津现代农业产业技术体系创新团队深入企业、新型经营主体和社会化服务组织，为他们带来国内外先进的农业技术，帮助他们解决生产过程中遇到的难题，使他们远离农业病害等带来的风险，提高效益，实现技术需求对接、服务对象对接、信息资源对接、技术成果对接，推进农业品牌建设。

6. 主动与国内外专家、团队合作发展

天津现代农业产业技术体系创新团队积极与国内外顶尖专家进行学术研讨，分享经验，学习先进的农业技术，并实现长期的合作交流。通过面对面座

谈走访的形式，营造了团队浓郁的学术氛围、加强了学术的协同创新、开阔了团队成员的学术视野和研究思路，给团队专业建设提供强力助推。

（三）创新特征

1. 以产品为单元、以产业链为主线配置科技资源

天津现代农业产业技术体系以产品为单元，以产业链为主线进行科技资源配置。一方面，天津现代农业产业技术体系的建设，是针对优势农产品设立一个研发团队，依照该农产品生产各个环节技术创新的需要，汇集该领域具有优势与实力的科研人员，进入该产业技术研发团队后成为岗位专家，保障该农产品产业发展的每个环节都有科学家，做到每个环节的科学研究都是由最有优势的研究力量负责开展，每个环节的科技资源都尽可能实现均衡配置。另一方面，综合考虑优势农产品的区域生态气候特点、市场情况、地方优势等因素，天津现代农业产业技术体系在每种农产品的主产区设立数目不定的综合试验站，同时因地制宜地开展产业综合集成技术的引进、试验与示范，注重收集生产过程中产生的问题，调研农户真正所需的技术信息，并将这些信息及时反馈给产业技术团队，充分发挥农业技术供需对接桥梁的作用。因此，体系围绕产业链聚集了天津的优势科研资源进行产业关键共性技术的攻关、集成及推广运用，并围绕产业链各个环节的科技需求形成了分工合作。

2. 以专业化分工协作为原则大范围聚集研究力量

推动天津现代农业产业技术体系发展的根本动力是专业化分工。从制度创新的视角看，天津现代农业产业技术体系本身又是由农业内部不断分工分化而演变的结果。由于农业分工能够使农业生产经营者专注于某一生产环节或者某一农产品，从而更能发挥生产者专长、提高劳动熟练程度和劳动生产率。农业分工的深化提高了专业化水平，使先进的装备和技术更能有效地推广运用，更容易获得报酬递增的规模效益。农业分工的不断深化增加了商品的总供给量，极大地扩展了农产品的市场范围，因而在经济规律的作用下，农业具有不断深化分工的内在动力。整个农业由不发达向发达转变的过程，实质上就是农业内部分工不断深化、农业生产链上节点不断增加的过程。由农业内部不断分离出来、由其他经营主体完成的环节和节点，会随着分工的深化，逐步增多而形成庞大的网络体系，这就是天津现代农业产业体系。因此，加快天津现代农业产

业技术体系发展的关键是促进农业的专业化、社会化分工发展。

3. 以产业链一体化为思路连接研究开发和推广

天津现代农业产业技术体系将农产品产业的产前、产中和产后紧密连接起来，促使科技力量均衡分布在农产品产业发展的各个环节，实现了优势农产品各产业技术体系的"纵向产业链条化"。在天津现代农业产业技术体系运行机制中，首先，产业技术体系研究人员收集、整理该技术使用者的技术需求及问题，明确整体的重点研究方向；然后，为保障产业各个环节齐头并进，产业技术体系首席科学家选择该领域内最优的研究部门和研究力量，将研发任务细分到技术岗位专家和经济岗位专家手中，各位专家对所分配到的具体任务进行推进，并将成果交予综合试验站和科技示范户进行试验、示范和推广。体系内的各部门紧紧围绕着促进农产品产业发展的目标，通过明晰的、专业化的分工和紧密联系的合作关系，从技术角度将产业发展的各个环节串联起来。在体系这个开放的系统内，资源、信息和技术成果的共享，使得科研人员无须在重复的工作上花费精力，降低了技术创新的风险和不确定性，在很大的程度上减少了技术创新成本，提高了技术成果的转化率，加速了创新技术的推广应用。

4. 以立体化为模式创新组织管理

天津现代农业产业技术体系采取的是立体化管理模式。横向来看，涵盖了六个现代农业产业技术体系，凭借天津市自身创新能力强的科研优势，吸纳了近百位农业科研人才，鼓励与指导涉农区县农业生产，加强与涉农区县之间的资源整合。纵向来看，天津各现代农业产业技术体系涉及农产品的育种、病虫害防控、栽培与种植养殖、设施设备、产后加工、产业经济等多个方面，贯穿了农产品从生产加工到市场销售的全过程。与此同时，将产业技术研发与综合试验站结合起来，将科研与实践紧密、直接、有效地连接起来，用任务书和任务协议将科研人员与基层技术使用者联系起来，促进相互沟通交流，规避成果转化过程中不必要的资源浪费与障碍，提高农业科技成果转化率。

5. 以应用为导向构建激励约束机制

天津现代农业产业技术体系人员的选拔是结合科研人员自我推荐和产业技术体系遴选的双向选择，很好地体现了公平、平等、竞争的原则。一方面，对体系内科研人员来说，能够进入产业技术体系无疑肯定了其以往的科研能力、品德与态度，存在正面的激励作用；另一方面，天津现代农业产业技术体系资金来源稳定，这能有效地激发体系人员参与体系建设和技术创新的积极性，因为这免除了科研人员为了寻求资金支持而自己发掘课题、申报项目、应对检查等种种烦扰，可以把节省的时间和精力投入到项目研究中，研究人员之间也少了竞争，多了交流与合作，如此将有效地促进工作的开展，加快创新的步伐。

四、天津现代农业产业技术体系制度建设优化分析及对策建议

（一）天津现代农业产业技术体系建设优化思路与方向

1. 优化发展思路

完善天津现代农业产业技术体系建设的发展思路，必须以习近平总书记关于"三农"工作的重要论述为指引，在强化调研水平、适当调整布局、加大投入力度的基础上，注重规范管理、正确监督、提高效率，建立"绿色、开放、持续"的天津现代农业产业技术体系。天津现代农业产业技术体系建设以明确体系内各部门职能、建立科学规范的管理制度、实现资源优化配置、提高产业技术体系开放程度为主要优化方向，以健全产业体系内部各主体之间沟通交流机制、完善产业体系创新成果的考评制度、建立长期有效的激励约束机制、构建精准监管长效机制等为路径，逐步完善产业技术体系运行制度，从而提高天津农业科技创新能力和成果转化率，最终实现农民增收和农业提质增效。

2. 优化发展方向

党的十九大报告首次提出实施乡村振兴战略，中央农村工作会议提出了实施乡村振兴战略的目标任务和基本原则，2018年中央1号文件又提出了乡村振兴战略的目标任务、时间表和路线图，全国两会《政府工作报告》提出要大力实施乡村振兴战略。2018年初，天津市委市政府制定了《关于贯彻落实〈中共中央、国务院关于实施乡村振兴战略的意见〉的实施意见》，指出：积极发展乡村产业，围绕农村一二三产业融合发展，构建乡村现代产业体系、绿色生产体系与高效经营体系；调整优化农业产业布局与供给侧结构性改革，推进农业由增产导向转为高产优质并重、强化高效安全上来，进而打造现代都市型

农业升级版，加速推进农业农村高质量发展。

天津现代农业产业技术体系运行两年来，虽然取得一些科研成果，但是仍存在一些隐患和问题，为推进天津现代农业产业技术体系健康持续发展，从而提高天津农业发展竞争力，可以从如下几个方面进行优化：

（1）建立科学规范的管理制度。科学规范的管理制度是保障天津现代农业产业技术体系顺畅运行的关键，体系运行管理制度包括体系考评制度、资金管理制度、项目奖惩制度等，每一项制度都贯穿于体系建设过程中。自从天津现代农业产业技术体系建设以来，天津市农委、天津市财政局相继出台了《天津市现代农业产业技术体系创新团队建设专项资金管理办法》《天津市现代农业产业技术体系创新团队考评办法（试行）》等一系列制度，极大地促进了体系建设的规范化、标准化，但是在运行过程中，相关部门要不断完善各项制度，以期能够提高产业体系运行效率。

（2）实现资源优化配置。天津现代农业产业技术体系是整合一切资源，从研究、生产到市场效益分析各个环节紧密结合的研究体系。经费资源方面，体系内每位科研人员要合理、有计划地使用项目经费，改变科研人员各行其是的工作作风，形成集中研究的氛围，有效避免资金浪费的情况；人力资源方面，每个产业体系内都设置不同的岗位专家，这些专家均是全市农业领域顶尖人才，研究能力首屈一指，但是仍需进一步提高团队协作能力，实现社会和经济效益最大化。

（3）提高产业技术体系开放程度。在互联网时代，应积极将现代农业产业技术体系建设与互联网技术有机结合，吸纳国家现代农业产业技术体系建设的成功经验，通过构建现代农业产业技术体系管理平台，将最新的研究成果公之于众，通过共享的方式，提升技术服务供给能力，提高科研人员与技术需求者之间的信息开放程度，让更多的人享受科研成果带来的经济与社会效益，同时有利于提升科研成果转化力度，实现先进农业技术的推广普及。

（二）优化天津现代农业产业技术体系建设的建议

1. 厘清产业技术体系多方之间的关系

一是产业技术体系内项目与天津市其他科技计划项目之间的关系。应当加强二者之间的兼容性，使得农业资源得到最优化配置，将其他科技计划项目作为产业技术体系建设的有效支撑,产业技术体系建设作为其他科技计划项目的重要补充。二是产业技术体系与依托单位之间的关系。充分发挥依托单位科研水平,将依托单位内优秀农业科研人才纳入体系建设中来,把依托单位看作产业技术体系建设的重要环节。另外,在产业技术体系建设过程中,创新团队可以适当地增加与涉农企业之间的联系,建立农业科研成果与市场的对接机制。

2. 健全产业技术体系内部各主体之间沟通交流机制

一是完善制度建设,增强组织领导。天津市农委、财政局等部门要充分发挥组织监督作用,协调各产业技术体系之间的关系,完善组织结构、人员管理、经费管理、绩效考评等建设,及时发现体系运行过程中存在的问题,提出整改措施,以确保体系平稳有序发展。二是加强沟通交流,实现融合发展。不同创新团队之间和团队内部成员之间要建立沟通协调机制,各体系首席专家要发挥带动作用,通过定期举办交流会、建立微信群等手段,促进互相交流学习,分享工作心得,发现自身存在的问题并及时改进,实现资源共享。

3. 完善产业技术体系创新成果的决策与考评制度

天津现代农业产业技术体系创新团队开展事关产业发展的基础性、前瞻性技术研究,进行产业技术的集成示范和推广、农产品产业发展与技术发展动态分析及产业经济政策研究,其创新成果的决策机制应以市场需求为导向,将科技研发成果与农业生产实践相结合,在供给侧结构性改革的背景下,促使各创新团队的科研成果效益更好、转化率更高、实用性更强。天津现代农业产业技术体系创新成果的考评制度应更加完善,严格监测创新团队科研成果的研究进度、研究质量和研究发展实际效果,健全考评的定量指标体系,完善考评办法,形成激励导向更加明确的考评体系。另外,创新团队应注重对合作社、农业企业等相关经营主体的带动效应,通过增加相关经营主体的话语权,并以此作为考评体系的一项重要内容,实现科研人员与合作社、企业、农户的良性互动。

4. 健全产业技术体系内部资金管理制度

一是加大财政资金倾斜力度。政府部门要加大对天津现代农业产业技术体系建设的支持力度,保证项目经费按时划拨,确保体系科研活动有序进行。二是加强项目资金监管力度,强化科研人员使用项目经费的自主权。按照中央指示精神,应适当放宽体系内技术人员对经费使用的自主权,在合规合纪的前提下，允许每位科研人员根据实际科研活动需要合理支配项目经费，以提高项目经费使用效率。

5. 建立长期有效的激励约束机制

一是天津现代农业产业技术体系考核指标应具有激励和约束双重性。二是长期的激励约束机制应具有诱导性。所谓诱导性是指通过给予科研人员适当的赋权、荣誉等，将科研人员的个体目标与创新团队的总体目标相结合，将科研人员的自身价值与创新团队的社会价值相结合，激发科研人员创造性，从而提高工作效率，最终带来丰硕的科研成果。

6. 构建精准监管长效机制

一是从监管主体来看，应建立多元化机制。对产业体系建设的监督责任不应只由政府部门承担，而是要分阶段交由不同部门承担。①事前监督阶段：各产业体系创新团队提出五年工作方案和分年度工作方案，再邀请相关专家进行科学论证，由农委主管部门进行审批。②事中监管阶段：农委主管部门负责监督各产业体系研究进展情况，财政部门负责监督各产业体系经费使用情况，需指出的是在此阶段应特别注重监督各产业体系与专业合作社、农业企业等新型经营主体的联合攻关情况，以及研究成果推广情况。③事后监管阶段：除了由政府主管部门进行终极评审考核外，还应特别注重技术应用者的合理化意见，倾听他们对于各产业体系研究成果的评价，这样有助于实现农业科研成果推广和实践。二是从监管方式来看，应建立全过程监管机制。将事前的策划、事中的监管、事后的考评有机结合，通过全过程监管保障天津现代农业产业技术体系科研活动顺利开展，并获得丰硕的科研成果，助推天津现代农业发展。

7. 搭建信息化服务平台

将互联网信息技术融入天津现代农业产业技术体系建设，打造"互联网＋农业产业技术体系"模式，提高天津现代农业科研技术供给水平。目前，国家现代农业产业技术体系已建立管理平台，但是该平台为封闭式平台，只有内部人员可以登录，这极大影响了现代农业产业技术体系研究成果的推广应用。天津现代农业产业技术体系应建立一个开放式管理平台，一方面可以及时发布各产业体系工作动态和最新研究成果，将新成果、新知识传递到需求者手中，另一方面可以最大限度地与专业合作社、涉农企业、农户等群体保持最紧密的联系，倾听他们的诉求，有助于科研工作者抓准研究方向。建设天津现代农业产业技术体系管理平台，能够充分发挥产业体系支撑引领作用，对提升天津农业科技创新能力、实现农业增效农民增收具有重要意义。

项目来源：2017 天津市科技发展战略研究计划项目（项目编号：17ZL-ZXZF00840）

执笔人：韩金博、史佳林、张明亮、胡文星

参考文献

陈鹏，秦静，2015. 天津林果业发展现状分析及对策建议［J］. 天津市农业科学，21（3）：58 - 62.

陈强，鲍悦华，2009. 重大科技项目的过程管理及协同机制研究［M］. 北京：化学工业出版社.

韩明玉，伊凯，刘志，2016. 国家现代农业产业技术体系建设实施方案有关内容解读［J］. 北方果树（3）：42 - 43.

韩天富，2016. 论现代农业产业技术体系建设过程中的十大关系［J］. 农业科技管理（4）：10 - 13.

嵇尚洲，2010. 中国企业制度变迁研究［M］. 北京：经济管理出版社.

赖琰萍，2013. 现代农业产业技术体系建设专项资金管理有关问题及对策探讨［J］. 农业科研经济管理（4）：40 - 41.

李瑾，2002. 农业科技产业化若干问题的思考：兼谈天津市农科院科技产业化的现状、问题与对策［J］. 天津农业科学，8（4）：36 - 41.

李淑侠，胡晓林，孙秀俊，2016. 现代农业产业技术体系建设专项资金管理的思考［J］. 农业与技术，32（7）：123 - 127.

李永东，2004. 产权与制度变迁新论［M］. 湖北：湖北人民出版社.

齐城，2015. 河南省现代农业产业技术体系建设研究现状［J］. 信阳师范学院学报（哲学社会科学版）（9）：10 - 12.

祁春节，苏小姗，2016. 我国现代农业产业技术体系建设：基于新制度经济角度的分析［J］. 科技进步与对策，27（14）：60 - 63.

涂立超，雷建华，伍新玲，2015. 我国现代农业产业技术体系建设与发展的思考［J］. 湖北农业科学（12）：12 - 14.

王福军，吴志刚，于少新，2016. 加强管理促进现代农业产业技术体系建设［J］. 农业科技管理（3）：28 - 32.

武丽，2010. 中国农村财政制度变迁研究 ［M］. 北京：中国财政经济出版社 .

奚玉银，2015. 现代农业产业技术体系构成及其分析 ［J］. 现代农村科技 （6）：16 - 18.

张鸿，龚万灼，彭建华，2015. 基于利益关系协调为重点推进现代农业产业技术体系建设
    ［J］. 北京农业 （13）：8 - 10.

张鸿，张熙，龚万灼，2010. 国家现代农业产业技术体系四川创新团队的构建框架与运行
    机制 ［J］. 科技管理研究 （9）：22 - 23.

天津市休闲农业资源调查评价与发展战略研究

一、研究背景

产业发展离不开资源基础，只有摸清资源家底，资源整合和产业发展才能有的放矢。多年来，虽然休闲农业产业的重要性得到认可，但天津对资源普查这类基础性工作却重视不足，无法更好地指导实践。虽然在天津市范围内开展过农业资源区划和农业普查的实地调研，但却集中在农业生产资源和自然生态资源领域，对休闲农业所依托的生活资源缺乏关注，资源家底仍没有彻底摸清。

未来天津市休闲农业可持续发展亟待解决两个问题：一是在实践上，摸清天津市休闲农业发展的资源家底，特别要对农村闲置资源进行排查，全面掌握天津休闲农业资源的类型、数量、分布和利用情况，通过推动资源基础数据的共享和应用，为规划编制、资源开发、产品设计、行业管理提供数据基础和科学依据。二是在理论上，要通过对休闲农业资源进行科学分类，建立科学的、可推广的三分法（生态资源、生产资源和生活资源）资源分类标准和资源体系，为全面建立资源高效利用制度以及未来开展的各项相关研究提供工具和借鉴，同时为常态化开展资源普查工作奠定基础。

二、研究重点

（一）系统开展休闲农业资源普查

考虑到休闲农业的生产、生活、生态性相结合的"三生一体性"特征，本研究将休闲农业资源大致分为休闲农业生态资源、休闲农业生产资源和休闲农业生活资源三大类（表1）。生态资源是休闲农业的自然基底和发展基础，包括土地资源、山地资源、水资源、地热资源和生物资源等。生产资源以农业生产资源为基础，包括要素资源、农产品资源以及农业基础设施资源。生活资源指人类在不同的历史时期和社会发展阶段，通过劳动实践创造的物质和精神财富的总和，包括：名镇名村乡村非遗资源、历史文化资源、农民生活资源等。

表 1　休闲农业资源谱系

类别	亚类	子类型
休闲农业生态资源	土地资源	耕地、原地、林地、草地等
	水资源	湖泊、河流水系、湿地等
	生物资源	园艺作物（防护林、行道树、绿篱、盆景、绿化苗木）；野生植物（路边野草花、湿地水生植物等）；昆虫、鸟类、宠物、野生动物、微生物等
	山地资源	山地景观、岩溶景观等，以及相关联的地形、地貌
	地热资源	高温地热资源、中温地热资源、低温地热资源
休闲农业生产资源	基础设施资源	交通邮电、农田水利、供水供电、商业服务、园林绿化、教育、文化、卫生事业等生产和生活服务或设施
	要素资源（科技、资本、劳动力资源）	资本资源（工商资本、政府补贴、银行贷款）；劳动力资源（新型职业农民等）；现代农业技术（生态农业技术等）
	农产品资源	农作物（粮食、蔬菜、水果等）、家禽、家畜等
休闲农业生活资源	名镇名村	国家级、省市级历史文化名镇名村
	乡村非遗资源	传统建筑（古道、古桥、古井等）；民俗文化（节日庆典、民谣歌曲）；民间工艺（剪纸、石雕、木雕、藤编、织布、刺绣、蜡染、贴饰、陶艺、泥塑、豆画、绣花鞋垫等）
	历史文化资源	历史遗迹（遗址、墓葬、灰坑、岩画、窖藏及人类活动所遗留下的痕迹等）；建筑碑刻（历史建筑和碑刻）；风物传说（大量关于特定山川、建筑、特产、民俗等的知识）
	农民生活资源	农村闲置资源（宅基地、院落、公共设施）；农具要素（犁、耙、耖、耧车、辘轳、骡马大车、风车、木锨、石磨、锄头、镐头、铲等）；生活要素（纺线车、织布机、风箱、锅台、酸菜缸、木箱、老式床、土床、土炕、活筐、拐子、小木凳、草墩、草垫、锅盖、簸箕、斗、升、馍筐、马灯、煤油灯、泥缸、酒缸等）；农事节庆活动（岁时节令）；乡村美食（特色菜、民间小吃）

（二）探索休闲农业资源开发模式及演进

1. 休闲农业资源开发模式

本研究对休闲农业资源开发的模式及演进进行了分析，将其划分为生态资源驱动型、生产资源驱动型以及生活资源驱动型三种模式。

（1）生态资源驱动型模式

借助天然的自然生态景观，利用大自然所赋予的奇异山水、绿色森林、地热温泉等资源禀赋，依托已开发成型的景区发展而形成，是旅游产业在乡村地区发展的延伸，重点依靠乡村农业资源为景区进行发展配套，提供食住行游购娱多方面的服务，让游客感悟大自然、亲近大自然、回归大自然。主要包括景区依托型（郭家沟、常州村）和景区拓展型（龙达温泉生态城、静海光合谷）两种子类型。

（2）生产资源驱动型模式

以现代农业生产为核心产业，在市场需求的驱动下，依托原有的资源、科技和产品优势拓展休闲观光、度假服务功能，延长农业产业链条，集设施农业、生态农业、休闲农业于一体，对相关资源进行综合开发，实现休闲农业资源高效开发和利用。该类型主要包括特色农产品带动模式（表2）、市民农园模式（西青区辛口镇第六埠市民小菜园、黄庄DIY生态水稻公社项目）、科普教育模式（天津滨海国际花卉科技园区、宝坻绿色世界现代农业示范基地）和康养产业模式（宝坻现代农业综合发展实验基地）等四种子类型。

表2　天津市休闲农业的特色农产品资源利用

序号	资源类型	内容	案例代表
1	水果	冬枣、西瓜、葡萄、蓝莓等	滨海新区皇家枣园、茶淀葡萄科技园区、静海台头西瓜产业园、静海小高庄、蓟州蓝莓产业园
2	粮食	小站稻	津南明洋湖庄园、迎新合作社、宝坻八门城水稻文化产业园
3	蔬菜	沙窝萝卜、绿色蔬菜	西青辛口沙窝萝卜产业园、静海生宝现代农业园、武清田水铺萝卜产业园
4	水产品	乌克兰鳞鲤、七里海河蟹、观赏鱼	宁河齐心庄园、西青金三农度假农场、东丽宽达水产园区、宝坻晨辉集团水族文化产业园

(续)

序号	资源类型	内容	案例代表
5	畜禽	牛、猪、鹊山鸡	金三农休闲度假农场、北辰梦得奶业、蓟州鹊山鸡养殖基地
6	花卉	蝴蝶兰、宝莲灯、玫瑰	西青曹庄花卉、东丽大顺园林、华泰现代农业园、武清京滨玫瑰庄园

（3）生活资源驱动型模式

以乡村的农耕文化、乡土文化和民俗文化为基础，向游客展示民俗风情和乡土文化的同时，融入现代文化创意理念，重新对原有文化进行设计与演绎，充分挖掘农业农村的附加值，实现一二三产融合发展。该类型主要包括民俗文化型（西井峪村、小辛码头等）和文创体验型（宝坻葫芦文化小镇、小站稻耕文化产业基地、宁河齐心现代农业园等）等四种子类型。

2. 休闲农业资源开发组织模式

乡村地区如何根据自身的资源特色，选择与之相应的休闲旅游发展模式，是实现美丽乡村建设的关键。综合我国现有的休闲农业和乡村旅游发展经验，主要有以下几种开发运营模式：股份制运营模式、"政府＋旅游公司＋旅行社＋农民旅游协会"模式、"公司＋农户"模式、"农户＋农户"模式、个体农庄模式。

3. 休闲农业资源开发利用方向及产品创设

天津市休闲农业丰富的资源要素、清新自然的生态环境、历史悠久的人文景观、极其丰富的民风民俗，构成了休闲农业和乡村旅游产业发展的资源储备。根据不同的资源禀赋，每种资源类型都有不同的资源开发利用方向，有着不同的产品创设方向。例如特色农产品的开发利用，依托不同种类农产品的生产，开发出多样的农事体验活动，提供给消费者高层次的产品，也可以开发若干小而美的有故事、有地方特色的农产品深加工产品。非物质文化遗产则可以有展览展示、游客体验活动和旅游产品销售等开发形式，如表3所示。

表3　天津市休闲农业的乡村非遗类资源利用

序号	资源类型	内容	案例代表
1	传统技艺类	西井峪村砌石技艺 七里海河蟹面传统制作技艺 独流焖鱼制作工艺	西井峪村（石头村） 宁河齐心现代农业园、芦花香生态农庄 静海春光家庭农场

（续）

序号	资源类型	内容	案例代表
2	音乐、舞蹈	挠秧号子	小站稻耕文化产业基地
3	民间文学	袁黄传说	小辛码头
4	葫芦制作工艺	范制葫芦	宝坻葫芦文化小镇

三、发展战略与政策建议

（一）战略思路

休闲农业和乡村旅游是新兴产业，也是系统工程，在推进思路上，要坚持"一个围绕，两个紧扣，三个突出，四个着力提升"。

1. 一个围绕

围绕发展现代都市型农业，运用现代科技、管理要素和服务手段，改造提升传统的休闲农业和乡村旅游，逐步实现生产、经营、管理、服务的现代化。

2. 两个紧扣

一个是紧扣乡村产业振兴，让农业经营有效益、成为有奔头的产业，让农村留住人、成为安居乐业的美丽家园；另一个是紧扣农民持续增收，让农民足不出户就能获得稳定的收益，实现自身价值的提升和经营收入的增长。

3. 三个突出

一是突出特色化。立足当地资源、区位和传统优势，打造特色突出、主题鲜明的休闲旅游产品。二是突出差异化。因地制宜、错位竞争，让消费者感受与众不同的景观和体验。三是突出多样化。设立针对不同消费需求的产品，满足消费者个性化需求，实现休闲旅游产品异彩纷呈。

4. 四个着力提升

一是着力提升设施水平。从人性化、便利化、快捷化的角度，加强休闲旅游设施建设。二是着力提升服务水平。为游客提供休闲、观光、体验、文创、康养等服务，让游客玩得放心、住得安心、花得舒心。三是着力提升管理水平。创新管理理念，引进农业、旅游、人力、财务、人工智能等多领域人才，实现质量效率同步提升。四是着力提升政策水平。围绕"大棚房"整治带来的冲击，用足用好自然资源部、农业农村部等部门有关设施农用地、农村三产融合发展等方面的政策，结合天津实际创设具有天津特色的相关扶持政策，促进企业在困境中崛起、在发展中创新；切实制定出台农村闲置资源开发利用的激励政策，引导休闲农业和乡村旅游经营主体高效合理利用农村闲置土地和房舍这一宝贵资源，促进产业持续健康发展。

（二）战略选择

休闲农业发展战略的确立必须以新发展理念为根本遵循，以构建文明、绿色、安全、低碳的都市休闲农业产业体系、产品体系和经营体系为目标，以创新的思路、协调的手段、绿色的政策、开放的市场、共享的精神深化供给侧结构性改革，建设好美丽乡村，服务好游客需求，满足好农民利益，将休闲农业建设成天津市乡村振兴的重要引擎、创造美好生活的乡村产业新亮点、现代都市型农业发展的新增长点、城市居民休闲旅游的重要目的地、城乡居民新"生活方式"体验地、旅游产业发展的新支撑点。

针对目前农业农村资源禀赋以及资源开发模式，提出未来天津市休闲农业的六大发展战略。

1. 协调发展战略

从宏观层面要做好京津冀区域休闲农业发展的要素协调和市场协调以及政策协调等。从休闲农业发展的要素来看，三地的要素分布是不均衡的，因此要在人才的引育上、资金的筹措上和土地的供应上进行区域间的协调和调配。从中观层面要协调好各产业间的数量与质量匹配问题。充分发挥农业多功能性特征，实现农业由单一生产型向"农业＋"的多功能型转变，在农产品产量丰富地区加大注入二产加工业、三产物流业和电子商务业等，形成功能匹配、量产协调、质量上乘的产业间合理的比例关系。从微观层面要处理好乡镇农户或合作社间在品种生产和营销推广上的协调问题，避免不必要的恶性竞争。加强地理认证标志产品的推广工作，促进"一镇一业、一村一品"落地，做好区域品牌发展规划，用农产品品牌带动休闲农业与乡村旅游品牌提升。

2. 资源高效战略

资源高效利用既离不开先进技术的支撑，也离不开旺盛市场的支撑，尤其是休闲农业的发展很大程度上取决于能够在多大程度上具有引流能力。资源实现高效利用的前提是区分资源的来源和在生产消费中的作用。对大自然赋予的资源要巧加利用，顺应自然规律的同时加强科技研发投入，让资源产出效率提高，让废弃资源高效再利用；对人类社会发展中形成的文化资源或生活习俗资源等要善加利用，学会讲好故事，营造场景，做好服务，使游客真正感受到地域文化的独特魅力。

3. 跨界融合战略

跨界融合的实现必须废除原有割裂分立的管理机制，要从理念上认识到融合已是大势所趋；从管理体制机制上打破藩篱，以市场消费需求的满足为己任；从技术上以科技和艺术为双轮驱动，创新创造新时代新的消费场景和产品；从营销上以新媒体为载体，加大整合营销传播力度和广度；从服务上加强培训强度，尽快实现农民的职业化转变和服务能力提升。

4. 转型升级战略

转型升级成功与否取决于是否满足了人们对乡村美好生活的需求和对乡愁的追忆。转型战略的实现要建立在都市型农业发展基础和区位优势之上，关注都市人周末度假休闲需要，配套相应的服务设施和内容，营造度假氛围，提供休闲场景，打造娱乐项目，促进共创共享。升级战略的实现要建立在理解消费分层和市场细分的变化特点之上，转变简单的"吃农家饭、摘农家果、睡农家炕、观农家景"的初级版休闲农业服务现状，向着满足全方位乡村生活体验的方向晋级发展，增加有设计感和文化内涵的民宿业、有乡土性和趣味性的娱乐业、有参与性和归属感的手工制造业等综合服务的提供，带动本地数量更多、质量更优的就业发展，提升休闲农业的产出效率和效益。

5. 创意驱动战略

消费需求的个性化不仅驱动着产业跨界融合发展，而且也引发着创意产业经济理念和技术快速进入休闲农业领域。农业的生产场所变成了娱乐体验地，农民的日常生活变成了消费体验场，农村的空间场域变成了情感交流地，这一切的变化均得益于创意思维和技术的运用。创意驱动战略的实现需要高水平智力资源的投入，因此未来必须在产学研融合发展上下功夫，需要在政策上给予有力的支持和激励，才能激发智力资源流向乡村，以科技手段和创意形式展现全新的乡村生产、生活、生态与生命场景。

6. 绿色品牌战略

休闲农业的品牌化可以遵循"农产品的品牌化—农产品生产地的品牌化—农产品所在乡村旅游的品牌化"的路径来设计发展。结合智慧农业和科技农业的发展要求，实现在育种、播种、生长、收割和加工等全过程的绿色生产标准落地实施，在改良土壤成分的基础上实现有机食品生产地的地理标志认证；通过美丽乡村建设解决环境污染防治问题，加大循环经济的研发投入力度，构建立体栽培养殖循环化生产体系；完善旅游接待配套设施的投入机制，形成政府与市场共同协作的供应机制，按照"减量化、循环化、再利用"等原则，通过服务引导消费，在供给与需求两方面打造旅游行为规范，使绿色品牌战略落地有群众基础和供给保障。

（三）政策建议

本研究有针对性地提出相关的政策建议，主要包括六项措施。

1. 健全组织结构体系，完善行业管理

（1）建立和完善领导体制。各级政府要建立以农业部门牵头，相关部门参与的休闲农业行业管理体系，强化与国土、发改、财政、文旅、税收、金融、保险等有关部门的协调与合作，建立由农业、文化和旅游及其他有关部门参与的管理机制。

（2）培育新型经营主体。根据国家政策导向，结合天津实际，大力支持领办休闲农业的乡村旅游合作社、龙头企业。市、区两级相关部门鼓励经营者不断创新，强化农业产品、农事景观、环保包装、乡土文化和休闲农业经营场所的创意设计。

（3）发挥中介服务组织功能。加大对行业协会和中介服务组织的管理支持，引导休闲农业有序发展和规范经营，为休闲农业发展提供组织保障。充分发挥市休闲农业协会的行业引导作用，做好信息服务、协调服务、规范服务质量、资源交流共享等工作。

2. 出台财税优惠政策，拓宽融资渠道

（1）财政补贴。设立市级休闲农业发展专项资金，重点扶持休闲农业协会、合作社、重点项目经营企业的发展，对协会及合作社的建立及人员培训等提供资金扶持，对重点项目经营企业提供基础设施建设扶持。

（2）贷款优惠。鼓励农户以土地使用权、固定资产、资金、技术、劳动力等多种生产要素投入，以互助联保方式实现小额融资。鼓励金融机构创新产业金融模式，助力产业发展。

（3）税赋减免。休闲农业场所销售自产的初级农产品及初级加工品享受减免增值税政策，休闲农业场所用电享受农业用电收费政策；经主管税务机关的批准，可考虑减征或免征所得税。

3. 完善用地管理政策，实现堵疏结合

（1）加强宣传，提高认识。充分利用广播、电视、报纸等新闻媒体，大力宣传有关土地管理的法律法规，不断提高经营主体依法用地的意识。对"休闲农业"要明确相关的审批制度，并规定经营的范围、面积、内容和用地要求等，切实把"休闲农业"用地管理工作纳入法制化、规范化轨道，并真正落到实处。

（2）强化规划，集约利用。对重点发展休闲农业的地区，在符合相关规划的基础上，国土资源部门要采取定量与定位相结合的办法，确定一定数量的休闲农业旅游发展建设用地。休闲农业发展过程中如确实需要适当的建设用地，可由经营主体提出申请，经国土资源部门审核后，在区域建设用地指标中予以解决。

（3）健全制度，严格管理。政府要在政策扶持的同时加强用地管理，严格用地报批制度，不得以发展休闲农业为借口，破坏耕作层或擅自改变用地性质，在农用地上进行非农建设。认真落实土地巡查制度，切实把休闲农业类建设用地纳入日常的土地监察范围，坚决遏制任何形式的违规违法用地行为。

4. 制定行业发展标准，确保规划引领

（1）加强规划引导。结合各区域实际，切实做好休闲农业顶层设计和系列专项规划，积极与城乡建设规划、土地利用总体规划、现代农业发展规划、旅游发展规划等相关规划相衔接，纳入天津和各区经济社会发展总体规划。对接国土空间规划及城乡规划，统筹好农业农村资源配置，在国土空间规划修编中科学预留休闲农业和乡村旅游产业发展用地空间。

（2）建立健全休闲农业发展标准。从资源、环境、市场、服务、交通、效益等多方面进行规范管理，通过自我服务、管理和约束，规范竞争行为，营造公平环境。加大对认定的休闲农业示范园区、村点、休闲农业星级企业、最佳休闲农庄等景点的动态管理，确保服务质量和水平。

（3）严格执行相关行业管理规范。建立和完善休闲农业旅游相关行业规范和运行规则，加强对休闲农业项目经营场地、接待设施、活动项目以及食品卫生、环境保护、服务质量的安全规范管理，推进休闲农业标准化建设。

5. 加强对外交流合作，推进协同发展

（1）打造跨地区产业发展平台。打造京津冀三地跨地区联盟，不断健全区域合作手段与模式，加快休闲农业旅游市场主体和客源互动融合，积极联手开发休闲项目、旅游线路以及节庆活动，提升合作水平。积极推进多地、多部门间战略合作，与相关科研院所进行战略合作，助推休闲农业发展提档升级。

（2）联合推出精品旅游线路。面向京津冀休闲农业一体化趋势，打造区域差异化的休闲空间和旅游线路，由旅行社包装为不同的旅游线路，串联不同的区域，促进京津冀休闲农业融合发展。推动社会公众参与，建立公众服务、政务信息公开和公众参与交流的综合服务平台，做好信息咨询、发布及意见公开反馈等工作。

（3）促进休闲农业与非农旅游协同发展。突出全市范围内3A级以上级景区的知名度和游客聚集优势，发挥工业旅游、红色旅游、文化旅游等其他旅游形式的特色和带动优势，将生态农业游与现代工业游、特色乡村游、田园观光游、海港休闲游等项目深度融合，推动天津旅游产业不断升级。

6. 强化改革驱动创新，注重宣传督导

（1）强化改革驱动。推进农村集体产权制度改革，建立健全农村集体经济组织运行机制，重点探索股份经济合作社运行机制，搭建全市统一的农村集体资产股权托管与交易平台、农村社会化服务平台。推进农村宅基地管理与改革，健全宅基地分配、使用、流转、纠纷仲裁管理等制度机制。

（2）强化政策保障。引导各涉农区与市级各部门加强沟通，以获得在财政、金融、税收、土地、基础设施建设等方面的充分扶持和保障。特别是在土地政策方面，指导各涉农区研究政策、把握政策、运用政策，规范产业项目的开发及运营。

（3）强化宣传督导。充分利用各种新闻媒介和宣传阵地平台，大力宣传休闲农业助力乡村振兴的新理念、新模式、新做法、新经验，重点推出具有天津

特色的系列节庆活动、系列产品展会，扩大休闲农业产业展的知名度和影响力。总结推广一批典型经验，凝练一批典型模式，营造良好氛围。

项目来源：2018 年天津市农村工作委员会委托调研项目

执笔人：李瑾、徐虹、郭华、史佳林、黄学群、郁滨赫、刘悦、吕超等

参考文献

戴美琪，游碧竹，2006. 国内休闲农业旅游发展研究［J］. 湘潭大学学报（哲学社会科学版），30（4）：144 - 148.

戴莹，2015. 农村休闲农业资源产业开发在社会主义新农村建设中的运用分析［J］. 赤峰学院学报（自然科学版），31（14）：92 - 94.

段兆麟，2007. 休闲农场运用农业与农村资源营造特色［J］. 北京农业职业学院学报（6）：14 - 17.

方世敏，周荃，苏斌，2007. 休闲农业品牌化发展初探［J］. 北京第二外国语学院学报（1）：72 - 76.

方颖，2014. 福州市山地资源型休闲农业开发研究［D］. 福州：福建农林大学.

冯建国，陈奕捷，2011. 以休闲农业为核心，带动都市农业产业融合［J］. 中国农业资源与区划，32（4）：61 - 65.

郭焕成，吕明伟，2008. 我国休闲农业发展现状与对策［J］. 经济地理（4）：640 - 645.

黄爱萍，郑少泉，陈雅英，2000. 台湾发展休闲农业对大陆当前农业结构调整的启示［J］. 福建农业科技（6）：28 - 29.

黄河啸，费建庆，朱奇彪，2016. 浙江省民宿经济与特色农业资源开发利用研究［J］. 科技通报，32（9）：82 - 88.

林国华，曾玉荣，刘荣章，等，2007. 台湾休闲农业发展模式与经验探讨［J］. 台湾农业探索（4）：16 - 21.

刘思萌，马丽卿，2016. 休闲农业资源开发与经营策略：基于台湾宜兰香格里拉农场与浙江舟山茶人谷休闲农业对比［J］. 天水行政学院学报（1）：121 - 124.

马振兴，2015. 中国自然资源通典（天津卷）［M］. 呼和浩特：内蒙古教育出版社.

任祥钰，2018. 休闲农业与农村体育资源融合发展［J］. 农业工程，8（9）：155 - 158.

孙进群，雷娜，2010. 我国农业资源评价与利用研究［J］. 安徽农业科学，2010，38（36）：403 - 405，409.

王圣军，张宇，2007. 休闲农业与社会主义新农村建设［J］. 农村经济（2）：22 - 25.

徐保根，雷锦霞，李艾兰，2001. 农业资源利用方式评估理论、方法及其应用研究：以山西省耕地利用方式评估为例 [J]. 中国人口·资源与环境（s2）：97 - 98.

徐虹，王彩彩，2018. 包容性发展视域下京津冀休闲农业与乡村旅游协同发展研究 [J]. 天津商业大学学报（2）：34 - 38.

徐虹，李瑾，李永森，2017. 天津市休闲农业与乡村旅游发展报告（第一卷）[M]. 北京：中国旅游出版社.

徐虹，李瑾，李永森，等，2018. 双创环境下京津冀休闲农业与乡村旅游可持续发展研究 [M]. 北京：中国旅游出版社.

余天艳，杨宁娜，张先甲，等，2018. 休闲观光农业资源评价研究述评 [J]. 南方农业，12（3）：95 - 97.

余养仕，2009. 休闲农业资源基本特征和合理开发利用研究 [J]. 安徽农学通报，15（24）：1 - 2.

张东梅，张彦，吕良，2010. 我国休闲农业中植物休闲活动研究 [J]. 北方园艺艺术（17）：230 - 232.

张文莲，2011. 农业资源在休闲旅游活动中的应用研究 [J]. 广东农业科学，38（14）：161 - 162.

张文莲，2017. 农业资源在休闲旅游中的特色及运用 [J]. 内蒙古科技与经济（11）：75 - 76.

张占耕，2006. 休闲农业的对象、本质和特征 [J]. 中国农村经济（3）：73 - 76.

仲小敏，李兆江，2011. 天津地理 [M]. 北京：北京师范大学出版社.

周晓红，2017. 浙江省休闲农业资源空间分布及贡献研究 [J]. 中国农业资源与区划，38（11）：225 - 230.

天津市农业科技园区发展规划及政策研究

一、研究背景

(一) 问题的提出

自 2000 年科技部联合相关部门启动了国家农业科技园区建设工作以来，天津在农业科技园区建设方面进行了积极探索，经科技部批准，建设了天津津南国家农业科技园区（2001 年）和天津滨海国家农业科技园区（2010 年）。

为推动新时代我国农业科技园区建设，2018 年科技部联合相关部门制定了《国家农业科技园区发展规划（2018—2025 年）》，按照科技部要求，天津市科委、市农委 2018 年 5 月 29 日出台《天津市农业科技园区建设方案（2018—2025 年）》，积极推动国家级、市级农业科技园区建设，2018—2019 年在现有农业园区基础上经各涉农区推荐和专家评审，先后批准天津宝坻潮白农业科技园区、天津北辰双街现代农业科技园区、天津武清梅厂都市型农业科技园区、天津宁河齐心循环农业科技园区、天津蓟州渔阳都市农业科技园区、天津西青张家窝绿色农业科技园区和天津静海林海农业科技园区等 7 家园区为市级农业科技园区。并于 2020 年经科技部批准，启动建设天津宝坻国家农业科技园区。

本研究旨在提出天津市农业科技园区规划设想、重点任务及配套政策建议，以期对天津依托农业科技园区发展农业高新技术产业，实现农业高质量发展，打造现代都市型农业升级版，充分发挥科技对现代农业发展和新农村建设的支撑引领作用提供科学依据。

(二) 国家农业科技园区发展历程回顾

为落实中共中央、国务院《关于做好 2000 年农业和农村工作的意见》（中发〔2000〕3 号）中"要抓紧建设具有国际先进水平的重点实验室和科学园区，并制定扶植政策"和国务院办公厅《关于落实中共中央、国务院做好

2000 年农业和农村工作意见有关政策问题的通知》（国办函〔2000〕13 号）中"科学园区由科技部牵头，会同有关部门制定建设规划和政策措施"精神，2000 年以来，科技部联合多部门，正式开展国家农业科技园区建设工作，先后制定了《农业科技园区指南》《农业科技园区管理办法（试行）》《农业科技园区发展规划（2001—2010）》《国家农业科技园区管理办法》《国家农业科技园区"十二五"发展规划》《"十二五"国家农业科技园区管理办法》《国家农业科技园区管理办法》和《国家农业科技园区发展规划（2018—2025 年）》等政策文件进行推动。我国农业科技园区建设工作已经历了三个发展阶段，即 2001—2005 年的试点建设阶段（批准第 1～2 批）、2006—2011 年的全面推进阶段（批准第 3～4 批）和 2012 年至今的创新发展阶段（批准第 5～9 批）。截至 2020 年 12 月，我国批准建设 9 批国家级农业科技园区 304 家，其中未通过验收 5 家，经过评估不达标或退出评估的 18 家，实际在册园区 281 家。

目前已建成国家级农业科技园区 246 家（第 1～7 批），覆盖了 32 个省（区、市），初步形成了具有鲜明特色和典型模式以及科技示范效果显著的发展格局。按照不同建设和经营主体类别来划分，我国农业科技园区分为三种发展模式，即政府主导型、科研单位主导型和企业主导型，占比分别为 87.0%、3.3% 和 9.7%。目前已建成的 246 家园区核心区面积 579 万亩，示范区 2 亿亩。园区引进培育的农业企业总数达 8 700 多家，其中高新技术企业 1 555 家。累计引进培育新品种 4.09 万个，推广新品种 1.46 万个，引进推广各类农业新技术 2.2 万项，审定省级以上植物和畜禽水产新品种 642 项，取得专利授权超过 4 000 项。国家农业科技园区助推了粮食增产增效、助力了农业科技创新和产业转型升级、加速了农业产业升级和结构调整、探索了农业科技体制机制改革创新。

（三）我国典型地区农业科技园区发展现状

在推进国家级农业科技园区建设同时，国内各地建设了一大批地方级的农业科技园区。据统计，截至 2017 年，我国已建设省级农业科技园区 975 家，省级农业高新技术示范区 20 家，初步构建以国家农业科技园区为引领，以省级农业科技园区为基础的农业科技园区体系。

1. 北京市

自 2010 年 8 月, 科技部、农业农村部和北京市政府共同启动北京国家现代农业科技城 (简称为 "北京农科城") 建设。按照 "央地联动、资源统筹、服务引领、产业融合" 的原则, 北京农科城已建有 5 个国家农业科技支撑服务平台和 6 家国家农业科技园区, 成为国家农业科技园区和国家农业科技协同创新体系的重要载体, 对不断突破农业技术瓶颈、体制机制创新和产业链条优化升级起到重要作用。

2. 河北省

"十三五" 以来, 河北省着力推动农业科技园区提档升级, 推动园区上规模、提档次、创特色、增效益, 拓展发展空间; 同时, 推动创新要素向园区聚集, 增加竞争优势, 推进省级园区升级为国家级园区, 争创国家农业高新技术产业示范区。随着农业特色产业不断创新发展, 依托产业集群, 河北省农业科技园区规模不断扩大, 目前有省级以上农业科技园区 140 家, 其中国家级农业科技园区 14 家, 园区占地面积约 1 500 万亩, 辐射带动面积超过 3 000 万亩, 空间布局日趋优化。

3. 山东省

山东省最早进行农业科技园区探索, 农业科技园区建设走在了全国前列, 已建成 "国家农业高新技术产业开发区、国家农业科技园、省级农业科技园和省级农业高新技术产业开发区" 四级联动、梯次发展、层级分明、功能清晰的农业科技园区体系。全省 120 个涉农县区已实现省级以上农业科技园区全覆盖。目前全省已建有国家级农业高新技术产业开发区 1 家, 即东营市黄河三角洲国家农业高新技术产业示范区, 国家级农业科技园区 21 家, 总数位居全国第一; 省级农业高新技术产业开发区 18 家, 省级农业科技园区 121 家。全省各级农业科技园区累计投资总额达到 2 758.4 亿元。

4. 江苏省

江苏省全省集成各类科技创新要素资源, 已建有国家级农业科技园区 14 家, 带动建设省级农业科技园区 58 家。江苏省农业科技园区注重发展特色农业产业以及观光休闲农业、田园综合体等新业态, 每个园区形成 2~3 个特色鲜明、科技含量高、带动能力强的产业。开展置换土地上市、三权分置、增减挂钩等土地政策试点, 破解制约园区发展的用地问题。突出政府主导, 实施

"园镇一体"和"市县联动"的管理模式，有效促进全省农业科技园区的快速发展。

5. 陕西省

"十三五"以来，陕西省已建有国家农业高新技术示范区 1 家，国家级农业科技园区 9 家、省级农业科技园区 53 家，基本覆盖陕北、关中、陕南三大区域优势农产品产业带，形成了层次分明、功能互补的农业科技园区体系。杨凌发挥示范区的支撑引领作用，为全省农业科技园区建设提供了示范和样板。全省农业科技园区形成"一园一主导产业"的发展格局。促进高校院所科技资源向园区流动，已建设 70 多家省级星创天地，实现了省级以上科技园区的全覆盖，确立 13 个科技创新示范县，形成了"一市一县 N 高校 N 院所"工作机制。

（四）天津市农业科技园区发展现状

1. 取得成效

天津市已累计认定 2 家国家级、7 家市级农业科技园区，核心区面积超过 10 万亩，覆盖 90％的涉农区，聚焦 9 个特色主导产业，建成企业重点实验室 4 家、科技部备案星创天地 3 家，研发农业科技成果 20 余项，授权专利超过 50 个，实现科技成果转化 80％以上。天津农业科技园区经过多年建设，已逐步成为天津市农业先进适用技术集成、应用的重要载体，以及农业科技成果推广示范的中心区，较好地发挥了市场与农户连接的纽带作用，努力成为天津农村创新创业基地、农业科技成果展示示范窗口、农业科技成果转化推广基地和职业农民培训基地。

2. 存在问题

一是园区运行管理机制不健全。目前天津已设管委会的农业科技园区，管理人员大多身兼数职，同时，大多数市级园区尚未成立园区管委会，从各农业科技园区发展总体而言均缺乏强有力的管理团队。二是园区创新能力发展不平衡。从农业科技园区创新支撑、创新水平、创新绩效来看，天津两家国家级园区远远强于市级园区。三是园区建设资金短缺。政府对农业科技园区投资集中在科技创新方面，资金有限，园区设施建设需要更多的社会资本，而农业项目回报周期长，社会资本投入积极性不高。四是市场在资源配置中的决定性作用发挥不充分。管理人员科技创新意识不强，不愿在技术引进方面多投入，而许多花大力气引进的技术又缺乏向园区推广普及的渠道，园区的技术集聚和转化平台功能无法有效发挥。

二、天津市农业科技园区规划目标及布局设想

（一）指导思想

以习近平新时代中国特色社会主义思想为指导，深入贯彻党的十九大、十九届二中、三中、四中、五中全会和市委十一届九次全会精神，践行新发展理念，以实施创新驱动发展战略和乡村振兴战略为引领，以推动高质量发展为主题，以深入推进农业供给侧结构性改革为主线，以提高农业综合效益和竞争力为目标，以培育和壮大新型农业经营主体为抓手，以现有农业园区为基础，着力促进园区向高端化、集聚化、融合化、绿色化发展，实现技术升级与功能提升，发展农业高新技术产业，打造现代都市型农业升级版。着力促进产城产镇产村融合，统筹城乡发展，建设美丽乡村，推动农村全面进步；着力促进一二三产业融合，拓宽农民增收渠道，推动农业农村全面发展。

（二）发展定位

坚持"政府主导、市场运作、企业主体、农民受益"的原则，集聚创新资源，培育农业农村发展新动能，着力拓展农村创新创业、成果展示示范、成果转化推广和职业农民培训四大功能，强化创新链，支撑产业链，激活人才链，提升价值链，分享利益链，努力推动园区成为天津农业供给侧结构性改革试验区、农业高新技术产业集聚区和现代都市型农业创新驱动发展的高地。

（三）建设目标

本着"批次创建、滚动实施、动态调整"原则，构建以国家农业科技园区为引领，以市级农业科技园区为基础的农业科技园区体系，推动创新要素向园区聚集，全面提升园区创新能力，加速农业科技成果推广转化，抢占农业科技制高点。具体目标如下：

1.园区布局更加优化

在现有 9 家农业科技园区（含国家级农业科技园区 3 家）基础上，新增农

业科技园区 15 家左右，使农业科技园区总数发展到 25 家左右，其中：国家级农业科技园区 5 家左右，覆盖天津有农业区特色产业区，在此基础上，争取创建 1 家国家级农业高新技术产业示范区。

2. 园区成果转移转化能力不断增强

高度集聚现代要素，提高技术集成应用水平，累计推广应用农业新技术 50 项、新品种 100 个以上，授权发明专利数在 10 个以上，累计培训农民 10 万人次以上，成为天津农业科技成果培育与转移转化的创新高地。

3. 园区高新技术产业集聚度实现较大提升

培育 3 家产值过 10 亿元、5 家产值过 5 亿元的园区、10 家产值过 1 亿元的园区，30 个农业高新技术企业，100 个农业技术成果推广示范基地。提高园区主导产业集中度，占园区总收入的 60％以上，成为农业高新技术产业及其服务业集聚的核心载体。

4. 园区大众创业万众创新成效显著

园区累计创建 10 个"星创天地"，创新创业氛围更加浓厚，成为农村大众创业、万众创新的重要阵地。

5. 园区带动能力大幅提升

园区企业积极创新联农带农激励机制，每个园区带动本地及周边农户 500 户以上，实现产业融合发展，让农民分享产业增值收益，带动周边农民收入增长 20％以上，推动园区成为农民就业增收的重要载体，以及产城镇村融合发展与农村综合改革的示范典型。

（四）创建条件

1. 产业基础条件良好

园区建设思路清晰，发展方向明确，主体功能突出，围绕天津现代都市型农业发展方向，拥有 1～2 个特色主导产业，对区域产业结构调整、绿色发展、农村改革的引领作用明显。

2. 规划布局科学合理

园区建设符合当地经济社会和农业发展规划，园区要有明确的地理界线和一定的建设规模，核心区、示范区、辐射区功能定位清晰，建设内容具体。其中，核心区占地面积一般应在 3 000 亩左右，示范区面积 1 万亩左右，全面统筹布局生产、加工、物流、研发、示范、服务等功能板块。

3. 技术创新能力较强

园区要有较强的科技开发能力或相应的技术支撑条件，能够承接技术成果的转移转化；有较好的研发基础设施条件和较完善的技术转化服务体系；积极建设专家工作站和科学测试检测中心，聚集科技型人才。

4. 科技服务机构健全

园区建有农业高新技术企业和科技服务机构，发挥市场在资源配置中的决定性作用，通过市场机制推进园区发展；为职业农民培训提供场所，促进当地居民收入的提高；为大学生、农民工等返乡创业提供孵化器和公共服务平台。

5. 组织管理健全完善

成立园区建设领导小组，负责园区建设的组织领导和协调推进工作，落实上级有关政策和制定配套措施，组建具有专职工作人员的园区管理委员会，行使园区建设与管理的政府职能，负责园区规划编制、基础设施建设、创新能力建设、平台建设、产业发展等工作。

（五）天津农业科技园区创新能力评价指标体系

本研究依据天津市农业科技园区创新能力现状统计指标，参考国家农业科技园区创新能力评价指标体系，综合学界的研究成果，提出天津市农业科技园区创新能力评价指标体系，指标体系由 3 个一级指标、9 个二级指标和 44 个三级指标组成（表 1），为强化农业科技园区监测管理和评价指导，加强农业科技园区创新能力提供决策参考。

表 1　天津农业科技园区创新能力评价指标体系

一级指标	二级指标	三级指标	计量单位
一、创新支撑	（一）建成面积	1. 园区核心区面积	万亩
		2. 园区示范区面积	万亩
	（二）人力资源	3. 园区管委会人数	人
		4. 园区内就业人数	人
		5. 园区研发人员数量	人
		6. 园区科技特派员人数	人

（续）

一级指标	二级指标	三级指标	计量单位
一、创新支撑	（三）投入情况	7. 园区当年政府投入	万元
		8. 园区当年政府研发投入	万元
		9. 园区当年社会投入	万元
		10. 园区当年社会研发投入	万元
		11. 园区当年引进项目数	个
		12. 园区当年开发项目数	个
	（四）研发能力	13. 园区研发机构数量	个
		14. 和园区有合作关系的科研单位数量	家
		15. 入驻园区的科研单位数量	家
		16. 园区测试检测中心数量	个
		17. 园区院士专家工作站数	个
二、创新水平	（五）科技开发能力	18. 园区当年引进技术数	个
		19. 园区当年引进品种数	个
		20. 园区当年引进设施数	个
		21. 园区当年科技成果转化数量	个
		22. 园区当年专利审批数	个
		23. 园区当年发明专利数	个
	（六）科技推广能力	24. 园区众创空间数量	个
		25. 园区星创天地数量	个
		26. 园区技术交易机构数量	个
		27. 园区当年推广技术数	个
		28. 园区当年推广品种数	个
		29. 园区当年推广设施数	个
三、创新绩效	（七）科技企业培育	30. 园区入驻企业数量	家
		31. 园区入驻高新技术企业数量	家
		32. 园区入驻农业高新技术企业数量	家
		33. 园区科技企业孵化器数量	个
		34. 园区科技企业孵化器面积	平方米

（续）

一级指标	二级指标	三级指标	计量单位
三、创新绩效	（八）经济效益	35. 园区当年营业收入	万元
		36. 园区当年第一产业收入	万元
		37. 园区当年第二产业收入	万元
		38. 园区当年第三产业收入	万元
		39. 园区当年缴税额	万元
		40. 园区当年农业高新技术企业营业收入	万元
	（九）科技服务	41. 园区本年度技术培训总人次	人次
		42. 园区带动农户数	户
		43. 园区当年农民人均可支配收入	元
		44. 所在区当年农民人均可支配收入	元

三、天津市农业科技园区建设重点任务

（一）积极探索机制创新，提高资源配置效率效能

以技术创新、模式创新、机制创新为根本途径，在农业转方式、调结构、促改革等方面进行积极探索，推进农业转型升级，促进农业高新技术转移转化，提高土地产出率、资源利用率、劳动生产率，打造现代都市型农业升级版。一是支持园区科技创新，认真落实农业科技成果转化收益、科技人员兼职取酬等制度规定，允许科技人员以技术成果入股，在园区开展有偿技术服务，鼓励农业科技人员独立或合伙创办农业企业、产业示范基地和经营实体，参与市场竞争，带动园区特色产业发展。二是完善政策、金融、社会资本等多元投入机制，着力优化投入结构，创新使用方式，提升支农效能，通过创新驱动将农业生产引入现代农业发展的轨道。创新和完善利益联结机制，强化龙头企业与合作社对农户的带动作用，助推农业产业化发展。探索政府、园区、科研院所、生产经营主体、农民等各方共建共治共享的建设治理新格局。

（二）集聚优势科教资源，提升创新服务能力

引导科技、信息、人才、资金等创新要素向园区高度集聚，完善科技创新与孵化器的相关设施，打造农业科技示范基地。一是吸引汇聚京津农业科研机

构、高等学校等科教资源，联合创建国家或省级重点实验室，建立开放式的硕士、博士流动工作站，搭建各类研发机构、测试检测中心、院士专家工作站、技术交流机构等重大功能型和科研公共服务平台，发展面向市场的新型农业技术研发、成果转化和产业孵化机构，建设农业科技成果转化中心、科技人员创业平台、高新技术产业孵化基地。二是支持园区开展科技展示、技术培训、创新创业、企业孵化、信息交流、中介服务、投融资等一体化服务，提高农业科技成果的集成示范转化能力，并加强新技术成果的扩散。通过技术梯度势差的作用，将园区的新技术成果由技术密集区向薄弱区扩散，推动区域内农业生产向优良化、优质化、特色化、结构合理化、布局科学化、经营网络化发展。

（三）培育科技创新主体，推动农业高精尖发展

打造企业孵化器、星创天地、现代农业产业科技创新中心等"双创"载体，培育一批技术水平高、成长潜力大的科技型企业，形成一批带动性强、特色鲜明的农业高新技术产业集群。一是积极培育农业科技型企业。加强园区的成果孵化器和转化器的基础设施建设，鼓励开展特色优势产业关键共性技术研发和推广，以及引进农业高新技术。支持有一定科研实力的农业企业承担各类科技计划项目、科技成果产业化项目，使其成为技术创新主体。依托园区资源禀赋和产业基础，加强研究开发及成果转化条件设施建设，打造优势特色主导产业，实现标准化生产、区域化布局、品牌化经营和高值化发展。二是推动产业链高端发展，提升农产品加工、物流水平和品牌价值，实现一二三产业融合。发展"互联网＋园区"等创新模式和新型业态，强化现代服务业与农业高新技术产业的融合发展，推动天津现代都市型农业向优质、特色、智慧和高端方向发展。

（四）优化创新创业环境，提高园区双创能力

促进园区吸引、培养、使用、激励人才，发挥创新型企业家、专业技术人才在园区发展中的作用，营造集聚创新创业人才的生态环境。一是坚持高端人才引进与乡土人才培养并重，鼓励有条件的园区建立创业服务中心和科技孵化器。建立城市人才入乡激励机制，推动科技人员下乡、农村大学生回乡、农民工返乡创新创业。在园区聚集一批农业领域战略科技人才、科技领军人才、青

年科技人才和高水平创新团队，打造一支素质优良、结构合理的农业科技创新创业人才队伍。二是充分调动科技特派员工作创造性，围绕园区建设开展创业和服务活动，建设具有区域特点的新型职业农民培训基地，提升农民职业技能，优化农业从业者结构，培养适应现代农业发展需要的新型职业农民。

（五）鼓励特色品牌化发展，完善园区建设模式

全面推进农业科技园区建设，引导园区依托资源特点，发挥科技优势，开展示范推广和产业促进，培育具有较强竞争力的特色产业品牌。一是按照"一园区一主导产业"，培育特色农产品地理标志品牌，逐步形成农业科技园区的品牌效应，围绕品牌战略开展科技创新和产业培育，创建特色品牌园区，提高农业产业竞争力。二是建设区域农业科技创新中心和产业发展中心，形成区域优势主导产业，探索创新驱动现代农业发展的特色模式，形成可复制可推广的经验作法。

（六）建设生态宜居乡村，推进园区融合发展

以乡村振兴战略为总抓手，结合推进农村人居环境整治，走天津特色新型城镇化道路，探索"园城一体""园镇一体""园村一体"的城乡一体化发展新模式。一是整合园区基础设施、土地整治、农业综合开发、新型城镇化等各类资源，兼顾园区生态、生产、生活协调发展。二是强化资源节约、环境友好，确保产出高效、产品安全。推进农业农村绿色发展、农业资源高效利用，提高农业全要素生产率，发展循环生态农业，打造水体洁净、空气清新、土壤安全的绿色园区。三是依托园区绿水青山、田园风光、乡土文化等资源，促进农业与旅游休闲、教育文化、健康养生等产业深度融合，发展观光农业、体验农业、创意农业。打造"一园一品""一园一景""一园一韵"，建设宜业宜居宜游的美丽乡村和特色小镇，带动乡村全面振兴。

四、天津市农业科技园区建设保障措施

（一）强化组织领导

建立市区相关部门统筹协调的工作联动机制，建立管理科学、运转高

效、部门协同的运行机制，推动农业科技园区建设与乡村全面振兴工作协同部署、协同推进、协同发展。建立天津市农业科技园区工作领导小组，以加强对园区的组织领导、顶层设计。鼓励园区设立管理委员会，落实必要的管理职权和专职人员，推进"放管服"改革，构建精干高效的管理体系。发挥好各类产业创新战略联盟、农业产业技术体系的作用，加强园区之间的培训交流、成果对接，为产业发展提供示范引领和服务支撑。加强天津市农业科技园区智库建设，成立园区专家咨询委员会。对园区开展动态管理，定期监督检查和开展创新能力绩效评价，并将评价结果作为推荐升级、重点支持的主要参考因素。

（二）加强规划指引

在全市农业科技园区创建过程中，加强科学论证，进一步做好园区的区域布局、功能定位和发展规划，避免出现低水平的重复建设。遵循市场规律，突出天津涉农区各自不同的区位、资源、人才、人文、市场优势和特色，合理安排好农业科技园区的水平布局、垂直布局及功能定位，选准选好园区的主导产品和优势产业，避免园区间雷同。优化园区空间布局规划，使土地利用空间与产业发展相配套，提升土地利用效率。增强农业科技园区之间的联系互动，根据不同园区的产业定位、特色产品，合理布局农业科技资源，达到特色互补而非产业重叠的效果。

（三）加大政策支持

加大科技和农业项目与园区建设的资源整合，通过市级专项引导资金（基金）、科技创新基金、人才与基地基金等，支持开展园区公共服务平台建设、农业高新技术孵化、成果转移转化、创新创业。建设园区发展基金，对入园农业科技项目实行补贴，对创新的农业技术项目予以重点支持。鼓励国家重点研发计划农业领域项目和天津市科技项目优先在园区研发试验、科技示范。创新科技金融政策，为园区入驻企业提供金融服务便利。鼓励园区发挥市场主体作用，吸引社会资本向园区倾斜，支持园区基础设施建设。对园区创新驱动发展涌现出的新典型、新模式、新机制，及时总结推广，加大对先进单位和个人的表彰力度。

（四）加强协同发展

进一步转变政府职能、提高服务效能，在投融资、技术创新、成果转化、人才管理以及土地流转等方面进行探索创新，推进园区协同创新。鼓励园区建立信息平台、交易平台、成果平台、专家平台，引导园区资源整合和互联互通，开展技术、成果、市场、信息共享，推动园区产业发展。鼓励园区针对区域农业发展瓶颈，在推进农业科技成果转化、农业新兴产业培育、现代农业管理模式创新等方面发挥示范作用，开展联合攻关，解决制约区域农业发展的重大问题。鼓励科研院所和科技人员以生产要素入股，推进园区股份制改造，激活园区的经营管理和市场营销活力，充分调动员工的积极性和创造性，提高园区的经营效益。引导农民以土地、劳动力等生产要素参与园区建设。

项目来源：2018 年天津市科技发展战略研究计划项目（项目编号：18ZL-ZDZF00400）

执笔人：孙国兴、于战平、史佳林、陈丽娜、张蕾、李瑾

参考文献

北京市科学技术委员会，2019. 北京市农业科技园区发展规划（2019－2025 年）［EB/OL］. (2019－04－22)[2019－06－22]. http：//www. beijing. gov. cn/zfxxgk/110004/gfxwj22/2019－04/22/content_af16a6cf8ae74fdc919295f71bdc9fe5. shtml.

侯燕妮，2017. 陕西农业科技园区建设成效显著［J］. 农村百事通（21）：15.

钱政成，吴永常，王兆华，2019. 山东省农业科技园区发展存在的问题及对策研究［J］. 山东农业科学，51（2）：158－163.

天津市科学技术委员会农村科技处，2018. 市科委市农委关于印发天津市农业科技园区建设方案（2018—2025 年）的通知［EB/OL］. (2018－06－14)[2019－08－22]. http：//kxjs. tj. gov. cn/xinwen/tzgg/201806/t20180614_138523. html.

王仕涛，2018. 让农业高翔于 21 世纪创新的天空：也论新时代国家农业科技园区创新发展［J］. 中国农村科技（276）：42－45.

王昭，谢彦龙，李同昇，等，2018. 国家农业科技园区空间布局及影响因素研究［J］. 科技进步与对策，35（9）：23－31.

张新仕，李海山，李敏，等，2019. 河北省农业科技园区在高新技术产业化中的作用评价：

以三河、唐山、邯郸国家重点监测园区为例［J］. 贵州农业科学，47（5）：145 - 150.

中华人民共和国科学技术部，2019. 国家农业科技园区带动江苏现代农业创新发展［EB/OL］.
（2018 - 10 - 16)［2019 - 06 - 20］. http：//www. most. gov. cn/dfkj/dfkjyw/dfzxdt/201810/
t20181016 _ 142187. htm.

中华人民共和国科学技术部. 国家农业科技园区发展规划（2018 - 2025 年)［EB/OL］.
（2018 - 01 - 22)［2019 - 06 - 20］. http：//www. most. gov. cn/mostinfo/xinxifenlei/fgzc/
gfxwj/gfxwj2018/201801/t20180130 _ 137945. htm.

天津市乡村振兴与民生科技融合
发展的实现途径研究

一、研究背景

我国是农业大国，农业经济在国民经济体系中占据着关键性地位，"三农"的健康发展对促进国民经济的良好运行和保持大局稳定发挥了至关重要的作用。随着工业化、城镇化的深入推进，农业占国内生产总值的份额将进一步下降，但农业的基础地位不会改变，大量农民生活在农村的国情不会改变。乡村兴则国家兴，乡村衰则国家衰。目前，我国现代化建设中最薄弱的环节仍然是农业农村，我国农业农村基础差、底子薄、发展滞后的状况尚未根本改变，这就要求我们把民生科技发展与乡村振兴战略实施相结合，让广大农民有更多获得感、幸福感、安全感。乡村振兴与民生科技的融合发展尤为关键，应在乡村振兴中积极应用最新的科技成果，提高劳动生产率、劳动者素质和管理治理的效率。本研究立足于分析天津市乡村振兴在民生领域的痛点问题，在此基础上着眼于民生科技的关键技术领域，以期对促进乡村振兴与民生科技融合发展提供指导，并提出相关政策建议。

二、天津市乡村振兴过程中的痛点问题

农村是中国现代化进程的稳定器与蓄水池，乡村振兴战略的重点就是回应农民诉求，解决他们的各种困难。总体上，天津市仍存在城乡二元结构，尤其是远郊地区，城乡民生在收入水平、环境等级、设施便捷等方面差距较大，农村地区民生痛点问题比较突出，科技支撑薄弱。

（一）农业效益亟须提高

天津市农业粮食比重高，特色、精品、高档"菜篮子"产品不多，小规模

生产的普质化农产品在价格和成本方面都处于劣势，劳动生产率仅 3 万元/人，土地产出率不足 5 000 元/亩，附加价值低。全市普遍存在生产成本过高的问题，土地租金逐年递增，投入品价格上涨，劳动力薪资抬高，流通成本攀升，产业链条各环节成本溢出，负收益现象屡见不鲜。

（二）农民素质亟须提升

天津市农民整体素质不高，农业生产过分依赖生产经验，接受的信息化知识培训较少，尚未形成有文化、懂技术、能创业的新型农民队伍。并且，受传统农业效益低、农民受教育程度低、现代化技术投入高、风险大等问题影响，农民参与农业生产的积极性不高，多数农民选择将土地流转出租或改种易于管理的大田作物，或者放弃务农选择外出打工。

（三）人居环境亟待整治

现阶段，天津市农村环境问题依然突出，耕地数量不断减少，土壤、水体质量下降，资源约束日益严重；粗放式的生产方式导致资源过度开发，农业、工业和生活污染相互叠加，生态环境问题已经成为乡村发展的短板。农业生态服务功能弱化，影响了种植、养殖和乡村旅游业的进一步发展，与农民群众对美好生活的向往不相适应。

（四）公共服务差距较大

天津市城乡发展速度和发展质量存在较大落差，城乡公共服务供给质量失衡。伴随乡村发展，农村居民对于公共服务的要求不断提高，更好的生活、医疗、教育、文化服务已成为农民关心的重点。但全市优质资源多集中在市区，农村地区供给相对不足，基础设施落后、技术人才匮乏等状况使得农村居民还无法享受均等化的公共服务。

三、天津市民生科技的关键技术领域

结合国家和天津市乡村振兴战略规划，从经济、社会以及民生科技特征等多因素考虑，本研究认为天津市乡村振兴中民生科技的关键技术主要集中在农业生产推动型科技、农村生态环保型科技、农民生活服务型科技三大领域。

（一）农业生产推动型科技

产业兴旺是乡村振兴的重点，是实现农业提质增效、农村富裕繁荣、农民增收致富的基础。农业科技对现代农业发展具有强有力的支撑作用，而农业生产推动型技术作为产业发展的核心，不仅是农业经济增长的动力，也是实现产业现代化的关键要素，在富裕农民、繁荣乡村上有着极为重要的作用。农业生产技术延展资源开发广度和利用深度，挖掘资源禀赋，优化要素组合，扩展要素效益，其作用原理直接反映了当前农民对于增收致富的普遍需求。以技术带动增收符合广大农民的最基本诉求，能够调动农民的积极性、主动性、创造性，激发农民积极参与农业农村现代化建设的内生动力，使其享受到政策红利和收入红利，在乡村振兴中的民生领域占有举足轻重的地位。

1. 现代产业化技术体系

现代产业化技术体系有助于提高农业生产能力，缔结产前、产中、产后的信息、技术和组织链条，降低连接消耗，通过产业链、价值链的重构和升级，促进农业向现代化转型。因此，解决生产成本过高、产值效益过低的问题，核心在于推进多环节农业新技术的集成应用，如现代育种技术、绿色生产技术、仓储保鲜技术、精深加工技术、物流运输技术、包装营销技术等，构建创新与推广体系、"互联网＋农业"技术体系、仓储物流配送体系、农业信息服务体系、农业金融服务体系、农业生产服务体系、农民技能培训体系、营销技术体系等完善的产业保障体系，推进一二三产业融合发展。

2. 与当地主导产业相配套的"田间地头"技术

乡村振兴要坚持农民主体地位，以小农户生产模式为主的农业生产模式将长期存在是我国农业发展的客观现实。农业现代化发展的必由之路是带动小农户应用新技术、采用现代生产方式，但多数"高大上"的农业技术在小农户生产模式中缺乏相应的适用场景，应用门槛和实施成本高，难以被广大小农户所采纳；农户的技术需求多集中于与当地主导产业相配套的"田间地头"技术，从施肥用药、剪枝控势，到田间管理、病虫害防治，这些技术实用性更强，往往能给农户带来更加直观的经济效益。以天津滨海皇家枣园为例，当地合作社长期聘用专职驻村技术员，对周边5个村庄的农户进行冬枣种植技术指导，实地普及农户急需的田间地头技术，推动本地特色冬枣产业进一步发展，得到了较好的社会反响。

（二）农村生态环保型科技

乡村振兴，生态宜居是关键。构建人与自然和谐共生的乡村发展新格局，既是乡村振兴的内在要求，也是改善农村环境质量，提升农村居民生态福祉的重大民生工程。良好的农业生态环境与乡村自然风貌是实现人民群众对美好生活向往的重要媒介，也是增值第一产业、助推第二产业、成就第三产业的重要基础，有利于优化农村产业结构助推乡村经济振兴、巩固农业基础性地位、优化农村产业结构，增加农民收入。因此，正确处理农村生态环境与农业经济发展之间的关系，通过生态环保型科技消除农村环境污染、破解乡村生态约束、带动美丽乡村建设，实现农业强、农村美、农民富的有机统一，是广大农村居民的重要诉求之一。

1. 农业生态环境修复技术

农业生态文明是促进生态文明建设的关键环节，是加快社会主义新农村建设的重要举措。针对农业生态系统退化等诸多问题，必然要求依靠科技创新改变高投入、高消耗、资源过度开发的粗放型发展方式，依靠科技进步推动土壤修复、水域涵养、乡村绿化等农业农村生态修复技术的实施应用，支撑"退耕还林""退渔还湿"，及生物多样性保护和流域治理，建立农业生产力与资源环境承载力相匹配的生态农业新格局，提升农业农村生态环境品质，保障农业、农村、农民与生态环境的持续、健康与稳定发展。

2. 生态农业工程和绿色农业生产技术

改变高强度、粗放式的生产方式，需要建立投入品安全无害、资源利用节约高效、生产过程环境友好、质量标准体系完善、监测预警全程到位的农业绿色发展技术体系，大力普及生态农业工程及绿色农业生产技术，实施农田面源污染综合防控、畜禽水产养殖污染治理、农业废弃物循环利用等生态农业工程，开展农业节水灌溉和旱作节水技术、农药化肥减量技术和替代技术、农业废弃物无害化处理和资源化利用技术，以及各种农业绿色生产与加工技术的研发与应用，加快农业发展方式转变，变绿色为效益，激活农业绿色发展内生动力，为实施乡村振兴战略、打赢污染防治攻坚战作出积极贡献。

（三）农民生活服务型科技

2019 年《政府工作报告》指出，在教育、医疗、养老、住房、食品药品安全等方面，人民群众特别是广大农村居民还有很多不满意的地方，获得感、幸福感有待提高。城乡发展速度产生的巨大落差，致使城市与农村的服务供给质量失衡，农村公共服务已成为转变农民生活方式的一块短板。

1. 农村公共服务技术

在乡村振兴的大背景下，要建设好农村，除了基础设施建设外，公共服务体系的建设也不能落下。现实中，农村居民希望享受到与城市居民均等化的公共服务，获得更高水平、更加便捷的医疗教育服务。而实现这一目标的关键就是要推动优质公共教育资源向农村倾斜、公共医疗卫生资源向农村扩散，通过信息技术、资源配置、政策扶持和制度建设实现城乡基本公共服务均等化；鼓励技术下沉、人才下乡，推动远程医疗、远程教育等信息技术普及，扩大技术和人才资源对农村地区的辐射带动，提高乡村医疗服务能力与教育水平。

2. 新能源开发利用技术

2017 年，天津市印发《天津市 2017—2018 年秋冬季大气污染综合治理攻坚行动方案》，2018 年发布《天津市农村人居环境整治三年行动实施方案》，继而启动了农村全域清洁化以及"百村示范千村整治"工程，持续推进美丽乡村建设，取得阶段性成果。但实际中还存在一些问题：一是"气代煤、电代煤"的能源利用方式成本更高，为农村居民带来额外负担；二是生物质气化、秸秆发电等新能源综合利用设施少，覆盖面小；三是农业废弃物综合利用和新能源示范项目的带动效果未达到预期。为解决这些问题，要加强农村能源开发利用关键技术研究，开展农村生物质能开发、农村清洁供暖供热、农村供用电节能技术研究；加大以提高热能利用效率，降低有毒、有害物质排放率为重点的节能灶、炕、灯和燃具的技术研究和新产品开发及示范；推动以生物质固体成型燃料和沼气为主的生物质能源开发，发展生物质资源综合利用技术与装备；开发、应用以太阳能、风能、地热能为重点的关键技术和配套设备，加大以低成本乡村住宅减污节能建设技术、农村住宅可持续使用建设技术等为重点的特色农村住宅建设技术的研发力度；建立新能源示范项目清单，将项目运营企业纳入清单，鼓励企业联农带农推进能源技术示范，并将其作为政策支持的重要条件。

3. 农村数据统计与信息管理技术

数据统计与信息管理作为提供国民经济运行情况的重要工具，是推动经济发展的重要环节。而在调研中明显发现，村镇的数据统计与信息管理工作存在着诸多问题，统计工作重复化、经济数字模糊化、信息存储纸质化、数据更新滞后化等现象普遍，村、镇、区、市各级汇总数据在一致性上存在较大偏差。针对这一现象，要建立城乡及内网外网衔接联通的信息化数据采集与存储平台，使各级社区网络得到整合，完善信息采集、处理、更新、分析系统，提高数据信息的准确性与一致性，使信息化数据统计与信息管理技术具有更深层次的现实意义。

四、天津市乡村振兴与民生科技融合发展的实现途径

基于以上分析，结合天津市发展实践，围绕"生态宜居、乡风文明和治理有效"的建设目标，按照统筹规划、体现特质、全域推进、提升质量的要求，有针对性提出融合发展的实现途径，包括民生科技与产业振兴、民生科技与生态建设、民生科技与乡村文化、民生科技与农民生活、民生科技与乡村治理等融合发展的路径，最终服务于政府决策，促进乡村振兴与民生科技的融合发展。

（一）民生科技与产业振兴的融合发展路径

按照主体多元化、模式多样化、服务专业化、组织网络化的发展方向，探索符合市场经济规律的农村民生科技服务长效机制，着力构建民生科技与产业振兴的融合发展路径。

1. 培育现代农业新业态

围绕农民最关心、最现实的问题，把创新农业生产推动型科技与发展现代化农业结合起来，把创新农村生态环保型科技与农业绿色发展结合起来，把创新生活服务型科技与转变农民落后生活方式结合起来，集成技术需求、三农信息、人才交流、中介服务等创新资源，构筑农村民生科技信息平台，以需求为导向，鼓励并引导创新主体开发、转化、创新一批实用技术和装备，充分运用

工业、服务领域技术成果，在农业生产、经营和流通中开展跨学科、跨领域、跨专业的推广、应用和再创新，推进农业生产方式、农业经营理念和农产品物流模式的创新，实现农业的跨界融合发展。

2. 依托科技成果转化示范基地打造孵化器

以富民惠民为核心，以提高农业综合生产能力为重点，统筹考虑农业生产发展、农民生活水平提高、农村环境改善等，从村、乡（镇）、涉农区（县）三个层次实施科技示范基地建设，围绕集约化种植养殖、农产品精深加工、资源高效利用、现代农业装备、农业信息化、智慧化应用等产业领域，在一线推广先进成熟的有效技术和成果，建设符合现代农业发展方向、示范带动作用显著的农业科技成果转化示范基地。依托农业科技园区、星创天地和基地，打造集"科技示范、技术集成、创业孵化、平台服务"为一体的创业孵化载体，面向科技特派员、大学生、返乡农民工、家庭农场主及中小微农业企业、专业合作社等创新创业主体，提供一站式科技创新创业服务。

3. 培育农业科技成果转化中介

探索有效解决科技、经济长期两张皮问题，围绕建立健全农业科技向现实生产力转化的通道，打通农业科技成果转化渠道中农业科技—生产—经济实现等各环节，培育集聚一批服务覆盖农业技术创新、知识产权、技术评估、农业监测、研发设计、专业培训、新品种评价的科技中介服务机构，建立多层次转化媒介服务体系，构建一站式创新服务链，切实提升农业科技成果转化效能。

（二）民生科技与生态建设的融合发展路径

1. 绿色创新设计推动乡村生态治理

在美丽乡村建设和乡村振兴过程中，将绿色设计与科技创新应用结合起来。重点突破绿色建材、村镇规划、宜居住宅、乡村清洁、清洁能源、资源保护、污染防治与生态修复等方面关键技术的示范应用，培育农村住宅、新能源、环保等产业新动能，促进绿色宜居村镇建设与发展。

2. 循环经济技术推广

推进农村垃圾分类集中统一处置，确定垃圾分类的标准与适合北方地区的农村垃圾资源化利用途径。对于生活污水处理，要因地制宜地采用污染治理与资源利用相结合、工程措施与生态措施相结合、集中与分散相结合的建设模式和处理工艺，不宜盲目全部采取污水管网的方式。同时由于农户支付能力整体有限，要探索低成本的规模化、专业化、社会化的环境污染第三方治理机制，确保各类设施可建成并长期稳定运行，防止治理设施和建设资金的无效化。

(三) 民生科技与乡村文化的融合发展路径

乡村的繁荣离不开文化的振兴，文化创意和科技的融合，是对民生科技与乡村振兴融合发展的重要支撑。

1. 建立创意设计技术服务平台

建设主题型科技与文化融合的示范工程、设立民间文化传承与创新中心，推进乡土文化与时尚创意设计相结合。强化对传统建筑、传统技艺与手工艺制品、民间艺术、民俗文化等的推介，推动开发乡村（非遗）资源的服装服饰、工艺美术、印刷包装等品牌设计、产品打造。

2. 构建乡村文化数字化系统

根据本地特色，建立非物质文化遗产和民间文化数据库，为非物质文化遗产的记录、保存、传播、传承开拓出新的空间，实现非物质文化遗产的数字化运用。

利用数字化手段为非物质文化遗产项目拍摄专题宣传片，采用传承人讲述、三维动画展示等多种形式，描述非遗文化的历史传承、时代变迁、人物情感等。利用融媒体、分众传媒等播出非物质文化遗产的视频，形成非物质文化遗产保护与传承的"全民情怀"。鼓励乡村民众运用抖音、快手、哔哩哔哩等App丰富文化生活，加强对乡村文化资源的数据分析和保护，使科技、文化和艺术在乡村实现交流融合。

(四) 民生科技与农民生活的融合发展路径

围绕"共同富裕"目标，以保障和增加农民福祉为出发点和落脚点，通过科技促进农民生活方式改善，最大程度满足农民群众对美好生活的需求。

1. 举办科普活动

基于农民的多元化需求，有针对性地组织好各项活动，精准聚焦农村农业科技致富的产业，通过开展科技创新专题讲座、共建科技创新平台、实施重大科技专项、组织专家实地指导等形式，推进先进农业科技成果在农村推广应用；充分利用各种教育培训资源，采取多种形式开展文化科普培训、产业技能培训、创新创业培训，依托农业产业园区、农业生产基地、田间地头，发展露天培训课堂，有针对性地推广农业新技术、新品种、新模式。

2. 发展乡村社会事业

围绕重大慢性病防控、人口老龄化应对等人口健康重大问题，普及农村政务、财务、教育、医疗、卫生、治安、旅游、就业、防灾等信息管理系统的应用，强化农村信息统计工作，及时、准确地汇总农村经济社会发展的各项数据。

（五）民生科技与乡村治理的融合发展路径

1. 乡村治理智能化

运用互联网、大数据、物联网、云计算、人工智能等现代信息技术，开展集生产生活、文化娱乐、科技教育、医疗卫生等多种服务功能于一体的社区综合技术集成与应用，加强农村基层科普宣传力度，提高农民科技文化素养，推动农民生产和生活信息化，打造集社会治安综合治理、服务乡村振兴、助推脱贫攻坚、关爱留守人员等功能于一体的社会治理系统。

2. 保障女性参与经济活动的权利

立足现有资源禀赋，结合所在村的产业优势，因地制宜开展现代农业实用技术等示范培训，带动农村妇女发展优质农特产品生产加工、特色种养、农家乐等创业就业项目。

3. 深化外部对接机制

持续推进科技特派员管理制度改革，加强以高等院校和科研院所为主体的新型农村科技服务体系建设，通过科技特派员、产业扶贫、科技助农、农村社区服务等多种形式，让专业技术人员下沉服务农村基层，形成有针对性的助农惠农长效机制。围绕地方乡村振兴发展需求，每年"双向选派"科技特派员，服务区逐步实现市域全覆盖，服务领域进一步拓展到产业、生态、文化、人才和组织振兴等各个方面，不断向工程机械、农机装备、电子商务、创意设计等领域拓展，服务领域从农业生产向农产品精深加工、农业服务业等产业链后端延伸，启动以企业产业技术需求为导向的企业科技特派员选派工作。鼓励科技特派员通过许可、转让、技术入股等方式转化科技成果，与企业、农民合作社等联合组建利益共享、风险共担的产业共同体，成为科技创新创业领路人。

项目来源：2018 年天津市科技发展战略研究计划项目（项目编号：18ZL-ZXZF00640）

执笔人：郭华、郁滨赫、孙国兴、董霞、陈丽娜

参考文献

孔凡瑜，周柏春，2015. 我国民生科技理论发展与现实路径 [J]. 知与行（2）：40 - 44.

李彩云，莫俊森，2015. 新常态下广西民生科技发展对策研究 [J]. 企业科技与发展（11）：4 - 7.

李嘉美，王鑫，2016. 新形势下我国民生科技发展的路径探析 [J]. 改革与开放（9）：4 - 5.

李孔燕，李笑春，2013. 我国社会发展领域的民生科技战略及管理创新研究 [J]. 科学管理研究，31（4）：33 - 36.

李林，郗红伟，朱司宇，2014. 天津市民生科技创新发展的对策研究 [J]. 天津经济（12）：26 - 29.

刘启强，何静，刘燕，等，2015. 广东省民生科技发展状况与战略研究 [J]. 广东科技，24（22）：36 - 38.

任仲平，2011. 民生科技视角下现代农民生活方式的构建 [D]. 赣江：江西农业大学.

孙雄松，吕建秋，蒋艳萍，等，2017. 民生科技需求、供给及满意度：基于广东珠三角地区民生科技实证研究 [J]. 科技管理研究，37（14）：98 - 103.

天津市经济发展研究所课题组，2013. 天津市示范小城镇建设中科技服务民生研究 [J]. 天津经济（9）：51 - 53.

王喜红，黄立新，2014. 主要发达国家发展民生科技经验及启示 [J]. 辽宁行政学院学报，16（11）：39 - 41.

王鑫，2016. 当代民生科技的创新发展路径研究 [J]. 科技尚品（8）：240 - 241.

武霏霏，王峥，2013. "世界城市"发展民生科技的经验与启示 [J]. 中国科技论坛，1（10）：146 - 151.

郗铮，王明礼，2008. 重视民生科技在构建和谐社会中的重要作用 [J]. 西北工业大学学报

（社会科学版），28（4）：9－11.

杨仁德，向华，魏善元，2010. 贵州省农村民生科技发展的关键技术和路线 ［J］. 安徽农业
　　科学，38（7）：3781－3783.

员智凯，2008. 发挥科技进步对改善农村民生的引领和支撑作用 ［J］. 求实（12）：95－96.

张妍，2014. 创新驱动战略下我国民生科技的发展研究 ［J］. 辽宁教育行政学院学报，31
　　（2）：16－18.

郑元景，裴常宽，2015. 新农村建设中民生科技的功能及其实现途径 ［J］. 三明学院学报，
　　32（5）：10－14.

面向 2025 年、2035 年的现代农业创新发展规划思路研究

一、研究背景

(一) 问题的提出

党的十九大以来，实施乡村振兴战略成为引领现代农业创新发展的重要抓手。乡村振兴是新时代实现城乡融合发展的重要前提，重点解决城乡发展不平衡、农村发展不充分、农业大而不强的问题。天津现代都市型农业主要特征集中体现在"绿色化、集约化、功能化"；发展目标是形成科技领先、结构合理、布局优化、功能完善、生态安全、效益显著的现代都市型农业产业体系。产业振兴是乡村全面振兴的基础，发展现代农业是产业振兴核心内容。新形势新任务对现代农业产业振兴提出了新的迫切要求，同时提供了新的发展机遇。

多年来，天津特色优势农业产业主要有：小站稻、水产、蔬菜（含食用菌）、果品、生猪、奶牛等；目前，围绕六个优势产业，天津已建设七个现代农业产业技术体系创新团队。现代农业创新发展亟须通过现代农业品种、技术、装备、组织管理模式改造提升，重点强化新产业发展和新动能培育，提升农业高新技术产业带动能力，形成创新驱动现代农业新格局。

本研究对农业科技创新现状进行分析评价，瞄准现代农业发展面临的形势和重大需求，针对科技创新的瓶颈问题，明确"十四五"乃至远期现代农业创新发展规划思路和目标，提出科技创新重点任务和保障措施，为主管部门编制"十四五"科技发展规划提供基本素材和背景资料、为市委市政府推动乡村振兴战略和现代农业创新发展决策部署提供科学依据。

(二) 现状与挑战

1. 农业科技创新整体优势还不明显

天津虽然在种业创新、高端兽药、农业物联网等方面处于国内先进行列，

但农业科技创新整体优势还不明显，农业高新技术企业较少，面对国内外的竞争压力，困难增多，还满足不了现代都市型农业产业发展需求；与发达地区相比，农业科技创新能力存在一定差距，农业科技创新供给不足，优秀拔尖人才少，缺少领军人物和优秀创新团队；科技基础条件总量不足，布局不够合理，有效整合和开放共享不够；农业科技投入强度与发达地区相比差距较大，与农业科技公益性、基础性、社会性特点还不相适应。

2. 农业科技创新体系效能相对较低

天津农业知识产权创造指数排名不高，植物品种权申请量、授权量等相对较少，农业发明和实用新型专利相对较少，研发单位竞争力一般；受地域空间限制，地理标志农产品的授权量较少，在以特色农产品作为竞争优势基础的供给侧结构性改革效果还不明显；获国家科技成果奖项目、产生重大影响和成效的农业重大科技成果及科技活动越来越少；农业科研成果转化率不高，农业科技成果与服务的有效供给结构还不适应农业产业结构变化要求。

3. 农业科技体制机制不够完善

天津农业科技资源尚未得到有效配置，分散的农业科技创新单位部门"各自为战"的竞争性格局没有根本扭转，协同创新机制不健全，创新资源分散，创新效率不高；围绕产业链部署创新链、围绕创新链配置资金链的新型科研组织和管理方式尚未完全形成；农业科技创新学术评价体系和导向机制尚不完善。

4. 农业科技成果转移转化不畅

天津产学研用结合还不紧密，企业研发能力不足，远未成为技术创新、成果产出与转化、创新投入的主体；促进科技成果转化的机制不健全，对科技成果转移转化工作和人才队伍建设重视不够，科技成果转化应用率不高；一些科技平台满足于挂牌认定，缺乏规范有效的持续性研发和服务，有信誉品牌影响力的不多。

5. 农业高新技术产业化发展缓慢

近年来，天津具有强劲影响力的农业高新技术大项目、好项目缺乏，农业高新技术产业化总体发展缓慢；农业高新技术产业化除蔬菜良种、高端兽药、良种猪、水产种苗已形成一定规模优势外，保鲜材料产业化逐渐萎缩，其他可物化的高新技术产业化发展缓慢，高新技术对现代农业产业升级的带动潜力尚未充分发挥。

6.农业发展面临着诸多挑战

"十四五"乃至更长时间内，农业供给侧结构性改革，加快转变农业发展方式，促进现代农业高质量绿色发展，迫切需要依靠科技创新增强发展动力。新型农业经营主体正在成为现代农业的生力军，农业科技创新的需求向质量效益整体转变，进入新一轮技术需求旺盛期。

二、研究思路

(一) 总体思路

深入贯彻落实习近平新时代中国特色社会主义思想，以新发展理念为指导，坚持创新在农业农村现代化建设全局中的核心地位，把科技自立自强作为乡村全面振兴的战略支撑；以"四个面向"为指引，坚持科技创新为主体、制度创新为保障的技术和政策协同创新，瞄准国际先进、国内一流现代农业科技创新趋势，对接科技部农业农村领域创新大项目、大平台，立足天津农业重大需求、培育核心技术、加强成果转化、创新体制机制、实现竞争优势，遵循"围绕一个核心、聚焦一条主线、依托两个抓手、发挥五种优势、突出六个着力、探索一条道路"的发展思路，即围绕天津现代都市型农业高质量发展中的关键核心技术创新问题，以科技创新支撑引领农业农村现代化发展为主线，以发展农业高新技术产业和培育农业农村新动能为抓手，发挥各类创新主体在农业品种创新、技术创新、平台创新、服务创新、模式创新的基础与优势，着力健全农业科技创新体系、提高农业科技创新供给质量、提升农业产业竞争力、扩大农业科技创新区域优势、加强农业科技开放合作、强化科技支撑乡村振兴，探索一条产出高效、产品安全、资源节约、环境友好的农业现代化道路。

(二) 发展目标

1.总体目标

围绕解决制约天津乡村振兴和现代农业高质量发展的重大技术瓶颈问题，设计实施一批农业农村领域科技创新重要平台、重大工程、重点项目，争取完成五个"一批",即着力创新一批关键核心技术,集成应用一批先进实用科技成果,示范推广一批农业可持续发展模式,引进培育一批农业科技创新和服务主体,推动打造一批科技引领示范基地,构建起自主创新、引领发展的科技创新体系,满足乡村振兴和农业农村现代化对新品种、新装备、新产品、新技术和新模式等科技成果有效供给的需求,实施科学规划引领和系列创新政策供给,农业全要素生产率显著提高,努力使天津现代都市型农业科技创新整体实力进入全国前列。

2. "十四五"规划目标

到 2025 年,通过深化改革和政策创新,全市农业科技进步贡献率达到 71%,现代农业科技创新整体实力达到国内先进水平,部分领域达到国内领先水平,有力支撑农业农村现代化和乡村振兴战略目标实现。

——科技创新能力显著提升。以重要平台、重大工程和重点项目为核心,农业科技创新基础条件不断改善,在现代种业、农业生物制品、农机装备、智慧农业、农业资源环境等领域,获得一批原创性科技成果和关键技术产品,打造若干家在特色领域进入全球前十强的科技型龙头企业,形成农业领域的标杆企业,使天津农业在重点领域实现国际化突破,科技引领产业发展和支撑农业农村生态环境治理水平能力不断提升。

——人才队伍建设水平显著提升。人才管理和培养、评价、流动、激励、引进、使用的体制机制不断完善,人才结构进一步优化。培养 10 个以上具有国际竞争力的农业科研团队和 50 个左右的骨干创新团队,打造 1 500 名科技特派员,巩固 1 000 名基层农技推广骨干,培养一批经济实力强的家庭农场、专业大户、农民合作社、农业产业化龙头企业等新型农业经营主体,培育 1 万名新型职业农民、农村实用人才和农业技能人才。

——科技创新平台条件显著提升。建成一批重点学科实验室、农业科学试验基地、农业科技园区、星创天地等科技创新载体和平台,开展农业科技创新的设施设备条件进一步改善,建设一批区域性现代农业产业科技创新中心,农业科技创新能力条件建设整体水平显著提高,研究与试验发展经费投入强度持续稳定增加。

——科技创新体系效能显著提升。为适应国家科技计划(专项、基金等)农业科技项目管理体制机制逐步建立,农业科技稳定支持与适度竞争的投入机制进一步健全，政策引导机制、协同创新机制、分类评价机制、考核激励机制等不断健全，创新创业政策法规不断完善，农业科技创新生态、创业环境持续优化。

——科技创新社会化服务体系日趋完善。围绕天津现代都市型农业"四区两平台"建设，强化京津冀农业科技协同创新，增强创新联盟的活力与实力，产学研用实现深度融合，以农技推广机构、高校和科研院所、企业等市场化社会化科技服务力量为依托，开放竞争、多元互补、协同高效的农业科技社会化服务体系日趋完善。

3. 远期展望

到 2035 年基本建成与农业农村现代化相适应的科技创新体系和体制机制，创新支撑引领现代都市型农业发展水平逐步提升，具有天津特色的现代农业自主创新能力大幅增强，现代农业科技创新人才队伍日益壮大。天津现代都市型农业科技创新整体上进入国内前列，部分领域达到世界先进水平。

三、研究重点

立足"十四五"，面向 2035，紧紧围绕现代都市型农业转型升级和乡村振兴战略实施过程中的公益性、战略性、基础性、前瞻性重大科学问题，重大共性关键技术和产品，重大科技成果转化应用等战略需求，统筹部署农业科技创新重要平台、重大工程和重点项目，系统布局基地和人才团队建设，推进农业高新技术产业发展，支撑引领天津农业农村现代化建设。

（一）科技创新重要平台

1. 搭建开放性公共创新平台

优化完善天津现代农业领域"众创空间—孵化器—加速器—科技园区"全链条科技企业孵化育成体系，支持小站稻、智能农业等产业技术研究院建设，立足国际技术前沿，搭建开放性公共创新平台；建设国际化的验证、评价与转化平台，具备整合国内外优势创新资源的能力，吸引一批满足农业特色产业需求的一流成果落地转化并实现产业化，促进天津农业创新能力的全面提升，条件成熟时积极争取国家产业创新中心的建设。

2. 建设数字农业重大科技创新平台

依据现有研究基础，在部分高校和科研院所建设天津智能农业装备、乡村数字治理体系数字化、农村人居环境智能监测、现代都市型农业生产经营数字化、农产品全产业链监测预警等省部级重点实验室和技术创新中心；鼓励高校科研院所的人文社科研究力量，围绕乡村振兴整体战略布局、产业发展与产业兴旺、生态环境与生态补偿、农耕文化与乡风文明、基层结构与社会治理、村庄民生与社会福祉等专题进行交流研讨，打造京津冀乡村振兴智库平台。

3. 推进农业科技园区建设

加快培育发展市级农业科技园区，巩固提升津南、滨海国家农业科技园区技术辐射能力和功能作用，努力创建宝坻国家农业科技园区，积极谋划国家农业高新技术产业示范区建设；加大园区高新技术研发和推广应用力度，着力提升主导产业技术创新水平，打造具有竞争优势的农业高新技术产业集群；坚持一园一主题，形成可复制、可推广的模式，提升农业可持续发展水平。

4. 搭建农业科技社会化服务平台

鼓励科研院所、高等院校、农业企业及相关农业推广机构，加强农业新技术培训，深化农业科技成果转化和推广；支持与国内外高水平涉农研发机构开展技术合作，引进技术水平领先的科技成果并在天津示范推广；围绕区域主导产业建设各具特色的农业科技示范基地，实现科技与生产、集成与示范、教育与推广紧密结合；加强农业企业科技创新平台建设，支持企业参与科技计划项目，支持科技特派员领办、创办、协办创新实体，支持农业科技企业孵化器、星创天地建设。

（二）科技创新重大工程

1. 乡村振兴技术创新工程

第一，强化主要农产品有效供给的科技支撑。围绕保障粮食安全和食品安全的重大科技需求，重点开展优质粮食丰产增效、耕地质量提升、粮食安全储运、畜禽水产安全高效养殖与重大疫病防控、主要经济作物优质高产等科技创新，充分发挥科技创新在保障农产品有效供给和质量安全方面的支撑作用。第二，服务乡村产业发展和农业功能拓展。依托"互联网＋"促进农村一二三产业融合发展，促进新动能培育与传统动能改造提升协调互动；加快农村电子商务基础设施建设，通过引入现代科技和人文元素等，推动乡村共享经济、创意农业、高科技农业等新产业新业态健康有序发展。

2. 绿色农业技术创新工程

围绕主要大宗农产品的绿色化集约化高效生产、节本增效等现实需求，推进绿色农业创新，每年凝练 10 个左右能够产生重大成果、重大影响，作业重要贡献，具备重要推广应用价值的重大项目，建成 2～3 个主导产业绿色高效生产技术体系。重点开展设施蔬菜高效安全栽培技术研究与集成示范，精细化养殖与环境控制、健康保障技术集成与应用，现代化水产养殖、病害综合防治技术，林果业新产品全产业链技术集成与应用，构建高效农业科技支撑体系。着力开展产地环境修复技术，外来入侵有害生物防控技术，农田生物多样性保护和生态农田系统构建技术，资源环境监测预警技术，农业节水、资源循环利用、面源污染治理、盐碱地改良以及肥药减施增效等关键技术攻关和系统化集成，推进绿色农业生态补偿机制研究，构建绿色农业科技支撑体系。

3. 现代农业种业自主创新工程

瞄准粮食、蔬菜、瓜果、畜禽、水产等领域种业重大需求，开展农业种质资源收集挖掘与创新利用、精准定向育种技术创新、突破性新品种选育及改良、商业化育种体系建设，提升种业自主创新能力。发挥企业技术创新主体作用，推进规模化育种技术集成应用，强化优势种业品种创新，加快培育一批具有重大应用前景和自主知识产权的突破性优良品种。构建产学研创新体制，培育壮大一批"育、繁、推"一体化种业龙头企业，推进天津现代种业总体发展走在全国前列。

4. 现代都市型数字农业科技创新工程

积极打造国家级现代都市型农业技术创新中心，建设现代都市型数字农业重大科技创新平台。开展智能农业装备技术、乡村数字治理体系数字化技术、农村人居环境智能监测技术、农产品全产业链监测预警技术、现代都市型农业生产经营数字化等关键技术研究。启动数字农业试点建设工程，加强涉农区重要领域和关键环节数据资源建设，构建综合信息服务体系，全面推进数字技术的综合应用和集成示范，探索可复制可推广的建设模式。

（三）科技创新重点专项

1. 小站稻绿色高效技术创新专项

以优质、高产、抗逆、减肥、减药及特用为目标，选育目标性状突出、综合性状优良的精品粳稻新品种。运用基因控制等技术开展水稻制繁种技术研究，探索亲本保纯及繁育、全程机械化制种、三圃原种繁育等技术。加大水稻节水技术推广应用，示范推广机械化旱直播水管技术、简化栽培技术、全程机械化技术，做好精确定量施肥、减量使用投入品、绿色防控、综合种养等技术推广。研发与示范推广小站稻谷及糙米的低温绿色安全储运技术、小站稻米加工副产物（米糠）的稳态化处理技术，推动小站稻在面条、烘焙、糕点等食品中的产业化应用技术研究，减少产后损失。

2. 农产品产地环境与质量安全检测技术创新专项

研究典型种植方式、特定区域及收储运销方式下蔬菜、水果等重要农产品中主要危害物的形成、消长与调控机制，集成危害因子非靶向筛查技术、有害物质精准识别技术，形成农产品质量安全保障技术体系。建立不同收储运销方式下污染物毒性评估与农产品安全性评价体系，建立产业链安全保障模式，研发评估影响农产品质量安全的重要参考物质、有害物质过程防控与消减等相关技术与产品，构建果蔬等主要农产品生产、流通、初加工和监管等的质量安全评价与监控技术体系。开展食品原料安全控制技术、农产品及食品安全快速检测技术、食品全链条质量安全保障及可追溯技术等关键技术研发与新产品开发应用。加强生物性食品安全技术的研发。聚焦农产品质量安全全程化管控数字化建设，研发农产品质量安全信息化监管、追溯管理与风险预警技术及系统。

3. 优势农业生物制造研发专项

根据天津重点企业产品研发和市场竞争的实际需要，瞄准高端农业产业需求和农业生物学重大理论和技术需求，创新农业生物学研究新技术、新方法，加快生物兽药、生物饲料、生物农药、种衣剂、生物肥料、植物生长调节剂、生物基材料等农业生物制造技术研发及产业化进程，促进高端兽药等一批高新技术企业在创新发展上走向全国前列。

4. 农产品保鲜加工及功能食品开发专项

瞄准加工企业需求，开展食品加工制造、功能成分提取、加工机械装备、冷链物流等领域关键技术设备研发，增强农产品市场竞争力。优选 100 家左右能够支持健康食品、果汁、肉食制品等进行"原料定制"的生产基地建设，按照生产加工企业的功能性品种品质、农残、种养技术要求，提供技术创新与对接服务，形成全产业链经营融合一体化新体系。强化"个性化功能性食品制造"研究，针对特殊人群，开发"合成米""人造肉""未来食品"等药食同源的功能食品。

5. 都市型农业智能装备研发专项

开展核心关键技术和产品攻关，重点攻克运动控制、位置感知、机械手控制等关键技术，适应不同作物、不同作业环境，开发嫁接、扦插、移栽、耕地等普适性机器人及专用机器人。以养殖业生产高效自动化为目的，研制畜禽放养、饲喂、挤奶、分级、诊断、搬运等自动作业辅助机器人，研制鱼群跟踪和投喂、疾病诊断等水下养殖机器人。加强无人机智能化集成与应用示范，重点攻克无人机视觉关键技术，推动单机智能化向集群智能化发展，研发人工智能搭载终端，实现实时农林植保、航拍、巡检、测产等功能。

四、对策措施

（一）强化组织领导，加强统筹协调

建立完善统筹推进的规划实施机制，在加强科技创新谋篇布局，制定规划实施方案，做好重大任务分解和落实上下功夫。建立科技部门牵头，涉农相关部门单位联动的现代农业科技创新协同合作工作机制。统筹现代农业科技创新资源，强化部门联动，在人才信息共享、难题会商等方面加强合作，形成科学高效、公开透明的组织管理制度。加强项目、平台、人才、基地等科技资源统筹协调，探索资源多元投入、学科交叉融合、成果应用贯通的研究应用新路径，引导涉农科研机构、高等院校、技术推广部门、科技型企业以及"三院两校"创新资源等社会力量共同参与，形成政产学研用协调推进的农业科技创新发展格局。

（二）强化资金保障，加大投入力度

落实农业农村优先发展决策部署，构建"稳定投入、适度竞争"的农业科

技经费投入机制，确保财政资金投入的持续稳定增长。加大对农业科技型企业、农业科研院所等创新主体的支持力度，包括支持创新平台建设、设立农业科技成果转化专项资金等。改革、完善财政资金的使用方式和监督管理机制，提高财政支持农业科技创新资金的使用效率。强化农业科技金融支持，综合运用贷款贴息、风险补偿等方式，引导和支持银行信贷投入，鼓励科技部门协调指导农业科技型领军企业争取投、融资支持和金融服务。

（三）强化政策扶持，完善政策法规体系

加强现代农业科技创新战略研究力量布局，增强科技创新的政策供给能力。制定完善对农业科技创新项目、创新团队、创新平台、创新型领军企业、农业科技园区、星创天地等扶持政策。健全农业技术市场体系，加快农业科技成果的转化与物化技术的开发，形成畅通的供需交流机制和价格形成机制。引导科技创新机构通过科技成果市场化实现创新价值，完善技术市场法规体系，建立健全知识产权保护及市场法规的执法体系，以贯彻落实有关法律的顺利实施。

（四）强化人才保障，注重行业智库建设

强化人才是第一战略资源的观念，大力创新引智育才机制，深入实施国家及市级引智专项，用好用足"海河英才""项目＋团队"等人才政策，强化高水平人才资源供给。加强现代农业科技创新人才队伍建设，培养造就科技创新型骨干人才队伍。制定激励政策，吸引和稳住高端人才。创造条件，培养本土人才。制定优惠政策和激励机制，建立产学研用综合的农业科技人才培养机制、激励机制、流动机制，稳定并壮大高层次科技人才队伍。优化引智服务环境，开展人才政策落实情况调查评估，完善管理系统，提升管理、服务水平，为人才和聘用单位提供优质服务。

（五）强化科技合作，提升创新服务能力

坚持农业科技开放合作战略，不断拓展与国内外高水平大学和研究机构的合作，引进现代农业的最新理念、人才与技术，加快消化吸收再创新；注重引进、培养、造就农业科技战略专家，促进创新战略引领创新发展。紧密跟踪国

际科技发展前沿，提升科研水平，支撑天津现代都市型农业国际化发展。积极对接京津冀农业科技创新联盟、京津冀现代农业协同创新研究院等协同创新平台，进一步加强与京津冀区域地方政府、高校、科研院所、科技园区、涉农企业的合作交流，进一步探索有效的联合协作机制体制，大力拓展对接范围，逐步实现对接领域全覆盖。

（六）强化规划实施，构建动态监管机制

落实国家和天津科技创新项目管理相关规定，天津科技主管部门和现代农业科技创新项目单位应构建动态管理模式，加强农业科技创新发展规划实施。建立规划实施监测评估与调整机制，对规划目标完成、重点任务部署、实施进度和政策措施落实等情况进行监测评估，及时掌握规划实施情况。充分发挥第三方评估机构的作用，建立科学合理的动态评估制度，并将评估结果作为项目单位重点支持的重要因素。为充分发挥规划的引领作用，在监测评估的基础上，必要时在履行规定程序基础上，可对规划指标和任务部署适时进行科学调整。

项目来源：2019 年天津市科技发展战略研究计划项目（项目编号：19ZLGHZF-00010）

执笔人：李瑾、尹川、史佳林、孙国兴、刘会想、郭华

参考文献

陈丽娜，陈琼，2020. 天津农业科技创新链和产业链融合度评价及分析［J］. 农业展望，174（3）：121-127.

陈柳钦，2005. 基于产业集群的区域创新体系构建［J］. 新疆社会科学，26（3）：79-83.

顾新，2002. 区域创新系统论［D］. 成都：四川大学.

郭华，史佳林，李瑾，等，2021. 天津市现代农业科技创新体系评价与路径优化［J］. 农业展望，17（12）：142-149.

郭华，史佳林，李瑾，等，2022. 现代农业科技创新体系评估分析［J］. 新疆农业科学，59（51）：242-250.

郭华，孙国兴，史佳林，等，2021. 天津市涉农企业科技创新现状调查与对策建议［J］. 天津农业科学，27（5）：49-55.

胡志坚，苏靖，1999. 区域创新系统理论的提出与发展 [J]. 中国科技论坛 (6)：20 - 23.

黄鲁成 . 2002. 宏观区域创新体系的理论模式研究 [J]. 中国软科学 (1)：95 - 98.

钱福良，2017. 中国现代农业科技创新体系问题与重构 [J]. 农业经济 (1)：38 - 40.

桑媛媛，2009. 区域创新体系理论综述 [J]. 现代商贸工业 (1)：100 - 102.

史焱文，李二玲，李小建，2014. 农业创新系统研究脉络及启示 [J]. 经济地理，34 (3)：
10 - 16.

宋建辉，2020. 天津现代农业产业技术体系创新团队建设进展与成效 [J]. 热带农业科学，
269 (1)：146 - 151.

王松，胡树华，牟仁艳，2013. 区域创新体系理论溯源与框架 [J]. 科学学研究，31 (3)：
344 - 349.

王雅鹏，吕明，范俊楠，等，2015. 我国现代农业科技创新体系构建：特征、现实困境与
优化路径 [J]. 农业现代化研究，36 (2)：161 - 167.

基于乡村振兴战略视角天津乡村产业兴旺的科技支撑路径与对策研究

一、研究背景

科技创新是驱动经济发展的重要动力源泉，未来，科技创新能力将成为乡村发展的首要推动力。天津乡村科技创新能力的提升是一项系统综合工程，需要各方面因素的协调配合、统筹推进。依靠科技支撑，提升乡村创新投入能力、乡村创新环境的支撑能力和乡村创新产出能力，激发乡村产业兴旺的活力，实现乡村科技创新发展，将成为推动乡村产业持续健康发展的必然选择。

科技支撑天津乡村产业兴旺具有区域性和差异性，本着可示范、可复制、可推广的理念，在产业发展过程中，必须着眼于整个乡村区域，根据各地资源禀赋、产业基础、地域特点等，考虑其多样性、超前性、可持续性等，针对不同情况和现状实情，坚持因地制宜，有所为有所不为，积极探索新模式、新途径，统筹推进，确保天津乡村产业发展取得成功和实效。根据天津市 10 个涉农区产业发展现状，本课题立足滨海新区、环城四区、远郊五区分别探讨科技创新支撑乡村产业兴旺的建设路径。

二、科技支撑天津乡村产业兴旺的发展思路

（一）打造农业绿色发展主旋律

坚持人与自然和谐共生，着力推进农业农村绿色发展，需要加快转变农业农村发展方式，通过构建合理的科技支撑体系，全面促进资源节约集约利用，着力建设山清水秀、天蓝地绿的美丽乡村。推进农业绿色发展，就是要发展标准化、品牌化农业，提供更多优质、安全、特色农产品，促进农产品供给由主

要满足"量"的需求向更加注重"质"的需求转变；推进农业绿色发展，有利于减少农业生产废弃物排放，美化农村人居环境，实现人与自然和谐发展、农业生产与生态环境协调共赢。转变农业发展方式，推行绿色发展方式和生活方式，是天津都市型现代农业走上可持续发展道路的必然选择。天津要着力推进农业绿色低碳循环发展、加强农业资源生态保护和利用、加强农村突出环境问题综合治理、增加农业生态产品和服务供给。

（二）提升高质量农产品有效供给能力

实现农业持续稳定发展、确保高质量农产品有效供给，根本出路在科技。农业科技是突破资源环境约束的必然选择，是加快现代农业建设的决定性力量，具有显著的公共性、基础性、社会性。实施农产品质量提升行动，首先要加快地方农业系列标准制定及修订，加强农业标准宣传推广和使用指导，大力宣传农兽药、饲料添加剂使用规范，严格落实农药安全间隔期、兽药休药期规定，从源头上减少非法添加、滥用乱用现象。推进农业规模经营主体按标准规范生产，建立生产记录台账，并将其作为政策支持的重要条件，实现农业生产标准化、可追溯。提升优质农产品供给量，丰富农产品的种类，更好满足个性化、多样化、高品质的消费需求，实现农业供需在高水平上的均衡。

（三）打造地方知名农产品品牌

创新推动农业品牌建设，通过科技创新、生产经营方式创新、营销方式创新等，充分发挥家庭农场、合作社、龙头企业等新型经营主体的作用，提升品牌科技含量。将品牌打造与天津特色农产品优势区建设、农业示范园区建设、田园综合体建设以及绿色、有机农产品认证紧密结合，保护"小站稻""玫瑰香葡萄""天津板栗""七里海河蟹""州河鲤鱼"等地理标志农产品，积极打造国家级农产品区域公用品牌、市级知名企业品牌和特色农产品品牌。强化品牌质量管控，推进一村一品、一县一业发展，完善绿色农产品进超市、进社区、进学校的管理制度体系，树立品牌在公众中的良好信用；建立全市农业品牌目录制度，实行动态管理，健全品牌创建激励保护机制，鼓励媒体宣传推介优质品牌。建立农产品质量安全信用档案和"黑名单"制度，将新型经营主体全部纳入监管名录。

三、天津乡村产业兴旺的科技支撑路径

（一）滨海新区乡村产业兴旺科技支撑路径选择

滨海新区加快聚集的高端创新资源、发达的制造业、颇具潜力的消费市场和完善的城市配套设施，为新区乡村振兴打下了坚实的基础，也为科技支撑新区乡村产业兴旺提供了要素资源。

1. 引导民企参与新区乡村产业发展

滨海新区民营经济发展具有得天独厚的优势环境，同时新区具有创业创新的先行先试优势，要支持民营企业尤其是涉农企业参与科技支撑乡村产业发展的探索，通过"民企帮村"进一步释放乡村发展活力。

（1）发挥先行先试的政策优势。为"民企联村"搭建有效的平台，加快先行先试的政策引导，制定科学合理的税收政策、土地政策、信贷政策、扶持政策、评价体系和法律法规等，鼓励民营企业多形式、多渠道、多领域投身乡村产业发展实践，通过科技创新，促进当地乡村产业结构调整，改变乡村面貌，增加农民收入，提高农民素质。

（2）鼓励民企融入乡村产业发展。支持"公司＋基地＋农户""公司＋协会＋农户""公司＋合作社＋农户"等方式，由企业为农民提供各种技术、种子、信息和产品销售服务，把农户的分散经营与工厂化生产有机地结合起来，促进农业产业化。鼓励民企牵头，农户以现金入股、土地承包经营权入股或是以农作物入股等形式，结成"联股、连心、联利"的利益共同体。

2. 以农业科技示范园区为载体推动乡村产业发展

滨海新区已建成一批农业科技示范园区，应积极发挥生产加工、孵化实验、教育示范、技术扩散、休闲观光和信息服务等功能，引导和带动区域农业农村经济健康发展，为乡村产业兴旺提供科技支撑。

（1）推动园区创新发展。农业科技示范园区的生命力就在"创新"上，要鼓励园区将现代高新技术与传统农业技术进行组装、集成，建立与新区农业产业配套的科技创新体系，积极推进科技产业化，打破传统的农业经营模式，建立与现代农业发展相适应的运行机制和新型农业发展模式。

（2）鼓励园区技术服务。充分发挥农业科技示范园区作为市场化社会化服务力量的创新服务主体作用，支持园区选择新区乡村产业发展需求旺盛的技术作为重点进行试验示范，以农民为中心提供农业技术服务，推广普及农业新品种、新工艺、高新技术和适用技术，辐射带动新区农业转型升级。

3. 依靠科技做强做优现代渔业

滨海新区具有开发利用海洋资源、发展海洋经济的先天优势，现代渔业是滨海新区的优势农业产业，在保护基础上有待开发，要强化科技支撑，开展渔业生态环境整治修复，实现资源永续利用，发展特色渔业产业，延伸产业链条，提高附加值。

（1）合理开发与有效保护并重。合理开发海洋渔业资源，有效保护生态环境，促进海洋渔业持续健康发展。强化媒体宣传功能，激发渔民参与渔业资源保护的积极性。建立健全海洋渔业生态环境监测体系，开发新型监测技术，加强海洋渔业资源养护能力，强化对水域生态环境的改善修复，优化渔业生产结构和布局，有效维护渔业秩序和管理渔业资源。

（2）大力发展特色水产养殖。强化科技兴海理念，利用得天独厚的海洋资源优势，改造提升传统水产养殖业，扩大名优水产养殖比重。抓好高端产品开发、终端市场拓展，围绕海产加工增值，做大一批以水产品精深加工出口、水产运销合作组织为主导产业的龙头企业，发展优势水产养殖业集群，通过打造优势特色水产品养殖、精深加工和品牌渔业，提升壮大新区乡村产业。

（二）环城四区乡村产业兴旺科技支撑路径选择

环城四区具有显著的区位优势、技术优势、市场优势、吸引投资优势等，要坚持服务城市的理念，结合中心城区整体规划及需求，合理分工，承接城区人口、产业转移，推进农业精品化、农业现代化，推动农村一二三产业融合发展。

1. 依靠科技创新支撑结构优化

在乡村振兴战略实施的背景下，依靠科学技术，构建与城市相适应的产业结构，加大城市支持农村、工业反哺农业的力度，是环城四区科技支撑产业兴旺的现实需求。

（1）积极发展现代农业产业园区。发挥环城四区内联外引（内部连接着中心城区，外部联系着远郊及滨海新区）作用，以科技开发、示范推广为主线，以促进区域农业结构优化升级为目标,积极发展现代农业产业园区。以产品、技术和服务为纽带,发挥农业科技作用,形成新品种新技术引进、标准化生产加工、智能化销售等各种形式的示范园网络,有效促进农业增效、农民增收。

(2)搞活农产品加工流通市场。以深化流通管理体制和市场运行机制改革为动力,以增强双向流通功能和扩大城乡消费为目标,创新流通方式,强化科技支撑,进一步搞活农产品流通市场,发展农产品贮藏加工,提高农业效益。以优质高效的都市农业为发展方向,鼓励龙头企业、合作社发展特色农产品及初级加工,推进农产品产地认定、产品认证和市场准入。

2.加快培养新型职业农民

广泛开展农业实用技术培训、职业技能培训和劳动力转移培训,培育有文化、懂技术、会经营的新型劳动者,提高农民素质是农村实现产业兴旺的重要途径之一。

(1)增强农民科学文化素质。调动社会各方资源、动员社会各方力量,推动全域科普宣传活动,丰富活动内容、创新活动形式,使农民更加便捷高效地学习科学、掌握科学、运用科学。加强电视、广播、报纸和网络等大众传媒宣传教育力度,积极创新和开办栏目,宣传惠民政策,普及科学知识,传播科技信息。

(2)强化农民职业技能培训。突出农业技能培训,把提高农民技能与农业农村现代化建设的需求相结合,广泛开展特色农业、农副产品深加工等实用技术培训,注重培养一技之长,提高农民就业竞争力和创业能力。重视转移就业培训,将培训与就业紧密结合,强化培训机构与企业的信息沟通,开展以需定培、以培供需、自主招生、定岗就业的订单式培训。

3.提升协同创新能力

在资源约束条件下,以科技为动力源泉,整合要素资源,探索农科教、产学研紧密衔接的新机制,激发农村创新活力,是实现农村产业兴旺,实现环城四区农村经济社会健康、持续发展的迫切要求。

(1)优化乡村创新投入结构。打造以科技为核心的要素配置承接平台,构建畅通要素配置的路径,吸引土地供给、资金投入、人才聚集、信息服务、金融助力等,把技术优势、知识优势、智力优势等转化为市场优势,促进更多的要素资源流向乡村，优化乡村创新投入结构，支撑农村产业兴旺。

（2）构建农村科技创新联盟。注重政府、科研院所、涉农企业、中介机构之间的协同，加强科技创新的系统化管理，加速"科技、人才、资本"高度融合，增强乡村创新发展优势，引导农村创新主体积极参与跨行业、跨领域、跨地域的科技创新联盟，聚集优质要素资源，联合进行关键技术攻关，培育高科技支撑下的优势产业集群，实现产业兴旺。

（三）远郊五区乡村产业兴旺科技支撑路径选择

远郊五区距离中心城区较远，是传统的农业生产区，生产方式亟待改善，产业发展重点是提高科技创新水平，支撑一二三产业融合发展，逐步缩小与城市地区在资源配置、收入水平等方面的差距。

1. 科技创新推动乡村产业转型升级

充分利用区域农村生态优势、资源优势，面向城市需求市场，发展现代农业产业、农产品加工和乡村旅游产业，依靠科技创新，激发发展新动能，促进产业转型升级，实现农村一二三产业融合发展。

（1）大力发展现代农业产业。以发展高产、优质、高效、生态、安全农业为目标，以科技创新为支撑，以发展种源农业、装备农业、数字农业为重点，运用工业化手段和规模经营方式，突破行业、地域和所有制界限，用市场化手段实现联合发展、抱团发展、集约发展。积极引导农村新型经营主体发展品种繁育、设施果蔬、生态养殖、休闲观光、产品加工、商贸流通等特色优势项目，增加产品附加值，提高农业综合竞争力。

（2）突出发展现代工业。以农产品加工园区、示范工业园区为载体，以产业集群为途径，依靠科技创新，努力发展壮大品牌产业，培育扶持新兴产业，改造提升传统产业，走出一条科技含量高、经济效益好、资源消耗低、环境污染少、人力资源充分发挥的新型工业化道路，壮大村集体经济，为区域农业农村发展提供持续的活力。

（3）大力发展休闲农业和乡村旅游产业。深度挖掘区域资源环境、自然风光、乡土文化优势，打造特色休闲农业和乡村旅游产业，通过建设特色农业园、生态景区、民俗村、农业新村、古村落等旅游产品品牌，培育发展集中连片的乡村旅游集聚片区，稳步推动区域经济的发展。

2. 加强公共基础设施建设

推进城乡公共服务和基础设施均等化，依靠科技创新加强农村地区公共设施建设，为实现产业兴旺奠定基础。

（1）强化农业公共设施建设。大力推进科技强农，改善农业生产条件，加强农田水利、农产品流通重点设施、农业教育培训、技术推广和气象基础设施等建设。加快先进适用农业机械推广应用，扶持发展农机大户和专业合作社，促进农机服务市场化、专业化和产业化。加强农业科技创新和推广能力建设，明确农业科技创新方向和重点，加大资金投入，整合科研力量，力争在关键领域和核心技术上实现重大突破。

（2）完善环境保护基础设施。健全和完善农村环境设施建设，推进农村基础设施建设实行产业化经营，切实加强农村生态环境保护和人居环境建设。借助企业拥有先进技术的优势，通过政策引导、财政扶持、税收减免等优惠政策，鼓励、引导和支持大型民企投资农村，特别是在产业化发展等方面充分发挥民企的重要作用，支持和引导一批有实力的企业当好农村基础设施建设的排头兵。

3. 打造创新创业软环境

创造良好的农业农村创新创业软环境，引导、刺激农业农村创新主体的行为，提升创新投入的效率，为创新产出提供良好的条件，优化产出的效果。

（1）完善农村科技服务体系。按照面向产业化、模式多元化、服务专业化、组织网络化的发展方向，构建多元化的农村科技服务体系，探索区域农村科技服务机制，引导农村现代科技服务业的发展。大力推进综合信息服务平台建设，丰富农业农村信息服务模式。重点加强面向基层的涉农信息化站点和信息示范村建设，开展面向农民、农村各类组织的信息技能和信息员培训，依靠信息服务创新农业科技服务方式。

（2）加强创新文化体系建设。切实加强农业知识产权保护的法律宣传、普及和培训工作，提高知识产权保护意识，引导农业企业、农业科研单位和高等院校建立和完善知识产权的保护和管理条例。加强创新文化建设，弘扬甘于寂寞、勇攀高峰的科学精神和艰苦奋斗、献身农业的奉献精神。加强宣传引导，表彰奖励农业科技优秀人才，营造全社会关心支持农业科技发展的良好氛围。

四、科技支撑天津乡村产业兴旺的保障措施

(一) 发挥农业科技创新引领作用

实现乡村的全面振兴其基础、关键和重点是产业振兴,实施乡村振兴战略,必须发展、壮大和振兴农村产业,这样才能为农民增收拓展持续稳定的渠道,为农村富裕夯实基础。天津各级农业管理部门要以科技进村入户、促进增产增收为主题,以科技创新创业、促进转型升级为主线,以提高农业科技成果转化率和到位率为目标,开展农业科技创新成果宣传活动,充分发挥农业科技在高效增产、农业增效、农民增收和农业现代化建设中的支撑引领作用。一是加快农业供给侧结构性改革。以农业提质增效为导向做好科技创新,深入开展生物育种、健康养殖、农产品精深加工、农产品质量安全和智慧农业等方面研究,积极强化农业科技支撑,催生新产业、创造新模式、培育新业态,为农村产业兴旺提供坚实的技术支撑。二是通过科技创新对农业的多维功能进行充分挖掘和拓展,促进农业产业链的延伸,推进一二三产业深度融合。立足天津"四区两平台"建设要求,加快整合农业产加销产业链条,不断引导农产品加工业向园区和基地集中,重点培育和做大做强现代农业产业园区、农业科技园区两种类型园区,逐步形成"园区+公司+基地+农户"全产业链集聚发展模式;加快建设"一带双核多点"的立体网络化农产品物流中心区,构建连接国内外、服务京津冀、面向三北地区的"大流通、大集散"现代化农产品物流服务体系;建立集实体网络、线上购销和综合服务于一体的新型流通服务主体;实施休闲农业和乡村旅游精品工程,培育以休闲农业与乡村旅游为引领的多业态融合发展的领军企业,加速新理念新技术向农业农村融合渗透,促进新动能培育与传统动能改造提升协调互动,推动农村新产业新业态健康有序发展。农村产业的绿色化、优质化、特色化、品牌化发展之路离不开科技创新。

(二) 加强农业科技队伍人才建设

农民作为农业生产的主导力量,是乡村振兴中农业科技创新的决定性因素,也是农业科技实施应用的主体,其素质的高低一定程度上决定着农村经济的发展速度,也决定着农业科技成果转化与推广的力度。一是完善农村教育体

系。建立"适应需要、服务基层、手段先进、灵活高效"的农村教育体系，以基础教育为依托，以农村职业教育为主体，以科技普及和推广为重点，切实做好农民科技教育培训的各项工作，造就一批有知识、懂技术、善经营、会管理的新型职业农民。二是加大农民职业培训力度。突出现代农业主体培育，以项目为载体，以提高培训质量为中心，通过项目实施和带动，使农民接受多种形式的农业高新技术知识；同时，建立科技示范户和农村能人带动发展模式，通过基地试验，引导农民采纳新品种、新技术，促进科技成果的普遍转化和迅速推广。进一步完善新型职业农民认定管理办法，支持和引导返乡下乡人员到农村创业创新，鼓励龙头企业、休闲园区建立众创空间、星创天地，为返乡农民工、大中专毕业生、退伍军人和农业科技人员等搭建创新平台。三是充分发挥科研院所和高校培育人才的作用。加强农业科技后备人才培养和农业技术推广人才的培训，鼓励高等院校、职业院校开设乡村规划建设、特色水产养殖、动植物防疫等相关专业和课程，为乡村振兴培养专业化人才；扶持培养一批农业职业经理人（经纪人）乡村工匠、文化能人、非遗传承人等。

（三）构建现代农业科技支撑体系

建立适应市场经济需要的农业科技支撑体系是现代农业发展的关键。一是构建特色优势产业科技支撑体系。通过集聚创新资源，优化创新环境，全力推进以企业为主体、市场为导向、产学研用相结合的科技创新体系建设，充分发挥科技在特色产业兴旺中的支撑和引领作用，围绕"津字号"特色农产品产业提质增效，大力推进农业产业化关键技术研发与示范应用。围绕特色产业发展，采取"科技特派员＋基地＋农户""科技特派员＋协会＋基地＋农户""法人科技特派员""创业型科技特派员"和"集体创业型大学生科技特派员"等发展模式，与农民结成利益共同体，开展产前、产中、产后服务，实现科技特派员与农户利益的共赢，推动农业结构调整，促进农业增效和农民增收。二是构建绿色发展科技支撑体系。围绕绿色、生态、高效、优质、安全的科技需求，重点突破节水农业、循环农业、面源污染治理、重金属污染农田综合防治与修复、化学肥料和农药减施增效、农林防灾减灾以及农产品绿色物流等关键技术研究，加快形成资源高效利用、生态系统稳定、产地环境良好、产品质量安全的农业发展新格局。三是构建智慧农业科技支撑体系。围绕集约、高效、安全、可持续的现代农业发展需求，重点开展智能农机装备与高效设施、农业智能生产和农业智慧经营等技术和产品研发，实现传统精耕细作、现代信息技术与物质装备技术的深度融合，构建信息化、智能化的农业生产经营体系，转变农业发展方式。

（四）强化农业科技成果转化和服务

科技创新成果转化是科技创新活动的"最后一公里"，面对天津农业科技创新成果转化率偏低的实际情况，要从农业发展实际出发寻求相应的解决之道，打通从科研成果到现实生产力的通道，推动更多的农业科技成果向乡村振兴一线转化应用，使农业科技成果真正成为天津乡村产业兴旺的强大助力。一是充分发挥企业在科技创新成果转化中的主体作用。企业作为农业科技创新的市场化主体，在创新资源的获取、整合和利用等方面具有明显的优势。在农业科技创新过程中，鼓励企业从农业产业化发展的实际需求出发，借助农业产业园区（基地）等规模化的产学研平台获取更多优质的农业科技创新成果，并积极推动成果向基层农业产业发展转化。二是发展农民专业合作社。农民专业合作社是基于农村家庭承包经营基础上的经济组织，其在凝聚农民农业生产经营资源和力量方面具有显著作用，有关部门在深化农业科技创新的过程中要根据农业产业化发展的实际情况，积极探索构建以农民专业合作社为载体的农业科技创新组织，将农业科技创新活动融入日常的农业经营活动中，构建常态化、实效化的农业科技创新体系。三是完善农业科技创新成果转化服务体系。农业科技创新成果转化对农业技术的要求相对比较高，为了更好地推动科技创新成果的转化，科技创新主体要积极参与创新成果转化的各环节，为科技成果使用主体提供尽可能多的信息咨询和技术指导服务，使科技创新成果能够顺利地应用到实际的农业发展中。四是探索成立基层农业科技创新平台。国家农业科技创新联盟只能够对国家性或者地区代表性的科技创新项目进行主导或指导，难以兼顾基层大部分地区农业科技创新工作。基于此，应加快建立天津农科教产学研一体化农技推广平台，以合作组织的形式将与农业科技创新相关的行政管理部门、高校科研单位、农业技术推广机构、农业经营主体等农业创新力量和资源进行有效整合，提升基层农业科技协同力，解决农业科技创新中存在的科技创新资源不足、力量薄弱等问题。同时，为弥补基层农业科技创新能力的不足，应加强基层农业科技创新平台与上级或同级平台组织的沟通交流，积极汲取农业科技创新的经验，以提升整体农业科技协同创新的效果。

（五）优化农业科技创新环境

环境是影响农业科技创新成效的重要因素，通过相应的政策措施来营造良好的农业科技创新环境，可有效激发各主体参与科技创新资源配置和利用的积极性。一是严格落实农村土地"三权分置"制度。保持农村土地承包关系稳定并长久不变，落实集体所有权，稳定农户承包权，放活土地经营权，完善"三权分置"办法。天津农村集体土地承包经营权确权颁证工作基本完成，全市登记面积362万亩，确权登记颁证率超过99.78%，基本实现了应确尽确。未来严格按照《市农业农村委关于进一步加强农村集体经济合同管理工作的函》等系列指导性文件，引导土地经营权等农村产权通过流转交易市场公开交易，不断巩固农村承包地"三权分置"改革成果，助力规模化农业发展，为开展农业科技创新活动提供基础性的支持。二是完善农业科技创新政策体系。政策是农业科技创新活动的风向标，政府要充分运用政策来引导和鼓励企业、农户等科技创新主体积极参与农业科技创新活动。一方面，可以加大对基层农业科技创新活动的资金、技术、人才等资源的支持力度，弱化资源对科技创新活动的限制；另一方面，通过税收减免、科技创新突出贡献奖励等措施来激发创新主体科技创新的积极性，使更多的主体融入农业科技创新体系之中。三是加大对农业科技创新的资金投入。发挥财政资金的引导作用，通过多种渠道筹措农业科技创新资金，鼓励社会融资，鼓励个人以及企业、集体等投资农业科技创新领域，支撑天津乡村产业兴旺。建立和完善以农业科技创新推动农村经济发展、以农村经济发展支撑农村科技创新的长效机制，同时要加强对农业科技创新专项资金的监管，做到专款专用，提高科技创新资金的利用效率，确保取得实效。

项目来源：2019年天津市科技发展战略研究计划项目（项目编号：19ZL-ZXZF00200）

执笔人：韩金博、史佳林、胡文星、吕超

参考文献

陈剑峰，2006. 长三角地区乡村旅游发展有利条件探析 [J]. 特区经济：198-200.

陈强，鲍悦华，2009. 重大科技项目的过程管理及协同机制研究 [M]. 北京：化学工业出版社.

陈锡文，2017. 我国的农村改革与发展 [J]. 领导科学论坛（3）：3-15.

韩长赋，2017. 大力实施乡村振兴战略 [N]. 人民日报，2017-12-11（7）.

李瑾，孙国兴，韩金博，2019. 推进天津乡村产业振兴的对策建议 [J]. 天津农业科学（6）：4-7.

李文越，李昊，张悦，2017. 北京乡村产业发展困境和规划应对：以柳庄户村为例 [J]. 小城镇建设（1）：41-47.

李忠华，2017. 基于农民视角的美丽乡村建设问题探讨 [J]. 农业经济（6）：50-51.

龙花楼，刘彦随，邹健，2009. 中国东部沿海地区乡村发展类型及其乡村性评价 [J]. 地理学报，64（4）：426-434.

马佳，俞菊生，2012. 关于加快上海农业科技创新体系创建的研究 [J]. 中国科技论坛（8）：3-4.

农业部课题组，2008. 中国特色乡村产业发展的重点任务及实现路径 [J]. 求索（12）：51-58.

孙景淼 等，2018. 乡村振兴战略 [M]. 杭州：浙江人民出版社.

万俊毅，曾丽军，周文良，2018. 乡村振兴与现代农业产业发展的理论与实践探索："乡村振兴与现代农业产业体系构建"学术研讨会综述 [J]. 中国农村经济（3）：138-144.

吴洪凯，胡振兴，2015. 生态农业与美丽乡村建设 [M]. 北京：中国农业科学技术出版社.

习近平，2017. 决胜全面建成小康社会 夺取新时代中国特色社会主义伟大胜利：在中国共产党第十九次全国代表大会上的报告 [M]. 北京：人民出版社.

徐勇，2013. 中国家户制传统与农村发展道路：以俄国、印度的村社传统为参照 [J]. 中国社会科学：102-123.

姚海琴，朋文欢，黄祖辉，2016. 家庭型乡村旅游发展对农户收入的影响机制及效果：以浙江、四川和湖南三省为例 [J]. 经济地理，36（11）：169-176.

袁镜身，1987. 中国乡村建设 [M]. 北京：中国社会科学出版社.

周立，李彦岩，王彩虹，等，2008. 乡村振兴战略中的产业融合和六次产业发展 [J]. 新疆师范大学学报（哲学社会科学版），39（3）：16-24.

天津市农业转移人口市民化融合促进机制研究

一、研究背景

天津是我国快速城镇化进程中的典型区域，目前，已基本建立起以人为本、科学高效、规范有序的新型户籍制度。然而，在实际调研中我们发现，现阶段我市农村居民向城镇地区迁移的意愿并不强烈。在课题组面向我市农村居民发放的 110 份调查问卷中，关于是否愿意把户口迁到城镇这一问题，不愿意的农户占比最大，达到了 50.72%；不确定的农户占 23.19%；比较愿意、很愿意或已在城镇落户的农户仅占 26.08%。

对造成以上局面的原因进行调查发现，城镇房价贵，生活成本高，收入来源不稳定三大原因成为影响农业转移人口市民化进程的主要因素。对农村居民在向城镇转移过程中最为关注的问题的调查中，排在第一位的是保障进城落户农民的农村土地承包权、宅基地使用权、集体收益分配权。由此可见，在农业人口向城镇转移并最终实现市民化的过程中，构建完善的农村"三权"保障机制和实现机制、加大城乡统筹的公共服务供给、提供更多稳定就业岗位，以及提升农业转移人口自身素质十分重要。

针对以上现实问题，为落实我市新型城镇化发展要求，高质量推动农业转移人口全面融入城市，课题组开展了相关研究，旨在推动农业转移人口市民化融合促进机制的加快构建。

二、天津农业人口转移的现实与特征

(一) 城镇化已进入成熟发展阶段

统计数据显示，天津市 2021 年常住人口为 1 373 万人，居住在城镇的人口为 1 165 万人，居住在乡村的人口为 208 万人，城镇化率达到 84.9%，位居全国重点城市第 13 位（图 1）。

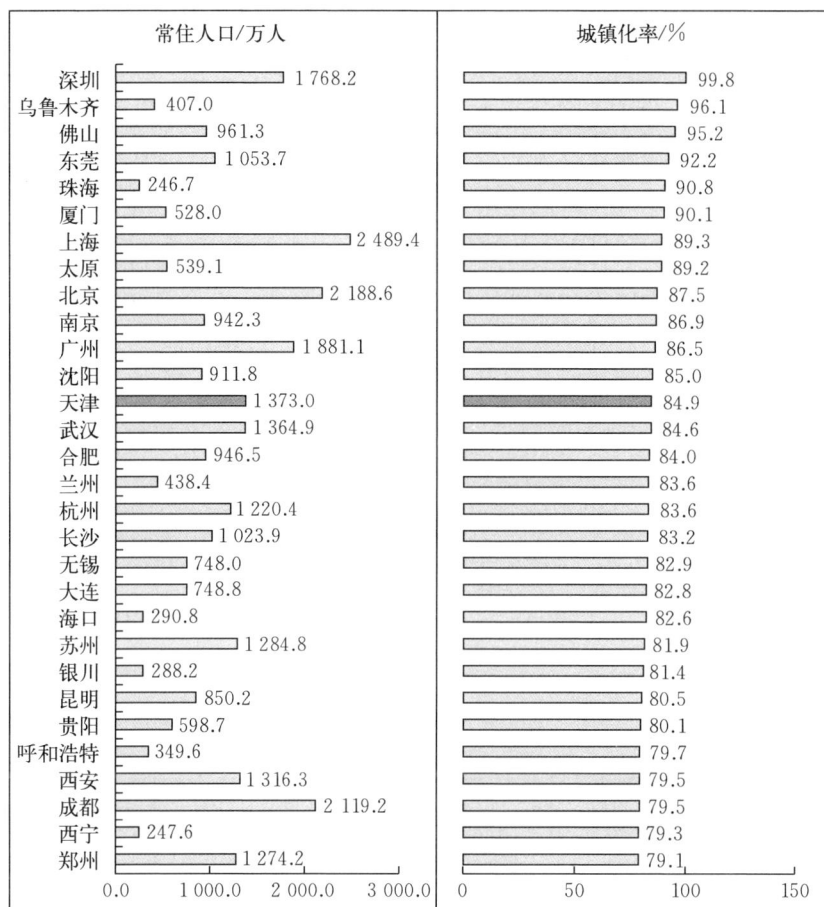

城市	常住人口/万人	城镇化率/%
深圳	1 768.2	99.8
乌鲁木齐	407.0	96.1
佛山	961.3	95.2
东莞	1 053.7	92.2
珠海	246.7	90.8
厦门	528.0	90.1
上海	2 489.4	89.3
太原	539.1	89.2
北京	2 188.6	87.5
南京	942.3	86.9
广州	1 881.1	86.5
沈阳	911.8	85.0
天津	1 373.0	84.9
武汉	1 364.9	84.6
合肥	946.5	84.0
兰州	438.4	83.6
杭州	1 220.4	83.6
长沙	1 023.9	83.2
无锡	748.0	82.9
大连	748.8	82.8
海口	290.8	82.6
苏州	1 284.8	81.9
银川	288.2	81.4
昆明	850.2	80.5
贵阳	598.7	80.1
呼和浩特	349.6	79.7
西安	1 316.3	79.5
成都	2 119.2	79.5
西宁	247.6	79.3
郑州	1 274.2	79.1

数据来源：各城市 2022 年统计公报。

图 1　全国城镇化率排名前 30 位城市（2021 年）

与第六次全国人口普查数据相比，天津常住人口增加 79.18 万人，增长 5.77％；城镇化率提高了 5.44 个百分点，城镇人口共增加 137.21 万人，增长 11.78％，高于同期常住人口增幅 6.01 个百分点。目前我市城镇化已经进入成熟发展阶段，但城镇地区仍是吸纳人口增长的主要空间。

（二）人口流动呈现新趋势新特征

一是外省市流动人口流入放缓。近年来我市流动人口整体增长速度放缓，根据第七次全国人口普查数据，最新公布的 13 个一线和新一线城市流动人口

数据显示：天津流动人口占比为 25.49％，排名第 12 位，仅高于重庆的
15.01％。我市常住人口中，人户分离人口 647.97 万人，其中，市内人户分离
人口为 294.49 万人，流动人口（外省市来津常住人口）为 353.48 万人。市内
人户分离人口中，跨区人户分离人口为 155.06 万人，占比 52.65％。与第六
次全国人口普查数据相比，人户分离人口增加 152.75 万人。其中，市内人户
分离人口增加 98.42 万人，占比增加 5.85 个百分点；流动人口（外省市来津
常住人口）增加 54.33 万人。由此可见，我市外省市流动人口流入放缓，城镇
人口增长动力主要在于内部的农业转移人口向城镇集中。二是环城四区成为吸
纳转移人口核心区。从我市分地区人口变化来看，呈现出"一升三降"的趋
势。2010—2021 年间人口增长较多的 5 个区依次为：西青区、津南区、东丽
区、北辰区和武清区，与 2010 年第六次全国人口普查相比，中心城区人口所
占比重下降 4.30％，环城四区人口所占比重提高 8.60％，滨海新区人口所占
比重下降 4.27％，远郊五区人口所占比重下降 0.03％，环城四区已成为吸引
和承载转移人口的最重要区域（图 2）。

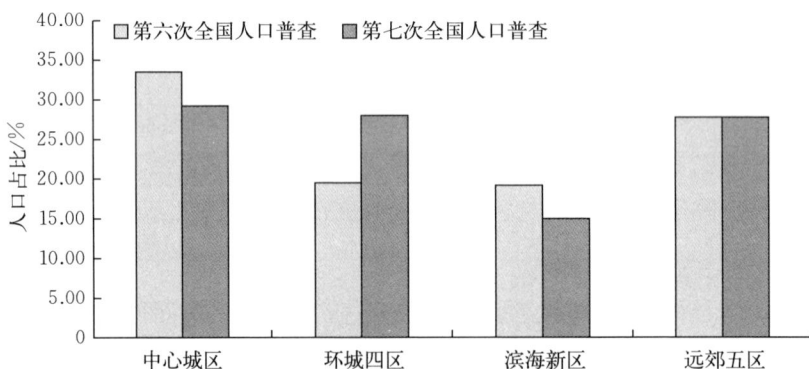

图 2　天津分地区人口变化情况

（三）农村居民收入来源逐渐多元

我市大力推进城乡就业服务均等化，多方位提供就业指导等服务，通过
"春风行动"招聘会、公共就业服务网等方式，多渠道收集和发布岗位信息，
促进人岗对接，实现农村人口就业多元化。同时，加强劳动保障权益维护，务
工农民工就业环境持续改善，农民创业就业渠道拓宽，农民收入实现较快增

长。我市农村居民人均可支配收入从"十二五"末的 18 482 元提高到 2021 年的 27 955 元，年均增长 7.14％，快于全国城镇居民平均收入增长速度，收入水平居全国前列，城乡收入差距是全国较小的省份之一（图 3），农村居民工资性收入占比趋于稳定，转移净收入逐年提高，经营净收入稳中有升（表 1）。

表 1　天津农村居民人均可支配收入变化情况

单位：元

项目	2018 年		2019 年		2020 年		2021 年	
人均可支配收入	23 065		24 804		25 691		27 955	
工资性收入	13 568	58.8％	14 750	59.5％	14 385	56.0％	15 749	56.4％
经营净收入	5 335	23.1％	4 985	20.1％	5 568	21.7％	6 162	22.0％
财产净收入	921	4.0％	1 034	4.2％	1 451	5.6％	1 280	4.6％
转移净收入	3 241	14.1％	4 035	16.2％	4 287	16.7％	4 764	17.0％

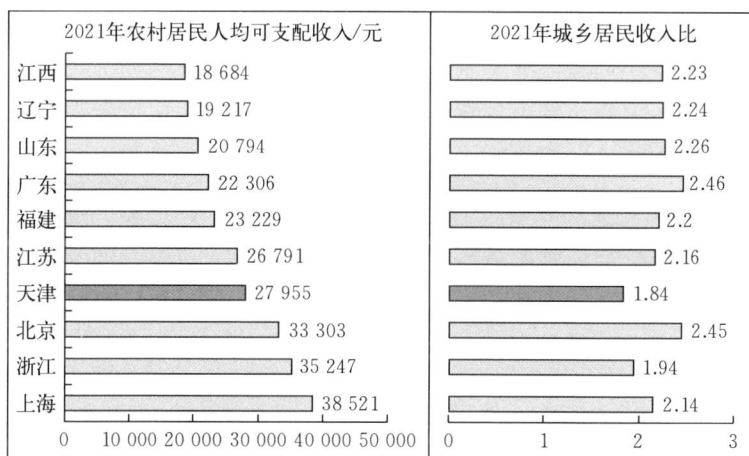

图 3　全国农村居民人均可支配收入排名前 10 位省份（对照城乡居民收入情况）（2021 年）

（四）小城镇建设创造新就业岗位

经济新常态下，开展示范小城镇和特色小镇建设有利于统筹城乡发展，推动产业、城市、人口、文化及生态有机融合，是新型城镇化的重要抓手，有效助推农业转移人口市民化。我市坚持以人的城镇化为核心，着重在农业转移人口"进得来、住得下、留得住、过得好、得发展"上下功夫，以示范小城镇和特色镇建设为引领，扶持发展一批特色产业镇和以新兴业态为方向的新型专业镇，增强吸纳农业转移人口的能力。就业机会不断向城市新区和功能区集中，提供了新的就业空间，市区人口和基础设施不断向新四区扩散，提高了这些地区城乡融合水平。天津市东丽区华明镇作为天津市第一批小城镇建设试点，正在通过产城融合发生新的蜕变，打造以智能产业为核心的智慧城镇。2021 年，华明智能小镇完成地区生产总值 111.27 亿元，实际利用外资 300 万美元，新增就业人数 2 095 人，实现科技型税收 25 438.66 万元。

（五）户籍制度改革促进人口转移

我市自 2016 年启动户籍制度改革，有序推进农业转移人口市民化。《天津市人民政府关于进一步推进户籍制度改革的意见》（津政发〔2016〕11 号）要求：实现城乡户籍登记"一元化"，取消农业户口与非农业户口性质区分，并建立与户籍登记"一元化"相适应的社会服务管理制度；《天津市人民政府办公厅关于印发天津市推动非户籍人口在城市落户工作方案的通知》（津政办发〔2017〕30 号）提出：统一城乡户口登记制度，全面放开本市各区和城乡区域间户籍迁移限制，调整放宽非户籍人口落户政策，优化居住证积分落户制度。以上政策的推行促使我市全面实施居住证制度，优化和改善民生，制定完善农村产权、城乡教育一体化、劳动就业、医疗卫生、养老、社会救助、住房保障等社会公共服务制度，保障农业转移人口及其他常住人口合法权益。目前，我市已基本建立与全面建成小康社会相适应，有效支撑社会管理和公共服务，依法保障公民权利，以人为本、科学高效、规范有序的新型户籍制度。

（六）公共服务保障体系逐渐完善

通过一揽子公共服务政策，进一步加快我市农业转移人口市民化，推进以人为核心的新型城镇化。就业保障方面，《天津市人民政府办公厅关于进一步做好稳就业工作的实施意见》（津政办规〔2020〕7 号）指出：加大就业补助资金投入，使进城务工农民和市民享有平等的就业机会。住房保障方面，《天津市人民政府关于印发天津市公共租赁住房管理办法的通知》（津政规〔2020〕5 号）指出：加快完善城镇住房保障体系，将符合条件的农业转移人口纳入当地住房保障范围。我市加快完善与新型户籍制度相适应的基本公共资源配置和公共服务体制机制建设。推进基本公共服务覆盖全部非户籍常住人口。切实保障居住证持有人享有国家规定和《天津市居住证管理办法》规定的各项基本公共服务和办事便利，不断扩大基本公共服务覆盖面，提高服务标准，缩小非户籍常住人口与户籍人口享有基本公共服务的差距。

三、农业转移人口市民化存在的问题

通过问卷调查、实地走访、文献梳理和部门座谈，总结天津农业转移人口在市民化融入方面存在以下主要问题：

（一）农民工向小城镇落户意愿不强

对于农业转移人口个人而言，要维持在城市的正常生活，需负担"吃、穿、用"等基本支出，租房或购房、家庭成员教育培训等消费支出，医疗保障以及其他社会保险等保障支出，城市房价贵、生活成本高等因素是制约农民工进城落户的重要原因。另外，随着乡村振兴战略的实施，"三农"工作受到前所未有的重视，农民承包地经营权、宅基地使用权和集体收益分配权"三权"得到进一步保障，在城镇吸引力下降的情况下，加之担心自身现有权益损失，农民工向小城镇落户的意愿因此降低。

（二）城乡公共服务配置不均阻碍融入

农业转移人口市民化是一项社会成本负担较重的系统工程，政府负担成本主要是为农业转移人口提供相应福利待遇和均等化公共服务的公共成本，主要包括：随迁子女教育成本、社会保障成本、住房成本和就业成本等。农业转移人口市民化给转入地公共服务带来的负担大于其带来的税收，地方政府的收支不均衡，造成接收地政府积极性并不高，也造成对市民化的阻碍。虽然农业转移人口向往公共服务质量高的地区，但流入地公共服务的压力伴随人口流入会增大，亟须公共资源的转移调整。

（三）城镇产业对转移人口支撑较弱

经济增长速度降低、产业结构变动都会对农业转移人口就业带来一定的冲击。当前我市小城镇建设围绕制造业立市战略进行转型，对发展高端产业、打造品质城镇尤为关注。《天津市产业链高质量发展三年行动方案（2021—2023年)》(津先进制造办〔2021〕2号) 提出，我市将做强信息技术应用创新、生物医药、新能源、高端装备、汽车和新能源五条"强链"，壮大车联网、新材料两条"新链"，延长集成电路、绿色石化、航空航天三条"短链"。这在一定程度上对农业转移人口素质提出更高要求，从而压缩农业转移人口的生存和发展空间，城镇产业对转移人口支撑力减弱。

（四）农业转移人口文化程度较低

农业转移人口普遍文化程度较低，劳动技能欠缺。据统计，2019年全国农业转移人口中，初中以下文化程度占比72.3％。而2020年第七次全国人口普查统计数据显示：我市涉农区大专以上学历人口比重明显较低，大专以上人口比重最高的为西青区和滨海新区，分别为31.80％和30.34％，远郊五区这一比重均未超过20％，最高的武清区为16.89％，最低的宁河区仅有12.30％；我市涉农区高中学历人口比重仅为14.55％，15岁以上人口平均受教育年限仅为10.59年。由于缺乏转移就业或转岗就业的技能，加之受传统思维方式和生活观念的影响，农业转移人口就业竞争力普遍偏低，在城镇再就业困难，远不能适应产业结构转型升级需要，只能从事制造业、建筑装修、货物运输、批发零售、餐饮住宿、商场销售、食品加工销售等简单体力劳动，工作缺乏稳定可持续性，收入相对低，社会地位处于边缘化状态，难以真正融入市民化生活。

（五）城乡融合体制机制不健全

受城乡二元体制的影响，目前城乡之间社会保障体系尚未接轨，城乡社会保障水平还有很大差异，农业转移人口虽然生活在城镇，但与城镇居民相比难以享受同等的社会保障待遇。医疗保险方面，农业转移人口和城镇居民医疗报销待遇差距过大；养老保险方面，天津用人单位及其职工缴纳职工基本养老保险基数最低标准为3 364元，农业转移人口在没有参加企业养老保险时，只能参加城乡居民养老保险，天津城乡居民养老保险基数最低标准为600元，二者差距较大。社会保障制度不完善阻碍农业转移人口市民化的进程。

（六）不同区域职住分离带来高成本

目前，廉租房、保障房等住房资源主要面向城镇居民，大部分农业转移人口难以与城镇居民享受同等住房保障政策，加之城镇住房用地逐渐减少，土地成本越来越高，农业转移人口住房成本势必不断提高。网络公开数据显示，2021 年我市环城四区和滨海新区平均房租（以 50 平方米为例）在 1 000～1 500 元/月，远郊区平均房租（以 50 平方米为例）在 600～1 000 元/月，每年由于职住分离①带来的仅房租这一项成本增加就可达到 7 200～18 000 元。如果农业转移人口不选择租房，通勤成本也是一笔不小的支出。综上，由于存在职住分离问题，阻碍农业转移人口市民化进程。

四、推进农业转移人口市民化的思路与建议

（一）总体要求

坚持以习近平新时代中国特色社会主义思想为指导，深入贯彻落实党的二十大提出的基本方略，深刻认识我国经济发展由高速增长转向高质量发展新阶段、面临国内外环境发生的深刻而复杂变化的新形势，坚持新发展理念，按照客观经济规律调整完善区域协调、城乡统筹发展政策体系，促进各类要素合理流动和高效聚集，增强城市优势区域创新发展动力和经济、人口承载能力，构建高质量发展的城乡一体化新格局。坚持以人为核心，实现高质量发展的城乡基础设施一体化和基本公共服务均等化，促进京津冀协同发展的城市群内农业转移人口全面融入城市。在全面建成小康社会、向实现基本现代化迈进过程中，针对天津的"高城镇化率，高度城市人口聚集，高质量城乡一体化，高度区域协同发展"的"四高"特征，推动我市农业转移人口有效有序市民化。以创新完善新市民融合发展机制和政策体系为抓手，围绕"转移更积极、服务更优化、就业更稳定、保障更有力、职住更均衡、权益更平等"目标，促进天津新型城镇化战略的落实。

---

① 此处特指就业地与拥有房屋所有权（或无需支付房租）的住宅所在地距离远。

（二）对策建议

1. 用好"双挂钩"农业转移人口支持政策

继续落实好财政转移支付与农业转移人口市民化挂钩、城镇建设用地增加规模与吸纳农业转移人口落户数量挂钩政策，建立科学的人地钱挂钩机制。一是不断完善财政转移支付同农业转移人口市民化挂钩机制。根据各区农业转移人口的实有规模、变动情况，城镇新增就业人口数量，以及各区农业转移人口市民化成本差异等因素，合理确定市对区财政转移支付权重，科学分配转移资金额度，并建立均衡性转移支付动态调整机制。二是继续执行《天津市财政局关于印发天津市农业转移人口市民化奖励资金管理办法的通知》（津财规〔2017〕24 号），对农业转移人口市民化进展快、基本公共服务保障好的区适当给予奖励，奖励资金根据农业转移人口实际进城落户、持有居住证人口、各区提供基本公共服务情况，并适当考虑农业转移人口流动、各区人口规模等因素进行分配。三是提高农业转移人口市民化用地保障水平。按照《天津市人民政府办公厅转发市国土房管局关于建立我市城镇建设用地增加规模同吸纳农业转移人口落户数量挂钩机制实施意见的通知》（津政办发〔2017〕66 号），根据进城落户人口数量和流向，科学测算和合理安排城镇新增建设用地规模。根据各区上一年度进城落户人口规模，专项安排进城落户人口相应的新增建设用地计划指标，并向环城四区、滨海新区和武清区适当倾斜。四是扩充农业转移人口安置住房供应。积极落实市住房城乡建设委、市规划资源局联合发布的《天津市非居住存量房屋改建为保障性租赁住房的指导意见（试行）》，将本市行政区域内合法建设的、闲置和低效利用的商业办公、旅馆、厂房、仓储、科研教育等非居住存量房屋（包括集体经营性建设用地上的非居住存量房屋）资源改建为青年公寓、人才公寓和蓝白领公寓等保障性租赁住房；规范推进城乡建设用地增减挂钩，在满足农民安置、农村发展用地的前提下，将节余的建设用地用于城镇建设。

2. 保障农业转移人口合法权益和盘活资源

促进农业转移人口承包地流转，推进农村宅基地制度改革，加强农业转移人口集体资产权益保障，维护农业转移人口的合法权利。一是加大农业转移人口合法权益保障力度及其实现程度。以农业转移人口合法权益的确权保障制度创新、合法权益的合理流转机制创新为基础，探索推进农业转移人口农村宅基地退出和城镇住房保障联动机制、农村宅基地使用权流转和土地承包权长期流转与农村集体经济分配权联动机制等改革创新，切实维护农业转移人口集体收益分配权、个人合法权益流转收益权。加快推进蓟州区、静海区农村宅基地制度改革试点工作，探索有偿退出、暂时托管、农房入股、以地换房等多种方式，引导农业转移人口依法自愿有偿退出宅基地资格权或使用权，依法有序流转宅基地及农房使用权，推动闲置宅基地及农房盘活利用。二是加强农业转移人口集体资产权益保障。充分发挥天津市农村集体产权交易市场的作用，稳妥推进集体经营性建设用地入市，探索建立科学合理的集体经营性建设用地入市增值收益分配机制，切实维护农业转移人口集体收益分配权。构建集体经营性资产保值增值和集体成员财产权益联结机制，以乡村振兴示范村为重点积极探索农村集体资源性资产产权改革，有效扩大农业转移人口资产性收入获取渠道。三是维护农业转移人口民主权利。积极吸纳符合条件的农业转移人口参与城镇社区管理与服务，保障依法行使选举权和被选举权，参与社区和社会事务管理、民主协商议事活动。加强农业转移人口居住社区和就业地基层党建和社团、工会组织建设，促进流入的农业转移人口在民主政治上融入城镇社区，共享同等权利。丰富农业转移人口精神文化生活，增强文化认同和文化融合，消除对农业转移人口的社会排斥，提升城镇对新市民的包容度和农业转移人口的归属感，完善农业转移人口市民化的社会支撑机制。

3. 提升公共服务城乡统筹和制度创新能力

深化城乡统筹，加强城乡基本公共服务均等化制度建设，以公平的方式为农业转移人口提供更多的公共服务，如保障性住房、基础教育、医疗、社保等，推动高质量发展。一是优化医疗和社会保障服务的供给能力。在全市范围内合理调整优质医疗服务机构的分布，尤其是新建及改扩建综合性医院、专科医院、康复性医疗机构等的位置选择，加强均衡化建设与服务，增加环城四区、滨海新区、武清等农业转移人口增加较快区域及产业发展较快区域的医疗配套公共服务项目。完善社会救助、社会福利设施供给，完善设施服务与常住人口挂钩机制，落实农业转移人口就近同等享受健康教育、特殊疾病健康管理等基本公共服务项目，为农业转移人口与城镇居民共享优质公共服务建立日益雄厚的物质基础。二是提升教育服务均等化水平和资源空间配置。全面落实

《天津市居住证持有人随迁子女在本市接受教育实施细则》，全面保障居住证持有人的随迁子女与城镇居民拥有平等的公办学校学位资源，在入学、学籍管理等方面实行统一政策管理。逐步健全全市联网的电子学籍系统，加强对农业转移人口随迁子女教育资源配置情况的常态化分析和预测。合理配置义务教育、职业教育等教育资源，将农业转移人口随迁子女纳入地方教育发展规划，优化义务教育阶段学校资源城乡与地区配置，增加镇区的小学中学数量，提高优质义务教育资源的覆盖率，实现优质教育资源的均等化分布。三是扩大城镇住房保障体系的覆盖面。支持农业转移人口通过市场化方式满足住房需求，规范住房租赁市场，完善住房租赁监管服务平台，提高农业转移人口就业和居住的地区匹配性，提高城镇住房保障体系对新市民的覆盖率。逐步提高农业转移人口租住保障性住房比率，探索农业转移人口房屋租赁性支出减免个人所得税优惠政策，降低住房成本。

4. 加快新型城镇产业优化和基础设施建设

坚持产城融合的发展方向，不断推进职住平衡、宜居宜业的新型城镇体系建设，引进重大项目和优质企业的同时，兼顾发展就业机会较多的传统产业，完善现代化基础设施体系，为农业转移人口提供产业支撑与基础服务。一是加速产业空间集聚，建立产业集群与城镇规模相协调的新型城镇体系。结合天津实施制造业高质量发展行动，以构建"津城""滨城"双城发展格局为中心，深入推进"滨海—中关村"科技园合作共建，加快推进宝坻京津中关村科技城创新发展，提升宁河京津合作示范区、武清京津产业新城、北辰国家级产城融合示范区等平台集聚能力，吸引聚集一批优质企业，通过产业链分工和技术溢出把一般性的发展空间让渡给周边城镇，辐射带动周边城镇发展建设。二是依托北方国际航运枢纽、区域航空枢纽和国际航空物流中心、重大轨道交通项目、市政基础设施等重大建设项目，促进项目区周边城镇建设发展，重点发展生产服务型产业和生活服务型产业，在服务进城务工人员的同时创造就业岗位，推动形成基本公共服务均等、基础设施比较均衡和生态环境优美的城镇建设局面。三是结合乡村振兴的深入推进，各区根据自己的实际情况和资源优势，适度发展乡村旅游、农产品加工、绿色食品、宠物食品、餐饮服务、轻纺、传统手工艺产业等劳动密集型产业，为农业转移人口提供更多就业机会和就业选择，为农业转移人口稳定就业提供更好的社会经济支撑条件。加大城镇公共服务和社会保障设施的配套与功能提升，综合考虑农业转移人口增长规模，合理布局学校、医院、养老院、文化设施等在镇域的分布，建立起覆盖周边村域的服务网络，进一步为推进农业转移人口市民化融合奠定基础。

5. 加强农业转移人口职业教育和素质培训

面向我市"十四五"时期重点发展新一代信息技术、高端装备、生物医药、汽车制造等产业的需求，加强对农业转移人口的职业教育和素质培训，增强农业转移人口市民化的动力和信心。一是围绕就业人员专业技能和综合文化素养的双重提升，强化农业转移人口教育培训。持续深入开展"海河工匠"建设，发挥企业培训主体作用、职业院校主阵地作用、培训机构依托作用，落实好职业教育和培训制度，按照国家规定提取和使用职业教育经费，加大职业技能培训投入，提升农民工就业能力和工作能力。支持职业院校、技工院校、成人学校开展农业转移人口职业技能培训，扩大"订单式"培训服务范围，提高职业技能培训的针对性和实效性。积极推广"新居民夜校""互联网＋培训"等灵活形式，提供适合农业转移人口工作特点的"不脱产、不离岗、多样化、就近就便"的文化学习和技能培训服务，进一步扩大普惠制、普及性培训服务范围。二是健全以"海河工匠杯"技能大赛为引领的职业技能竞赛体系，继续创新举办"天津技能周"活动，以职业技能大赛、职业教育院校为平台依托，规范发展职业技能评价和资质考核认证服务，为农业转移人口持续提升就业技能和资质认证提供上升通道和相关服务，协助农业转移人口克服市民化的能力障碍。深化开展"技能天津"建设，发挥技能人才培养创新试验区、天津职业技术师范大学作用，推行终身职业技能培训，建设职业技能培训平台，为农业转移人口提供更高质量的教育培训。三是支持农业转移人口自主创业和灵活就业。加强对农业转移人口自主创业和灵活就业鼓励扶持，研究制定促进创业、带动就业的新兴业态清单及其鼓励性政策。对困难群体从事个体经济、非全职、"互联网＋"灵活就业形态，提供就业扶持政策，持续提高农业转移人口的就业稳定性。

项目来源：2022 年天津市社科合作应用调研课题

执笔人：史佳林、韩金博、胡文星、郭华、刘悦

参考文献

黄勇，2023. 加快农业转移人口市民化的"四个要"[J]. 浙江经济（1）：6-8.

金三林，2015. "十三五"时期推进农业转移人口省内就近市民化的路径和建议 [J]. 经济纵横（8）：4.

李为，伍世代，2015. 农业转移人口市民化公共成本测算及分担：以福建为例 [J]. 东南学术（3）：7.

刘颖，何士青，2019. 农业转移人口市民化权益保障的理论基础与实现路径 [J]. 海南大学学报（人文社会科学版），37（5）：8.

隋许杰，2014. 职业教育促进农业转移人口城镇融入研究 [J]. 职教通讯（31）：4.

天津市经济发展研究所课题组，2013. 大城市周边农村城镇化政策创新研究：以天津市示范小城镇建设为例 [J]. 天津经济（8）：9-13.

王端容，2022. 有序推进农业转移人口市民化的思考 [J]. 黑龙江人力资源和社会保障（2）：26-28.

王海燕，2013. 推进新型城镇化发展要处理好若干关系 [J]. 经济研究参考（12）：5-9.

伍振军，2014. 如何保护农民集体资产权益 [J]. 时事报告（10）：1.

余小英，2015. 农业转移人口市民化成本分担及政府角色研究 [J]. 中国劳动（3X）：25-29.

张冰洁，2015. 新型城镇化背景下农村职业教育与农业转移人口市民化的关系：基于社会学的视角 [J]. 职业教育研究（7）：6.

张燕，2014. 加快完善我国农业转移人口的社会保障制度 [J]. 经济纵横（1）：6.

第二编

新时代天津农业农村发展决策咨询研究

天津发展现代都市型农业新业态的思路与对策研究

一、研究背景

新业态是经济、社会、科技、人文等外部因素变迁而导致的产业形态改变，既可以是新兴产业的创立，也可以是原有产业的升级。它包含产业形态所具有的多重表现形式，即产业结构的升级发展、产业效益和价值链条的延伸、产业分布形态的改变、产业所处生命周期阶段的调整、产业经营运作模式和组织管理机制的完善与创新等。总体而言，新业态具有时效性、革新性、创新性以及融合性的特征。

现代都市型农业是指位于城市化和半城市化地区的一种具有鲜明空间特色的综合农业形态，包括从生产加工、流通消费到食品安全监管和休闲体验的整个经济过程。它具有多业态、多功能和全产业链经济的特征，并以服务都市产业体系和都市居民生活为首要目的。随着外部环境因素的不断变化以及内部自身的发展，现代都市型农业必将不断探索新的发展模式与形态，并且更加侧重于城乡互动以及提供面向都市的服务。

现代都市型农业新业态具体可表现在以下几个方面：在生产领域，致力于为都市地区提供精美、优质、安全、绿色的农副产品而不断进行技术和生产模式革新；在流通领域，强调城市社区与农村社区的直接和有效对接而推出新型流通方式；在产后服务领域，突出农业对都市生态环境改善、游憩休闲空间营造等功能，从而确立新的业态形式等。现代都市型农业新业态是长期、动态的发展过程，并随时间推移而不断创新。

二、天津现代都市型农业新业态发展基础与面临形势

（一）发展基础

1. 优势

与传统农业发展模式不同，农业新业态代表着创新驱动的新型产业发展模式，是实现农业现代化目标的重要途径，能够推进经济发展模式的转变。在发展理念上，破除传统农业一家一户的经营模式，通过发展专业合作社、农业龙头企业、家庭农场等经济组织，实现农业的集约化、专业化、规模化、产业化经营，能够提升农业产业竞争力；在生产经营方式上，由注重农产品产量逐步转变为注重提升农产品品质，并不断培育新型农业从业人员，以促进农业结构调整升级，同时，注重高新技术的集成示范，具有较高科技含量和文化品位，能够体现科技进步和自主创新。

2. 劣势

农业新业态由于处于发展初期，面临着产业规模小、资源分散等难题，并且，专业性人才缺乏，人才培训体系还未建立，制约着农业新业态的进一步发展。此外，业态发展初期市场化运作机制尚不健全，各种管理制度也不到位，缺乏行业协会的统一管理，导致经营主体分散，行业内竞争激烈，这些都成为制约农业新业态快速发展的不利因素。

（二）面临形势

1. 机遇

天津紧邻首都北京，是中国北方最大的沿海开放城市，具有优越的区位交通条件；天津经济基础雄厚，2012 年，人均生产总值就已超过 1.5 万美元；天津还拥有丰富的文化旅游与生态旅游资源，近年来旅游产业更是蓬勃发展。这些因素，再加上国家对天津"国际港口城市、北方经济中心和生态城市"的定位，都为农业新业态的不断发展奠定了良好的基础。

2. 挑战

一是天津现代都市型农业受到来自周边北京、河北、山东等省（区、市）在农业规模、产品体系、功能拓展等方面的冲击。二是农业新业态的启动及配

套设施建设资金缺乏。三是农业新业态与其他相关产业融合发展困难，需要多部门多环节的联合推动。四是农业新业态发展的配套扶持政策尚不健全，缺乏行业整体发展规划。

三、天津现代都市型农业新业态发展思路与重点

（一）发展思路

以构建高质、高新、高端化现代都市型农业体系为目标，以城乡居民的市场需求为导向，以现代物质装备和科学技术为支撑，以健全完善现代产业体系为重点，以创新农业经营体制机制为手段，充分发挥都市的科技、人才、信息、市场和资本的优势，按照"发挥优势、提升品质、拓展内涵、创新驱动、组织推动、强化对接、培育开发"的思路，努力探索以休闲农业、节庆农业、会展农业、社区农业为代表的现代都市型农业新型业态的发展方式，进一步调整优化产业结构与区域布局，使天津现代都市型农业新业态成为美丽天津建设和天津城乡统筹发展的重要支撑力量。

（二）业态选择

根据天津城市定位、现代农业产业基础、现代都市型农业发展方向以及新形势下的政策导向，选取具有一定发展萌芽、产业融合度高、带动能力强、科技含量高和服务能力强的新业态，作为现阶段天津现代都市型农业发展的延伸与提升，发展方式具体可细化为：巩固提升休闲农业、着力打造节庆农业、积极发展会展农业、培育壮大社区农业。

1. 巩固提升休闲农业

在现有休闲农业发展基础上，重新整合资源，探索新型发展模式，科学规划发展布局，从规模、数量、水平、档次、接待能力、服务质量、产业影响力、品牌知名度等八个方面进行提升，破解目前发展中的瓶颈，实现产业的可持续发展。

天津休闲农业经过多年发展，已初步形成了现代农业展示、市民农事参与、生态旅游观光、乡村民俗文化、农家生活体验、休闲度假娱乐等六大发展模式。将以上发展模式加以整合、重塑和提升，按照天津休闲农业发展

"9123"工程①部署，重点推出以农业主题公园、休闲（观光）农业园区、乡村文化民宿、自然生态公园等为载体的休闲农业发展新模式。

2. 着力打造节庆农业

充分挖掘天津农业节庆资源，并对资源进行汇总、分类和整合，抓住最具地方代表性的产品与文化，合理规划节庆农业的主题、内容、模式和时空布局，并针对天津现有农业节庆活动中存在的主要问题，从运作模式、内容内涵、推广方式、经营理念等方面进行改造、提升与创新，从而使天津节庆农业保持旺盛的生命力。

天津适宜发展节庆农业的资源众多，按种类可分为农产品资源类和民俗文化资源类。针对不同种类资源设计举办不同形式与内容的农业节庆活动，使天津的节庆农业内容丰富、形式多样、特色突出、文化深厚、时间和空间布局合理，对游客保持长期持续的吸引力。其中农产品资源类农业节庆活动可包括萝卜文化旅游节、冬枣文化旅游节、葡萄文化旅游节、湿地河蟹垂钓节、炫彩花卉旅游节、西瓜文化体验节等；民俗文化资源类农业节庆活动可包括葛沽宝辇会、世界精武武术文化交流大会、天津渔阳金秋旅游节、天津蓟州梨园情旅游文化节、滨海新区开海旅游节、宝坻水稻文化休闲体验节等。

3. 积极发展会展农业

天津作为环渤海地区中心城市、国际港口大都市，具备了发展会展业的市场和环境基础。会展业的发展也受到了天津市的高度重视，《天津市 2004 年政府工作报告》中即明确提出，"提高会展业水平，发挥现有会展设施作用，筹划天津国际会展中心，搞好配套设施建设……争办更多的国际性展览会，提高档次，扩大影响。"滨海新区也提出将会展业作为新的支柱产业来发展。在全市大力发展会展经济的背景下，以农产品资源和农业农村生产设施为基础的会展农业也迎来了前所未有的发展机遇。

天津具有发展会展农业的良好区位条件、交通优势、经济基础、科技优势和设施场馆条件，未来，天津会展农业的发展承载着现代都市型农业产业升级和功能提升的重要使命，应努力建成天津现代都市型农业发展的高端形态，成

---

① 即规划建设 9 条休闲农业精品线路，打造 10 个休闲农业精品示范园，改造提升 200 个休闲农业特色村点，培育 3 000 个休闲农业经营户。

为天津农业产业全面升级和健康发展的"风向标"、农业文明和农耕文化的展示窗口、农业和旅游业高度融合的新兴产业以及国内外农业贸易和交流的重要平台。根据以上发展趋势，按照会展农业的不同功能和举办模式，天津可以重点发展展示推广型、贸易洽谈型、科技交流型、体验参与型等几种类型的会展农业，如蔬菜博览会及蔬菜种苗推介会，中国（滨海）世界水族宠物、用品博览会，天津市农产品展览会暨农商对接洽谈会，各区县农产品展销会，世界各国、各地区名优农产品展销会，天津国际现代农业科技高峰论坛，天津国际农业博览会等。

4. 培育壮大社区农业

充分发挥社区农业紧密联结生产者与消费者、减少中间环节、保证产品质量安全等特性，以创新生产方式、保障质量安全、创新销售模式、完善物流体系、拓宽服务领域为核心，进一步扩大社区农业规模，并不断提升对接水平和服务能力，使社区农业成为天津现代都市型农业生产领域、流通领域、服务领域各环节全面提升的重要引领力量，成为城乡统筹发展的有效形式。

天津社区农业已初步形成农企对接、农超对接、农校对接、市民农园等不同形式。未来发展中，应进一步完善以上模式，积极探索农餐对接以及直营配送等模式，使农村与城市、农村居民与城镇居民获得双赢。

四、天津现代都市型农业新业态发展的对策措施

（一）制定科学规划，构筑农业新业态发展系统工程

一是制定农业新业态发展规划。发展农业新业态是一项涉及方方面面的系统工程，要制定集开发、管理、保护于一体的农业新业态发展规划，并将其纳入美丽天津建设规划和现代都市型农业发展规划，做到合理选址，规模适度，布局科学，经营项目选择合理，并按照不同区域的基础条件策划经营模式。促进农业新业态空间布局协同化，对于休闲农业，重点围绕9条精品线路，统筹线路周围的旅游景点，形成"农游合一"的发展体系；对于节庆及会展农业的活动开发，通过整合周边相关文化资源，构建由点到面的开发模式，形成较大范围的辐射圈，扩大节庆、会展农业经济的拉动效应；对于社区农业，则通过与休闲、节庆、会展等农业新业态联姻，以实现资源共享。二是合理开发利用

农业新业态资源。通过对农业新业态资源的种类、性质、现状、特色及开发价值、市场前景等因素的全面分析评价，并综合考虑区位优势和资源优势等因素，以不得妨碍农村自然生态、田园景观、农业发展为前提，合理开发特色农产品、农耕文化、农业节庆、会展服务等农业新业态资源，加强各业态之间人才、技术等要素的流动，准确把握市场需求的变化规律，突出特色，增强吸引力，提高集聚效益。三是加强与关联产业衔接。农业新业态发展要与当地人文背景、自然资源相结合，与农产品安全基地和新农村建设以及旅游产业发展相结合；通过与关联产业相协调，尽量延长产业链，提高资源的利用率，使农业新业态与关联产业融合共赢，以此带动区域经济发展。

（二）加大投入力度，夯实农业新业态基础设施建设

一是加大资金投入力度。整合全市支农资金，重点扶持农业新业态发展，针对休闲农业和社区农业，加强农村道路、林网、供排水、土地治理、农村电网改造及电信工程等基础设施建设。针对节庆农业和会展农业，加强活动场所及场馆等基础设施建设，提高农业节庆、会展等活动的整体形象。

二是实施税收优惠政策。对农业新业态企业从事种植业、养殖业和初级农林牧渔产品初加工取得的收入，且能够与其他业务分别核算的，可考虑暂时免征企业所得税；对经营农业新业态企业的生产加工用地、生产生活设施、活动场馆设施等，按税收管理权限，减免土地使用税、房产税；对与农业新业态经营相关联的第三产业也予以减免部分税费。

三是拓宽融资渠道。涉农金融服务机构应把农业新业态发展纳入信贷支持重点，适当放宽担保抵押条件，简化审批手续；对困难乡村发展休闲农业、社区农业项目，可纳入扶贫开发贷款扶持范畴。鼓励民间资本采取独资、合资、合伙等多种形式参与农业新业态的开发和经营；鼓励农户以土地使用权等多种形式入股经营农业新业态企业，使农民享有薪金、租金、股金等收益，增加农民收入。

（三）强化科技支撑，推动农业新业态创新发展

一是优化农业科技创新环境。围绕农业新业态发展对科技的需求，建立农业新业态科技支撑计划，瞄准主导特色产业，扶持有发展前景的农业新业态龙

头企业，推动生物技术、先进制造技术、精准农业技术、创意农业技术等农业新业态重点领域关键技术和共性技术研发，加强科技对农业新业态发展的支撑；整合农业科技创新资源，配套扶持政策，完善发展机制，激发创新创业的积极性和创造性，使农业新业态走创新驱动和可持续发展道路。二是建立完善农技推广服务体系。建立健全乡镇农技推广和农产品质量安全监管机构，通过政府的组织协调，形成以区县、乡（镇）农技推广机构为主体，涉农企业、农民合作经济组织、农业科研教育部门、商贸流通企业、邮政物流企业、农村技术能人等共同参与的新型农技推广体系；以区县为核心，搭建农业科技交易平台，为农业科技成果转化与推广提供便利服务；建立产学研结合的利益共同体，完善农技推广服务网络，推进农业新业态科技成果转化应用和产业开发。三是着力培育一批科技型农业企业。通过税收减免、贷款支持、政策扶持等手段，支持有条件的农业企业建立研发机构，促进企业成为农业新业态技术创新主体；搭建面向中小企业的技术创新服务平台，制定农业新业态技术知识产权保护体系，加强对外交流与合作，吸引国内外资本、技术、人才，增强农业新业态企业的自主创新能力和核心竞争力。

（四）立足工商管理职能，引导扶持农业新业态成长壮大

一是依法放宽市场准入限制。积极培育农业新业态企业，根据企业申请，灵活核定能体现新型农业产业发展的经营范围；对农业新业态经营项目，开通绿色产业注册通道，依法放宽市场准入限制。二是积极引导产业转型升级。进一步规范市场主体登记信息报告制度，充分利用登记信息资源正面引导休闲农业、会展农业、节庆农业、社区农业等新兴产业发展；着力淘汰高耗能、低产能农业产业，积极发展绿色高效多功能现代农业，促进传统农业转型升级。三是加大农业新业态企业品牌培育力度。建立农业新业态品牌管理中心，主要负责品牌的创建和保护，指导企业申请注册商标，培育拥有自主品牌的新型产业集群，放大示范效应；通过网络媒体等途径大力宣传农业新业态品牌形象，营造良好的经营环境，拉动投资及旅游消费，提高品牌影响力和市场竞争力。

（五）培育专业人才，为农业新业态发展提供智力支撑

一是注重人才素质培养。涉农教育机构设立农业新业态专业，为农业新业

态发展培育定向人才；针对农业新业态发展对从业人员的需求，有计划、分步骤地开展多层次、多渠道的农业新业态职业教育培训活动，提升从业人员综合素质及能力。二是加强各类人员培训。将管理人员培训纳入新型农民科技培训工程，打造会管理、懂技术、善经营的管理人才队伍，提高组织经营管理水平；开展农业新业态技术知识、接待礼仪、游客服务、节庆会展、订单农业等相关知识技能培训，不断提高从业人员的业务能力，逐步实行从业人员持证上岗。三是建立专业人才信息库。鼓励农业新业态企业建立人才信息库，根据农业新业态从业人员流动规律，确定目标岗位，开展人才供求预测；根据农业新业态的业务特点和经营状况，明确不可替代的关键岗位人才需求，通过直接招聘、职业培训，以及猎头公司、人才市场等渠道，有针对性地引进各类专业人才，制定人才管理策略。

（六）创新体制机制，加快农业新业态健康发展

一是创新农业新业态市场化运作机制。更好地发挥政府在基础设施建设上作用，按照企业化运作模式，实现农业新业态市场化经营。积极探索建立"协会＋龙头组织"带动的休闲农业市场化运作模式、"政府＋企业＋合作组织"的节庆、会展农业市场化运作模式、"公司（合作社）＋生产基地＋消费者"产销对接的社区农业市场化运作模式，不断探索实践市场导向的农业新业态发展模式和运作机制。二是创新农业新业态产业化经营机制。构建集约化、专业化、组织化、社会化相结合的新型经营体系，着力培养造就一批适应农业新业态发展的经营主体，通过加强农民专业合作社建设、发展家庭农场和专业大户、支持发展现代农业企业，使新型经营主体成为农业新业态发展的支撑力量，提高产业化经营水平；鼓励龙头企业采取设立风险基金、利润返还等多种形式，与农户建立更加紧密的利益关系；引导农民以土地承包经营权、资金、技术、劳动力等生产要素入股，与龙头企业结成利益共同体。三是创新农业新业态规模经营机制。着力推动农业新业态经营方式由传统的"分散化经营"向"适度规模化经营"转变，鼓励通过合作社、龙头企业或经营大户的带动，不断扩大农业新业态经营规模；对农产品供求市场及旅游市场进行预测，实现农业新业态产品与销售的有机契合与对接，保证产品目标市场占有率，形成产销一体化运行机制；实施农业新业态规模经营激励政策，对规模经营面积超 100

亩的经营大户、专业合作社或龙头企业，实行多方面的优惠扶持；强化政府职能作用，创新对土地流转农户的社会保障机制，制定农民转移就业培训计划，健全完善农村社会保障体系，引导承包土地有效流转，发展适度规模经营，确保土地流转农户安居乐业有保障。

项目来源：2012 年天津郊区发展调查研究计划课题（项目编号：TJNWY-2012001）

执笔人：史佳林、贾凤伶、郭华、李瑾

参考文献

陈东强，2006. 区域产业形态与产业结构的比较及其在实践中的意义 [J]. 经济地理，26（12）：80 - 83.

李广有，2010. 以流通业态创新应对新形势：论新农村建设对农机市场的需求 [J]. 农机使用与维修 (1)：7 - 9.

李峻，2012. 社区支持农业在中国的发展及其创新模式分析 [J]. 世界农业 (9)：130 - 132.

李亚民，2012. 关于加快发展现代农业的调查与思考 [J]. 纵论三农 (5)：14 - 16.

厉无畏，2012. 创意农业：农业的新型发展模式 [J]. 聚焦 (7)：4 - 5.

刘军，谭艺平，邓文，等，2012. 创意休闲农业的理论体系 [J]. 湖南农业科学 (8)：48 - 52.

刘丽伟，2010. 发达国家创意农业发展内在机理研究 [J]. 世界农业 (6)：20 - 24.

马俊哲，朱京燕，2012. 上海、青岛和寿光发展会展农业的做法及启示 [J]. 农产品加工 (3)：74 - 78.

马文起，2008. 农村土地适度规模经营对策研究 [J]. 安徽农业科学，36 (10)：4205 - 4206.

马增俊，2012. 推动第三代农产品批发市场建设 [J]. 中国金融 (10)：26.

孟琪，2011. 借鉴国外经验 完善中国农业流通法律制度 [J]. 世界农业 (6)：58 - 61.

戚能杰，杨谦，2008. 宁波市节庆农业创新发展研究 [J]. 特区经济 (4)：64 - 65.

王国平，2009. 产业形态特征、演变与产业升级 [J]. 中共浙江省委党校学报 (6)：105 - 112.

王启现，孙君茂，王东阳，等，2008. 我国绿色农业发展现状与基本态势 [J]. 山东农业科学 (9)：112 - 115.

杨培源，2008. 我国农业功能拓展的多重约束与历史机遇研究 [J]. 安徽农业科学 (31)：13885 - 13886.

袁平，2008. 充分发挥节庆旅游功能 促进农业经济多元化发展 [J]. 农村经济 (4)：20 - 21.

赵方忠，2010. "反思草莓大会"：北京与世界的差距 [J]. 投资北京 (10)：67 - 69.

赵荣，钟永玲，2008. 农产品流通体制改革三十年回顾与展望 [J]. 农业展望 (12)：25 - 29.

曾福生，2011. 中国现代农业经营模式及其创新的探讨 [J]. 农业经济问题 (10)：87 - 95.

朱京燕，2012. 关于会展农业的若干理论思考 [J]. 中国农垦 (4)：58 - 60.

朱曙光，孟丽芳，乐鑫，2012. "第六产业"：现代农业的新业态 [J]. 浙江经济 (7)：53.

朱耀月，2012. 关于调整农业结构的思考 [J]. 现代农业 (5)：32 - 56.

"十三五"天津加快现代都市型农业发展研究

一、研究背景

"十三五"时期，是天津紧紧抓住多重战略机遇叠加的有利契机，加快实现天津城市定位的决定性时期，是加快建设美丽天津的冲刺时期。为了夯实"十三五"规划编制基础，提高规划的前瞻性、科学性、战略性和民主性，按照天津市委、市政府统一部署，2014 年 9 月，天津市发展改革委发布了 50 个天津市"十三五"规划重大研究课题选题，本研究就是选题之一。

（一）"十二五"以来天津现代都市型农业发展回顾

"十二五"以来天津现代都市型农业发展取得的显著成绩，主要表现在：优势农产品产量稳步增加，主要农产品人均占有量均位于京津沪之首；农业科技创新推广能力明显增强，有力支撑了农业现代化水平的提升；农业物质装备水平大幅提升，为现代农业发展夯实了基础；农产品质量安全状况持续向好，无重大疫病和重大农产品质量安全事件发生；农业组织化和规模化水平稳步提高，农业整体的市场竞争力和抗风险能力得到了提升；农业信息化建设实现新突破，建成了国内首家省级农业物联网平台；农业产业链延伸和多功能开发高速发展，农村居民人均可支配收入增长速度连续多年高于城市居民人均可支配收入增长速度。经综合研究分析，天津现代都市型农业主要特点是绿色、集约和多功能；主要发展优势是现代种业、农业设施化、农业信息化、农产品流通加工、休闲观光农业。天津现代都市型农业整体发展水平已经走在全国前列。

（二）"十三五"及未来15 年天津现代都市型农业发展面临的新形势与新要求

"十三五"及未来 15 年天津现代都市型农业发展面临的发展机遇主要是：

农村土地制度、户籍制度等系列制度改革加速将释放更多"红利"，新型城镇化建设和农业结构调整等系列政策出台将加速改变农村面貌，居民消费需求将进一步升级，京津冀协同一体化战略将加快实施，现代信息技术和生物技术等高新技术创新应用步伐将进一步加快等。

"十三五"及未来15年天津现代都市型农业发展面临的严峻挑战主要是：国际国内农产品价格倒挂、贸易逆差扩大和农业国际化的不利影响加剧，国内农业产业供求格局及其结构升级的竞争性压力增大，农产品质量安全的潜在风险依然很大，资源约束趋紧，经济新常态下政府支农力度增量减弱的可能性加大。

目前天津现代都市型农业发展存在的主要问题是：务农收益低而不稳，青年职业农民和现代经营管理服务人才严重不足，农业投资和扶持力度相对较小，农业产业结构亟须优化和农业组织管理服务水平亟待提高等。

二、研究内容

(一) "十三五"及未来15年要加快实现 5 个转变

1. 加快从产品数量型农业向质量效益型农业转变

根据消费需求变化，围绕提高质量和效益的集约型可持续农业，加快"生产导向型"向"消费导向型"优化和转变，以销定产，优化产品结构、品种结构和提升品质结构；由"全面保障"向"重点突出"转变，重点扶持发展特色、高档农产品，生产适销对路、附加值高的特色产品；采取高效节水、节肥的减量化集约生产方式等。

2. 从"小而全"生计型农业向三产融合多功能开放型农业转变

适应国内外市场竞争、京津冀协同发展、农业全产业链经营、农业多功能开发、提高农业效益等要求，着力发展农业产业新业态，延伸农业产业链条，形成"一产接二连三"的互动融合型发展模式，形成更多的第六产业经营链。积极发展高附加值农产品，形成规模优势和特色；针对加工产品需要调整产业产品结构，发展加工导向型农业；开发农业的观光休闲等功能，重视农业生态景观功能，发展生态循环农业；延伸产业链发展农产品加工、生产性服务、物流配送等产业，实现三产融合。

3. 从初级资源密集农业向知识驱动农业转变

加快自然资源、劳动力资源以及化肥、化学农药等初级人工合成资源密集型农业向知识驱动农业转变，新的品种、技术、管理、营销、服务等系统的知识科技创新和应用成为农业主要增长动力，科技进步贡献率超过70％，资源利用效率大幅度提高；农业产品创意、产业创意、规划设计创意广泛应用；初级劳动力资源向人力资本转变，农业劳动者的科技水平大幅度提高；农业制度创新加快推进，改革红利充分释放。

4. 从大众化农业向特色化品牌化农业转变

建立起适应天津现代都市型农业特点的品牌培育保护的制度体系，品牌注册、品牌培育、品牌经营拓展和保护制度健全规范，支持保护有力；家庭农场、合作社、农业企业、园区等市场主体100％拥有自主品牌和稳定的营销渠道，形成一批以品牌价值为核心的现代农业企业；"三品一标"农产品稳步发展，区域地理标志农产品人文价值得到充分挖掘，品牌销售规模和信誉度、美誉度显著提升，成为地方形象的代表和名片；95％以上农产品达到无公害产品标准，居民消费的地产农产品90％以上属于品牌产品；京津冀"优势、精品、安全"的"菜篮子"产品供给区的品牌形象建立。

5. 加快从兼业农民向职业农民转变

通过土地流转等途径促进实际务农的兼业农户、劳动力数量大幅度下降，加快新型职业农民队伍建设的针对性培训，形成一支"数量充足、结构合理、素质优良"的新型职业农民队伍，青年农民数量明显回升。土地规模化经营面积及其占承包地比例大幅度提升，超过70％。规模化农产品生产者的生产量超过90％。务农劳动力的平均收入达到或超过务工收入和城镇居民人均可支配收入水平。

（二）"十三五"及未来15年天津现代都市型农业发展的目标定位

"十三五"天津现代都市型农业发展总体目标是：建成以优势、精品、安全为特色的"菜篮子"产品供给区，以现代种业、生物农业为重点的农业高新技术产业示范区，以健全的流通体系、现代化的流通方式为特征的农产品物流中心区，全面提升天津现代都市型农业保供给、促增收和服务京津冀都市圈的能力，推动天津现代都市型农业走在全国前列。到"十三五"期末发展目标主要是：

一是农产品供给保障水平稳步提升，实现数量质量协调发展。农业产业结构更趋合理，粮食、蔬菜、猪肉、鸡蛋、牛奶、水产品等主要农产品自给率基本稳定。适时拓展建设外埠安全农产品基地，提升农产品供给保障能力。农产品质量安全保障水平进一步稳固和提升，市、区县和乡镇农产品质量安全三级监管网络和检验检测体系不断完善。

二是农业组织化和规模化程度显著提升，竞争力和优势明显增强。龙头企业、农民专业合作社、家庭农场等农业新型经营主体成为现代农业主力军。农业规模化、专业化和特色化经营进一步扩大，农业要素资源进一步向现代农业园区、规模化家庭农场、专业合作社以及村集体组织集中，土地产出率和劳动生产率显著提升。

三是农业科技装备现代化水平显著提高，生产方式实现根本转变。农业科技创新能力和高新技术产业发展水平显著提高，以种业、生物制品为主的农业高新技术产业持续发展。农业主导产品全部实现良种化，农业装备化水平达到国内领先。主要粮食作物实现全程机械化，经济作物主要生产环节机械化实现突破，养殖业主要生产环节基本实现机械化。农业生态化生产方式得到普遍应用。实现农业用水总量和比例双下降，规模化畜禽养殖废弃物资源化利用水平和秸秆综合利用水平持续提升。

四是农业功能不断拓展，"接二连三"的区域农业全产业链经营格局初步形成。农产品加工业持续快速发展，做强食品工业，打造百亿品牌，培育名牌产品。建成北方高档农产品进出口贸易集散地，形成以三级农产品批发市场体系为支撑，以农产品电子商务等新型业态为重要补充的农产品物流格局。全面拓展休闲观光农业，培育全国性、地方性休闲农业节庆活动品牌，打造全国知名的地域农业品牌。

（三）"十三五"天津现代都市型农业发展布局规划

天津现代都市型农业要按照突出区域特色和错位发展要求，进一步优化产业空间结构和区域布局，形成四个类型发展区。

1. 环城高端农业区

涉及东丽、津南、西青、北辰四个区，主要依托各种类型的现代农业园区，建成花卉、观赏鱼、食用菌和无公害蔬菜生产基地。

2. 中南部高效农业区

涉及宝坻、武清、静海、宁河四个区县和蓟县南部，建成绿色无公害蔬菜、健康水产养殖、生态畜禽养殖基地，面向京津市场，注重农业生产和生态协调发展，体现高效、环保、绿色发展要求。

3. 北部生态农业区

涉及蓟县北部山区、于桥水库、武清大黄堡、宁河七里海地区，建成特色果品、绿色有机蔬菜、林下山珍生产基地和生态渔业基地。

4. 滨海海洋农业区

涉及滨海新区，建成体现滨海特色的海珍品养殖、海洋捕捞、特色果品、耐盐碱植物生产基地，兼顾农业生产、生活、生态功能。

（四）"十三五"天津现代都市型农业发展的重点任务

1. 农业结构调整优化工程

贯彻"一减三增"的思路，突出产业提升，实现农业产业结构优化升级，主要实施蔬菜安全供给工程、粮食提质增效工程、特色果品培育工程、林业生态建设工程、渔业转型升级工程、畜牧业改造提升工程和地产农产品加工业促进工程等七项工程。

2. 新业态农业提升工程

积极发展新业态农业，实现农业功能的拓展和提升，主要实施休闲农业升级发展工程、节庆农业创新发展工程、会展农业培育壮大工程、电子商务农业培育工程等四项工程。

3. 农业高新技术产业培育工程

以发展生物育种、生物制品产业为重点，重点实施现代生物种业集成创新工程、农业生物制品集成创新工程、公益性研发平台优化提升工程、企业研发平台联合创建工程、种子繁育基地完善升级工程、品种安全测试基地创建工程、现代农作物种业集团培育工程、生物制品企业集群发展工程和中介服务组织培育提升工程等九项工程。

4. 新型农业经营体系建设工程

推进农业规模化、专业化和特色化经营进程，重点实施新型农业经营主体提升壮大工程、新型社会化服务组织培育工程和品牌农业转型提升工程等三项工程。

5. 农业基础设施改造提升工程

进一步加强农业基础设施建设，为现代都市型农业发展奠定坚实基础，重点实施高标准农田建设工程、农田水利设施提升工程、农业节水灌溉推广工程和农业机械化提升工程等四项工程。

6. 农业生态环境治理工程

强化农业生态环境的治理，努力改善农业生态和农村居住生活环境，重点实施农作物秸秆综合利用工程、畜禽污染物控制工程和土壤重金属污染治理与修复工程等三项工程。

7. 农产品质量安全保障强化工程

加快解决产地污染等深层次难点问题；加快建设完善的农产品质量安全信用体系；严格法制化管理，完善基层监管体系、提升监管效率；完善农产品产地环境保障制度建设；强化农业投入品生产经营监管和责任追溯制度建设。

三、对策措施和政策建议

（一）深化农业农村重点难点领域改革创新

一是积极推进土地制度改革创新。抓紧抓好农户承包地确权登记工作。尽快落实发展设施农业、规模经营的附属设施用地和配套设施用地规定。研究制定《天津市农民土地承包经营权流转规范条例》，引导规范土地承包经营权流转和城市资本下乡，用承包权、经营权资本化改革办法解决由于人口增减变化产生的土地调整难题。落实和扩大土地集体所有的"全面支配权力"，分层次推进土地流转。二是改革完善农业经营主体的登记管理，建立持续的统一制度。梳理现行的各种针对不同主体的优惠政策，进行政策的顶层系统设计，制定适用于所有农业经营主体的共同优惠政策体系。试行"唯一性质"主体注册登记制度，推进诚信、规范、持续经营，便于指导、扶持、监管。制定实施《农业企业化促进条例》和效力更强的扶持政策，赋予村集体经济组织实体法人地位。三是加快研究试点农业行政管理体制改革。围绕机构设置、人员编制、职责界定、履职方式、监督考评、奖惩等系列制度，找到解决实质问题的切入点系统推进。适应政府与市场职能分开，推进从以管理为主向以服务为主转变。研究解决乡镇政府农业管理的职能界定，监督、考核责任等问题；财政投资补贴项目的选择、评价、决策与监督考核机制等制度改革问题。

（二）构建财政、金融、保险同步协作支持农业新体系

一是加强财政支农力度，强化投入管理。提高财政支农支出占财政一般预算支出的比例，建立完善财政投资项目资金使用的监督监测及后评价与淘汰退出责任机制。根据承担的粮食安全、菜篮子保供以及生态涵养等功能不同，实施财政资金向农业主产区县、乡镇和重点功能区域倾斜政策。财政投资主要扶持市场解决不了、解决不好的长期性主要问题和关键性制约难题。着力解决好束缚规模经营发展中的粮食烘干、水利设施等现实问题。二是完善农业风险保障制度。改革完善农业政策性保险，实现全覆盖。鼓励和吸引更多的保险公司参与农业保险，消除垄断，形成竞争。以收入保障为核心重新设计制定保险标的、保费标准、保障水平、赔付额等制度。试点建立农业风险补偿基金，进行收入补偿。通过建立农业巨灾风险基金，明确规定当发生大灾损失后责任准备金不足以支付赔款时，启动筹资安排的具体程序与方式，构筑多层次的现代农业风险分散与转移机制。三是加快农业融资体系和制度机制创新。强化政府对农业融资的诱导与管理职能，鼓励构建"银行＋龙头企业＋基地＋农户""银行＋担保公司＋保险公司＋农户"，以及农户、企业联保等融资模式。同时，推进金融机构农业融资贷款创新。积极协调金融部门开展承包经营权、农业设施设备、农房及宅基地使用权抵押贷款，加快试点和完善实施细则制定。创设农业融资项目和配套政策，面向社会公开招商。开展农业融资评级授信工作，建立全市乡镇、村、合作社及农户资信评价体系。

（三）建设高素质农业经营管理人才队伍

一是打造"2211"农业经营管理人才队伍。培育以家庭农场主为主的2 000名示范型高素质农民，包括1 000个示范带动作用较强的家庭农场和1 000个专业大户。培育2 000名本土"优秀农业企业家"，形成由500名家庭农场主、500名合作社理事长、1 000名农业企业法定代表人组成的"优秀农业企业家"队伍。培育1 000名现代农产品物流管理、运销以及市场经营人才。培育

1 000 名具有市场营销和企业经营管理咨询服务经验的产销公共服务专业人才。二是多种途径鼓励扶持各方面人才在新型经营主体中创业。深入挖掘农村内部人才潜力。以中青年村干部、外出打工者和农村企业家为重点，引导和扶持鼓励他们成为新型农业主体。打破城乡界限，吸引城市的民间资本、工商资本投资农业。扶持优秀大学毕业生在农村创业。鼓励农业技术推广人员、行政事业单位人员创办、领办新型农业主体。推进教育科研机构更好地满足现代经营主体对经营管理咨询服务的需求。

（四）完善农业科技创新与支撑服务体系建设

一是优化财政对农业科技的投入结构。市级财政要重点支持受益面大、应用前景广、需求紧迫、增收效果明显的产业升级新品种、新技术，科技项目重点向农业主产区县、基层科技推广服务一线、成果转化应用和科研条件建设倾斜，向培育、培养中青年现代农业科技后备人才倾斜；大幅度增加现代农业经营管理咨询服务、品牌建设等软科学方面的应用性技术服务投入。二是推进科研创新体制机制改革。按照农业优势主导产业的产业链体系设置首席专家，组建创新团队。建立和完善开放型重大科研难题国内外公开招标制度。创新农业科研项目的技术水平、资金使用效果考核评价机制，实施科技成果处置权、收益权改革试点。扶持优势育种单位建立以企业为主体、"产学研用"结合的"育繁推"一体化体系，通过产权合作、合资、重组以及引进风险投资等途径争取在每个优势育种领域培育一个国家级科技型龙头企业。三是着力改善提高基层农业科技综合服务能力和服务效率。按照多功能、一体化的思路，打造集各项农业公共服务为一身的乡镇农业公共服务机构。探索建设农业创业（投资）指导服务中心，为投资创业者提供全方位、科学、公正的公益性服务。大力支持开发现代信息技术条件下农技推广服务新模式，建立科技人员对口服务基层的长效机制。完善科技特派员制度，增加投入，形成长效、长期的指导服务机制。加强基层公共服务机构服务能力建设，启动基层农业技术推广特设岗位计划。

（五）加快京津冀农业开放合作体系建设

一是研究并制定京津冀农业协同发展规划、方案和政策。京津冀农业协同发展需要解决深层次的体制机制和利益问题，涉及土地资源管理、水资源管理、生态环境和补偿制度建设，农产品准入准出、农产品加工物流等布局体系的调整，涉及国家及地方农业投资建设项目的重新分配，需要在中央有关部门的主导下，通过政府、企业以及农户等生产经营者的认可、协作与配合得以实现，具有复杂性和长期性。亟须研究合作共赢的途径和机制，出台合作共赢的方案和政策。二是着力加强天津现代都市型农业与北京对接的机制建设。以农业信息、科技与人才共享平台建设为切入点，深化实质性合作，率先实现协同创新发展。加快现代农产品物流体系和国际农产品物流中心建设，发挥天津港口优势、区位优势，积极承接北京农产品批发市场功能外迁，构建立足华北、辐射东北西北、连接海外的大型农产品物流中心。借助首都品牌农产品和龙头企业，辐射带动天津地方品牌产品提档升级，开拓北京高档农产品消费市场，提升天津农产品附加值。

　　项目来源：2014 年天津市"十三五"规划前期研究定向委托课题（项目编号：3217）

　　执笔人：李瑾、毛科军、于战平、孙国兴、李存霞、樊敏

天津市美丽村庄建设规划研究

在京津冀协同发展和建设美丽天津的大背景下，天津新农村建设进入加速转型的重要时期和新阶段，"三区联动"发展深入推进，"三改一化"试点进一步深化，文明生态村建设全面加强，农村基础设施更加完善，农村民计民生显著改善，全市先后涌现出一批在建设新农村、培育新农民、倡导新风尚方面走在前列的典型乡村。但取得明显成效的同时，仍存在一些问题，如污水垃圾等环境治理问题不容乐观，农村教育、医疗、养老、健身等公共服务设施建设亟须加强等。建设美丽村庄是转变农村经济发展方式、促进农业农村可持续发展、全面构建城乡一体化体制机制的重要途径。为贯彻落实《美丽天津建设纲要》，天津市先后出台了《加快推进美丽乡村建设的实施意见》和《天津市美丽村庄建设实施方案》，推进美丽村庄建设。

一、天津市美丽村庄建设思路与目标

（一）指导思想

为适应美丽天津建设的总体要求，以改善村庄人居环境为主线，以提高农民生活质量为根本目的，以基础设施、公共服务设施、生态环境建设为主要内容，坚持因地制宜、科学规划、分类推进，加大财政投入力度，夯实美丽村庄产业基础，提升乡村文化软实力，健全完善长效管理的体制机制，努力把天津农村建设成为设施完善、环境优美、产业发展、生态文明、依法管理、特色鲜明的具有国内先进水平的美丽村庄。

（二）总体目标

加快打造绿色、宜居、卫生、平安、健康、文明的特色美丽村庄，实现基础设施不断完善、农民生活质量不断提升、村庄公共服务体系不断健全、村庄生态环境不断优化和集体经济发展能力不断增强。按照美丽村庄"六化""六有"要求，创建美丽村庄。

（三）建设途径

1. 结合城镇化建设，统筹村庄布局

顺应天津城市化和示范小城镇建设，协调推进美丽村庄建设、村庄土地综合整治、村庄住房条件和基础设施提升改造，改善农民居住条件，构建舒适的生态人居体系。

2. 加强村庄环境整治，建设生态文明美丽村庄

抓好美丽村庄改路、改水、改厕、垃圾处理、污水治理、村庄绿化等项目建设，进一步提升美丽村庄环境建设水平，构建环境美化体系。

3. 注重村庄文化建设，转变农民生活方式

加强美丽村庄生态文明知识普及教育，积极引导村民追求科学、健康、文明、低碳的生产生活和行为方式，建设生态、文明、民主、和谐村庄。

4. 深化重点领域改革，完善配套体制机制

全面深化改革发展，完善土地、金融、社会管理体制机制，营造良好的村庄发展外部环境，构建完善的村庄社会管理体系。

二、天津市美丽村庄建设总体布局与建设模式

（一）建设布局方案

结合天津市村庄布局调整规划，通过对静海、武清、宝坻、宁河、蓟县、西青和滨海新区七个建设美丽村庄的区县进行调研，天津市美丽村庄建设以远郊五区县为重点，适当兼顾环城四区和滨海新区。

对于环城四区和滨海新区的现有村庄，主要通过一事一议财政奖补、清洁村庄行动、村庄生活条件改善工程、绿化美化行动等举措，推进村内道路、小型水利设施、村容村貌、环境卫生、饮水安全、村内活动场所等村级公益事业项目建设，改善农村人居环境条件。

对于静海、武清、宝坻、宁河和蓟县远郊五区县的规划保留村庄，立足不同区域农村经济社会发展水平，综合考虑地形地貌、村庄建设特点和发展趋势

等，打造南部城郊美丽村庄建设区、中部平原美丽村庄建设区、东部滨海美丽村庄建设区和北部山区美丽村庄建设区四个区域，规划形成集中连片、特色突出、多模式推进的美丽村庄建设格局。

（二）分区建设布局

1. 南部城郊美丽村庄建设区

（1）区域特点。南部城郊美丽村庄建设区主要指静海县。该区域紧邻中心市区，经济发达、人口密度大、基础设施较为完善、文化卫生社会保障等公共服务体系基本健全，文明生态村建设基础较好，"三区"联动发展走在全市远郊区县前列。非农产业发展较快，已成为农民就业增收的重要来源，高效设施农业发展迅速，现代农业产业体系相对完备、功能多样，且与二、三产业呈高度融合发展态势。

（2）定位目标。依托中心城市要素资源的延伸和覆盖，突出在城乡基础设施、生态环境、公共服务等方面的互动和融合，努力打造成为天津市美丽村庄建设的先导示范区。

（3）方向重点。充分发挥区位交通优势、经济发展优势，进一步融入中心城市的发展，在强化物流、商贸、旅游等非农产业发展，积极构建功能完善的现代都市型农业体系，壮大村集体经济实力，夯实美丽村庄建设的经济基础和产业基础的同时，强化城镇的辐射带动作用，巩固文明生态村建设成果。结合村庄实际，突出村庄特色，分类推进美丽村庄建设，高标准打造一批道路畅通、环境整洁、信息通达、生态良好、公共事业基本消除城乡差别、示范带动效应明显的美丽村庄。

2. 中部平原美丽村庄建设区

（1）区域特点。中部平原美丽村庄建设区包括武清、宝坻两个区。该区域人口众多，以示范小城镇建设为重点的农村城市化取得进展，城镇提供就业增收、基础设施等的载体功能有效提升，文明生态村创建大大改善了农民生活环境；农业资源丰富多样，规模相对较大，是天津市农产品的主要生产和供应基地，已形成以水稻、林木、果品、蔬菜、特色粮食作物、畜禽养殖、水产养殖以及农产品加工等为主导产业的现代农业体系，农业仍是农民增收主渠道。

（2）定位目标。依托紧邻首都的区位交通条件、生态资源禀赋、多功能现代农业基础、乡村民俗文化特色等优势，突出示范小城镇建设的辐射带动作用以及现代都市型农业的支撑作用，努力打造成为天津市美丽村庄建设的重点建设区。

（3）方向重点。融入京津冀一体化发展，在打造京津都市圈重要的安全农产品供给基地、强化美丽村庄产业支撑的基础上，结合实际，因地制宜做好村庄规划，与清洁村庄、绿化美化行动等建设紧密结合，以环境整治为突破口，以提升村庄基础设施为重点，以保护生态资源为根本，着力改善农民生产生活条件。同时，进一步发挥特色农业资源优势和农村传统文化优势，提升农村民主政治、文化活动、社会治安等各项管理水平，充分彰显生态文化活力，打造乡风纯朴、民俗文化浓郁的特色美丽村庄。

3. 东部滨海美丽村庄建设区

（1）区域特点。东部滨海美丽村庄建设区主要指宁河县。该区域地处环渤海经济区核心区域，位居京津唐和曹妃甸工业区几何中心地带，与滨海新区接壤；在天津整体空间布局中，与滨海新区一并纳入天津东部滨海发展带。战略地位显要，交通路网发达，生态资源丰富，旅游资源特色明显，经济发展势头良好，农业基础地位稳固，工业支柱地位明显，民生改善成效显著，城乡环境日益优化。该县是国家优质小站稻基地、优质棉基地、全国无公害农产品（蔬菜）示范基地县、全国奶业优势产区、全国乳制品加工示范基地和天津市无公害生猪生产基地示范县，同时，也属国家首批绿色能源示范县和第六批国家级生态示范区。

（2）定位目标。依托生态环境条件、现代产业体系和湿地资源特色等优势，围绕"美丽宁河、生态宁河"，推进双城统筹，示范小城镇和新农村试点联动联建，开创城乡发展一体化新格局，努力打造成为天津市美丽村庄建设的全面推进区。

（3）方向重点。坚持把环境建设作为基础性、先导性的建设重点来抓，进一步完善基础设施，加强村庄环境综合整治，改造村庄道路，整治乡村垃圾、污水、坑塘等，完善灯光体系，美化景观节点，深入推进宁河绿色、低碳、循环建设。依托湿地、林地、农田等特殊生态资源，围绕小站稻、河蟹、水产种苗等特色优势产品，打造优势主导产业，大力发展生态经济，构筑美丽村庄建设的产业支撑。同时，加强村庄的社会管理与公共服务，探索建立体现北方特色的农村居民社区化组织管理模式。

4. 北部山区美丽村庄建设区

（1）区域特点。北部山区美丽村庄建设区主要指蓟县。该区域地处天津市最北部，资源类型多样，有山有水、有平原有洼地，土地总面积的 2/3 为山区和库区，土壤肥沃，山清水秀，空气清新，水质优良，气候宜人，是全国生态示范县和全国首个绿色食品示范区。经济实力相对较弱，但休闲农业、乡村旅游特色产业发展突出，已形成了北部山区和库区以农家乐、民俗村和生态农庄为主要形式，南部平原地区以现代农业园区为主要形式的发展格局，被农业部和国家旅游局评定为全国 32 个休闲农业与乡村旅游示范县。

（2）定位目标。依托山区生态环境条件、绿色食品产业、乡村旅游资源、民俗文化特色等优势，适应中等旅游城市和天津后花园定位，强化基础设施配套建设，突出乡村旅游文化活动开发，提升生态旅游业发展层次和水平，努力打造成为天津美丽村庄建设的特色展示区。

（3）方向重点。坚持生态优先、特色鲜明，以营造绿色生态环境、为中心城市提供绿色屏障和清洁水源为主导，突出循环经济发展理念，强调经济、社会、生态的协调发展。其美丽村庄建设不强求居住集中，以改善农村人居环境为重点，突出环境保护、生态治理和绿化美化，建设特色农村社区。重点发展以农家生活体验、生态旅游观光为主要发展模式的休闲农业和乡村旅游，并通过完善公共设施，挖掘村庄传统文化内涵，推进"一家一户"式农家院旅游向全景式乡村旅游转变，形成"一村一品，一域一俗"的发展格局，建设风景优美、田园美丽、环境整洁、生态友好、宜居宜游的美丽村庄。

（三）建设模式

1. 城镇带动型模式

该建设模式主要适于经济条件较好、城镇化进程较快区域的村庄。其美丽村庄创建重点要依托小城镇建设快速推进所取得成就，强化城镇对农村的辐射带动效应，加速资本和产业转移，推进农业农村现代化，促进城乡公共服务均等化，实现农民职业、空间转移和生活方式转变。

2. 产业支撑型模式

该建设模式主要适于产业基础良好、一村一品特色鲜明、合作经济组织发展健康的村庄。其美丽村庄创建重点要强化产业兴村能力建设，不断调整优化生产结构和产业布局，提高龙头组织的带动能力，发展资源节约型、环境友好型农业，推进农业产业化经营，实现农民安居乐业有保障。

3. 环境提升型模式

该建设模式主要适于基础设施亟须完善提升、农村脏乱差问题突出、尚未进行过文明生态村建设的村庄。其美丽村庄建设重点要开展基础设施改造提升和村庄环境综合整治，加强垃圾处理体系建设，解决农村生活污水处理问题，绿化美化村庄环境，并建立村庄环境卫生长效管护机制，创建优美的人居环境。

4. 生态保护型模式

该建设模式主要适于生态资源丰富、环境优美、污染破坏少的村庄。其美丽村庄创建重点要坚持生态立村的理念，在保护生态环境的基础上，建设山青水净、地绿天蓝、生态灵秀、风光优美的美丽村庄，把生态环境优势转变为经济发展优势。

5. 文化引领型模式

该建设模式主要适于具有古村落、古建筑、古民居以及传统文化等特殊人文景观的村庄。其美丽村庄创建重点要坚持"保护性开发"的思路，加强乡村历史文化传承要素的修复和整治，配套提升和村庄风格相融合的基础设施，挖掘整理农村非物质文化遗产，提升农村人口文明素质。

三、天津市美丽村庄建设重点任务

（一）加强美丽村庄基础设施建设

美丽村庄要加强村庄基础设施建设，实现道路硬化、街道亮化、垃圾污水处理无害化、能源清洁化、绿化美化、生活健康化"六化"。完善村内道路、给排水、垃圾处理、路灯、广场、公园、公厕等基础设施，进行坑塘治理，拆除违章建筑，清除陈年垃圾，建设村标，粉刷墙面，建设宣传橱窗，主干街道绿化，建设环村林、片林。探索村庄生活垃圾、污水处理模式，推进村庄排水管网建设、污水处理厂建设和村庄坑塘整治，实施以村庄生活垃圾处理和污水处理为主要内容的村庄清洁工程。

（二）加强美丽村庄公共服务设施建设

统筹建设美丽村庄社区综合服务中心，健全村庄教育、文化、卫生、体育、社会保障等公共服务设施，按"六有"标准完善村庄党员活动室、农家书屋、便民超市、卫生室、村邮站、健身广场等，并配备相关人员，充分发挥公共设施服务功能和提高服务水平。

（三）推进美丽村庄生态能源建设

推进美丽村庄资源利用节约化、生产过程清洁化、产业链接循环化、废物处理资源化，形成农林牧渔多业共生的循环农业生产方式。有效控制农业面源污染，推进居民使用集中供给的清洁能源，提高沼气等可再生能源利用。推动"建筑节能"在村庄的实施，推广新型墙体建材、环保装修材料及节能、节水新技术、新工艺优先在村庄新建住宅使用。推动天然气工程，建立燃气气化站、燃气瓶装气供应站或秸秆气化站等，减少村庄地区对于煤、柴等低效率能源的使用量。

（四）做好美丽村庄环境综合管护

制定美丽村庄环境卫生长效管理制度，区县、乡镇和村都要明确村庄环境卫生长效管护工作机构，有专门的管理人员，有明确的责任人。每年开展1～2次大规模的村庄环境综合整治行动，对村庄的环境卫生进行集中清整。开展沿路、沿河、沿景区的专项环境综合整治。设立村级公共服务岗位，负责村庄的保洁、护路、护绿、公共设施维护和民政社保协管等公益性事务。建立村庄环境长效管护制度，确保村庄一年四季干干净净。

（五）构建美丽村庄文化体系

保护培育村庄特色文化，优化村庄人居环境，把文化底蕴深厚村建设成为文化特色村。强化美丽村庄生态文明知识普及教育，积极引导村民追求科学、健康、文明、低碳的生产生活和行为方式，强化基层民主管理，构建和谐的村风民风。

（六）创新美丽村庄发展配套机制

建立促进永续发展的规划体系，确定村庄功能定位、产业发展和建设内容，指导美丽村庄建设。推进村庄综合配套改革，创新土地、金融、社会管理体制机制。建立教育、卫生、文化、体育等公共服务均等化制度，形成城乡一体的公共服务和社会保障制度，为村庄发展提供永续源泉和动力。

（七）调整优化美丽村庄产业结构

围绕"努力建设京津菜篮子产品供给区、农业高新技术产业示范区和农产品物流中心区"定位要求，根据美丽村庄产业基础和资源特点，强化产业带动、项目带动、园区带动发展模式，加快发展现代农业，大力发展休闲农业与乡村旅游，鼓励发展乡村传统工艺加工业，因地制宜发展农产品物流业，推进产业集聚发展，促进农民创业就业，构建高效的农村产业经济体系。

四、天津市美丽村庄建设保障措施

（一）建立"科学布局、超前配置、长效实施"的规划机制

依据各区域不同的地域特点，高起点、高标准编制全市美丽村庄建设总体规划；重点编制美丽村庄交通发展、环境保护、公共服务体系、基础设施建设等专项规划；合理安排规划实施步骤，根据美丽村庄建设实际，不断调整完善规划，确保规划切实可行。

（二）建立"政府推动、部门协作、社会监督"的组织机制

成立天津市美丽村庄建设领导小组，形成分级管理、上下协作的多部门联合推动机制，为美丽村庄建设提供组织保障；制定全市美丽村庄建设行动计划年度实施意见，发挥市农委的牵头作用，统筹协调相关涉农建设项目，建立并完善美丽村庄考核评价机制。

（三）建立"政府主导、多方参与、一事一议"的投入机制

对于非经营性的纯公共产品建设，强化政府主导作用，财政投入主要用于

美丽村庄道路硬化、垃圾污水处理设施建设、植树造林绿化等工程；对于经营性公共产品建设，进行一事一议，采用特许经营、承包经营、企业代建等方式，建立多方筹资、共建共享的投入机制。

（四）建立"资源统筹、分步实施、配套完善"的建设机制

整合全市文明生态村、清洁村庄、美丽村庄等要素资源，按照建设目标确定全市美丽村庄发展序列，首先向重点村、重点乡镇、示范区域以及基础条件较好的村庄集中投入，形成示范效应，逐步扩大美丽村庄建设覆盖面，形成有序推进、亮点突出、连线成片的格局。

（五）建立"因地制宜、科技引领、产业支撑"的发展机制

保留美丽村庄的人文风貌、建筑风格、功能布局，打造不同类型、功能各异的美丽村庄；依靠科技创新，提高垃圾污水资源化处理、农业面源污染防治、新型能源利用水平；按照宜工则工、宜农则农、宜旅则旅的原则，优先发展环境友好型产业，推动传统产业升级。

（六）建立"依法治理、完善规范、素质提升"的管理机制

以保障农民权益、加强用地管理、促进环境保护、强化资金管理、完善招投标制度等为核心，健全美丽村庄依法治理体系；因地制宜，制定美丽村庄建设规范，指导、帮助村民完善村庄建设；强化对村民的法制、文明、生态教育，使村民自觉遵守乡村公约，自发热爱生活家园，成为建设村庄、管理村庄、维护村庄的主体。

项目来源：2013年天津市农村工作委员会重点调研项目

执笔人：李瑾、陈丽娜、贾凤伶、秦静、黄学群、史佳林

天津市加快培育家庭农场的思路与对策研究

一、研究背景

随着天津工业化、城镇化快速推进，农村劳动力持续向城市和非农产业转移，现代都市型农业发展正面临"五化"（农村空心化、务农农民老龄化、要素非农化、农民兼业化、农业副业化）、"双高"（高成本、高风险）、"双紧"（资源环境约束趋紧、青壮年劳动力紧缺）的新形势，"谁来种地"日益成为困扰农业发展的重大问题。与此同时，传统农户小生产与大市场对接难的矛盾日益突出，培育新型农业经营主体迫在眉睫。以适度规模为特征的家庭农场，既发挥了家庭经营的独特优势，又实现了规模化经营的优势，极大地适应了现阶段生产力发展的需要，呈现旺盛的生命力。

早在 2008 年，十七届三中全会《关于推进农村改革发展若干重大问题的决定》就提出，有条件的地方要发展专业化大户、家庭农场。2013 年中央 1 号文件则进一步把家庭农场作为重要新型农业经营主体，将其纳入了新型农业经营体系。由此，家庭农场成为一个社会关注的焦点。天津是我国北方经济中心和环渤海地区的核心，工业化、城镇化高度发达，家庭农场起步较早，在政策导向方面具有前沿性和代表性。2013 年 9 月，我市七部门联合出台了《关于发展家庭农场的指导意见》，2013 年 12 月正式出台《天津市家庭农场登记办法》，大力发展家庭农场，成为培育新型农业经营主体的现实选择。

本研究借鉴国内外家庭农场发展的实践经验及相关研究成果，为天津市加快培育家庭农场提供宝贵的经验与启示；针对天津现代都市型农业发展所出现的突出矛盾与问题，明确加快培育家庭农场的必要性和可行性；通过精心设计问卷，开展部门调查、典型调查并结合案例分析，深入了解天津市家庭农场的发展状况及影响因素；提出天津市家庭农场的总体发展思路，明确发展路径和功能定位，做好培育家庭农场的顶层设计框架；提出有针对性的对策建议，为市委、市政府及相关政府部门制定家庭农场相关政策提供科学参考依据。

二、天津市家庭农场发展现状与问题

（一）发展现状

1. 数量及分布情况

依据天津市家庭农场的认定标准和市农委经管处专项调查统计，截至2014年6月，全市有家庭农场1 510家。其中蓟县和宝坻家庭农场的数量最多，分别为468家和342家，占全市总量的31%和23%；静海和武清次之，分别为209家和191家，占全市总量的14%和13%；宁河和滨海新区分别为123家和133家，占全市的8%和9%。从总体分布上看，家庭农场主要分布在远郊五区和滨海新区，占全市总量的97%，环城四区家庭农场数量较少，仅占全市3%。

2. 注册认证情况及分布

自2013年12月天津市工商局出台《天津市家庭农场登记办法》以来，截至2014年6月，已有111家家庭农场在工商部门注册，占全市家庭农场总量的7%，其中注册为个体工商户50家，占登记数量的45%，主要分布在宝坻、武清、滨海新区和宁河。全市拥有注册商标的家庭农场40家，占全市家庭农场总量的2.6%；取得了"三品一标"认证的家庭农场15家，占全市家庭农场总量的1%，主要分布在武清区。

3. 总体类型及分布

从家庭农场从事农业生产经营类型看，包括种植业、种养结合和综合经营三种类型。天津家庭农场以种植业生产经营为主。全市种植业家庭农场1 391家，占总数的92%；种养结合类家庭农场89家，占总数的6%；综合经营类家庭农场30家，仅占总数的2%。其中种植业家庭农场主要分布在蓟县、宝坻、武清和静海，种养结合类家庭农场主要分布在静海和宝坻，综合经营类家庭农场主要分布在滨海新区和蓟县。

4. 经营规模及分布

从区域分布来看，家庭农场主要集中在五个远郊区县和滨海新区，数量占到全市家庭农场总量的 97%，用地规模占到全市家庭农场用地的 94%。全市家庭农场平均经营规模为 181.2 亩，低于全国平均每个家庭农场经营规模 200.2 亩的 9.5%。

从不同种植类型家庭农场规模看，粮食类家庭农场中，100 亩≤土地面积＜200 亩的 311 家，占 55.6%，200 亩≤土地面积＜500 亩的 177 家，占 31.7%，500≤土地面积＜1 000 亩的 49 家，占 8.8%，1 000 亩以上 22 家，占 3.9%。土地面积蔬菜类家庭农场中，土地面积 20 亩以上 260 家，占 64.3%。林果类家庭农场中，土地面积 40 亩以上 272 家，占 63.6%。

5. 经营状况

从总体水平看，全市家庭农场年营业收入 8.51 亿元，平均每个家庭农场年销售收入 56.4 万元。全市家庭农场农业投入品总费用达 4.12 亿元，与土地承包费用和常年雇工等人工成本一并扣除，经估算，全市平均每个家庭农场年利润约 17.4 万元。

从不同收入水平的家庭农场分布看，全市家庭农场营业收入大多在 50 万元以下，共 1 164 家，占全市总量的 77%，其中，10 万元≤营业收入＜50 万元的 640 家，营业收入低于 10 万元的 524 家。家庭农场营业收入在 50 万元以上的共 346 家，占全市总量的 23%，其中 50 万元≤营业收入＜100 万元的 187 家，营业收入在 100 万元以上的仅 159 家。

（二）存在问题

1. 家庭农场整体发展尚不充分

从家庭农场的用地规模来看，我市家庭农场的总体占地规模只有 27.36 万亩，占全市常用耕地面积的比例只有 4.6%，说明我市家庭农场整体发育不足，对发展适度规模经营的带动能力偏弱，普通小规模农户仍然是种植业发展的主导力量，这种局面与现代都市型农业发展要求极不相符，同时从另一个角度也说明家庭农场有巨大的成长空间。

2. 小规模、低收入水平的家庭农场比例较大

从对全市家庭农场统计分析数据来看，家庭农场的发展参差不齐，以小规

模低收入水平的家庭农场数量偏多。从平均规模来看，家庭农场集中分布的五个远郊区县平均规模都在 95～172 亩。从收入水平来看，营业收入在 10 万元以下的家庭农场占家庭农场的 34.7％。以上数据反映出我市家庭农场中小规模、低收入的家庭农场比例较大。同时，大部分家庭农场都没有建立基本的财务核算制度，经营管理不精，这也是影响收入水平的重要因素。

3. 家庭农场产业链有待延伸

从天津家庭农场的经营类型看，传统的种植业类型占绝对主导，种植业家庭农场数量占家庭农场总量的比重达到 92％，主要是种植粮食作物、林果和蔬菜，占比大致为 4∶3∶3。仅有小部分的家庭农场采用种养结合的经营方式，占全市总量的 6％。还有少量的家庭农场开展综合经营，仅占全市总量的 2％。农业经营的多业态、多功能还未得到充分开拓，例如尚未充分利用农业资源和特有人文景观开办"农家乐"，发展"休闲农业"以及发展附加值较高的加工业等，综合效益有待提高。

4. 品牌营销意识亟待强化

全市拥有注册商标的家庭农场仅 40 家，取得"三品一标"认证的家庭农场仅 15 家，两项合计数量不足全市家庭农场总量的 4％。现有家庭农场主受知识水平限制，注册商标、品牌营销意识不强，家庭农场的销售更多停留在单纯的产品营销，尚未提升到品牌发展层面，造成销售渠道不稳定，受市场波动的影响较大，应对市场风险的能力较弱。大部分家庭农场亟待进行商标注册或取得产品认证之后，建立基于优质、有机、无公害、绿色、健康农产品之上的系列品牌，注重打造可信赖的品牌形象，以品牌营销带动家庭农场更好更快发展。

5. 规范管理水平尚待提高

目前，天津登记注册的家庭农场仅占总量的 7％，大部分家庭农场未在工商部门进行登记注册。问卷调查结果显示，大多数家庭农场经营者进行工商登记的意愿不强，对家庭农场的注册标准和登记注册的意义认识比较模糊，还有的担心家庭农场进行工商登记后，由于每月都要报税，会被借机征收其他费用。有农业区县在劳动力管理中也存在一些问题，比如宝坻家庭农场中家庭劳动力和长期雇工的比例为 1∶3，与当前规定的认定标准"长期雇工数量不能超过家庭劳动力"不相符，说明对家庭农场的劳动力管理不规范

（或在统计过程中存在偏误）。

三、天津市发展家庭农场的总体思路与路径选择

（一）总体思路

未来5～10年，天津市发展家庭农场的总体思路是：贯彻落实中央和市委、市政府关于创新农业生产经营体制机制，加快构建新型农业经营体系，培育壮大新型农业生产经营主体的相关要求，以坚持巩固家庭经营的基础性地位为基点，以解决当前农村土地过度分散经营、农户土地规模过于狭小所造成的农业兼业化、粗放化、低效化等问题为导向，以提高农业生产经营的规模化、专业化、集约化、标准化和科技化水平，实现农业增效和农民增收为目标，适应天津现代都市型农业发展需求，因地制宜研究制定发展规划，出台支持政策，强化指导和服务，积极引导有技术、懂经营、会管理的农村人才，通过转包、租赁农户承包土地创办家庭农场，成为引领适度规模经营、发展现代都市型农业的有生力量，成为我市新型农业经营体系的重要微观经营主体。

（二）基本路径

1. 科学设计，鼓励发展

家庭农场发展是一个渐进过程，要坚持引导而不强迫，支持而不包办，不搞行政推动。家庭农场发展要综合考虑资源禀赋、农业机械化水平、非农就业水平、社会保障水平等，科学设计家庭农场的适度规模，因地制宜探索发展模式，注重利益平衡机制的构建，尊重农民意愿，循序渐进、稳妥发展。

2. 示范创建，引领发展

目前家庭农场尚处于探索阶段，扶持家庭农场发展，应通过创建示范农场的方式，引领家庭农场发展。通过示范家庭农场的创建，总结一批示范性家庭农场典型，树立不同类型、不同区域的标杆，通过各种形式大力推广典型经验，为家庭农场发展提供指引，以达到以点带面、以优引差的效果。

3. 多措并举，促进发展

发展家庭农场是一项全新的工作，也是一项庞大的系统工程，涉及土地流

转、社会化服务、融资贷款、劳动者素质等方方面面，需要有系统的制度安排和政策措施，通过完善社会保障制度、规范土地流转机制、健全社会化服务体系、配套政策支持体系、加强家庭农场经营者素质等多措并举、统筹推进。

4. 加强管理，规范发展

家庭农场作为一种新生事物，其发展过程中难免遇到各种各样的问题。要积极开展家庭农场统计调查和登记备案，建立家庭农场档案，制定家庭农场的管理规范，对家庭农场的准入退出、经营运作、生产标准、土地用途管制等全方位监管，并建立家庭农场的动态考核机制，推进家庭农场规范发展。

四、推进天津市家庭农场发展的对策建议

（一）规范引导，加强土地流转服务，有序推进土地流转

1. 完善土地转出农户的就业促进和社会保障服务

土地流转是发展家庭农场的前提和基础，发展家庭农场首要的重大问题是农民是否愿意流转承包地。当前，重点要在就业和社会保障等方面加强服务，保障土地转出农民的基本利益，消除土地流转农户的后顾之忧。一是对土地转出农户在转岗培训和就业方面给予政策优惠，加快农村富余劳动力向二、三产业转移，使转移出去的农民实现稳定就业。二是着重强化对土地流出农户的社会保障，在养老、社保、医疗、教育、农村最低生活保障等方面，提高社会保障水平，丰富保障内容，减少农民对土地保障功能的依赖，从而引导农民自愿流转土地，稳定家庭农场土地流转关系。

2. 加快土地承包经营权确权登记工作

明晰地权是土地承包经营权有序流转的前提。农地产权涉及所有权、承包权和经营权三方面。土地流转的核心问题是农地产权的"三权分离"和地权权益的合理分配。为了使家庭农场获得稳定而有保障的土地使用权，应加快土地确权颁证，稳定农民土地预期，避免由于土地"四至"不清、账实不符产生流转纠纷。同时，合理的利益分配是家庭农场发展的制度基础，政府应平衡土地转出方和转入方的利益，确定土地流转指导价格区间，引导和鼓励家庭农场经营者通过实物计租、货币结算、租金动态调整、土地经营权入股保底分红等利益分配方式，稳定土地流转关系。同时需要进一步完善相关制度和政策安排，

大力推进农村土地经营体制机制创新。

3. 加强土地流转服务和管理

加快区县、乡镇土地流转管理和服务平台建设，逐步形成市、区县、乡镇和村四级一体的土地流转管理和服务体系，为家庭农场经营者提供流转信息咨询、价格评估、合同签订和鉴证等方面的服务，引导流转双方使用制式统一、内容规范的土地流转合同。加强区县农村土地承包仲裁机构和乡镇调解组织建设，妥善处理家庭农场与转出地农户因土地流转引发的纠纷。借鉴松江经验，加强政府对土地流转的主导和管理作用，建立转入户省心，转出户放心的管理机制，明确土地流转程序，确定土地流转条件，严格规定家庭农场土地流转范围和土地用途，确保农地农用。

（二）注重扶持政策的阶段性和导向性，完善政策体系

1. 制定阶段性和导向性扶持政策

制定阶段性扶持政策，并针对家庭农场发展的不同阶段，确定扶持政策重点。在发展初期，着力帮助家庭农场解决信贷担保、基础设施、土地流转、设施用地等问题；在成长成熟阶段，着力帮助解决产品质量安全、品牌建设等问题。发展家庭农场的目标是推动经营方式变革以促进农业现代化，不仅仅是鼓励规模经营和提高产量，在扶持政策上就必须体现先进性导向，避免扶持政策泛化、简化、淡化。

2. 制定完善并细化关于家庭农场的专项扶持政策

根据家庭农场发展动态，适时制定出台《天津家庭农场发展的总体规划》和《关于促进家庭农场持续健康发展的实施意见》，适时设立财政专项资金扶持家庭农场的发展，完善细化关于支持家庭农场的相关扶持政策，增强扶持政策的精准性、指向性。加大财政补贴、税收优惠、金融服务、保险保障、用地支持、项目扶持、人才引进等扶持力度。譬如在财政补贴方面，建立完善土地流转补贴、保障补贴、农机补贴、保费补贴、贷款贴息、人才引进补贴等；在项目扶持方面，出台《天津家庭农场项目指南》；在金融服务方面，引导各类融资担保机构为家庭农场提供融资担保服务；在保险方面，支持家庭农场参加政策性农业保险，提高保费补贴标准，试点开展保险业务创新；同时，在建设农产品仓库、晾晒场和农机具库房等临时性生产经营用建筑物时，政府应提供

相应的土地政策支持等，努力创造良好的政策环境。

（三）强化新型社会化服务体系建设，构建服务支撑

1. 加强公益性服务机构的技术指导和服务作用

农技推广机构、动植物疫病防治和农产品质量安全监督机构等各类公益性农业社会化服务组织的农业技术人员应与家庭农场开展对接服务，保障家庭农场有稳定的农技服务人员。通过科技特派员、科技下乡、科技大篷车、科技示范户、现场会等多种形式对家庭农场经营者进行服务，指导家庭农场播种优质粮种、采用标准化生产技术，提高重大病虫害防治及安全生产水平。

2. 积极培育社会化服务组织，推广社会化服务

以行政引导、技术支撑、市场化运作等多种机制，利用各类项目资源有针对性地倾斜，发展一批有一定生产规模和服务能力的社会化服务组织。鼓励农民专业合作社、农业产业化龙头企业等经营性农业社会化服务组织，采取订单、互助、股份合作、利润返还等多种形式，对家庭农场提供生产技术、投入品购买、田间管理、农机应用、机械化耕作、季节性用工以及市场销售等方面的协作和服务。鼓励家庭农场通过联合与合作，发展家庭农场协会或合作社。

（四）注重人才培训和引进，构建人才支撑

1. 加大对家庭农场经营者培训力度

贯彻落实《天津市农民教育培训条例》，结合新型职业农民、农村实用人才、"阳光工程"等培育计划，实施家庭农场经营者专项培训，确立培训目标、丰富培训内容、注重培训实效，有计划、有步骤地开展培训。着重加强对家庭农场经营者的职业和经营管理技能培训，经考核后颁发职业资格证书，逐步推行家庭农场经营者持证上岗制度和定期考核制度。

2. 积极引进高素质人才

出台相关政策措施，鼓励中高等学校特别是农业职业院校毕业生、新型农民和农村实用人才、务工经商返乡人员等兴办家庭农场。鼓励家庭农场聘用大学毕业生参与经营管理，并给予基本报酬补贴；鼓励农业科技人员以技术入股的方式参股家庭农场，与家庭农场建立稳定的技术支持关系。

（五）建立家庭农场管理规范，加强管理服务

1. 建立家庭农场管理规范

市农委有关管理部门应积极主动会同财政局等部门，开展家庭农场统计调查和登记备案，区县级有关管理部门应建立家庭农场档案，同时制定家庭农场的管理规范，对家庭农场的准入退出、经营运作、生产标准、土地用途管制等多方面进行规定。区县农业行政主管部门要指导家庭农场做好制度建设、财务核算、产品营销等经营管理工作，加强考核和动态监管，对运作不规范、管理水平不高的家庭农场进行具体指导，监测家庭农场经营情况，并统一将家庭农场纳入项目库进行管理。

2. 加强对家庭农场的动态监管

家庭农场的登记要严格遵守《天津市家庭农场登记办法》的规定要求。同时家庭农场作为独立的经营主体，只能注册为单一形式，严厉禁止企业、合作社等为套取扶持政策同时登记为家庭农场。建立家庭农场的动态考核机制，制定关于家庭农场的考核标准和办法，实行奖惩结合的考核制度，对于考核不合格的家庭农场取消政策支持。建立家庭农场后备名录。建立家庭农场与专业大户有序转化机制，将专业大户纳入家庭农场后备名录中，对专业大户进行认定登记，条件成熟的专业大户可转为家庭农场。

项目来源：2013 年天津郊区发展调查研究计划项目（项目编号：TJNWY-2013005）

执笔人：刘会想、陈丽娜、陈琼、张蕾、陈鹏

参考文献

陈锡文，2013. 构建新型农业经营体系 加快发展现代农业步伐［J］. 经济研究（2）：4 - 6.

陈晓华，2012. 现代农业发展与经营体制机制创新［J］. 农业经济问题（11）：4 - 6.

房桂枝，包乌兰托亚，江文斌，2014. 家庭农场研究述评［J］. 世界农业（10）：13 - 16.

国家统计局，2014. 中国统计年鉴：2014［M］. 北京：中国统计出版社.

陆文荣，段瑶，卢汉龙 .2014. 家庭农场：基于村庄内部的适度规模经营实践［J］. 中国农业大学学报（社会科学版）（9）：95 - 105.

孟丽，钟永玲，李楠.2015.我国新型农业经营主体功能定位及结构演变研究［J］.农业现代化研究（1）：41-45.

孙中华，2012.大力培育新型农业经营主体 夯实建设现代农业的微观基础［J］.农村经营管理（1）：1.

天津市科学技术委员会，2014.天津科技年鉴：2014［M］.北京：方志出版社.

天津市统计局，2014.天津统计年鉴：2014［M］.北京：中国统计出版社.

王建华，李俏，2013.我国家庭农场发育的动力与困境及可持续发展机制构建研究［J］.农业现代化研究（5）：552-555.

王战，2013.发展家庭农场要有系统的制度设计［J］.上海农村经济（10）：13-16.

徐文震，2013.论我国家庭农场健康发展需着力解决的三对关系［J］.改革与开放（11）：58-60.

天津市农产品科学自给的思路与对策研究

鉴于当前我市现代都市型农业发展面临的新形势、新要求，在经济社会发展客观需求的基础上，如何加快发展绿色、集约、多功能现代都市型农业，以确保农产品安全稳定供给，确保农民增收致富，确保生态安全，最终确保我市现代都市型农业继续走在全国前列，成为政府和学术界共同关心的重大问题。特别是大城市地区，各种资源约束日益趋紧，特别是天津极度稀缺水资源，决定天津市现代都市型农业的发展必须考虑水资源的因素，耗水型农业的选择会受到限制。城市应该如何选择最优的发展方向，在区域分工之中发挥自身比较优势，是增强现代都市型农业竞争力的关键所在。

一、理论基础

（一）城市农产品自给率研究

究其概念而言，是指城市农产品在多大程度上能满足其居民消费需求，取决于都市农业在城市食品保障中所占的份额，反映了城市食品供给对外界的依赖程度。作为研究城市食品保障的基础工作，国内已有许多学者对农产品自给率进行了深入分析，研究内容不断丰富与完善。但存在一些不足：研究对象主要集中在粮食自给率，特别是粮食安全方面，而蔬菜自给率研究较少；研究区域以国家层面的农产品自给率为主，城市层面研究少；研究方法主要有两类，按营养成分（热量、蛋白质、脂肪）计算自给率，或按照人均粮食消费标准来计算人口供给能力。据统计，天津市全年蔬菜上市品种有 40 余大类、150 余个品种，年产蔬菜瓜果 455 万吨，肉鱼蛋奶年总产量超过 172 万吨。菜、奶、蛋、水产品等主要农副产品平均自给率保持在 90% 以上，自给水平居全国特大城市前列。与北京和上海相比，天津现代都市型农业的食品保障能力最强。但面对资源环境的约束以及大流通的发展，所有农产品是否有必要均维持如此高的自给率，值得重新思考。

（二）农产品生产消费研究

目前中国正经历大规模高速的城镇化进程，2012 年中国城镇化率达到 52.57%。在此背景下，中国农产品消费结构发生明显变化，主粮消费量大幅度降低，副食和其他农产品消费量明显上升，未来中国农产品消费结构趋于科学、合理的大趋势将不变，但是消费速度会加快。从现实意义来讲，可持续消费比可持续生产更为重要，可持续消费直接决定生产的规模及其结构，引导着可持续生产的发展方向。

天津市居民饮食消费水平逐年提高，饮食消费支出也位居八大类消费支出前列。天津市的农产品生产基地不仅丰富了城乡居民的副食品市场，也为居民饮食消费生活提供了很好的物质保障，在满足了市场需要的同时，同时也促进了农民的就业增收，为现代都市型农业的持续发展提供动力。在大流通发展背景下，市民的饮食消费更加多元化，其消费结构不仅影响本地的生产，亦对较远地区的农产品生产供给产生影响，其生产、加工及物流运输过程对环境也产生较大的影响。鉴于农产品消费对生产、生态的影响，必须建立低碳型农产品消费新模式，在今后促进和谐社会和美丽天津建设的过程中，如何充分发挥饮食文化的带动作用，使农产品消费市场和农产品生产走可持续发展之路，是一个值得重视的现实问题。

综合以上，所谓科学自给，是根据资源禀赋特征、生产实际水平来确定一个区域合理的自给率，不追求过高和过低的自给率，既能发挥天津现代都市型农业的优势，满足城乡居民膳食结构升级的需求，又能减少对生态环境的负面影响，并能保证农民增收和农业增效。

二、天津农产品供给与消费情况分析

（一）天津农产品生产供给情况分析

1. 粮食、蔬菜生产能力持续增加

2010—2014 年，面对不断减少的耕地面积，通过新品种和新技术的应用，特别是设施农业的发展，实现蔬菜产量从 419 万吨增加到 460 万吨，基本能够

满足本地不断增加的城市人口的需求；粮食产量从 160 万吨增加到 176 万吨，人均粮食 125 千克，鉴于粮食耐存储的特征，比较适合在粮食主产区进行规模化生产，长途运输到天津。

2. 禽蛋、牛奶的生产能力基本稳定

2010—2014 年，天津市禽蛋、牛奶的生产能力基本稳定，禽蛋维持在 19 万吨左右，牛奶维持在 69 万吨。禽蛋和牛奶作为运输困难且对保鲜要求较高的农产品，适合在城市周边生产，但由于价格的波动，且生产过程对生态环境影响较大，面对京津冀生态环境一体化治理的迫切要求，禽蛋和牛奶的生产规模不宜扩大，可进行规模化生产，对动物粪便进行集中化处理，减少对环境的影响。

3. 水产品持续增加

水产作为天津现代都市型农业的优势产业，能够充分发挥资源优势，2010—2014 年，水产品产量从 34.5 万吨增加到 40.8 万吨。且随着居民饮食结构的进一步调整，水产类消费将进一步增加，水产品生产将是天津最有潜力的农产品生产方向，未来可进一步扩大生产规模，改造提升原有池塘，实现水产品产能的持续增加。

4. 水果生产能力相对波动较大

2010—2014 年，天津市水果生产能力相对波动较大，受市场价格波动影响较大，且与其他农产品相比，天津市水果自给率相对较低，主要原因是天津林地面积相对较少，平原面积广阔。未来随着京津冀生态环境一体化治理迫在眉睫，政府将出台一系列政策扩大林果业的生产规模，突出农业的生态服务功能。

（二）天津市居民农产品消费情况

1. 城乡居民不断增加的可支配收入

结合 1996 年来人均可支配收入和人均消费性支出变化趋势，天津市居民收入和消费性支出持续增加，为居民消费结构向更高级演化奠定了基础。未来随着居民消费水平的提高，以及"四化同步"的加速推进，天津市居民农产品的消费规模、消费方式和消费结构将进一步发生变化。

2.农产品消费规模变化

一是粮食消费增长日益间接化。随着经济的发展和人民生活水平的提高，粮食消费量将在波动中保持持续增长的态势。在工业化、城市化、信息化和农业现代化的同步推进中，粮食消费总量稳步增加，尤其是人口市民化的加速，间接消费粮食（包括饲料用粮）将持续增加。二是肉类产品消费增长呈多元化。城乡居民肉品消费结构在以猪肉为主的格局下呈现多元化的趋势，鱼、牛、羊、禽肉占比保持了逐步提高的态势。特别是随着健康理念的普及，鱼肉和禽肉的消费将受到关注，且天津水产品消费仍然有较大增长潜力。三是蔬菜消费稳中有降。蔬菜属于劳动密集型农产品，同时属于需求价格弹性较大的产品。从历年对蔬菜消费的统计中可以发现，蔬菜消费量的波动与蔬菜价格的剧烈波动有密切关系，城乡居民人均蔬菜消费量总体呈现波动上升的趋势。

三、天津农产品科学自给的发展重点

（一）进一步优化调整农业空间结构

依托蓟县、宝坻、武清、静海、宁河五区县绿色农产品生产基地资源优势，建成绿色有机蔬果基地、健康水产养殖基地、生态畜禽养殖基地，生产绿色有机农产品，注重农业生产和生态协调发展，体现高效、环保、绿色发展要求。逐渐退出与外埠地区雷同的大路菜的生产，天津本地蔬菜以特色、高价位果菜类及不耐贮运保鲜的绿叶菜为主，提高蔬菜种植效益。西青、北辰、东丽、津南和滨海新区位于天津市城市核心区，应该逐步促进农业结构调整，发展地域特色农产品，如茶淀葡萄的生产，以及特色水产养殖，特别是逐步退出畜禽养殖业，减少对居民环境影响，并大力扶持发展农产品精深加工业。

（二）多业态促进产销对接，减少流通环节

正因为都市农业靠近城市，与城市市场紧密联系，因此可以减少流通成本，同时减少流通过程之中的损失。未来应该鼓励积极发展电商农业、深化"农超对接"改革试点、设立特色专销点、专卖场等对接试点、建设产地型特色农产品现代物流配送中心、积极发展会员制销售模式，不仅能够保持农产品

质量，同时能够缩短流通环节，实现效益的最大化。

（三）增强农业的生态服务功能

由于农村环境污染主要是水污染、大气污染、固体废弃物污染、土壤污染等，所以要建立农村污水净化处理系统，制定污染物总量削减方案。明确天津市各区域生态系统功能定位，加强水资源开发和利用，实现科学用水；农业生产中尽量多施有机肥，不使用或安全合理地使用农药，推广高效低毒的农药，加强生物防治。

（四）倡导低碳型消费模式

鼓励消费者在农产品消费过程中以"生态、低碳、低耗"为价值导向，鼓励"吃当地，食当季"的理念，引导在个人消费能力允许的条件下，进行科学理性的选购，减少"炫耀性消费"和"一次性消费"。推动居民饮食结构向低脂肪、低热量的健康方向转变。

四、天津农产品科学自给政策建议

（一）提升农业生产效率

出台政策鼓励龙头企业在河北省建设粮食生产基地、畜产品生产基地、淡季蔬菜生产基地，满足天津市场需求。借助北京的科技资源，发挥我市现有的农业基础优势，引进农业新品种、新技术，集中发展节水、绿色、高效的现代都市型农业，以载体建设为抓手，推动农业产业结构、品种结构和布局结构调整优化，瞄准京津都市圈消费群体需求，建设一批绿色菜篮子、高档菜篮子和特色菜篮子，大幅提高劳动生产率、土地产出率、资源利用率。

（二）发展多种形式适度规模经营

发展多种形式适度规模经营是农业现代化的必由之路，坚持适度规模经营的发展方向，推进土地经营权有序规范流转，特别是向种田能手流转，引导发展土地入股、土地托管等多种经营形式，培育种植大户、家庭农场、合作社等新型经营主体，提高规模效益。

(三) 建立农产品应急保障机制

强化农产品物流配送中心职能。建设农产品物流配送中心的平台，在重点集散地和交通枢纽地建设中转性冷藏物流中心，与销售网络的冷藏体系相对接，特别是肉类、蔬菜以及禽蛋的储备分别要达到 7 天的需要量，可以在灾害性天气及其他应急情况下确保城市的食品安全，且根据农产品的性质、特点，实行动态储备，掌握储备产品的轮换周期，一般半个月到一个月要重新储备，以保证紧急供应产品新鲜，并确保全天 24 小时都有足量的蔬菜，达到既保证储备农产品的食用安全，又保证应急情况发生时有资源可调，另外，应急储备要多于 15 个品种。健全农产品信息网络体系。完善市场监测、预警和信息发布机制，及时发布鲜活农产品供求、质量、价格等信息，密切关注和研究市场变化以及重大自然灾害对食品供给带来的影响，提前作好各种应对准备，以便及时采取有效措施，确保食品安全；加强市场应急保供骨干企业队伍建设，完善应急投放网络。

(四) 引导均衡生产，调整时间分配

均衡生产主要针对蔬菜供给，需根据消费需求适当增加各类绿叶菜类、细菜类品种。在区域布局方面，逐步形成合理的运输半径。在蔬菜供应淡季，引导生产方科学安排茬口，提高灾害性天气条件下的有效供给；在供应旺季，引导生产方优化品种结构，避开与季节性菜田常规品种的集中上市期，缓解常规品种供应旺季造成的价格波动。按照"蔬菜中增加绿叶菜比重，绿叶菜内部要优化品种结构"的思路，加快品种结构调整和优化。并在春播、秋播、冬播以及重要节日和重点时段及时印发生产指导意见。同时加强蔬菜生产和价格信息监测，及时掌握生产动态，结合上年同期蔬菜生产情况和当年度市场需求以及"冬淡""夏淡"期间成本价格保险的开展，引导分期分批均衡安排生产，防止单一品种的集中播种和集中上市。

项目来源：2014 年天津市郊区发展调查研究计划项目（项目编号：TJN-WY2014003）

执笔人：郭华、孙国兴、黄学群、史佳林、陈丽娜

参考文献

才凤敏，2010. 引导低碳消费的政策分析及其工具选择［J］. 南京工业大学学报（3）：
　　77－78.

陈德明，翟欣，张瑞明，2015. 关于确保上海绿叶菜生产能力的调研报告［J］. 上海农村经
　　济（2）：10－12.

陈德明，2015. "菜篮子"工程保市场供应、增农民收入：上海蔬菜生产发展探索［J］. 上
　　海农村经济（3）：20－24.

冯昭奎，2008. 日本食物自给率变动及其对中国农业的启示［J］. 日本研究，3（4）：1－8.

陈百明，周小萍，2005. 中国粮食自给率与耕地资源安全底线的探讨［J］. 经济地理，25
　　（2）：145－149.

郭华，2012. 弹性城市目标下北京都市农业的食品保障与空间潜力分析：以蔬菜为例［D］.
　　北京：中国科学院.

郭立珍，2011. 近代天津居民饮食消费变动及影响探究：以英敛之日记为中心［J］. 历史教
　　学（6）：20－26.

李伟群，程世勇，2009. 我国城乡居民消费差异和拉动内需的制度选择［J］. 经济学动态
　　（2）：65－68.

李晓俐，2014. 构建低碳型农产品消费新模式［J］. 经济研究导刊（10）：77－78.

马丽霞，2010. 广州市饮食消费市场变化对农产品生产结构的影响［J］. 消费研究（6）：
　　6－7.

孟繁盈，许月卿，2008. 我国食物安全研究进展及展望［J］. 地理科学进展，27（2）：
　　89－95.

钱乃余，韩雪，2010. 城市居民食品消费与农产品物流的相关性研究［J］. 消费经济，26
　　（1）：15－18.

史培军，杨明川，陈世敏，1999. 中国粮食自给率水平与安全性研究［J］. 北京师范大学学
　　报（6）：74－80.

天津统计局，国家统计局天津调查总队，2014. 天津市统计年鉴：2014［M］. 北京：中国
　　统计出版社.

王情，岳天祥，卢毅敏，等，2010. 中国食物供给能力分析［J］. 地理学报，65
　　（10）：1229－1240.

信丽媛，王丽娟，王晓蓉，2014. 2014年上半年天津市蔬菜市场分析与展望［J］. 农业展望
　　（9）：22－24。

信丽媛，王丽娟，王晓蓉，2015. 2015 年上半年天津市蔬菜市场分析与展望 [J]. 农业展望 (7)：7-9.

徐菲，魏华，朱明德，等，2015. 上海市蔬菜生产用工现状调查研究 [J]. 上海蔬菜 (1)：3-6.

杨秀玉，刘平方，韩笑，2014. 日本食物自给率的变化及形成原因分析 [J]. 世界农业 (8)：161-165.

周建，杨秀祯，2009. 我国农村消费行为变迁及城乡联动机制研究 [J]. 经济研究 (1)：83-94.

天津市新型农业经营主体优化提升的对策研究

一、研究背景

进入 21 世纪以来，随着工业化、城镇化的快速推进，农村劳动力向城市和非农产业快速转移，农业兼业化、农民老龄化、农村空心化问题越发凸显，谁来种地成为农业面临的严峻挑战。与此同时，以亿万小规模农户为主体的分散生产方式也给保障农产品质量安全、农业生态安全和促进农民增收带来了巨大的难题。在此背景下，以家庭农场、农民专业合作社和农业龙头企业为代表的各种新型农业经营主体蓬勃兴起。加快新型农业经营主体优化提升是解决今后"谁来种地"问题的迫切需要，是推进农业转型升级的迫切需要，是保障农产品质量安全的迫切需要，是加快转变农业发展方式的迫切需要。

天津市以合作社、家庭农场和农业企业为代表的新型农业经营主体迅速发展，呈现良好的发展态势，同时也存在一些问题。本研究通过部门调查与典型调查相结合，深入了解天津市新型农业经营主体的发展状况和存在问题；通过精心设计问卷，开展实地访谈，了解家庭农场、合作社、农业企业等不同主体各自面临的主要困境和政策需求；提出天津市新型农业经营主体的优化提升总体思路，明确各类主体功能定位、未来发展方向以及地位作用，做好顶层设计；提出推进新型农业经营主体优化提升的政策建议，为市委、市政府及相关政府部门制定相关政策提供科学参考依据。

二、天津市新型农业经营主体的发展现状与问题

（一）现状特征

近年来，天津市以农业企业、农民专业合作社和家庭农场为代表的新型农业经营主体发展迅速。截至 2015 年底，天津新型农业经营主体共计 11 810

家，其中农民专业合作社 8 876 家，占新型农业经营主体总量的 75％；家庭农场 2 512 家，占总量的 21％；农业企业 422 家，占总量的 4％。农民专业合作社、家庭农场和农业企业数量比例为 19：5：1。天津市新型农业经营主体发展呈现以下特征：

1. 规模逐步扩大

随着土地流转逐步规范化，天津新型农业经营主体发展规模日益扩大。截至 2014 年第一季度，全市家庭承包土地流转面积达到 122 万亩，占家庭承包土地总面积的 25.5％，比 2010 年提高 9 个百分点。全市土地流转以流入农户（含专业大户）、合作社（包括土地股份合作）等为主，其中：流入农户（含专业大户）的土地面积 53.6 万亩，占 43.9％；流入合作社（包括土地股份合作）的土地面积 24.4 万亩，占 20％；转入农业企业的土地面积 8.3 万亩，占 6.8％；转入园区、集体、乡镇等其他主体的土地面积 29.8 万亩，占 24.4％。

2. 数量快速增长

天津新型农业经营主体数量呈现较快增长的发展趋势。截至 2015 年底，天津家庭农场数量从 2014 年的 1 510 家，增加到 2 512 家，新增 1 002 家，增幅达到 66％，发展势头迅猛。同年，全市农民专业合作社达到 8 876 家，超过 2013 年（5 136 家）的 1.7 倍，为 2007 年《中华人民共和国农民专业合作社法》颁布实施时的（236 家）近 38 倍。相对而言，农业企业的数量较为稳定，这说明农业企业进入提质增效的稳定发展阶段。

3. 区域化分布明显

天津新型农业经营主体呈现区域化分布特征明显。农业企业主要分布在滨海新区，2015 年全市农业企业数量达到 422 家，其中 218 家坐落或注册在滨海新区，数量占全市农业企业总量的 52％。合作社和家庭农场主要分布在五个远郊区，占全市总量的 80％。从综合发展水平上看，环城四区和滨海新区的农业主要是特色优势产业，新型农业经营主体企业化特征明显，而远郊五区仍以合作社和家庭农场为主。

（二）存在问题

1. 规模小、层次低

虽然天津市新型农业经营主体快速发展，但仍不适应现代都市型农业发展需求，影响力大的规模化农业企业相对少。特别是依托本地原料、能够有效带动农户的农产品加工龙头企业相对较少、规模不大，有影响力的本市自主名牌产品较少。中小企业和合作社业务范围相对窄，多数只停留在信息、技术服务及初级产品包装、销售的层面上，而进行深加工、精加工等能提高农产品附加值的很少，集约化经营水平并不高，甚至带有粗放经营特征，市场开拓能力、市场竞争力不强，而且只局限在本乡本土范围内，规模化、组织化水平较低。

2. 运行管理不规范

天津新型农业经营主体管理松散、不规范，重复注册的现象突出。现实中不少合作社本身就是企业，有的合作社、企业、家庭农场"三合一"，目的是为了争取扶持政策。大部分合作社内部管理制度不健全，有些合作社虽然制定了相关制度，但是在实际操作过程中往往流于形式。调研资料显示，全市合作社数量虽然增长较快，但相当多的合作社有名无实，正常开展活动的仅占51.4%，11.2%的合作社已停止运营。运营规范、带动力较强的合作社不超过20%。家庭农场大都是家庭式管理，内控机制不健全，没有建立完善的财务管理制度和科学的管理体制。

3. 融合对接不紧密

纵观目前天津各类新型农业经营主体的发展现状，各主体之间尚未形成有效的融合对接机制。农业企业、合作社、家庭农场等各类农业经营主体，虽在各自的机制内发挥着作用，但优势没有得到充分整合，各主体之间缺乏有机联系，"企业＋合作社＋家庭农场""企业＋农户"等产加销一体化的农业产业化经营机制尚不普遍。企业与合作社和家庭农场的利益联结机制不紧密，纵向、横向之间合作领域窄，特别是通过企业带动，实现新型农业经营主体的有机融合，推动一二三产业融合发展的能力不足。

三、天津市新型农业经营主体发展的影响因素分析

通过问卷调查和深度访谈的方式，对五个远郊区静海、宝坻、武清、宁河和蓟县开展调研，对新型农业经营主体的调研结果进行统计分析，制约新型农业经营主体发展的主要问题有以下几种：

(一) 土地问题

一是土地流转困难，经营规模难以扩大。调研发现土地流转价格过高导致生产成本高，是土地流转中最大的问题。其中反映流转价格每亩 800 元/年以上的主体比例达到 40%，甚至 22.2% 的主体流转价格超过每亩 1 000 元/年。同时，土地流转期限偏短，71% 的主体反映土地流转期限在 15 年以下，由于农业生产周期长的特征，严重影响经营者对土地的长期投资和持续投入。此外，土地流转不规范问题突出，调研中通过土地流转市场的仅占比 14%，村民自发流转占比 42%，土地流转的程序还不够规范，容易引起纠纷。二是设施及配套附属用地难以落实。现行的设施农用地管理办法与新型主体生产经营发展的需求越来越不适应，以种植、养殖为主的规模主体管理和设施用地生活用房、仓库、晾晒场等附属设施用地一直解决不了。生产机械没处放、摘下的菜没处存、简易加工也搞不了，直接制约了新型主体发展。

(二) 融资问题

融资难是制约新型农业经营主体集约化、专业化、规模化经营的又一重要因素。调研中新型农业经营主体普遍反映从金融机构融资的门槛高、难度大、成本高。集中表现为贷款额度小、手续复杂、可抵押资产少、利率高和期限短。除农业企业外，合作社和家庭农场获得贷款的难度都相当大，由于缺少可以抵押的资产而不具备贷款条件，很难从金融机构获得资金支持。调研对象中只有 15.4% 的主体有银行贷款。受金融部门贷款条件限制，合作社和家庭农场经营的农用地、地上物及生产机械设备不能作为抵押物进行贷款。根据对静海合作社服务中心的调研，目前，该区农民专业合作社贷款多以合作社负责人或其他成员个人名义进行，额度小、利率高、期限短。涉农金融、保险机构为规避农业风险也普遍缺乏对新型农业经营主体的融资、保险服务。

(三) 人才问题

新型农业经营主体的管理者素质直接影响着经营与管理水平，关系农业生产水平和经济效益的提高。调查显示，管理者大多是"4050"人员，所占比例高达 55.8%，50 岁以上的管理者比例占 26.9%。大部分管理者文化水平偏低，为高中及中专以下，占比 66.9％。这种情况造成了农业经营的产品意识、市场意识、品牌意识和竞争意识不强，也就导致了在应对市场化风险和做出投资经营决策时，往往存在盲目性和滞后性。同时，由于缺乏针对性的教育培训，经营者对农业生产技术的掌握远远不够，而且大多缺乏必备的法律、财务等知识和现代企业管理能力。管理者综合素质尚不能满足建设现代都市型农业的需要。

（四）政策问题

当前农业普惠性政策较多，但针对新型农业经营主体的专门性政策缺乏。对新型农业经营主体的扶持补贴力度仍待提升，尤其是对数量庞大的合作社和家庭农场而言，扶持政策的覆盖面小，只限于少数示范性主体。就合作社而言，2015 年底有 8 876 家，其中市级农民合作社 446 家，占总量的 5％，市级农民合作社示范社 116 家，占总量的 1.3％。就家庭农场而言，全市有 2 512 家，其中示范家庭农场数量 51 家，仅占家庭农场总量的 2％。就补贴力度来看，各级财政扶持资金总额占家庭农场购买农业生产投入品总值的比重仅为 0.05％，而家庭农场购买农业生产投入品的总额占农场年销售农产品总值的比重则接近 50％，补贴力度很小，很难起到激励作用。

四、天津市新型农业经营主体的发展对策

（一）完善新型农业经营主体的政策扶持体系

1. 加大财政补贴力度，实行农业主体有条件扶持

加大对新型农业经营主体的直接补贴力度。提高政策基点，制定具有先进性的导向扶持政策，引导补贴资金向新型农业经营主体倾斜。将现有普惠制的农业补贴政策改为有条件的扶持政策，鼓励扶持有基础、有发展前景的新型农业经营主体。如将粮食直补与土地流转面积相结合，补贴家庭农场、合作社等新型农业经营主体，而非拥有土地承包权的农民。以涉农示范项目为切入点，加大项目扶持力度，扩大各类新型农业经营主体的覆盖面。提高涉农示范项目的奖补资金标准，提升对各级各类示范社、示范家庭农场和重点龙头企业的财政补贴力度。

2. 加强配套公共服务, 降低经营成本

利用财政资金加强基础设施建设。在农田水利、设施农业、农机购置等方面优先扶持新型农业经营主体。加强农业园区和生产基地的道路、桥梁、水电管网等基础设施建设, 以及农机大棚、烘干仓储等设备配套, 最大限度地降低新型农业经营主体的生产成本。降低品牌申报费用, 加大舆论宣传力度, 扶持和鼓励农业龙头企业塑造农产品知名品牌。简化农产品加工企业、农民专业合作社等新型农业经营主体申报各类项目的行政审批流程, 同时实施税收减免、贷款贴息等优惠政策, 最大限度地减轻其经营负担。

(二) 加快创新完善农业农村金融保险制度

1. 加快农业融资制度创新

发挥政府担保的引导作用, 支持商业银行等正规金融机构创新授信模式, 为新型农业经营主体提供贷款支持。加快落实发挥天津市农业投资担保平台的功能, 尽快制定有关的细则或运行机制与制度, 开展融资担保。加快对新型农业经营主体的信用评级和监测体系建设, 对大棚等农业设施以及经济作物的预期产值、固定订单、大型机械设备、厂房等进行估价, 出具信誉评级报告, 为新型农业经营主体提供信誉担保。引导金融部门自上而下开展承包经营权、农业设施设备、农房及宅基地使用权抵押贷款, 加快试点和制定完善实施细则, 建立金融机构、农户的风险防范制度。

2. 完善政策性农业保险制度

改革完善农业政策性保险。以收入保障为核心重新设计制定保险标的、保费标准、保障水平、赔付额等制度; 扩大农业保险的覆盖面, 将农产品、农机具等农业生产产品和必需品纳入农业保险范围, 降低新型农业经营主体的风险; 扩大保障范围, 逐步将设施作物、高粱和其他小杂粮、经济作物等全部纳入保险范围; 提高保障水平, 将全过程、全环节的全部成本作为保障的底线。鼓励和吸引更多的保险公司参与农业保险, 消除垄断, 形成竞争。试点建立农业风险补偿基金, 进行收入补偿。针对新型农业经营主体自然风险和市场风险巨大的特征, 选择部分与市民生活关系密切, 不耐贮藏、保鲜期短、价格波动幅度大而频繁的蔬菜品种进行农民收入补偿试点。

（三）深化农村土地制度改革创新

1. 规范引导有序推进土地流转

出台针对土地转出农户的相关政策措施。重点要在就业和社会保障等方面给予优惠政策，保障土地转出农民的基本利益，消除土地流转农户的后顾之忧。加快土地确权颁证，稳定农民土地预期，避免由于土地"四至"不清、账实不符产生流转纠纷。政府应平衡土地转出方和转入方的利益，确定土地流转指导价格区间。引导和鼓励经营者通过实物计租、货币结算、租金动态调整、土地经营权入股保底分红等利益分配方式，稳定土地流转关系。加快区县、乡镇土地流转管理和服务平台建设，逐步形成市、区县、乡镇和村四级一体的土地流转管理和服务体系，开展流转信息咨询、价格评估、合同签订和鉴证等方面的服务。

2. 尽快完善落实农业生产配套设施用地规定

全市有关部门要制定落实国土资源部、农业部《关于进一步支持设施农业健康发展的通知》（国土资发〔2014〕127号）的具体实施办法，全市市级、区县国土部门统一行动，协调制定具体的落实办法和管理办法。尤其是主动公开设施农用地建设与管理有关政策规定，对于附属设施和配套设施用地规模标准，集中兴建公用设施的扶持政策等方面要抓紧落实，着力解决新型农业经营主体的生产性设施、办公用房、农产品晾晒、储存等用地问题。用"三权分离"和权益股份化、资本化的办法解决土地调整困境。针对天津农村经济社会发展的特殊阶段、特殊农情，选择耕地较多、人地矛盾较少的村庄，试点土地股份化改革，稳定承包权的方式创新，试点承包权、经营权等土地权力股份化、资本化、市场化，用价格手段调整利益关系。

（四）加快引进和培养高素质人才队伍

1. 加大对经营管理者培训力度

贯彻落实《天津市农民教育培训条例》，结合新型职业农民、农村实用人才、"阳光工程"等培育计划，开展新型农业经营主体人才专项培训，确立培训目标、丰富培训内容、注重培训实效，有计划、有步骤地开展培训。开展家庭农场主培训，着重加强对家庭农场经营者的职业技能、市场开拓和经营管理能力培训，经考核后颁发职业资格证书，逐步推行经营者持证上岗制度和定期考核制度。组织优秀农业企业家培训，制定企业家培养制度和规划，通过严格项目科学评估监测和企业淘汰制度、高层次定期培训制度、企业家表彰奖励制度等，在合作社、龙头企业、农业企业以及未来的农场主中选拔培养一批"真正的企业家"。

2. 积极引进高素质人才

出台相关政策措施，鼓励中高等学校特别是农业院校优秀毕业生、新型农民和农村实用人才、务工经商返乡人员投身农业和创办新型农业经营主体。扶持优秀大学毕业生在农业领域创业，制定《天津市促进大学毕业生农业农村就业创业扶持意见》，优化整合目前的大学生村官、"三支一扶"等政策，在工资待遇、保险福利等方面出台更具吸引力的措施，扶持创办、领办家庭农场、合作社、农业企业等。鼓励中青年村干部、外出打工者、农村实用人才、农业技术推广人员、行政事业单位人员创办、领办新型农业经营主体，按照鼓励全民创业的思路，制定方案，在基本待遇、保障不变的条件下，鼓励扶持有能力的人员从事规模化生产，创办家庭农场、农业企业，领办合作社。

（五）建立健全准入、监管和退出机制

1. 建立健全管理规范

加强资格认定与审核。培育新型农业经营主体过程中首先要把好入口关，对于合格的经营主体进行认定，严格限制各种假冒主体。修订完善不同生产领域农民专业合作社、家庭农场的认定标准，并进行严格审查，对符合标准的准予认定。加强动态监测，政府有关部门需定期对各主体运营状况进行监管，检查财务账目、规范经营行为，对经营状况严重恶化或违规的取消其经营资格，对"空壳化"新型农业经营主体进行及时整顿，对不符合培育要求和标准的新型农业经营主体要建立退出机制。建立新型农业经营主体配套政策动态调整机制，确保支持新型农业经营主体发展优惠政策的针对性，防止"非粮化""非农化"和"空壳化"新型农业经营主体套取农业补贴，影响农业政策整体效应。

2. 实行农业经营资格准入制

实行农业从业准入制是发达国家的成功做法，我国在培育新型农业经营主体时应当借鉴这一经验，探索设立农民创业培训合格证书制度。制定农业土地

流转的规定，将获取农业土地的主体限定为新型农业经营主体，其负责人必须经过农民创业培训，没有取得农民创业培训合格证书的人员不得成为新型农业经营主体的负责人。探索设立农业企业准入制度，农业生产企业开办人员必须具备相应的文化程度和专业基础，促进土地向高素质的管理者相对集中，促进新型农业经营主体的形成，提高土地利用效益。

项目来源：2015 年天津郊区发展调查研究计划项目（项目编号：TJNWY-2015010）

执笔人：刘会想、李瑾、孙国兴、陈丽娜、陈琼、张蕾、陈鹏

参考文献

陈锡文，2013. 构建新型农业经营体系 加快发展现代农业步伐 ［J］. 经济研究 2013（2）：4－6.

陈晓华，2012. 现代农业发展与经营体制机制创新 ［J］. 农业经济问题，2012（11）：4－6

仇继东，信丽媛，王丽娟，等，2015. 天津市农民专业合作组织发展现状与对策研究 ［J］. 天津农业科学，21（1）：61－64.

陆文荣，段瑶，卢汉龙，2014. 家庭农场：基于村庄内部的适度规模经营实践 ［J］. 中国农业大学学报（社会科学版）（9）：95－105.

孟丽，钟永玲，李楠，2015. 我国新型农业经营主体功能定位及结构演变研究 ［J］. 农业现代化研究（1）：41-45.

孙中华，2012. 大力培育新型农业经营主体 夯实建设现代农业的微观基础 ［J］. 农村经营管理，2012（1）：1.

赵月兵，顾俊，2015. 江苏新型农业经营主体发展现状与对策建议 ［J］. 农业科技管理 2015（2）：80-82.

天津宅基地置换增值收益分配研究

一、研究背景

随着工业化、城镇化进程的不断加快，土地资源的稀缺性与日益增长的用地需求间的矛盾日益尖锐。在中央政府划定了 18 亿亩耕地红线后，如何兼顾耕地保护与城乡建设需要成为我国新时期土地制度改革必须回应的重要课题。宅基地置换模式是天津城乡一体化建设新的探索。宅基地换房能够增加土地集约利用程度，提高土地利用效率；有利于推进城乡一体化，促进农业集约化、农村城市化和农民市民化发展。但在宅基地置换过程中，要妥善处理好参与主体之间的关系，尤其是地方政府和宅基地农户之间的关系，使二者的纳什均衡发挥出激励相容的功效，实现土地流转的平滑进行；同时在宅基地置换过程中，地方政府应尽力成为参与宅基地置换农户的利益代言人，让农户享受到其在宅基地置换过程中应得的利益。

本研究在实地调研基础上，总结集体建设用地使用权流转的模式，包括城中村改造模式、集体建设用地流转有形市场模式和城乡建设用地增减挂钩模式，选择城乡建设用地增减挂钩模式的典型代表，以天津宅基地换房为切入点，对天津宅基地置换参与主体行为进行博弈分析，并通过构建地方政府和农民行为的决策模型，对天津宅基地增值收益分配进行研究，最后为天津宅基地长效发展提供可行的政策建议。

二、集体建设用地使用权流转模式分析

目前，农村集体建设用地的流转形式呈现多元化的特点。按照流转前后土地产权的处置方式，可以分为三种形式：转权形式、保权形式和混合形式。

转权形式，是指在集体建设用地流转时，将土地产权的集体所有性质转为

国家所有，并补办国有土地出让手续，土地流转收益按照"谁投资、谁受益"和公平分配的原则，按一定比例返还给原集体经济组织。转权形式体现的是集体土地"间接入市"，其特征是"同种产权，同一市场"，即集体建设用地只有被征收为国家所有后才能进入流转市场，强调国家作为土地使用权的出让主体地位。

保权形式，是指在集体建设用地流转时，保持集体所有的土地产权性质不变，并仿照国有土地有偿使用的原则和办法，将集体建设用地按一定年限通过转让、出租、入股等方式直接流转，集体经济组织获得土地流转的大部分收益。保权形式体现的是集体土地"直接入市"，其特征是"两种产权，同一市场，统一管理"，即在同一土地使用权出让市场中，集体所有和国家所有的建设用地同时并存，且同权同利，同质同价，政府将两种性质的建设用地流转纳入一体化的管理。

混合形式，是指转权和保权并存的流转形式。一般而言，对于城镇规划区内的集体建设用地使用权流转，采取转权形式；对于城镇规划区外的集体建设用地使用权流转，则采取保权形式。

在各地的实践中，较为普遍的集体建设用地使用权流转模式主要有三种，包括城中村改造模式、集体建设用地流转有形市场模式以及城乡建设用地增减挂钩模式。

（一）城中村改造模式

所谓城中村，是指虽然被纳入城市建设规划范围，农业用地很少甚至没有，居民的生产、生活均已向城市转型，但基础设施、建筑景观以及居民文化习俗仍然缺乏城市文明的内涵特征，建立在集体所有土地上的居民聚落，这些地区在习惯上一般仍以"村"来命名。

实施城中村改造是实现集体建设用地使用权流转的一种典型模式，山东省泰安市泰山区是实践这种流转模式的主要代表。泰山区在实施城中村改造的过程中，依据城中村的位置、类型和发展情况，采取了不同的集体建设用地使用权流转形式。在位于市中心的城中村改造中，主要通过市场运作机制，采取了转权流转的形式；在位于郊区的城中村改造中，主要通过村集体自主开发机制，采取了保权流转的形式；在位于城乡接合部的城中村改造中，则主要通过政府主导机制，采取了混合流转的产权处置形式，城中村改造过程如图1、图2、图3所示。

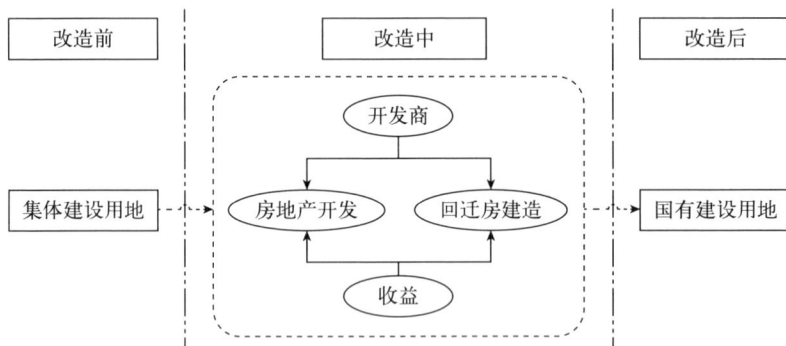

图 1　市中心城中村改造过程

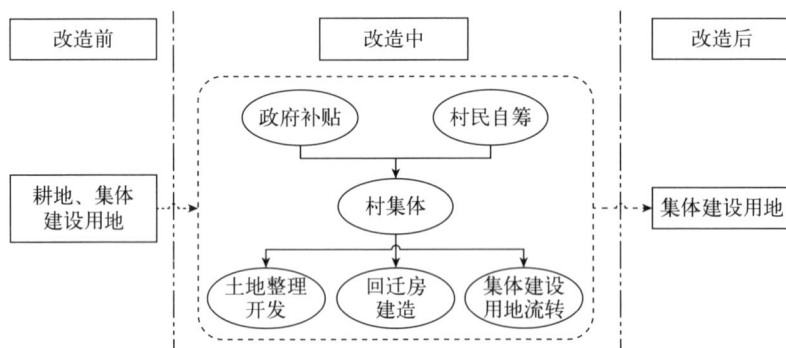

图 2　郊区城中村改造过程

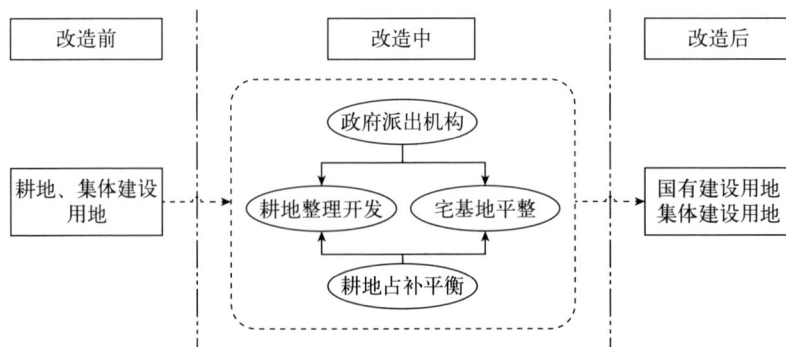

图 3　城乡接合部城中村改造过程

（二）集体建设用地流转有形市场模式

通过培育集体建设用地流转有形市场，可以有效利用产权交易机构规范成熟的交易流程以及技术、人力等资源，在短时间内搭建集体建设用地使用权交易平台，促成土地流转，实现城乡资源要素的高效率组合。构建集体建设用地使用权流转的有形市场，其思想实质在于"两种产权，一个市场"，即允许集体建设用地入市后继续保留集体所有的产权性质，设立独立排他的集体建设用地使用权，从而建立集体建设用地使用权和国有建设用地使用权并存的统一市场。在流转有形市场平台上，土地供应方与用地需求方直接就流转期限、价格、条件等因素进行协商、谈判和交易，有利于保障农民的土地财产收益，增加土地资产性收益（图4）。

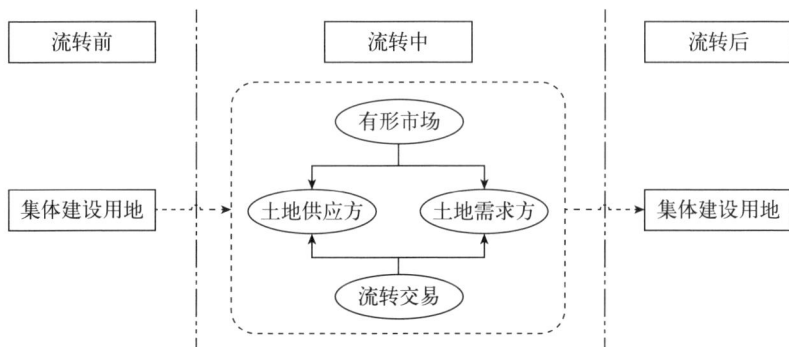

图 4　有形市场流转过程

成都 2003 年创办统筹城乡发展综合配套改革试验区；2007 年 7 月，市政府正式出台了《集体建设用地使用权流转管理办法》；2008 年 4 月，成立了全国首家农村产权流转担保股份有限公司；2008 年 10 月，正式成立了农村产权交易所，其主要品种是农村建设用地复垦为耕地而产生的建设用地指标以及农村集体建设用地的使用权。

天津农村产权交易所于 2011 年 5 月组建后，一直在宝坻区开展相关试点工作，几年来，经过反复摸索和实践，试点工作取得实效。截至 2015 年末，天津农村产权交易所累计组织完成农村土地（含土地、养殖水面）承包经营权流转 137 宗、156 万亩，交易金额 3.89 亿元，处置集体闲置资产 1 笔，涉及金额 200 万元，完成工程项目招标 1 笔，涉及金额 200 万元。天津农村产权交易所在宝坻的做法是依托区县、乡镇两级农经管理部门，构建天津农村产权交易所—区农经站—各乡镇农经管理部门"三位一体"的运营模式，实现了信息及时互通、功能有机互补（图 5）。2015 年 12 月 17 日，天津市人民政府办公厅下发《关于加快健全完善本市农村产权流转交易市场的意见》，把健全完善农村产权流转交易市场工作放在了"促进全市城乡统筹发展、全面建成小康社会"的高度，提出充分发挥市场在资源配置中的决定性作用，以推动农村深化改革、促进农村经济加快发展和农民收入持续快速增长，明确"统筹规划建设全市统一规范的农村产权流转交易市场"。不仅如此，2015 年，京津冀三地农村产权交易所围绕《京津冀协同发展规划纲要》达成了建设统一大市场的合作意向，并互设工作站，意味着天津农村产权交易所将加强与京冀两地市场的业务合作，参与构建三地统一的交易平台。

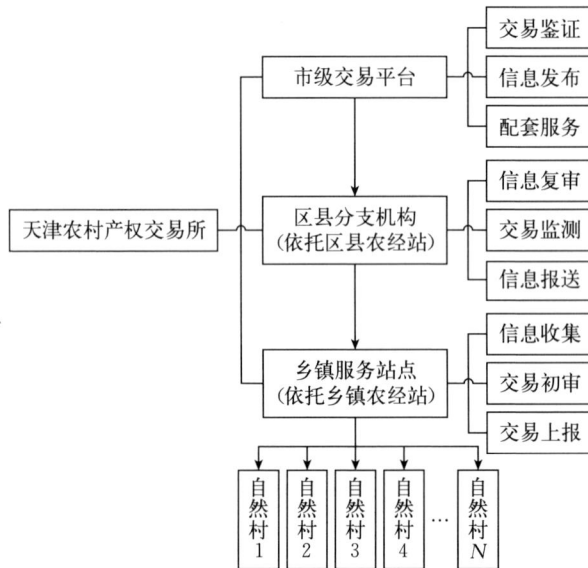

图 5　天津农村产权交易所"三位一体"运营模式

（三）城乡建设用地增减挂钩模式

城乡建设用地增减挂钩政策的正式出台，源于国务院于 2004 年下发的《关于深化改革严格土地管理的决定》，其中明确指出："鼓励农村建设用地整理，城镇建设用地增加要与农村建设用地减少相挂钩。"在实施增减挂钩政策

的过程中，首先依据土地利用总体规划确定的规划用途，采取科学的工程技术
手段，将若干拟复垦为耕地的农村建设用地地块（即拆除旧块）和用于城镇建
设的地块（即建新地块）共同组成建新拆旧项目区，然后通过建新拆旧和土地
复垦，在改善农民生活条件的同时，减少农村建设用地，增加城市建设用地，
保证项目区内各类土地面积占补平衡，最终实现项目区内建设用地总量不增
加，耕地面积不减少、质量不降低，用地布局更合理，节约集约利用建设用地
（图6）。

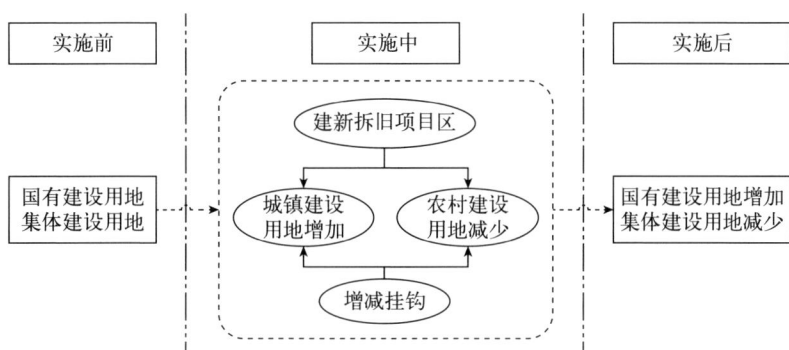

图6 城乡建设用地增减挂钩模式示意

实施城乡建设用地增减挂钩政策，既有助于优化城乡用地的结构和布局，
促进建设用地的节约和集约利用，又有助于统筹城乡发展，通过"工业反哺
农业，城市支持农村"，让农民在政策的帮助下共享城市化、工业化带来的
繁荣。

尽管实施城乡建设用地增减挂钩并没有直接实现集体建设用地的流转，但
经过土地复垦后的城乡项目区内农村建设用地不增加、耕地不减少，就在实质
上等同于将一部分农村集体建设用地转变为城镇国有建设用地，从而实现了集
体建设用地转权形式的流转。天津是城乡建设用地增减挂钩模式的典型地区，
其中尤以天津市华明镇宅基地换房政策最为突出。

三、天津宅基地置换利益相关者博弈关系

宅基地置换中利益相关者主要指政府、开发商和村民集体，政府具体指中

央政府和地方政府，村民集体具体指村集体组织和宅基地使用权人。其中，中央政府拥有委托者身份，地方政府和村集体组织拥有"代理者—谋利者"双重身份，而宅基地使用权人拥有诉求者身份。由此宅基地置换过程中利益相关者之间形成了复杂的关系。

在利益相关者的博弈中，地方政府作为宅基地置换的发起人在置换过程中起着主导作用，分别同中央政府、开发商、村集体组织和宅基地农户四者之间存在博弈关系；宅基地农户作为宅基地置换的直接承担者在置换过程中发挥着根本性作用，分别同开发商、地方政府和村集体组织三者之间存在博弈关系。其中，村集体组织既可代表地方政府同宅基地农户沟通，又可代表宅基地使用权人同地方政府谈判，当村集体组织在这一关系中为维护自身利益而不作为时，地方政府同宅基地使用权人这样一对最为重要的谈判博弈主体就凸现出来。因此，分析地方政府和宅基地使用权人在置换过程中的战略选择尤为重要。宅基地置换中利益相关者之间的博弈关系如图 7 所示。

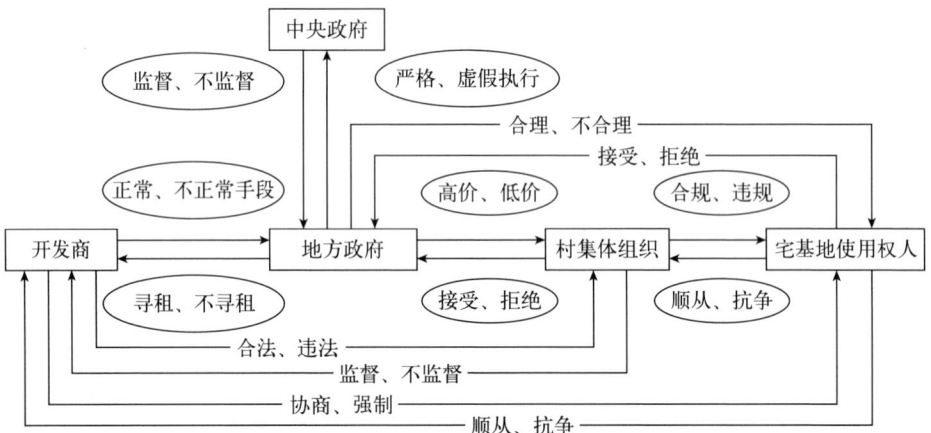

图 7 天津宅基地置换利益相关者博弈关系

四、天津宅基地置换的长效发展机制

天津宅基地置换通过一系列产权调整与交易行为，实现了土地资源优化配置与土地利益再分配。在宅基地置换过程中，由于缺乏相应制度约束，农户作为弱势主体，其宅基地资产在置换过程中极易受到侵蚀。在保障农户宅基地置换利益的前提下，政府应采取有效的措施，促进宅基地的有效流转。

（一）界定宅基地产权，重构三方产权关系，建立和完善农村宅基地流转市场

宅基地是集体无偿划拨给农户使用的，具有福利保障功能，同时又是农户家庭一项重要资产性资源。在工业化、城市化发展进程中，农户建房占用耕地和宅基地闲置、废弃现象并存，对耕地保护造成了巨大挑战。要实现农户宅基地合理化收益的前提是界定农村宅基地产权，给予农户完全产权权能，并对宅基地登记、确权发证，确定政府、集体组织和农户之间产权关系，通过建立农村宅基地流转市场，在自愿、公平的基础上开展宅基地置换。政府要转变角色，利用土地规划、乡村规划和土地用途管制等手段加强对宅基地流转的宏观调控、引导和管理，以保证流转主体利益最大化。

（二）制定相关条例，保证确权工作公平、公正进行

一是坚持确权"法定面积"。针对确权中存在的人地矛盾，政府出台宅基地的使用标准，并坚持按照"面积法定"原则确定宅基地面积。切实解决好"台账面积"和"实测面积"的矛盾问题。对各农户的宅基地进行实际测量，要求超出规定土地面积额度的农民，对其超出标准面积的部分支付建设用地使用费。二是坚持确权"一户一宅"。针对"一户一宅"的农户宅基地不能进行简单的一刀切。要明确界定"一户一宅"中的"户"和"宅"。对于一对父母一个子女的情况，按户进行确权；对于一对父母多个未成年子女的情况，在男子达到法定结婚年龄后需与父母分户居住时，可申请获得新宅基地。一方面保证每户居民都拥有一户自己的住宅，另一方面在男子达到法定年龄后再行申请宅基地，有利于改变宅基地控制浪费的情况。对于一对父母多个子女，子女均已成年并拥有各自宅基地的情况，其中对未来继承父母宅基地的男子按照补偿标准征收额外的宅基地使用费，并将收取的费用纳入农村公共设施建设基金以保证用于农村公共设施建设。在立足农民的切身权益，保证农民宅基地使用权公平取得的前提下，改变宅基地的浪费现状，最大限度盘活宅基地使用效率。

（三）强化农村集体组织在宅基地置换上的主导作用，引导建立农村宅基地置换的激励与约束机制

集体组织对于农户宅基地置换有很强的引导作用，目前现有宅基地制度不允许农户非法流转宅基地，作为宅基地所有权主体——集体组织，在流转过程中发挥的作用很小，农户宅基地置换缺乏相应的激励和约束机制，存在大量的"隐形"市场和"非法交易活动"。因此，应强化农村集体在宅基地置换过程中的管理作用，以农村集体为平台，对宅基地流转加以引导、调节，掌握宅基地置换动向，并及时为农户提供置换信息。农村集体根据相关法律法规，制定相应宅基地流转激励与约束机制（如减少相应收费或提高奖励等），可以保证农户流转效益最大化，引导宅基地合法流转，减少宅基地闲置荒芜。

（四）完善征地补偿制度，构建失地农民多渠道安置体系

一次性货币补偿虽然容易操作和实施，但只解决了失地农民失地后短期内的问题，而没有考虑其长期的生存问题和保障问题，也降低了失地农民找工作的积极性。因此，需要进一步完善当前的征地补偿安置制度，使补偿安置既能改善失地农民当前的生存现状，又能兼顾其长远生存和保障问题。应将货币补偿与社会保障、再就业安置相结合，拓展多样化的补偿安置方式和渠道。例如，可以降低一次性货币补偿额，将其用于发展村集体经济，从而提高分成，使失地农民可以获得长远的持续收入；同时，也可有效激励失地农民就业，带动其收入增长。

（五）完善社会保障制度，实施适度的失业保障

对有工作能力、想找工作而暂时没有找到工作的失地农民提供失业保障是必要的，但在保障这些人处于失业状态时基本生活的同时，也应保持对促使其尽快再就业的激励，也就是说，要合理规定失业保障金额，不能等于或超过就业时的工资，以防削弱失地农民找工作的积极性。同时，建立完善的失地农民社会保障制度，可以降低企业吸纳失地农民的成本，从而使企业愿意为失地农民提供更多的就业岗位。

（六）提供有效的就业服务，提高失地农民实现就业的概率，并降低其找工作的成本

政府不但应通过政策引导增加就业岗位，还应为失地农民提供免费的就业培训，提高失地农民的工作能力和个人素质，从而提高他们找到工作的概率，进而提高他们求职的积极性。此外，求职的成本增加也会导致失地农民求职积极性降低，因此，政府应建立有效的就业服务平台，如就业信息网络系统等，以降低失地农民求职的成本。

项目来源：2015 年天津市郊区发展调查研究计划项目（项目编号：TJN-WY2015008）

执笔人：韩金博、史佳林、胡文星

参考文献

陈利根，龙开胜，2008. 我国农村集体建设用地流转的发展历程及改革方向 ［J］. 中国农史（2）：79 - 84.

陈银蓉，梅昀，2008. 大中城市城乡结合部非农建设用地的扩张与调控研究 ［M］. 北京：地质出版社.

程世勇，江永基，2010. 农村宅基地流转中的市场失灵和政府行为 ［J］. 农村经济（6）：9 - 12.

崔欣，2011. 中国农村集体建设用地使用权制度研究 ［D］. 北京：中国社会科学院.

江华，杨秀琴，2011. 农村集体建设用地流转：制度变迁与绩效评价 ［M］. 北京：中国经济出版社.

金励，梁彤，2011. 集体建设用地使用权流转绩效之探索：以广东省的改革实践为视角 ［J］. 理论月刊（1）：173 - 176.

林善浪，2005. 农户土地规模经营的意愿和行为特征：基于福建省和江西省 224 个农户问卷调查的分析 ［J］. 福建师范大学学报（3）：15 - 20.

刘洪彬，曲福田，2006. 关于农村集体建设用地流转中存在的问题及原因分析 ［J］. 农业经济（2）：39 - 41.

吕萍，支晓娟，2008. 集体建设用地流转影响效应及障碍因素分析 ［J］. 农业经济问题（2）：12 - 18.

史炯，2010. 我国农村集体建设用地使用权流转研究 [D]. 上海：上海交通大学.

隋海鹏，2010. 农村集体建设用地使用权流转主要方式及存在问题分析 [J]. 经济论丛
（2）：80 - 105.

万健，诸培新，2010. 基于用地需求者的集体建设用地流转方式影响因素的实证分析 [J].
中国农村经济 （2）：79 - 83.

王炳荣，2010. 我国城乡结合部集体土地非法流转问题研究 [D]. 南昌：南昌大学.

王文，洪亚敏，彭文英，2013. 中国农村集体建设用地流转收益关系及分配政策研究 [M].
北京：经济科学出版社.

王媛，2010. 集体建设用地流转模式分析 [J]. 中国土地 （8）：46 - 47.

吴娟，2005. 集体建设用地流转相关问题探讨 [J]. 科学之友 （12）：29 - 30.

吴月芽，2005. 农村集体建设用地使用权入市流转的可行性探析 [J]. 经济地理 （3）：
401 - 405.

许恒周，曲福田，郭忠兴，2008. 集体建设用地流转模式绩效分析：基于 SSP 范式对苏州、
芜湖的解释 [J]. 经济体制改革 （2）：105 - 108.

叶剑平，蒋妍，丰雷，2006. 中国农村土地流转市场的调查研究：基于 2005 年 17 省调查
的分析和建议 [J]. 中国农村观察 （4）：48 - 54.

袁枫朝，燕新程，2009. 集体建设用地流转之三方博弈分析：基于地方政府、农村集体组
织与用地企业的角度 [J]. 中国土地科学 （2），58 - 63.

大棚房整治背景下天津农村产业融合发展用地调研及政策建议

一、研究背景

多年来，伴随着城市经济的飞速发展，天津市现代都市型农业得到长足发展，为保安全、保供给、保增收和满足城乡居民多样化需求发挥了重要作用。随着产业发展转型升级，农业功能的拓展，出现的问题与现行政策矛盾日益凸显，不利于农村三产融合的健康发展。例如：三产融合项目无法取得配套设施建设用地指标，只能打起政策的擦边球，伴随着很大的风险；补贴政策在落地过程中，示范带动作用有限；三产融合项目投资巨大，但存在固定资产抵押困难等问题。可以说土地供给政策滞后于产业发展需求，用地瓶颈问题突出，严重影响了天津市农业产业结构调整，造成二产（农产品精深加工）、三产（休闲农业、电商等）的比重较低，造成了农产品附加值提升的困难，同时也无法适应和满足居民消费升级的需求。迫切需要通过农村产业用地政策创新，为农村发展引入第二、三产业以改造升级传统的第一产业，将传统农业纳入现代化产业体系，改变农业产业形态，延长农业产业链、提升农业价值链，构建新产业新业态，为乡村产业发展注入新的动能，从而解决乡村发展不充分，化解城乡发展不平衡，扭转乡村衰落的趋势。

浙江、重庆、广东等地结合自身的实际情况进行了有效探索，并积累了一定的经验，包括明确用地类型，创新供给方式；开展土地整治，激活闲置资源；发挥市场作用，优化资源配置等。这些经验为天津农村产业融合发展的土地政策创新提供了参考。总之，保障农村产业融合发展用地需要对产业融合发展用地本身加以明晰，也需要建立以市场为导向的农村集体建设用地出让交易和指标交易模式，联动土地征收、土地复垦与土地整治和宅基地有偿退出，辅之以空间置换，形成农村产业融合发展用地多元互补保障机制。

二、天津农村产业融合用地存在问题及产生原因

(一) 存在的问题

1. 产业长期野蛮生长

长期以来，整个农村相关产业处于野蛮生长阶段，很多涉农企业采取打政策擦边球的土地利用形式；当下土地供给政策的变化带来投资成本的增加，产业发展面临着从资本、土地推动型的粗放发展模式向创意、文化推动型的集约发展模式转变。大棚房整治之后，建设用地受到严格控制，而餐饮、住宿、游乐设施等则要依托建设用地，对于需要"招、拍、挂"来解决建设用地指标的农业企业来说，资金短缺是较突出的限制性因素，产业的融合发展也因此受到影响。

2. 现有土地利用较为粗放

随着城镇化进程的加快，农村人口向城市转移已成必然趋势。在农村人口大量流向城市的同时，由于缺乏完善的土地权益退出机制，进城农民的相关土地权益却未能变现随人一起流向城市，导致"人城—权村"的两地分异格局长期存在。进城农民滞留在农村的闲置土地资源无法被有效利用，导致想要退地的人退不出，需要用地的人要不到，存在着"占而不用""需而无地"的现象。除此之外，随着乡村人口结构的变化以及产业的更替发展，许多原有的产业和功能消失，但是所占的"地"仍然保留下来，例如校舍、供销社、厂房、老村委会等，这些暂时闲置空间都是未来可利用的资源。

3. 政策执行中出现偏离

大棚房整治的初衷是为了规范行业发展，然而在执行的过程中，由于执行的标准不统一、不科学，在执行的过程中出现一些政策之外的偏离。一是标准不统一。同样的情况，有些被拆除，有些没有被拆除，导致被拆除大棚房所有者事后因情绪原因而主动去举报，影响行业发展的风气。二是执行一刀切。僵化的拆除，给产业的打击沉重，有些被拆除项目，即使拆除了也无法恢复种植，甚至又退回到传统农业或者设施农业的阶段，出现产业发展的倒退。

（二）问题产生的根源

1. 外部原因——行业管理的不规范性

（1）制度设计的滞后性。当前农村新产业、新业态用地具有明显的功能复合性，互联网配送、物联网管理、农景园艺、品尝品鉴、休闲观光等要求相关农业设施均建造在农田附近，农业用途与非农用途交织在一起，使当前的土地用途管制体系无法适从，会对现行的单一产业设置的用途管制制度带来较大冲击。现行规划体系中的土地用途主要针对设施农用地，用地范围窄，现有分类体系难以满足产业融合发展对设施用地的实际需要。一方面，目前土地用途分类体系主要基于传统的一二三产业分类体系，没有考虑土地利用的复合性，也没有明确界定集体经营性建设用地和农业设施用地；另一方面，农村新产业、新业态具有明显的地域性特征，全国统一的土地用途分类体系满足不了各地千差万别的新产业、新业态用地需求。由此带来土地功能复合和农用地、建设用地、未利用地的混合利用，使得单一性的用途管制制度面临较大冲击，需要重新界定土地用途管制的内容与方式。2014 年，国土资源部、农业部联合下发的《关于进一步支持设施农业健康发展的通知》作为指导性文件，尽管在原则上规定了附属设施和配套设施在设施农业项目总用地的占比，又给出了用地面积的最高控制上限，但实际操作中项目规模小的会突破占比，规模大的项目会突破最高上限。2019 年底，该文件已废止，自然资源部、农业农村部联合下发了《关于设施农业用地管理有关问题的通知》，这个文件最突出的特色是，允分体现了政策的与时俱进，制定得更为弹性。国家主要是从宏观层面把握大的原则，具体要求可以由地方根据本地实际进行细化。

（2）行业管理的不规范性。在土地利用管理中存在着一块地受到多个部门管辖的情况，不同部门对土地的性质划定也不同，而产业融合发展中用地审批往往会在多个管辖部门之间周旋。农业部门与资源规划部门之间缺乏沟通联系，信息不对称，在农业土地利用方面没有形成共识。如依托农业园区建设的农家乐及一二三产业融合的设施，农业部门认为属于农业生产行为，土地为农用地；资源规划部门则认为，虽然依托农业生产，但实质属于二、三产业，是建设用地承载的功能，应按建设用地管理。资源规划部门作为执法部门，有更大话语权，在执行的过程中，存在执法僵化，一刀切的现象。目前在大棚房的拆除整治过程中对农业与非农项目的界定，是采用一般种养业用地标准，这样来管理现代农业，会造成农业经营主体采取各种打政策擦边球的做法，存在巨大的不确定性和风险。

2. 内部原因——企业自身经营盲目性

（1）产业发展的自然需求。在传统农业阶段，农业是对土地以农作物种植为主的简单利用，其收益基本不包括种植业以外的收益，因此仅需要农田水利等生产基础，只服务于生产需求。在设施农业阶段，随着技术的发展进步以及人口的激增，对农业的集约化生产提出了更高的要求，农业必须要配置一些生产设施，包括温室大棚、养殖设施、育种育苗场所、简易的生产看护房等。进入现代农业阶段，随着温饱问题的解决以及人民群众对美好生活的向往，农业的功能逐步从生产功能向生态和生活功能扩展，所需要的设施也不仅限于农田水利、生产设施等，特别是为了直接满足市民和游客的需求，需要一些休闲、餐饮、住宿等设施。现代农业不仅包括了生产活动，还包括了在此基础上的休闲体验、科普教育、餐饮住宿接待、采摘垂钓、健康养老、电子商务、节庆会展等活动。在具体的土地利用上，表现为土地综合利用，不仅涉及生产设施附属用地，还涉及休闲服务、加工储藏等配套设施用地（如停车场、展销、初级整理加工、餐饮住宿、休闲娱乐等用地形态）。可以说不同的历史阶段赋予了农业不同的功能要求，农业功能的不断拓展，决定了现阶段农业对一定比例建设用地的需求，这不容回避。

（2）逐利性的天然存在。实现利润最大化是企业的最终目标。一些工商资本只顾眼前的利益，下乡"跑马圈地"，借产业融合发展的名义突破土地用途管制实施违法违规用地行为，出现农村建设用地"房地产化"、粮田"非粮化"、农地"非农化"等现象。以休闲农业园区为例，必要的休闲设施难以得到合理、合法的用地配置，因而违法违规改变土地性质修建休闲设施的情况时有发生。部分经营者心存侥幸，对土地政策缺乏"红线意识"，以打"擦边球"的形式在农用地上建设休闲娱乐、餐饮住宿等活动的配套设施，以"设施用地"形式低成本利用土地。

三、天津市产业融合发展用地的制度安排

制度既是一种行动准则，也是一种调节手段。针对现行农村土地使用制度

难以适应农村产业用地需求的现实，应抓紧完善相关用地制度，规范用地保障行为。

（一）加强产业用地的制度供给，规范用地行为

当前农村新产业、新业态发展用地保障之所以是一个社会关注的问题，是因为现行农村土地使用制度难以适应实际的需求，地方国土管理部门迫于没有供地的具体政策依据，"依法用地难度大"。尽管《关于深入推进农业供给侧结构性改革 做好农村产业融合发展用地保障的通知》针对农村一二三产业融合发展的用地保障，明确了要在年度土地利用计划中，对于专项支持农村新产业、新业态和产业融合发展做安排，但相对于复杂的现实需求，其可操作性并不强，需要配套一系列用地保障政策，加强制度供给。

1. 正视农村土地利用功能的复合性，健全用途管制体系

新产业、新业态具有多样性和个性化特征，要承认其对用地条件有独特的需求，因此，土地整治的规划设计应与产业发展的用地需求相结合，实现新业态、新产业用地供给的精准到位。因此改革现行规划用途分类体系，特别是要体现地域特殊性，允许乡镇和村级土地利用规划在国家统一的用途分类体系中进行合并或进一步细分，并制定相应的用途管制规则，从而为新产业、新业态用地的用途管制提供依据。

2. 加强土地利用风险评估，强化土地利用监管

新产业、新业态作为处于探索状态的新生事物，其土地利用结果存在一定的不确定性，因此，必须加强相应的风险评估和土地利用监管，评估内容不仅包括生态风险，还包括对区域耕地生产基本功能损害的风险，以及对传统建筑与文化的破坏风险。如开设在现代农业园中的大型餐饮场所，必须避免生活污水的直接排放而污染农田。同时，继续加强土地执法监察和土地督察。对不符合规划的农业设施和乡村建设用地，严格落实拆除、复耕。对保留及新增的农业设施和乡村建设用地，设立标示牌，公示信息，接受公众监督。此外要建立工商资本下乡的准入制度，审核工商资本信誉记录、经营能力、产业项目可行性报告等，规范下乡资本用地行为；加强土地执法监察和土地督察以及多部门联合执法监管，防止借产业融合发展之名出现粮田"非粮化"、农地"非农化"以及生态破坏等现象。

（二）整合管理权，鼓励农村土地多功能利用

1. 整合多部门管理权，统筹负责提供用地保障

随着农村产业发展需求的内部张力和外部关联度在不断扩大，农村一二三产业的融合发展，倒逼政府职能的转变，要通过设立专门的乡村产业用地保障部门，整合分散在不同部门的管理权，统筹负责乡村产业发展用地工作，从组织机构上为乡村产业发展用地提供保障。

2. 按原地类管理，采用柔性管理方式

鼓励在实际操作管理中，对用地实行原地类管理的策略，采用柔性的管理方式，降低管理成本。在制度上明确以下情景可以按原地类进行管理，可以不征收（收回）、不转用，按现用途管理。

（1）针对农业用地、生态用地，在不破坏生态与景观环境、不影响地质安全、不影响农业种植、不硬化地面、不建设永久设施的前提下，建设景观休闲设施的，可保持原土地用途，按原地类管理。

（2）针对建设用地，在符合规划、不改变土地用途的前提下，对利用公共设施、废弃校舍、企业厂房开展文化、研学旅游、住宿餐饮等的设施，可保持原土地用途、权利类型不变。

（三）以土地整治为抓手，提升用地保障能力

作为改善土地生产条件和生态环境、优化土地利用结构的工程技术措施，土地整治是实现面积有限的土地资源满足农村产业发展用地需求的最重要路径，实践也充分证明了土地整治在保障农村新业态、新产业用地中具有强大的生命力。

1. 推行区域土地综合整治

发挥土地整治对农村产业用地的保障作用：一要做到土地整治的规划设计与产业发展需求相结合。由于新业态、新产业有其自身的用地需求，在土地整治规划设计时应充分考虑其具体要求，甚至可针对现代农业企业结合产业自身要求开展的土地生产环境建设，采取"先建后奖"形式给予土地整治的资金奖励。二要做到土地整治与土地经营权流转相结合。适度规模经营是现代农业生产的客观要求，通过经营权流转可解决家庭分散承包与现代农业适度规模经营

的矛盾。比如，一些地方在土地整治项目实施后采取"确权确股不确地"方式，实现了经营权的集中流转，既维护了农民的土地权益，又推进了农业现代化、集约化、规模化发展，解决了整治后标准农田再次细碎化及农田基础设施后期管护主体缺位的突出问题。三要完善农村产业空间布局和功能定位，将土地整治从"以地为本"拓展到"土地整治＋产业融合"的多元要素统筹整治上。推进农村"田、水、路、林、湖、山、村"等综合整治来改善用地条件、盘活存量用地，为乡村新产业、新业态用地提供用地保障，构建乡村一二三产业融合发展的空间格局。

2. 挖掘闲置资源潜力

挖掘农村闲置资源的价值，能为乡村振兴提供新动能。以乡镇为单位，探索成立集体经济投资发展公司，使村级组织成为利益共同体，开展宅基地使用权流转、废弃厂房改造、供销社老旧房屋改造、废弃校舍重新开发等项目，盘活土地、房屋等资源，实现闲置土地资源的社会化和市场化利用，可以采取"征用＋挂牌""回收＋租赁"等方式，为产业融合发展的建设用地需求扩容。鼓励企业充分利用已有的集体建设用地资源，以实现乡村旅游、民宿产业、文化创意、运动健身、电商物流等业态百花齐放，同时减少新增的建设用地需求。

（四）实现多规合一，统筹产业发展的用地保障

乡村振兴是立体式、全方位的振兴，既涉及产业振兴、文化振兴、生态振兴、组织振兴等方面，又涉及村民生活居住环境、乡风民风建设、农村社会综合治理等层面。结合乡村发展定位对各项用地做出超前的布局与安排，包括统筹村土地利用规划、生态建设规划、土地整治规划、村庄建设规划、基础设施规划等，实现"多规合一"，有利于保障农村产业用地需求、调整农村用地结构、优化农村产业用地布局、提高农村土地利用效率以及引导农村产业有序发展，也是实现区域统筹发展、乡村振兴整体目标的重要支撑。

1. 健全公众参与机制，提高村土地利用规划质量

只有切合实际的、可操作性强的规划才能发挥出规划应有的作用，而要确保村土地利用规划的质量，建立健全的公众参与机制是关键。构建乡村土

地整治和产业融合发展的需求识别机制，要综合统筹农户、集体、企业和地方政府等多种利益主体的多元需求，着重关注农民的核心利益诉求。要健全农民利益表达机制和农民主体参与机制以及利益联结机制，发挥农民主体地位，就要充分保障农民在乡村土地整治与产业发展中的知情权、话语权、参与权、监督权和受益权等。夯实群众基础，有效激发农民积极性、主动性，利于农民发挥主人翁作用，提升农民参与感和获得感，共享产业兴旺发展成果。

2. 科学协调产业布局，实现农村产业的错位竞争

村土地利用规划是保障农村产业用地需求，优化农村产业用地布局，促进农业用地复合化利用，推动农村一二三产业融合发展，提高农村土地利用效率，引导农村产业有序发展的依据，也是实现区域统筹发展、乡村振兴整体目标的重要支撑。发挥村土地利用规划对农村产业发展的保障作用：一要完善用地指标分配，预留弹性规模空间，保障农村产业用地需求；二要明确村域功能分区，优化产业用地布局，引导农村产业融合发展；三要强化农村生态环境保护，突出农村文化特色，促进农村产业发展与保护相协调；四要分类制定管理规则，细化产业用地管理，推动农村产业集约高效发展。

项目来源：2018 年天津市郊区发展调查研究计划项目（项目编号：TJN-WY2018006）

执笔人：郭华、陈丽娜、郁滨赫、董霞、孙国兴

参考文献

陈基伟，2010. 基于土地流转的上海市农业旅游用地指标初探 [J]. 贵州农业科学，38（9）：236-239.

陈美球，宋绍繁，2018. 以土地使用制度创新激发乡村振兴活力：来自四川成都青杠树村的经验与启示 [J]. 土地科学动态（4）：34-37.

陈美球，王庆日，蒋仁开，等，2018. 乡村振兴与农村产业用地保障：实践创新、实现路径与制度安排："农村产业用地政策创新与乡村振兴"研讨会综述 [J]. 农林经济管理学报（3）：349-356.

陈悦，田代贵，2014. 乡村旅游发展用地问题研究：以重庆市为例 [J]. 探索（5）：104-107.

郭凌，黄国庆，王志章，2009. 乡村旅游用地问题研究［J］. 湖南农业大学学报（社会科学版），10（3）：13-19.

国家发展改革委宏观院和农经司课题组，2016. 推进我国农村一二三产业融合发展问题研究［J］. 经济研究参考（4）：3-28.

韩立达，韩冬，刘春梅，等，2018. 基于乡村振兴视角下的农村产业用地案例研究［J］. 土地科学动态（2）：36-39.

黄葵，2007. 基于农地发展权理论的乡村旅游商业用地途径研究［D］. 成都：四川大学.

蒋仁开，蒋化雨，2018. 创新农村产业用地政策，保障乡村振兴战略用地［J］. 土地科学动态（2）：46-49.

焦庆东，韩伟刚，2018. 农村产业融合发展视角下村土地利用规划的乡村振兴路径探索［J］. 知识经济（7）：8，10.

李正源，耿涛，2017. "大众旅游时代"下休闲农业旅游用地利用问题探究［J］. 现代商贸工业（30）：35-37.

卢新海，杨喜，2018. "土地整治＋产业融合"：基于乡村振兴战略视角［J］. 土地科学动态（2）：13-16.

罗菲，马丽卿，2017. 目前我国休闲农业用地问题研究［J］. 特区经济（9）：94-96.

孙丽，2016. 现代农业环境下设施农用地管理的研究：以上海市为例［J］. 住宅与房地产（18）：238-245.

谭荣，2018. 浙江省农村产业用地政策创新的案例分析与比较［J］. 土地科学动态（2）：43-45.

唐健.2018. 社会资本如何助力乡村振兴：土地政策创新视角下［J］. 中国土地（6）：12-15.

万婷，张淼，2018. 基于乡村振兴战略的土地整治综述及发展趋势研究［J］. 中国农业资源与区划（5）：6-11.

王能，2018. 闵行区设施农用地发展现状、存在问题及对策建议［J］. 上海农业科技（1）：7-8，26.

杨彦兰，2015. 休闲农业园区设施项目及园区设施用地配置标准研究［D］. 重庆：西南大学.

佚名，2017. 加速农村产业融合重点在资金、用地等方面深化改革［J］. 经济研究参考（24）：30-33.

佚名，2017. 休闲农业与乡村旅游如何用地［J］. 福建农业（5）：28-29.

佚名，2018. 推进农业供给侧结构性改革保障农村产业融合发展用地［J］. 国土资源（1）：26-28.

於忠祥，2018. 基于发展不充分不平衡视角的农村土地政策创新研究 [J]. 土地科学动态
　（2）：5-8.

张超亚，2016. 休闲农业土地供给问题探讨 [J]. 上海土地（4）：35-36.

赵洪生，2016. 农村一二三产业融合发展的土地问题研究：以常熟市为例 [J]. 江苏政协
　（5）：46-47.

赵庆利，2010. 现代农业背景下的农地管理 [J]. 中国土地（7）：59-59.

天津市农村人才培育机制研究

一、研究背景

乡村振兴，人才是关键。加强农村人才培养，是实施人才强农战略的关键环节。但目前天津市农村人才发展不平衡不充分的问题比较突出。基于此，课题组以天津市农村人才培育如何实现科学有序发展作为切入点，对天津市涉农区的种植业、养殖业、农副产品加工业以及休闲农业等110家新型农业经营主体开展问卷调研，通过文献整理、资料梳理、部门访谈等多种形式，结合调查问卷的统计结果，总结了天津市农村人才培育现状，归纳发展成效，以问题为导向提出全市农村人才培育大战的对策建议。

二、天津农村人才培育发展现状与问题

（一）发展现状

2010年8月1日天津市颁布施行《天津市农民教育培训条例》，此后陆续开展了市农村劳动力"351培训工程"、市农民素质提高工程、"十一五""十二五""十三五"农民教育培训工程。在政策的引领下，天津农村人才培育工作不断规范化、系统化，农民科学文化素质和从业能力明显提升。

1. 农业行业全域科普进一步推进

天津市农业农村委员会编制印发《关于开展2021年送科技下乡服务活动的通知》和《2021年全域科普工作要点》，要求并指导在全市范围开展送农业科技下乡服务活动。2021年上半年，全市累计开展现场农业技术服务指导979次，参加科技人员4 160人次，服务指导新型农业经营主体6 142个，服务农民12 811人次，接待咨询或解决农业生产技术问题1 754个，发放技术资料20 645份，发放农业生产资料1 600份，发放抗重茬菌剂10吨。从调研

的 110 家企业/合作社近三年参加过培训的员工人数占总员工人数的比例分布看，天津市农业行业全域科普推进效果明显（图1）。

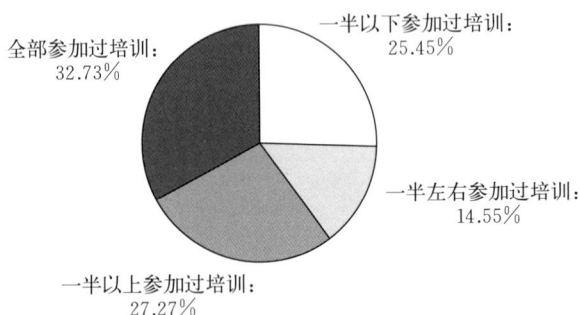

图 1 调研企业/合作社近三年参加过培训的员工人数占总员工人数的比例

2. 农民教育培训进一步系统化

天津市农业农村委员会印发《2021年天津市高素质农民培育工作实施方案》，要求全市开展高素质农民培训，2021年天津市计划培训高素质农民2 470人，其中，专业生产型、技能服务型高素质农民1 690人，经营管理型高素质农民780人（包含：农民合作社理事长及骨干、农业企业负责人及单位骨干，其中家庭农场经营者700人、农业经理人80人）。从参与培训的110家企业/合作社选择的培训机构和培训效果看，天津市农村人才培育机构设置基本完善，发挥作用明显（表1、表2，均为基于不定项选择的统计）。

表 1 培训选择情况

提供培训机构	参训单位总数/个	比例/%
农业技术推广机构	56	50.91
农业广播电视学校	25	22.73
农业大专院校、科研院所	41	37.27
行业协会	40	36.36
农业产业技术体系创新团队	35	31.82
其他	25	22.73

表2　培训效果统计

培训效果	参训单位总数/个	比例/%
拓宽了视野	77	70
提升了管理能力	82	74.55
提升了市场开拓能力	54	49.09
掌握了专业技能	93	84.55
取得了职业技能证书	45	40.91
已经应用到企业实践中，并取得初步成效	56	50.91
其他	2	1.82

3. 农村人才培育体系建设不断完善

天津市农村人才培育工作是由农业主管部门统领，市、区县、乡镇、村各级分管部门组织实施。2004年实施的"351培训工程"，制定了系统的规章制度，从课程设置、学员考核、财政补贴等多方面规范农村人才培育工作。天津市农村人才培育实行分类别专业化培养机制，各类农村人才培育组织积极发挥自身优势，与农村社会化服务体系共建乡村学堂。近年，小规模、近距离培训增多，实际操作指导增多，分类指导增多。从调研的110家企业/合作社员工参加培训的类别分析，天津市农村人才培训专业划分的类别比较完善（图2）。

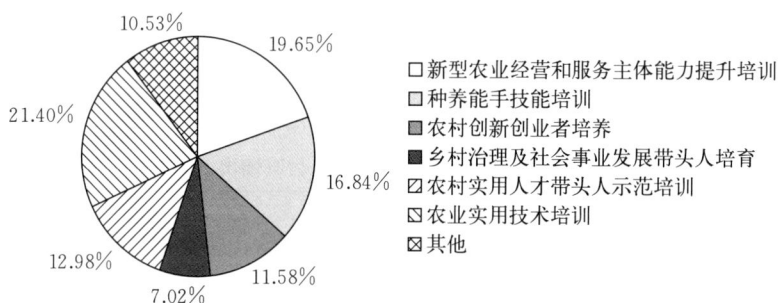

图2　调研企业/合作社员工参加培训的类别占比情况

4. 充分发挥农业领域科研院所的作用

截至2019年，天津市农业科学院积极整合科技专家212人，其中，首席专家领衔的帮扶团队 5 个，在全市 8 个主要涉农区的 455 个村开展科技下乡服务现场指导，因地制宜提供新品种新技术新模式，帮助农民解决生产过程中遇到的技术难题。举办针对农技人员、农民、种粮大户等培训班 315 期，培训农民合计 29 869 人次，发放培训资料 50 873 份，发放农业生产资料若干，建立科技示范户 2 038 户，新增社会经济效益 1 亿元以上。

5. 以学历教育提升农民素质

天津农民教育培训机构分布与各区农业发展相适应。目前建有农民教育培训机构 44 所，其中 39 所分布在各个涉农区。依托天津市农业广播电视学校开展了农民成人中专学历教育；依托天津广播电视大学、天津市教育招生考试院开展了农民成人大专学历教育；依托天津农学院开展农民继续教育。对取得学历证书的农民给予学费补贴，提高了农民自主完成学历教育的积极性和主动性，促进了农民素质的提升。

（二）存在问题

1. 农村人才总量偏少，培育的覆盖面需扩大

全市十六个市辖区，人口受教育水平存在不均衡现象。2020 年第七次全国人口普查统计数据显示，涉农区当中高学历人口比重明显较低，学历为大专以上人口占比前两名的为西青区和滨海新区，分别为 31.80% 和 30.34%，勉强达到市内六区平均水平，远郊五区这一数值均未超过 20%，最高的武清区为 16.89%，宁河区高学历人口仅占 12.30%，为全市最低。高中（含中专）学历人口占比存在差距，市内六区平均占比为 23.37%，涉农十区仅为 14.55%。各区人口平均受教育年限中市内六区 15 岁以上人口平均受教育年限为 12.26 年，涉农十区为 10.59 年，相差 1.67 年（表 3）。

表 3　天津市分区人口受教育情况

地区	大专以上		高中（含中专）		15 岁以上人口平均受教育年限/年
	人口/（人/10 万人）	占比/%	人口/（人/10 万人）	占比/%	
天津市	26 940	26.94	17 719	17.72	11.29
和平区	32 685	32.69	18 821	18.82	12.00
河东区	33 367	33.37	24 058	24.06	12.18
河西区	38 968	38.97	22 178	22.18	12.62
南开区	40 064	40.06	21 917	21.92	12.69

（续）

地区	大专以上		高中（含中专）		15 岁以上人口平均受教育年限/年
	人口/(人/10 万人)	占比/%	人口/(人/10 万人)	占比/%	
河北区	30 917	30.92	26 348	26.35	12.04
红桥区	30 518	30.52	26 885	26.89	12.01
东丽区	26 698	26.70	16 476	16.48	11.27
西青区	31 801	31.80	16 501	16.50	11.65
津南区	28 452	28.45	13 844	13.84	11.23
北辰区	25 865	25.87	18 606	18.61	11.23
武清区	16 893	16.89	14 484	14.48	10.24
宝坻区	14 911	14.91	11 193	11.19	9.75
滨海新区	30 344	30.34	18 717	18.72	11.67
宁河区	12 303	12.30	11 955	11.96	9.43
静海区	15 016	15.02	11 697	11.70	9.80
蓟州区	13 022	13.02	11 992	11.99	9.64

数据来源：天津市统计局，根据 2020 年第七次全国人口普查结果数据汇总。

目前，全市 70 所高校全部分布在和平区、河东区、河西区、南开区、河北区、红桥区、东丽区、西青区、津南区、北辰区和滨海新区，而广大远郊农村地区既缺乏高等教育资源，也缺乏对外部高学历人才的吸引举措，高水平师资短缺，实训及创业孵化基地、信息化手段等基础条件薄弱，导致农村人才总量偏少，支撑乡村振兴的人才根基尚不牢固。

2. 农村人才种类单一，培育的方向领域需扩充

现阶段，天津农村人才以具有种植、养殖技术的技能型实用人才为主，而与现代都市型农业发展方向相匹配的专业技术人才、农业经纪人、产业创新开发人才、企业经营管理人才等数量不多，与乡村振兴战略要求相匹配的社会治理人才、文化传承人才、医疗卫生人才等需求缺口较大。从我们的问卷调查统计中可以发现，110 家新型农业经营主体共有工作人员 9 233 名，其中从事管理和销售的人员 1 321 名，占员工总人数的 14.3%；专职技术人员 783 名，仅占员工总人数的 8.5%。以上是基于我市经营状况较好，具有一定创新能力和带动能力的农业龙头企业、合作社进行统计的情况，而普通以农户家庭生产为主的家庭农场或其他经营性农业社会化服务组织，不论是生产经营型人才，还是社会服务型人才，都存在大量缺口，特别是能够带动当地产业与市场相对接的农业经纪人，以及能够充分开发利用当地资源形成产业的专业技术人才和产业开发人才非常急缺。

3. 农村人才结构不合理，培育的工作体系需健全

从产业结构来看，现阶段天津的生产型农村人才集中于传统种养领域，主要由种植能手和养殖能手构成；从事高附加值的农业加工、物流、休闲等产业人才较少，加工能手主要聚集于环城四区，服务能手集中于蓟州区，且比例偏低。从组织结构来看，农村合作组织带头人数量明显不足，农村经纪人比例较低，不能完全满足农业产业化发展需求。据统计，截至 2020 年底，全市共培育农村创业创新人员 1 万余人，创业创新的经营主体 2 000 余个，虽然队伍不断壮大，但与天津市农村 258 万常住人口的规模相比，仍旧微乎其微。

在我们对天津市 110 家新型农业经营主体调查问卷的统计中，经营主体对于技术指导人员和技能型员工的需求程度最高（图 3）；在培训中，员工参加农业实用技术培训所占比例最高，其次为新型农业经营和服务主体能力提升培训、种养能手技能培训，而乡村治理及社会事业发展带头人培育，以及农村创新创业者培养参与比例较低（图 2）；同时，经营主体最需要的培训内容为实用技术、经营管理知识、市场销售（图 4）。以上调研结果提示应在人才培育中进一步健全"一主多元"的工作框架，构建"链条化"全程培育体系。

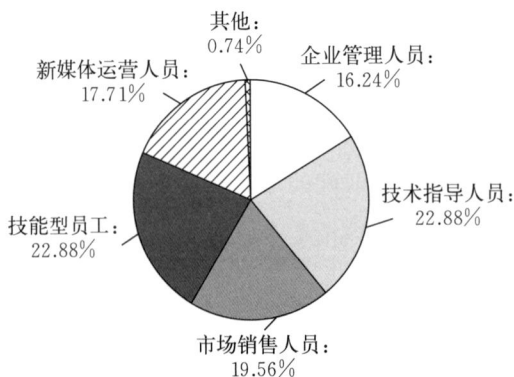

图 3　新型农业经营主体对各类人才需求度分布

4. 农村人才作用发挥不足，培育激励机制尚需完善

总体来看，目前天津农村人才作用尚未发挥充分，农村劳动力特别是青壮年劳动力留农务农的内生动力依旧不足，原本数量有限的农村实用人才流失，且流出的人才多以受教育程度相对较高的青壮年为主，导致人才的结构性问题更趋严重。与此同时，农村人才在取得相关技术认定、从业资格、技术职称等

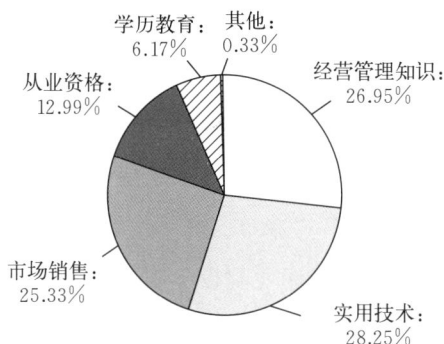

图4　新型农业经营主体员工培训内容需求度分布

方面存在一定困难，这也直接导致返乡入乡留乡的各类人才在聚拢、引领、示范等方面的作用无法彰显，新型职业农民队伍发展面临基础不牢、人员不稳的危机。

造成以上问题的原因主要是现行的农村人才培育办法激励机制不足，在对110家新型农业经营主体的调查中，15.45％的经营主体表示目前在人才的培育上缺乏考核激励机制，培训效果不明显。现行的培育办法没有把职称评定与农民收入补贴、农民社会地位提升、国家农业优惠政策享受等权利与效益相挂钩，从而影响了人才效应的进一步发挥。

三、推进天津农村人才培育的对策建议

（一）构建农村人才培育政策支持体系

一是要加强对农村人才培育的领导。市、区相关职能部门建立协调会商机制，协调重要方案、政策、措施等。各部门要明确职责，落实责任单位，建立和健全各项管理制度，配备专人负责管理农村实用人才培养工作。二是依法建立市、区级农村人才培育专项资金。要逐年加大资金投入，根据农村实用人才专项任务，做好资金安排并确保及时足额到位，明确财政补贴资金用途，加强资金的管理，做到专款专用。完善相关政策，加大对高素质农民和转移农民的扶持和各种惠农政策的倾斜。三是加强培训任务监管考核。对承担培养高素质农民培训任务的机构和基地实行认定制度；对培训项目完成后进行全面检查验收，对各级责任部门、教育培训机构建立年度考评制度；对在农民教育培训工作中作出突出贡献的先进集体、先进工作者和优秀学员进行表彰。培训任务指标纳入各区县政府对职能部门的绩效考核。

（二）健全农业产业人才融合培育体系

一是完善农民职业技能培训体制。推动实施"海河工匠"建设和"职业技能提升行动"，完善培训机构平等竞争、各类劳动者自主参加、政府购买培训服务的技能培训补贴制度。支持职业院校、职业培训学校和公共实训基地等培训机构对有意愿参训的农村劳动力开展我市紧缺职业的技能培训，依规给予培训机构培训费补贴。二是健全完善农村人才教育培训体系。依托涉农职业院校，围绕现代都市型农业发展和全产业链需要，广泛培养高水平高素质技术技能人才。依托科研院所、大专院校、推广机构，鼓励基层农技人员发挥技术服务优势，开展技术培训与跟踪服务。支持农业企业、新型农业经营主体和服务主体承担实习实训任务，鼓励涉农高校、职教中心等发挥资源优势，拓展面向高素质农民的培训服务。引导专业协会、技术服务公司等主体进课堂，提供专项技术培训服务。巩固管理者队伍，强化队伍支撑，培养一批农民讲师，优化专兼职比例，整体提高师资水平。三是探索涉农院校人才培养新机制新模式。加大政策宣传，充分利用广播、电视、网络及新媒体手段开展农民学历教育政策宣介，提高农民知晓度。推动各涉农区加强域内各乡镇成人文化技术学校、职教中心等成人学校建设，加强基础建设和干部教师队伍建设，创新教学方式，丰富实践渠道，实现校际横向互联互通。充分发挥天津农学院高等教育资源优势以及借鉴天津市农业广播电视学校教学体系，扎根"三农"，服务农民学历教育，打通农村人才学历提升途径。

（三）探索与当地农业生产状况相结合的培养模式

一是建立农村人才信息数据库。在农业农村部农民教育培训信息管理系统的基础上，由各级政府牵头开展有针对性的农村人才基础调研，摸清底数、做好分类管理，建立农村人才数据库。定期随访、实时更新、动态管理、精准确定培育对象。二是确立专项农业课程指导体系。坚持"需求导向、产业主线、分层实施、全程培育"的总体思路，以农村人才培养目标、专项课程设置、农业实践基地搭建为核心确立农村人才培育课程指导体系。涉农区农村人才培养管理部门与农业院校、农业企业合作，运用农村人才信息数据库信息，在需求调研的基础上，细化不同类别人才培养目标，开展农村人才课程设置改革和教学内容、教学方法改革。注重培训教材编写的实用性和授课过程中的实操性，使各类农村人才愿意走进培训课堂，并且在课上听得懂、学得会，课后能应用。三是鼓励农村人才接受学历教育。《农业农村部办公厅关于做好 2021 年高素质农民培育工作的通知》提出实施好百万乡村振兴带头人学历提升计划，支持农村人才进行学历教育。鼓励各区选送素质较好的"土专家"、新型职业农民到农业相关的大、中专院校学习，接受继续教育，提升学历层次。通过政策引导，支持涉农高校探索定向招生、定向培养、定向就业等面向农村人才的培养模式，满足高素质农民提升学历的需求。

（四）实施农村人才分类培育

一是分类培育高素质农民。聚焦家庭农场、农民合作社和农业社会化服务组织发展需求，培养新型农业经营主体和服务主体、农业经理人等具有较强示范带动作用的带头人队伍。积极开展返乡下乡创业培训，推动农村创新创业高质量发展。以种植业、养殖业、农产品加工业大户为重点，围绕保粮保供，加强专项技术技能培训，提升产业效益，促进农民增收。持续跟踪农民训后产业发展，开展政策宣讲、项目推介、技术指导等延伸服务。积极鼓励农民参与论坛、展销会、专业技能大赛等活动，搭建交流平台，展示新时代高素质农民风采。二是突出培育家庭农场经营者、农民合作社带头人。深入推进家庭农场经营者培养，完善项目支持、生产指导、质量管理、对接市场等服务。建立农民合作社带头人人才库，加强对农民合作社骨干的培训。鼓励农民工、高校毕业生、退役军人、科技人员、农村实用人才等创办领办家庭农场、农民合作社。鼓励有条件的地方支持农民合作社聘请农业经理人。鼓励家庭农场经营者、农民合作社带头人参加职称评审、技能等级认定。三是重点培育农村创新创业带头人。深入实施农村创新创业带头人培育行动，不断改善农村创新创业生态，引导金融机构开发农村创新创业金融产品和服务方式，加快建设农村创新创业孵化实训基地，组建农村创新创业导师队伍。壮大新一代乡村企业家队伍，通过专题培训、实践锻炼、学习交流等方式，完善乡村企业家培训体系，完善涉农企业人才激励机制，加强对乡村企业家合法权益的保护。

（五）完善农村人才评价机制

一是建立健全农村人才职业资格认定制度。建立健全农村人才职业准入制度，通过职业资格证书制度推动职业化农民培育工作。将生产技能适应性、解决问题能力、示范带动作用作为评定依据，结合天津都市农业特征，完善职业资格评审分类和考核体系。将农民职业资格证书与收入挂钩，制定与职业资格证书相关的优惠政策，引导农村人才向专业化、职业化发展。二是实施农村青年人才培育考评制度。根据《新型农业经营主体和服务主体高质量发展规划（2020—2022 年）》要求，对青年农村人才因材施教，量身定制培养方案，以内容丰富、形式多样的培养活动，吸引青年农村人才投入"三农"事业。结合各级责任部门、教育培训机构农村青年人才培育情况，建立年度考评制度。以考评促发展，最终实现农村人才可持续发展的良好局面。三是健全农村人才评价机制。建立符合农村人才特点的科学评价机制，建立多元化的动态评价认可机制。其一，对于农民培训，取消文化考试，设计实用性、针对性更强的培训考核指标。其二，制定农村人才职业技术职称和技能等级评定制度，农村人才技术职称、技能等级评定以实际贡献和劳动业绩为考核重点。其三，建立能力为本、业绩为据的实践认证机制，为优秀的农村人才提供上升渠道、创业补贴等激励措施。

项目来源：2021 年天津市科协重点决策咨询课题（项目编号：TJSKXJC-ZX2021-37）

执笔人：董霞、史佳林、孙国兴

参考文献

安云蓉，2014. 国外农民教育模式的成功经验及其对我国新型农民培养的启示［J］. 科技世界，8（22）：18，41.

卞文忠，2019. 别让"人才短板"制约乡村振兴［J］. 人民论坛（1）：76-77.

范翔，陈泽，2013. 新农村建设背景下职业农民的培养［J］. 中国发展观察（8）：52-53.

胡永万，2017. 为推进乡村振兴提供有力的人才支撑［J］. 农村工作通讯（24）：27-30.

李小棒，柳玉民，2013. 农村人才流失对新农村建设的影响［J］. 农业经济（2）：54-55.

梁正翰，2015. 城乡统筹发展背景下农村人力资本培育的新模式探究 ［J］. 农业经济（10）：110 - 112.

钱再见，汪家焰，2019. "人才下乡"：新乡贤助力乡村振兴的人才流入机制研究：基于江苏省 L 市 G 区的调研分析 ［J］. 中国行政管理（2）：92 - 97.

任正伟，2020. 实施乡村振兴战略加强农村人才培育现状及改进措施 ［J］. 农业科学（10）：240 - 241.

王慧珍，韩永强，2019. 发达国家农业农村人才培育的经验与启示 ［J］. 河北大学成人教育学院学报，3（21）：98 - 103.

王子明，2019. 以"人才杠杆"撬动乡村振兴 ［J］. 山东人力资源和社会保障（8）：18 - 19.

薛凡，2020. 农村人才需求与农村职业教育人才培养研究 ［J］. 农村经济与科技（17）：335 - 336.

杨璐璐，2018. 乡村振兴视野的新型职业农民培育：浙省个案 ［J］. 改革（2）：132 - 145.

杨仁德，向华，魏善元，2010. 农村人才流失问题与对策研究 ［J］. 安徽农业科学，38（12）：4429 - 4431.

赵晓旭，2018. 乡村振兴背景下农村实用人才队伍建设路径研究：以杭州市余杭区为例 ［J］. 乡村科技（10 上）：38 - 40.

周海鸥，赵邦宏，2012. 加拿大农民培训模式分析与经验借鉴 ［J］. 河北经贸大学学报（3）：91 - 92.

周焓，纪倩，2019. 基于乡村振兴战略的农村优质人力资源培育动力体系研究 ［J］. 农业经济（10）：88 - 89.

天津都市型生猪产业集群推进路径研究

一、研究背景

开展优势特色产业集群建设，是引领农业高质量发展、推动农民持续增收和乡村振兴的重要途径。2020 年 3 月 5 日，农业农村部办公厅、财政部办公厅发布了《关于开展优势特色产业集群建设的通知》，提出 2020 年启动优势特色产业集群建设，分批支持建设优势特色产业集群，建设目标是打造一批结构合理、链条完整的优势特色产业集群，使之成为实施乡村振兴的新支撑、农业转型发展的新亮点和产业融合发展的新载体。

天津都市型生猪产业集群是 2021 年农业农村部和财政部批准建设的 50 个优势特色产业集群之一。本研究立足天津都市型生猪产业集群的现状和存在问题，分析面临的机遇与挑战，提出天津都市型生猪产业集群的推进路径，为推动天津都市型生猪产业高质量发展及示范引领全国优势特色产业集群建设提供参考，为市委、市政府及相关政府部门制定相关政策提供科学参考依据。

二、天津都市型生猪产业集群建设的现状问题

(一) 发展现状

1. 生猪养殖现代化水平位居全国前列

"十三五"以来，天津市以构建现代养殖体系为目标，实施畜牧业示范园区建设工程、畜禽养殖场标准化示范创建工程、畜禽养殖粪污治理工程等一系列项目，生猪养殖业现代化水平明显提升。截至 2020 年底，天津市生猪养殖规模化水平达到 82%，位居全国前列。生猪养殖环境控制、自动饲喂、粪污处理等新设施、新设备在生产中普遍应用，集约化、设施化、智能化、自动化水平整体提升。生产效率也是反映生猪养殖业现代化水平的重要指标，2016—

2020 年，天津市育肥猪料肉比为 2.8：1，生猪出栏率为 165%，每头母猪年出栏育肥猪数量 18 头，均位居全国前列。

2. 猪肉质量安全水平持续提高

天津市已建成完善的市、区、乡镇三级畜产品质量监管体系，按照"产管并重"的原则，坚持从源头抓起，强化畜产品放心基地建设。截至 2020 年底，天津市已经建成 360 个放心猪基地，12 个放心猪肉销售点，同步建成了放心猪肉信息化管理系统，实现猪肉质量全程可追溯，确保猪肉质量安全。生猪屠宰行业集中度进一步提高，屠宰企业由 2015 年底的 36 个减少至 2020 年底的 22 个，全部取消手工屠宰，机械化屠宰、冷藏排酸、产品追溯等先进设备和技术工艺在生猪屠宰行业普遍应用。

3. 生猪育种处于国内先进水平

天津市高度重视种猪良繁体系建设、生猪新品种（系）引进培育及种业企业品牌创建。种猪引进以长白、大约克、杜洛克等品种为主，生产繁殖性能处于国际先进水平。天津市拥有生猪国家级核心育种场 2 个，种猪扩繁场 15 个，种公猪站 7 个，每年可提供优质二元种猪 6 万头，优质猪精液 150 万份，生猪良种覆盖率达 100%。"天河""惠康"等已成为全国知名种猪品牌。

4. 以饲料加工为主体的配套产业健全

天津市饲料工业发达，已形成种类齐全、技术先进、结构完善的"小而精"的饲料工业体系，呈现高质量发展局面。据统计，2020 年天津市饲料总产量为 736 万吨，同比增长 22%；共有混合型饲料添加剂备案产品 164 个，添加剂预混合饲料备案产品 1 237 个。此外，在动物疫苗、兽药研发生产领域，天津市拥有农业产业化国家重点龙头企业——天津瑞普生物技术股份有限公司，在全国动物保健品行业处于领军地位。

5. 粪污资源化利用水平不断提升

天津市严格保护生态环境，按照《天津市畜禽养殖粪污治理工程实施方案》，统筹推进粪污资源化利用，因地制宜推行养殖场粪污处理新模式，实现粪污治理全覆盖。一是实施规模畜禽养殖场粪污治理工程，规模畜禽养殖场粪污处理设施配套率达到 100%；二是在散养密集区建设粪污集中处理中心和商品有机肥处理中心；三是以粪污全量还田利用为核心，推行养殖粪污还田利用等农业循环发展模式，打造种养一体、循环利用的绿色养殖示范场。通过实施一系列生态管控和粪污治理措施，粪污资源化利用水平不断提升。

（二）存在问题

1. 产业融合发展水平不高

一是实施全产业链运营模式的企业较少，大多数企业只经营产业链的一个或两个环节，育种、养殖、饲料、屠宰、加工、销售等环节主体分离，对疫病防控、降低成本、保证产品质量安全非常不利。二是产加销联结不紧密，天津市生猪经营主体呈大群体多元化且分散的状态，合作大多以初级"公司＋农户"模式进行，合同订单比例不高，且履约很不稳定，产加销各环节联结呈现"随机性"状态。

2. 小规模养殖场众多

天津市生猪养殖企业发展不平衡，成为制约产业发展的短板。据统计，截至 2020 年底，存栏 300 头以下的养殖场有 4 771 个，占养殖场总数的 75%。小规模养殖场的大量存在，一方面造成行业生产水平差异较大，整体养殖效益不高；另一方面使政府在环保监控、市场调控、质量监管、疫病防控管理难度加大，给规模养殖和全产业链带来巨大风险。

3. 示范引领作用发挥不够

从生猪种业、智能养殖、屠宰加工业发展和行业生产效率来看，天津都市型生猪产业示范引领作用发挥不够。一是生猪种业市场竞争力有待提升，天津市生猪种业产值不足行业总产值的 10%，发展规模偏小。二是生产效率提升空间巨大，天津市每头母猪年提供断奶仔猪头数维持在 18 头左右，而发达省市已达 22 头，荷兰等发达国家达到 30 头，丹麦最高达到 33 头。三是加工流通环节发展不充分，屠宰行业规范化、标准化水平不高。

三、天津都市型生猪产业集群建设面临的机遇和挑战

（一）机遇

1. 多重政策支撑有力

2010 年以来，在贯彻落实国家政策的基础上，天津市针对生猪产业发展

制定出台扶持政策 30 多项，涉及土地、环保、金融、保险、财政等方面，为生猪产业发展提供了有利条件。通过"政策扶持＋项目带动"，先后实施规模养殖场标准化改造工程、畜禽良种工程、屠宰企业标准化改造工程、养殖粪污治理和资源化利用工程等一系列重点项目，为做强生猪产业提供了有效支撑。2018 年非洲猪瘟发生以来，为稳定生猪生产，天津市连续出台多项配套政策，不断加大扶持力度。

2. 市场需求潜力巨大

京津都市圈庞大的消费群体为生猪产业发展提供了广阔的市场空间。一方面，天津市猪肉市场仍有很大空间，目前天津市猪肉自给率仅为 60％，猪肉自给率还有很大提升潜力；另一方面，北京市猪肉自给率不足 10％，主要依靠域外地区供给，紧邻首都北京的区位优势为拓展首都猪肉市场供应渠道提供了便利。京津地区尤其北京市居民人均可支配收入较高，消费者对猪肉及猪肉制品的质量有更高水平的要求，高端消费市场潜力巨大。此外，京津冀协同发展和全国统一大市场的构建，将大大拓展天津都市型生猪产业发展的市场空间。

3. "减抗替抗"驱动技术升级

农业农村部第 194 号公告明确规定，自 2020 年起，饲料行业全面禁止添加抗生素，养殖业全面进入"无抗时代"，将会引发生猪养殖业的巨大变革。一方面有助于提高质量安全水平，另一方面会导致动物发病率上升、养殖效益下降等问题。在全面"禁抗"的背景下，生猪养殖业高质量发展迫切需要加强科技创新，全方位提供"减抗替抗"综合性技术支撑。

（二）挑战

1. 养殖成本刚性攀升

近年来生猪养殖成本不断攀升，饲料、饮水、人工、环保、生物安全防控等养殖成本持续增长。2020 年玉米价格全年累计上涨 1 000 元/吨，带动大宗饲料原料价格升至历史新高；每头猪的环保成本需要 30～40 元；随着非洲猪瘟等重大疫病的防控常态化，生物安全防控成本剧增。叠加全球性新冠疫情影响、中美关系不确定性等诸多因素，生猪养殖成本呈现刚性推高，养殖利润空间不断缩减。

2. 疫病防控形势更加复杂严峻

一是生猪疫病呈多发态势。疫病病原种类众多，一些疫病仍难以净化，病毒毒株不断发生变异，原有疫苗降效失效，给疫病防控带来新的挑战。二是非洲猪瘟病毒病原时空分布广，在养殖、运输、屠宰、市场等全产业链均有分布，传染源与污染源难以彻底清除。三是生猪养殖规模化程度日益提高，特别是楼房养猪养殖密度大，为疫病防控带来挑战。四是小规模养殖场的大量存在加剧了疫病防控的复杂性。由于生物安全防控不到位，一旦疫情发生，农贸市场、屠宰厂等场所污染面很大。

3. 资源环境约束成为发展瓶颈

一是规模化养殖用地落实困难。受城市建设、工业用地挤压和生态红线区域划定的影响，符合养殖条件的农用地面积少且相对分散，造成规模化养殖用地"一地难求"，大型养殖项目难以落地。二是畜禽养殖用水面临困难。随着《天津市地下水压采方案》和《天津市地下水水源转换方案》的深入实施，畜禽养殖用水面临重大挑战。三是生猪养殖与环境保护的矛盾短时间难以破解。养殖污染治理难度大、成本高，以现有的畜禽粪便综合利用技术水平来看，难以实现生态环境零污染。

四、天津都市型生猪产业集群的推进路径

（一）深入实施生猪种业振兴行动

1. 加强生猪育种创新平台建设

以国家生猪种业振兴为契机，借势京津冀协同发展，整合区域科技资源，以天津市宁河原种猪场为依托，搭建京津冀生猪种业协同创新平台。结合《全国生猪遗传改良计划（2021—2035 年）》的实施，加强核心种公猪站基础建设，建立以核心种公猪站为纽带的区域性联合育种利益共同体，完善种猪遗传资源的共享机制，推行种猪联合育种新模式。

2. 强化"育繁推一体化"种业龙头企业建设

加强体制机制创新，激发企业发展活力，着力打造育种创新能力强、生产技术先进、市场营销能力强、产业链完整的"育繁推一体化"大型生猪种业龙头企业，构建以市场为导向、商业化育种为主体的优势种业集群，实现创新链

与产业链、价值链的衔接和融合。

3. 加快生猪种业自主创新和新品种转化推广进程

发挥天津市生猪产业技术体系集成创新优势，挖掘天津市生猪特色品种资源，扩大种质群体，逐步建立种质核心群，加大新品种研发力度；加快自有新品种、新种质的培育、创制和工厂化生产速度，提升种业自主创新能力及核心种源自给率。

（二）加快构建现代化生猪养殖体系

1. 着力提升生猪养殖规模化、标准化水平

坚持"规模化推进、标准化提升"的原则，逐步构建以大型养殖场为引领、适度规模养殖场为主体、种养结合型家庭农场为补充的标准化生产体系。通过对现有养殖场进行改造、扩建，着力推进生猪养殖规模化水平。持续开展养殖场标准化改造提升，重点开展生猪养殖、环境控制、疫病防控、粪污资源化利用等环节的标准化改造，提升生猪养殖标准化水平。积极推广以楼房养猪为代表的高效养殖模式，提升生猪养殖集约化水平。

2. 着力打造智能化生猪养殖模式

强化人工智能、物联网、大数据、云平台、5G 等技术在生猪养殖业中的深度应用，创建一批示范型智能化生猪养殖场，提高圈舍环境调控、精准饲喂、疫病监测、产品质量追溯等智能化水平。通过示范带动逐步推广智能化生猪养殖模式，提升生猪养殖业机械化、信息化、智能化水平。

（三）积极推动全产业链融合发展

1. 构建全产业链一体化运营模式

支持大型龙头企业进行全产业链布局运营，建成一批集育种繁殖、规模养殖、饲料生产、产品加工、配送销售、冷链物流为一体的全产业链运营示范企业。加强同行业间的横向联合，积极发展生猪产业联盟，形成生猪产业集群集聚发展。

2. 构建产加销有机衔接的产业化联合体

强化上中下游企业之间的联合，鼓励生猪产业链上中下游企业以参股入股、收购兼并、产学研合作、联农带农等多种形式发展利益共享、风险共担的

生猪产业化联合体，促进全产业链有机衔接。

（四）推进生猪养殖粪污资源化利用

1. 积极推进粪污处理及综合利用中心建设

针对规模养殖场粪污量大和单个养殖场粪污处理费用高的问题，通过建设粪污集中处理利用中心，购置配套设施设备，采取集中收集、统一处理的方式，实现养殖密集区畜禽粪污资源化循环利用。积极探索粪污集中处理中心的投融资和长效运行机制，推广"政府支持、企业主体、市场运作、分类实施"的方式，开拓生猪粪污资源化利用新局面。

2. 积极推进有机肥生产中心建设

支持社会化服务组织（第三方）建设生猪固体粪便的收集、转化、处理和利用的网络体系，配套有机肥生产加工设备，建设有机肥生产中心。通过适当付费的方式购买生猪养殖场的固体粪便，对收集的生猪固体粪便按照有机肥生产工艺进行加工，生产商品有机肥。

3. 推进种养循环示范场建设

推行种养结合模式，打造绿色循环示范场。根据养殖场规模、当地土地资源禀赋和种植业发展实际，选择"猪—沼—菜（果）""猪—粮"等种养循环模式，以土地承载力和不同农作物的养分和灌溉水需求为依据，建设水肥一体化施肥配水系统，配套肥水运输车或管网，打通种养循环通道。

（五）加强生猪疫病防控能力建设

1. 建立健全管理规范、提升生猪重大疫病防控能力

建设高级别生物安全实验室，增强生猪重大疫情监测能力。实施分区防控策略，推进生猪"无疫小区"建设。健全养殖、屠宰和运输全链条监管机制，降低因生猪及猪肉制品长距离调运而传播疫病的风险。健全生猪疫病监测与流行病学调查机制，完善强制扑杀政策，实施非洲猪瘟常态化防控。

2. 加强基层生猪疫病防控队伍和条件建设

加强区级生猪疫病特聘防疫专员建设，夯实以生猪疫病预防控制机构和农业综合行政执法机构为支撑，以畜牧兽医站、动物防疫员、特聘动物防疫专员为骨干，以社会化服务机构为有力补充的生猪疫病防控体系建设，提高生猪疫

病综合防控能力。推进兽医社会化服务体系建设，鼓励社会资本参与建设区域性无害化集中处理场，建立健全病死猪无害化收集转运体系。

3. 提升生猪疫病防控应急处置能力

健全、完善动物疫病防控应急预案，加强应急队伍、应急防控物资库建设，提升生猪疫病应急处置能力。明确各级政府属地责任、部门监管责任和养殖场防疫主体责任，完善疫情应急处置机制，防止疫病扩散蔓延。

项目来源：天津市生猪产业技术体系创新团队产业经济岗位项目（项目编号：ITTPRS2021012）

执笔人：刘会想、孙国兴

参考文献

傅琳琳，黄祖辉，徐旭初，2016. 生猪产业组织体系、交易关系与治理机制［J］. 中国畜牧杂志（16）：1-9.

郭惠武，张海峰，2019. 中国生猪生产成本的国际竞争力分析［J］. 中国畜牧杂志（7）：157-163.

黄立赫，2021. 生猪期货上市：机遇、挑战与建议［J］. 价格理论与实践（1）：120-123.

刘会想，孙国兴，2018. 天津生猪养殖业现状评价、制约因素分析和对策研究：基于天津市面板数据和106户生猪养殖场的调查［J］. 中国畜牧杂志（12）：140-144.

刘小红，陈瑶生，2021. 2020年生猪产业发展状况、未来发展趋势与建议［J］. 中国畜牧杂志（3）：196-200.

孙志华，田双喜，张丹辉，等，2020. 非洲猪瘟背景下推进生猪产业发展的思考［J］. 中国畜牧杂志（9）：232-234.

殷志扬，王凯，Isabel de Felipe，2016. 中国生猪养殖业国际竞争力及其影响因素分析：基于产业链视角和钻石模型的实证研究［J］. 湖南农业大学学报（社会科学版），17（1）：26-33.

张海峰，林振基，官智慧，2021. 2021年我国生猪价格走势及未来市场变化分析［J］. 中国畜牧杂志（4）：237-240.

天津市畜牧业"十四五"发展规划研究

一、研究背景

(一) 问题提出

"十三五"以来，我市畜牧业积极应对种种挑战，实现了发展生产保供给，强化监管保安全，综合施策保生态，为乡村振兴战略实施，促进农民增收，提高人民群众生活水平作出了积极的贡献。2018年肉类总产量33.9万吨、禽蛋19.4万吨、牛奶48万吨，主要畜禽产品总产量、人均占有量均居京津沪首位。其中，牛奶人均占有量是全国平均水平的1.4倍。

"十三五"期间，中央、市两级财政先后投入1.07亿元，对全市241个规模养殖场进行了标准化改造建设，做强做大8个龙头企业并带动540个养殖单元提升设施水平，开展了10个畜禽种业项目，规模畜禽养殖场粪污治理工程全部完成，建成10个绿色循环畜产品生产示范基地，通过重点项目建设，现代化养殖水平明显提升、畜产品质量安全监管成效显著、动物疫病防控成效明显、畜牧科技支撑能力显著增强。

为科学谋划好天津市"十四五"现代都市型畜牧业发展思路和产业布局，实现畜牧业高质量发展，天津市农业农村委按照市委、市政府的有关要求和总体部署，组织编制《天津市畜牧业"十四五"发展规划》，受天津市农业农村委委托，天津市农业科学院农村经济与区划研究所承担了该规划编制任务。

(二) 面临的问题与挑战

1. 资源环境约束破题困难

一是随着城市发展空间的不断扩展，以及生态红线区域的划定，我市适养区用来进行畜禽养殖的空间持续缩减，传统养殖区普遍存在农田缺乏、养殖用地落实困难的问题；二是随着全市推动地面沉降控制，地下水全面禁止开采，给主要依靠地下水的畜禽养殖用水带来重大挑战；三是为保证城市畜产品供应，畜禽养殖要有一定的保有量，以现有的畜禽粪便综合利用水平和利用效果来看，难以实现生态环境零污染，畜禽粪污治理及资源化利用任重道远。

2. 畜禽养殖水平有待提升

目前我市多数养殖场户水平不高：一是联结机制不紧密，多数是"投入品供应＋养殖场户"或"养殖场户＋屠宰场"等初级"公司＋农户"模式；二是大多数场户产业链短，育种、饲料、兽药、防疫、屠宰、加工、储运、销售和深加工等环节分离；三是养殖生产环节整体管理手段落后，信息化管理水平低，如全市尚无一家生猪养殖企业真正实现信息化、智能化管理；四是养殖成本不断攀升，在单位产值受到挤压的情况下，饲料、人工、环保等养殖成本持续增长，制约了养殖户的生产积极性；五是规模养殖效益不高，如全市大部分猪场每头母猪年提供断奶仔猪头数还维持在 18 头左右，相较发达省市的 22 头，发达国家的 30 头还存在差距。

3. 产业结构亟待升级调整

"十三五"以来，受畜禽养殖污染专项整治，小散户、敏感地区退出以及非洲猪瘟疫情影响等种种原因，全市畜牧业产值占农业总产值由 2015 年的28.72％下降到 2019 年的 24.23％。从畜禽产品产量变化来看，2019 年与2015 年相比，肉类总产量下降 30.40％、禽蛋提高 2.60％、奶类下降 5.32％。受非洲猪瘟疫情影响，猪肉产量所占比重下降到 51.52％，禽肉产量所占比重上升到 37.32％。

4. 动物疫病防控形势严峻

外来疫情传入风险大，非洲马瘟、牛结节性皮肤病等疫情在周边国家和地区蔓延；非洲猪瘟已在我国定殖，在全产业链均有分布，零星发生疫情将成为常态；由 H5 和 H7 亚型毒株引起的高致病性禽流感疫情同时流行。国内多种H5 亚型禽流感毒株同时存在，口蹄疫 O 型、A 型共 5 个流行株均有检出，个别地区 H7N9 亚型禽流感病毒发生变异。病原时空分布广，高致病性禽流感病原学检测阳性样品在多数省份均出现，口蹄疫、小反刍兽疫病原学检测阳性样品在**多个省份**出现。

二、空间布局设想

（一）总体空间布局

为贯彻落实生态环境部办公厅、农业农村部办公厅《关于进一步规范畜禽养殖禁养区划定和管理促进生猪生产发展的通知》（环办土壤〔2019〕55 号），天津市生态环境局会同市农业农村委统筹推进全市禁养区排查整治和新一轮划定工作，对全市 10 个涉农区畜禽养殖禁养区进行了规范调整，共划定禁养区 1 710.774 平方公里，排查调出面积 200.596 平方公里。按照通知精神，禁养区内不得新建各类畜禽养殖场（小区），饮用水水源二级保护区禁止建设有污染物排放的畜禽养殖场（小区），禁养区内需关停搬迁的规模化养殖场（小区），优先支持异地重建，对符合生态环境保护要求的畜禽养殖建设项目，加快环评审批。

在宜养区内，综合考虑农业资源承载力、环境禀赋和产业发展基础等因素，科学规划畜牧养殖布局，发挥区域比较优势划定环城特色养殖区、远郊生态养殖区。严格屠宰环境要求，引导屠宰企业根据区域养殖规模合理布局。

1. 环城特色养殖区

主要包括东丽、津南、西青、北辰（除禁养区）。区域内养殖总体规模不再扩大，对现有养殖场进行提升改造，主要向科技型、生态型为主的良种繁育、特色养殖、休闲观光畜牧业转型提升。散养户全部退出。养殖畜种以生猪、奶牛、肉鸡、蛋鸡为主，蛋鸡存栏适当增加，其他畜禽生产规模逐步缩小，屠宰企业优化减少。

2. 远郊生态养殖区

主要包括蓟州、宝坻、武清、宁河、静海和滨海新区。为全市畜牧业发展的重点区域。优化养殖布局，重点发展畜禽种业、标准化规模养殖及农牧结合、生态循环畜牧业，围绕产能需求合理配备屠宰企业，形成与市场需求基本匹配、与环境保护协调一致的生产格局。养殖畜种主要以生猪、奶牛、肉鸡、蛋鸡为主，并积极发展肉牛、肉羊。

（二）养殖基地布局

按照生产相对集中、因地制宜、分类施策的原则，围绕生猪、奶牛、肉鸡、蛋鸡、肉牛、肉羊等畜禽品种，打造一批规模养殖场，形成一批畜禽养殖基地。

1. 生猪养殖基地

着力发展北部（宁河北部、宝坻东部和西部、蓟州南部，武清东部和南部）和南部（静海南部以及滨海新区西南部）两个生猪养殖片区。支持龙头企业推进百万头生猪养殖项目，打造生猪全产业链条。支持新建、改扩建种猪场和规模养猪场，重点支持存栏 3 000 头以上规模养殖场提升改造，加强动物防疫、环境控制等设施建设，鼓励多层建筑养殖，加快引种和恢复生产，创建一批国家级标准化示范场。引导中小养殖场户通过联农带农等方式进入生猪产业体系。鼓励龙头企业在河北等地建设生猪养殖基地，推动以特色猪肉、风味猪肉为主的高品质猪肉标准化生产和品牌化建设。

2. 奶牛养殖基地

着力发展中部（武清南部、北辰西北部、宝坻东部）和南部（静海中部、滨海新区西南部）两个奶牛养殖片区。着力打造国家优势特色产业集群——天津都市型奶业产业集群，鼓励智能牧场建设。支持奶牛养殖场改扩建和提升改造，发展高产优质苜蓿种植，推进种养结合生态养殖，打造高标准奶源基地。发展科技型、生态型和休闲观光牧场，推进家庭牧场发展。引导乳品企业与奶源基地布局匹配、生产协调，向产业链上下游延伸、向价值链高端延伸，完善乳品加工企业和奶农的利益联结机制。

3. 蛋鸡养殖基地

着力发展北部（蓟州中南部、宝坻南部、武清东北部和北辰西部）和南部（静海东部以及滨海新区南部）两个蛋鸡养殖片区。支持大型龙头企业在宝坻、宁河、北辰和滨海新区等建设大型蛋鸡规模养殖场。鼓励规模养殖场进行升级改造，集成推广养殖环境立体笼养、自动控制、自动喂料、自动集蛋、自动清粪等设施设备以及无抗养殖、节能增产等先进适用技术，打造一批新型智能蛋鸡养殖示范场。实施品牌战略，发展绿色、有机鸡蛋或富硒蛋、无抗蛋等特色蛋生产。加快蛋品加工技术研发，提升蛋品深加工能力，提高产品附加值。

4. 肉鸡养殖基地

着力发展中部（武清南部、宁河中南部和宝坻中部）和南部（静海西部、滨海新区）两个肉鸡养殖片区。鼓励大型肉鸡规模养殖场进行升级改造，推行立体笼养技术、智能化养殖技术，集成推广养殖环境自动控制、自动喂料、自动清粪等设施设备以及无抗养殖、节能高效等先进适用技术，着力打造一批新型智能肉鸡养殖示范场。全面推进肉鸡养殖标准化建设，实现智能化、高端化发展，做大做强肉鸡品牌。

5. 肉牛产业发展区

着力发展北部（蓟州南部、宝坻南部、武清北部）肉牛养殖产业片区。积极发展大型肉牛育肥场和规模饲养场，推进肉牛产业化经营，构建综合良种提供、饲养管理、饲料加工、疫病防治、屠宰加工、销售及信息服务等功能的产业化体系。依托我市奶牛优势产业，实施淘汰奶牛和犊公牛育肥战略，加大适用养殖技术推广力度，逐步做强做精我市肉牛养殖产业。推动建设稳定的民族食品供应基地，鼓励龙头企业在内蒙古等地建设肉牛养殖基地和屠宰加工基地，产品供应我市乃至京冀高端市场。

6. 肉羊产业发展区

着力发展北部（蓟州北部及中部、武清北部、宝坻北部，宁河北部）和南部（静海北部及南部以及滨海新区南部）两个肉羊养殖产业片区。转变传统的肉羊饲养方式，推进肉羊养殖规模化、标准化和产业化。加快肉羊改良繁育体系建设，培育"公司＋农户"产业化经营模式，积极发展设施饲养，打造规模养殖场。完善饲草料加工体系和市场体系建设，推进肉羊产业屠宰标准体系建设，完善监管机制，培育天津肉羊品牌，提升市场竞争力。在河北、内蒙古、新疆等地建设肉羊养殖基地和屠宰加工基地，产品供应我市乃至京冀高端市场。

三、重点任务

（一）创新提升现代畜禽种业竞争力

1. 强化创新平台和基础条件建设

发挥生猪、奶牛两个产业技术体系集成创新优势，借势京津冀农业协同发展，整合区域优势科技资源，打造京津冀生猪、奶牛、肉鸡种业联合研究院和一批科技推广示范基地；新建和改造提升生猪、奶牛、肉鸡等畜禽种质资源生产性能测定站；培育现代种业龙头企业，争取新建国家级核心育种场，完善一批现代化畜禽良种繁育基地。加快畜禽育种人才的引进和培育，提升畜禽种业研发队伍层次和水平。

2. 强化龙头企业和种业集群建设

加强体制机制创新，激发企业发展活力，强化商业化育种研发，构建以市场为导向、商业化育种为主体的优势种业集群；着力打造育种创新能力强、生产技术先进、市场营销能力强、产业链完整的"育繁推一体化"大型现代种业龙头企业，实现创新链与产业链、价值链的衔接和融合。

3. 加快自主创新和转化推广进程

加大畜禽品种研发力度，开展畜禽良种联合攻关。巩固我市优势畜禽品种地位，挖掘国内外畜禽种质资源优势，加快自有新品种、新种质的培育、创制和工厂化生产能力，提升种业自主创新能力，提升核心种源自给率。加快推进畜禽品种选育提高和配套系培育和推广进程，畜禽生产力提高5%以上。

4. 推进优势特色畜禽种业发展

努力挖掘我市特色畜禽品种资源，支持做优鹊山鸡、中华蜂、非洲鸵鸟等特色种业，扩大种质群体，进行品种优选提高，逐步建立种质核心群，加快推进优势特色畜禽种业发展和畜禽遗传资源挖掘和保护。

（二）加快构建现代化畜禽养殖体系

1. 持续推进标准化创建

按照"畜禽良种化、养殖设施化、生产规范化、防疫制度化、粪污无害化"五化标准，重点开展养殖、环控、防疫、粪污资源化利用等环节的标准化改造。推广应用互联网和智能化设施设备，推广节水、节料、节能养殖工艺和干清粪、微生物发酵等实用技术，提升精细化、规范化饲养管理水平。

2. 着力推进经营规模化水平

坚持规模化推进、标准化提升原则，通过"改、扩、转、退"等多措并举，推进经营规模化；逐步构建以大型养殖场为引领、适度规模养殖为主体、农牧结合型家庭农场为补充的标准化生产体系，切实增强产业综合生产能力。力争到2025年，全市畜禽规模化养殖比重达到90%以上。

3. 着力打造智慧型数字畜牧业

在新建生猪大项目中推进智能养殖，引入智能饲喂系统，实现精确饲喂，降低料肉比；引入猪脸识别技术，提高饲养效率，实现精准管理；采用智能控制，减少人员流动，降低人工成本和养殖风险。鼓励存栏量大、标准化程度高、管理水平强、示范能力优的标准化牧场进行智能化升级改造，创建一批智慧型智能化养殖场。

4. 积极推广设施型高效养殖模式

引进国内先进的多层养猪模式，积极在新建规模化猪场推广应用。支持奶牛牧场使用全混合日粮、全自动挤奶设备、自动清粪设备、自动喷淋设备。支持家禽养殖经营主体利用现有场地进行立体笼养肉蛋鸡等改建扩产，示范推广百万只蛋鸡、百万只肉鸡养殖模式。

（三）积极推动产业融合和全产业链发展

1. 调整优化屠宰行业结构

扶优淘劣、优化结构，推进屠宰行业去产能，取消或关闭中小型定点屠宰场点，落实中央加速猪肉供应链由"调猪"向"调肉"转变的总体部署，以集中屠宰、品牌经营、冷链流通、冷鲜上市为主攻方向，提高生猪屠宰现代化水平；科学谋划牛羊屠宰行业布局，加快现代化牛羊大型屠宰企业建设；支持定点屠宰企业发展肉品深加工和副产品综合利用，逐步解决肉类产品同质化、经营粗放和低水平恶性竞争等问题。

2. 推进全产业链一体化融合

鼓励支持大型龙头企业进行全产业链布局运营，创建集育种繁殖、规模养殖、饲料生产、产品加工、配送销售、冷链物流为一体的全产业链集团示范企业，实行品牌化运营模式。加强同行业间的横向联合，积极发展畜牧业产业联盟，形成优势产业集群集聚发展。

3. 推进产业链共享融合

强化产加销衔接，鼓励兽药、饲料、屠宰、养殖等畜牧业上中下游企业以参股入股、收购兼并、产学研合作、联农带农等多种形式，发展利益共享、风险共担、全产业链有机衔接的产业化联合体，关联带动食品包装、保鲜材料制造、物流、电商、旅游、餐饮业等产业发展。

（四）持续推进畜禽养殖废弃物资源化利用

1. 巩固畜禽规模养殖场粪污治理工程建设成果

积极探索粪污集中处理中心的投融资机制和粪污处理工程持续运行长效机制，制定扶持政策鼓励养殖场（户）采用种养结合还田利用、有机肥加工等畜禽粪污资源化利用模式和措施，新建200家种养一体、循环利用、绿色畜牧示范场。推广政府支持、企业主体、市场运作、分类实施的方式，严格过程监督、执法监管，开拓畜禽粪污资源化利用新局面。

2. 积极推进粪污处理及利用中心建设

针对养殖密集区粪污量大、面广和单个散户处理费用高的问题，在农业区的养殖密集区积极建设粪污集中处理利用中心。采取集中收集、统一处理的方式，通过建设储粪场、污水储存池、污水输送管道等设施，配套购置粪便收集运输车、养殖污水收集运输车、污水输送设备、堆积发酵设备、施肥设备等实现养殖密集区畜禽粪污资源化循环利用。

3. 积极推进有机肥生产中心建设

支持社会化服务组织（第三方）建设畜禽固体粪便的收集、转化、处理和利用网络体系，通过适当付费购买畜禽养殖场的固体粪便，建设有机肥生产车间、配套有机肥生产加工设备等，对收集的畜禽固体粪便进行无害化处理，并对初级堆肥产品加工处理以生产商品有机肥或专用有机肥。

（五）着力加强动物疫病防控能力建设

1. 提升动物疫病防控信息化管理水平

以现有"动物防疫和畜产品质量安全监管平台"为基础，开发建立全市病死猪无害化处理监管等模块，进一步提升我市动物疫病防控信息化管理能力。强化活畜禽收购贩运管理，在风险评估基础上，积极落实国家分区防控制度，建立健全区域联防联控工作机制。

2. 强化基层动物疫病防控设施建设

推动动物保护提升工程项目建设，启动天津市基层动物防疫体系建设项目，实施区级动物疫病预防控制中心和乡镇畜牧兽医站改扩建工程，完善病死畜禽无害化处理、活畜禽运输指定通道、公路动物防疫监督检查站等动物防疫公共设施，同时提升村级动物防疫员装备水平。健全完善区级动物检疫机构及其检疫申报点基础设施，提升配齐动物检疫设施设备，健全动物检疫队伍，提高动物检疫能力，持续加强重大疫病监测排查、消毒灭源、检疫监管等关键防控措施。

3. 提升区级动物疫病防控应急处置能力

加强区级应急储备库建设和应急物资储备，强化应急队伍演练，提升应急处置能力。压实各级政府属地责任、部门监管责任和养殖场（户）防疫主体责任，巩固和加强镇村动物防疫队伍建设，严格落实责任到人、措施到村、到场、到户的"四到位"防控责任制和"四全面、三同步"疫情处置机制。加大区级和镇级执法机构基础设施建设，提升集成检疫监督执法能力。

4. 推进兽医社会化服务体系建设

推动畜禽养殖场配备与其养殖规模相适应的执业兽医师。推进动物疫病检测社会化服务能力建设，通过政府购买服务等方式引导第三方兽医实验室拓展服务范围和内容，鼓励畜禽养殖场购买检验检测服务。健全从养殖到屠宰全链条兽医服务供求模式，鼓励畜禽养殖场向具备实验室资质的兽医机构、服务组织购买动物疫病诊断、检测等专业兽医服务；鼓励屠宰场与检验检测专业机构合作，不断提升肉品质量安全保障能力；鼓励社会资本参与病死畜禽无害化处理，支持专业化服务组织收集处理病死畜禽，提升集中处理比例。

四、保障措施

（一）组织保障

市、区各级政府及各有关部门要加强和改善对畜牧业发展的组织领导，明确职责，形成合力，扎实推进各项工作。严格落实市负总责、区抓落实的工作机制，进一步压实"菜篮子"市长负责制的区级领导责任和稳定肉蛋奶生产的主体责任。有农业区的政府要结合实际，围绕各区畜牧业布局方案及分解到区的指标任务，制定本区畜牧业发展规划，明确发展目标，认真细化落实方案。各级主管部门认真履行规划指导、政策落实、项目落地、协调服务职能；财政部门落实各类畜牧业政策资金；其他部门立足自身职责，加强协同，推进规划实施，为全市畜牧业持续健康发展提供支撑。

（二）政策保障

充分运用各类扶持政策，积极健全以绿色发展为导向的现代畜牧业政策框架体系。加大财政支持力度，重点对龙头企业基地建设、良种繁育、粪污治理、产业融合以及屠宰企业升级改造等给予支持。加大招商引资力度，引入社会资本投入养殖业，推动现代畜牧业发展。加大金融保险政策保障力度，强化对种畜禽场、规模场、屠宰加工厂的信贷投放，创新畜禽养殖保险品种，推进政策性保险全覆盖。加大养殖用地等政策保障力度，简化用地手续，落实取消生猪和奶牛养殖辅助设施用地 15 亩上限规定政策，鼓励养殖户利用荒山、荒沟、荒丘、荒滩和原有养殖设施用地及农村集体建设用地开展畜禽养殖和屠宰加工。

（三）科技保障

鼓励围绕畜禽产业链关键环节开展优势畜禽育种技术、智能化养殖技术、重大疫病防控技术、废弃物处理工艺等关键技术集中攻关。支持新一轮生猪、奶牛产业技术体系创新团队建设，适时启动家禽产业技术体系创新团队建设，鼓励产业技术体系与综合试验站、示范基地组成技术联合体，与市、区畜牧推广部门、疫控中心和养殖协会紧密合作，形成产学研一体化技术推广联盟，完善社会化服务体系建设，开展新技术、新设施、新工艺的集成示范应用。加强与国内先进地区在养殖舍建设、品种选育、智能化养殖和疫病防控等方面的交流合作，努力提升我市畜禽养殖技术水平和综合生产力。

（四）法治保障

落实国家关于促进畜牧业可持续发展的相关法律制度，加快出台配套法规，修订《天津市畜牧条例》《天津市动物防疫条例》，加强配套制度起草，制定符合我市实际的规范性文件；严格执行畜产品质量安全管理方面的法律法规和规章，启动编制《天津市畜产品质量安全监测管理规定》；加强畜牧业标准化体系建设，编制完善畜牧业生产技术规范、检验检测技术规程和畜牧业管理规范。

项目来源：2020 年天津市农业农村委员会委托调研项目

执笔人：孙国兴、史佳林、刘会想、陈丽娜、张磊

参考文献

财政部办公厅，农业农村部办公厅，2019. 关于支持做好稳定生猪生产保障市场供应有关工作的通知［EB/OL］.（2019－09－04）［2020－12－10］. http://www. moa. gov. cn/gk/zcjd/201909/t20190904＿6327286. htm.

国务院办公厅，2020. 关于促进畜牧业高质量发展的意见［EB/OL］.（2020－09－27）［2020－12－10］. https://www. gov. cn/zhengce/zhengceku/2020－09/27/content＿5547612. htm.

生态环境部办公厅，农业农村部办公厅，2019. 关于进一步规范畜禽养殖禁养区划定和管理促进生猪生产发展的通知［EB/OL］.（2019－09－17）［2020－10－10］. http://nvdtia. cvda. org. cn/a/zixunban/xingyedongtai/2019/0917/21994. html.

天津市发展改革委等十部门，2019. 天津市重要农产品市场保供稳价十条措施［J］. 天津政报（21）：23－27.

天津市农业农村委员会，2020. 市十七届人大二次会议关于建立天津市原奶议价机制，推动奶业健康发展的建议办理落实情况［EB/OL］.（2020－07－15）［2020－12－10］. https://www. tjrd. gov. cn/dbyd/system/2020/07/15/030017270. shtml.

天津市农业农村委员会，2021. 关于稳定生猪生产保障市场供应暨加强非洲猪瘟防控的实施方案》［EB/OL］.（2021－10－11）［2021－12－10］. https://nync. tj. gov. cn/ZWGK0/ZCFG152022/202110/t20211011＿5643466. html.

天津水稻全产业链增值路径构建研究

一、研究背景

天津小站稻是天津农产品中最有代表性的地域品牌，是天津第一个进入"中国地理标志名录"的农产品。2018 年，在习近平总书记的关怀下，天津小站稻焕发了新的生命力。天津市具有得天独厚的农业自然资源优势与气候，为稻米生产提供了优势条件，产出稻米属于中高档层次。天津的水稻生产有过蓬勃发展的兴盛时期，但天津的水资源匮乏，今后要致力于发展高产、优质、高效、低耗的水稻生产。小站稻申遗的成功，极大鼓舞和振兴了天津的水稻产业，为产业发展赋能。当前天津充分利用"小站稻"地理标志商标，引进现代要素做强小站稻品牌，依托大型龙头企业，构建"育种、制繁种、种植、收储加工、品牌营销"为一体的全产业链闭环小站稻发展新模式。基于此，本研究系统性地对天津市稻米全产业链的基本特征与增值机理进行分析，通过上游、中游、下游及各环节间衔接的协同转型升级，对产业链增值的路径优化设计提出可行的策略。

二、天津市水稻产业的运行现状与存在问题

（一）天津稻米全产业链增值的环境 PEST 分析

天津市日照、积温和土壤基本都可以满足水稻生长的要求，2018 年全市水稻种植面积达到 59.85 万亩，2021 年超过 100 万亩，总产量 55 万吨。整体上小站稻作为一种优质水稻，正由"小特产"向"大产业"迈进。截至 2022 年，小站稻产业体系内已有市级龙头企业 15 家、市级合作社 29 家、家庭农场 31 家、育种机构 4 家，初步实现了全产业链的开发。但由于存在很多不确定性因素，有必要采用 PEST 分析法对天津稻米全产业链所处的政治、经济、

社会以及技术等环境展开分析，以期更明确目前小站稻所面临的机遇和挑战。

1. 政治方面

从全球看，当下国际环境复杂，2019年以来，受中美贸易摩擦和美伊、俄乌冲突升级、欧洲政局动荡以及新冠疫情等因素影响，全球稻米产业和农产品国际贸易均受到一定的冲击。鉴于粮食安全重要性异常突出，天津市高度重视粮食安全。2018年习主席的关心，赋予小站稻极大的政治优势，津南、宝坻、宁河、西青等高度重视水稻的种植。天津市政府编制了《天津小站稻产业振兴规划》，出台了一系列支持小站稻产业发展的政策。

2. 经济方面

当下国际环境更趋复杂严峻，经济压力进一步加大，必然会使投入减少和消费降级。"十四五"期间，天津全力推进国际消费中心城市和区域商贸中心城市建设，有助于发展优质特色稻米和优化稻米品种结构。生长在都市地区的天然属性，决定了小站稻的生产成本较高，特别是土地成本和劳动力成本，例如流转成本就在1 000元/亩以上，高成本决定销售价格相对较高，每千克8～10元，但市场所接受的大米普遍价格仅为每千克4～6元，这就导致了即使生产出来优质稻，也很难以体现自身价值的价格进行销售，具体表现为优质不优价。

3. 社会方面

历史上天津在历史演化中所形成的稻耕文化，为小站稻的恢复种植提供了社会文化基础。2019年申遗成功，为小站稻的保护与开发提供了巨大的战略机遇。随着人们对主食稻米的追求由数量型向品质食味型转变，稻米市场面临严峻的市场竞争，泰国香米、印度和巴基斯坦的巴斯马蒂大米、日本越光米，东北五常大米和盘锦大米、广东增城丝苗米，占据着国内的中高档稻米市场。目前天津稻米市场主要被东北大米占据，小站稻市场占有率不到20%，面临着较大的市场竞争压力。

4. 技术方面

目前天津市已经从品种、基质育秧技术、栽培技术、食味品质评价等方面制定六项地方标准，对小站稻从农田到餐桌的全过程进行了规范，构建完整的小站稻产业链标准化生产体系。尽管标准体系完备，但在实践中，由于对利润的追求和对品质的追求存在博弈，导致标准在执行过程中存在不同程度的折扣。天津科教智力资源发达，拥有国家粳稻工程技术研究中心、国家级水稻原种场等众多国家级研发示范平台，为水稻产业发展提供了有力的科技支撑。

（二）天津稻米产业链运行存在问题

本研究在参阅产业链增值的相关文献基础上，以提升天津市稻米全产业链整体价值为主线，对企业和科研机构进行深入调研，包括天津农科院作物所、天食集团、益海嘉里、天津中化农业等，通过走访座谈等方式深入总结近年来天津市稻米全产业链上、中、下游发展现状及其核心环节存在的问题。

1. 优质稻所占比重较低

当前天津市水稻种植面积在 100 万亩左右，以高产型品种为主导（亩产 750 千克以上），如津原 E28、津原 18 和津原 89 等，占天津市水稻年种植面积的 90% 左右。通过近些年在优质品种选育方面的持续投入，天津先后育成了一批产量高、米质好、抗性佳的水稻品种，以天隆优 619、津原 E28、津稻 179、津原 U99、金稻 919 等为代表的优质品种的种植规模在 10 万亩左右，占播种面积的 10%，其中金稻 919 的推广面积在 5 万亩左右。虽然优质稻口感好，但由于产量低、成本高，稻米优质不优价的问题普遍存在，因此优质稻的种植推广遇到阻力，高端米业规模有限。

2. 深加工能力有限

目前多数企业的加工仍停留在将稻谷加工成大米的初加工阶段，精深加工水平低，除稻米之外，稻米的副产品碎米、稻壳、米糠的利用途径比较单一，通常用作饲料和酿酒。中高档米的市场零售价格在每千克 6～12 元，五常米平均价格在每千克 20～30 元，有机米的平均价格在每千克 18～36 元，日本米平均价格在每千克 90 元以上，相比而言，优质小站稻的价格也就维持在每千克 7～10 元，附加值仍不高。而对附加值高的免淘洗米、胚芽米和营养强化米，目前仅天津农科院作物所拥有高端米生产线可加工富含 γ-氨基丁酸（GABA）米和胚芽米，GABA 米的售价在每千克 100 元以上，胚芽米在每千克 20 元以上，但供给能力有限。作为副产品的米糠通常只用作饲料，极少用来加工提炼米糠油，碎米也主要用作饲料或酿酒，用于提取米蛋白、米淀粉之类的很少，附加值有限，在市场竞争中常处于弱势地位（日本的米糠综合利用率接近100%）。理论上天津55万吨稻谷，如可以提炼为白炭黑，产生经济价值可达2.6亿元。

3. 资源运行效率不高

目前天津稻米产业链已经有益海嘉里、天食、中化等大型龙头企业，但行业集中度仍比较低，稻米全产业链运行的各个环节参与主体众多，特别是中小型稻米加工企业较多，甚至还有加工作坊存在，这些中小型稻米加工企业主要进行单纯的脱粒、抛光等粗加工，利润主要来自加工的副产品——米糠。而产业布局比较分散，也导致稻米的副产品稻壳、米糠等资源比较分散，无法集中利用，资源利用效率不高。整体上稻米加工企业产能过剩，有数据显示，我国涉农企业年实际加工稻谷能力远不及其处理稻谷能力的1/2，产能利用率仅为44.5%，稻米加工产能严重过剩。而我市也面临此种情况，经调研可知，天津一些稻米加工主体的设备利用率不足一半。

4. 品牌管理松散

长期以来，小站稻商标和品牌掌握在津南区农委，但津南区由于城市化程度很高，仅有5万亩左右的耕地可以用来种植水稻，无法支撑起小站稻产业发展的需要。而其他拥有较大耕地面积的农业区（宝坻区48万亩、宁河区37万亩），没有经过授权，很难使用小站稻的品牌。小站稻目前品牌评估价值为75亿元，仅为五常大米的1/10左右。目前天津小站稻作为区域公共品牌，管理松散，使用门槛低，不能充分保证品质，甚至还存在以次充好的现象。消费者只关注粮食加工企业品牌，品种品牌与消费市场脱节。

5. 标准化执行不足

目前在水稻种植、储藏、加工等各个环节普遍存在标准化管理难以有效贯彻的问题，优质水稻品种所需执行的栽培与收获规范、单收单储制度和优质加工标准尚未得到广泛应用。在种植阶段，生产者仍然依赖超标使用农药、化肥（氮肥）来达到增产增收，导致米质口感难以达到优质食味稻的水平；在稻谷收储环节，低温储藏技术没有普及推广，普遍存在新陈粮、多品种混收混储的问题；加工企业从规模、设备到加工技术，良莠不齐，仍有大量的低端加工作坊存在，高温快烘等现象普遍，影响小站稻的品质口碑。

三、天津市水稻全产业链增值的关键影响因素识别

结合水稻全产业链内涵及小站稻所处的外部宏观环境以及存在的主要问题，考虑当前主要供需矛盾、现代农业技术创新、消费环境、技术推广及乡村振兴战略等发展现状对产业链的影响，从产业链上游、中游、下游三个层面，将影响稻米全产业链增值的诸多因素进行归类，并判断长板因素、中板因素和短板因素，明确未来需要提升强化的方向。

（一）产业链上游关键影响因素

上游环节主要由稻米生产经营主体的采购与生产环节组成，主要受以下因素影响，包括农户生产观念、潜在农业风险水平和成本。

1. 生产观念

农户是否愿意种植优质稻米是优质稻米产业链能否形成的关键。对农户优质稻米生产的影响因素的实证分析结果表明，优质稻米与普通稻米价差、生产者是否获得良种补贴、生产者是否参加技术培训等会影响农户生产意愿。结合目前的情况，判断为短板因素。

2. 潜在农业风险

农业生产受自然环境影响较大，主要包括大风、冰雹、旱涝、病虫害等自然状况引发的风险，会对水稻的产量和质量产生较大的影响。结合目前的情况，判断为中板因素。

3. 成本

都市地区农业生产成本较高，主要包括人力资本、农资成本、水电成本、流转成本等要素。结合目前的情况，判断为短板因素。

（二）产业链中游关键影响因素

水稻全产业链中游的核心环节主要由加工与物流主体组成，可以从产业链配合程度、深加工水平、物流仓储三个影响因素来识别。

1. 产业链配合程度

产业链上不同规模企业之间的在供应链上的分工与配合，主要包括资源共

享、信息共享、分配协同等。结合目前的情况，判断为短板因素。

2. 深加工水平

深加工水平主要衡量资源的综合利用程度，直接决定了产品的附加值，主要包括副产品多样化、高端化程度，这些因素直接影响水稻价值链的挖掘。结合目前的情况，判断为中板因素。

3. 物流仓储

主要包括物流配送效率与物流基础设施建设情况，特别是高端米业所必须要配套的低温仓储和冷链物流。结合目前的情况，判断为短板因素。

（三）产业链下游关键影响因素

稻米全产业链下游的核心环节主要从消费主体及意愿、政策支持及跨界融合程度三个影响因素来识别。

1. 消费主体及意愿

家庭月收入、品牌忠诚度、购买意愿、消费者对本地大米的信任程度会对小站稻消费意愿产生不同程度的影响。结合目前的情况，判断为中板因素。

2. 政策支持

小站稻能够再次复兴主要是政治因素的推动，主要包括财政投入力度、补贴力度、调动社会资源支持产业链建设的力度。结合目前的情况，判断为长板因素。

3. 跨界融合程度

都市地区较高的农业成本决定了必须积极发展综合种养、文化创意、乡村旅游等产业，进一步拓展农业功能，才能真正提升农民收入，具体包括是否及如何开展种养结合、休闲旅游、研学体验等活动。结合目前的情况，判断为长板因素。

四、天津市水稻产业全产业链构建的增值路径研究

根据产业链增值理论，水稻产业全产业链的增值必须从产业链、供应链和价值链三个角度来进行优化，一方面要综合权衡传统价值创新、损失减少、新动能探索、总成本降低以及各环节的潜在风险控制等因素，另一方面要在当前

全产业链增值的关键影响因素中，确定长板、中板和短板，在此基础上，从规模扩大、管理能力提升、精准分工以及要素融合等方面进行组织优化，对长板影响因素予以强化、创新，对中板影响因素进行强化增值，对短板影响因素应进行稳固、改善与升级，最终实现稻米全产业链增值路径的优化。

（一）基于产业链的集聚融合模式

该模式主要是通过龙头企业进一步整合资源，打造集育种、种植、加工、仓储、营销、旅游等为一体的水稻全产业链。一是鼓励采用大企业强强联合、中小企业精准分工合作的模式，使各个环节的不同经营主体实现目标协同，最终培育出一批产业关联度高、功能互补性强的农产品加工产业集群。二是筛选出一批有实力、信誉好、有意愿的种子企业和加工企业参与"双订单"模式，通过"公司＋合作社＋基地＋农户"等形式，让农户放心种植优质稻，企业有稳定的优质稻粮源，为加工企业实行单收、单储、单加工创造有利条件。三是鼓励跨界融合，促进一二三产业融合发展。鼓励在稻米主产区将稻米的生产、加工、销售和农业休闲旅游结合起来，打造一批稻香精品线路、稻耕小镇和特色村。

西青区的王稳庄镇在全产业链发展实践上，探索出了基于产业链的聚集融合模式，大企业之间分工合作强强联合。采取优质品种固定（天隆科技提供1～4个优质米品种，符合小站稻香甜弹润的特点）、种植模式安全（中化农业全过程托管，种植过程采用用肥用药全程可追溯的 MAP 模式）、加工储藏标准（知味米介入加工，提升米质标准，保证品牌质量），以发展稻田旅游及水稻衍生品产业，进一步扩大小站稻知名度。

（二）基于供应链的安全稳定模式

该模式主要是协调产业链各环节经营主体的目标行动，包括政府、研发机构、农户、企业、消费者等，建立以消费者"喜欢什么"促进流通环节"收什么"引导种植环节"种什么"的供应链模式，减少过程中的无序流转，促进稻米实现按需、按标准生产供应。

一是继续强化龙头企业的主体地位。扶持鼓励核心企业采用不同方式对产业链各环节增强控制，主要包括合同契约、投资、技术指导及扶持，其中在生产环节对土地流转、生产资料供应及技术标准等进行整合；储运环节对储藏运输标准及配送路线进行整合；加工环节对加工技术标准、稻米品级分类及包装等进行整合；销售环节对品牌推广、营销渠道及客户服务等进行整合。二是建设小站稻产业链生态圈，解决全产业链中的仓储、运输、物流、金融服务环节的问题。依托天津粮油商品交易所建设全流程服务平台，打造优质稻谷的商品价格指数和流通定价中心，搭建小站稻"数字＋溯源"、商品现货交易结算等系统，积极发展农业订单预售和订单竞价，全面构建线下对接认证与线上金融服务之间的互联互通平台，确保稻米产品流通信息的顺畅和快速。三是推广科学家参与的四位一体的质量安全体系，即"品种＋产地＋生产单位＋品牌"的育种、种植、加工、营销全产业链闭环运行模式。由政府搭建平台、科学家提供品种和技术、农民参与、龙头企业主导，通过统一种源、统一种植、统一收储、统一加工，选择生产条件较好、基础设施齐全的重点区域、重点村组，连片种植同一个优质品种，集中打造优质稻规模化、标准化生产基地。

天津食品集团近年来围绕小站稻打造弹性供应链，确保天津粮食供应链安全。育种环节，联合中科院李家洋院士团队成立了天津小站稻研究院，并与行业部门、科研院校、业内企业共同筹建小站稻产业联盟。种植环节，以宝坻区为主要依托，建设了 500 亩的优质稻育秧基地，自有生产基地达 5 万亩，订单农业带动农户 10 万亩，合计 15 万亩，集中打造优质稻规模化、标准化生产基地，实现全程机械化和信息化管理；同时发挥集团养殖业优势，推进稻蟹立体养殖，形成科学合理的种养结合、绿色循环发展模式。加工储藏环节，建设了四个加工厂，总加工产能 35 万吨，推动小站稻深加工，开发了小站稻米糕等深加工产品；在集团下属利达粮油公司，建设 50 万吨稻谷专用承储库、5 万吨专用大米低温冷藏库。销售环节，深耕天津本地销售渠道，拥有 20 台冷藏车、300 余家农鲜生活超市、230 家利达粮油专卖店以及京东、天猫、拼多多、盒马鲜生、每日优鲜等平台电商渠道。通过统一种质资源、统一生产格局、统一加工标准、统一产品包装、统一品牌标识，确保小站稻供应链稳定、安全。

（三）基于价值链的节本优价模式

该模式主要是协调行业内部、企业内部的各利益相关者的利益分配，通过控制成本，实现价值链向高利润区延伸。一是控制成本。推广机械化的节水栽培模式，通过直播品种和技术的推广，结合滴灌技术、农机智能化、农业智能化，降低生产成本和劳动强度，普及小站稻轻简、节本、增效的种植模式。二是调整产品结构，除不同品牌的稻米产品外，推动开发米制品、功能性产品、生化制品等附加值较高的产品。三是品牌强农提升附加值。统筹整合小站稻品牌管理体系，与大型加工企业合作，借助已有渠道和品牌的影响力，逐步将小站稻打造成国内知名的农业品牌，扩大品牌影响力和市场竞争力。

益海嘉里在滨海新区投资 5 200 万元建设了天津大米加工项目，标米加工能力达到 10 万吨/年，2020 年投资建设了 20 万吨的水稻生产线；通过与津南区达成品牌合作，在金龙鱼和香满园品牌下开发了金龙鱼"小站稻"、香满园"小站稻"，产品主要辐射京津冀晋等区域，年销量近万吨。除了稻米产品之外，益海嘉里还开发了白炭黑、活性炭、米蛋白、米淀粉等高附加值产品；利用自身渠道优势，与中化农业达成战略合作实现小站稻轻简节本种植，打造立足京津冀的 MAP 模式。

项目来源：天津市科协科技创新智库项目（项目编号：TJSKXJCZXD-202227）

执笔人：郭华、史佳林、李瑾、郁滨赫、刘悦

参考文献

闵庆文，张碧天，2018. 中国的重要农业文化遗产保护与发展研究进展［J］. 农学学报，8 （1）：221－228.

阳耀芳，孙静，2010. 天津小站稻品牌战略发展的思考与建议［J］. 粮油加工（6）：41－44.

张金刚，2005. 天津稻作五十年［J］. 天津农学院学报（1）：43－48.

张旭，于福安，张春和，等，2009. 天津水稻育种及稻谷品质的进展［J］. 农产品加工（创新版）（1）：69－71.

朱凡，2019. 天津市水稻产业转型升级发展策略探讨［J］. 中国稻米（4）：83－87.

天津乡村振兴示范创建的实践研究

社会主义现代化国家建设赋予了乡村振兴全新的历史使命，同时也对乡村振兴提出了更高要求：新阶段的乡村振兴，是全覆盖、全领域、全功能、全民共享、城乡统筹的乡村振兴，是以农业农村现代化为前提的乡村振兴，是以"五大振兴"统筹推进为动力的乡村振兴，更是以全面建成小康社会为目标的乡村振兴。

"十四五"期间，天津农业农村必将乘势而上，但瓶颈困难依旧存在，资源环境形势更趋严峻，国际国内市场不确定性依然很多，在机遇与挑战并存的外部环境下，坚持走中国特色的乡村振兴之路，着力破解天津农业农村发展中的难点问题，补齐短板，发挥优势，是必由之路。而示范村的建设，正是探索这条必由之路的关键载体。天津聚合乡村振兴各方力量和各类资源，从地区实际出发，引导产业、生态、文化、组织、人才全面提升，打造具有都市特征的乡村振兴机制与模式，以示范村带动其他村，最终实现乡村振兴的全面推进。作为乡村振兴成果的集中体现和全市"三农"工作成效的典型代表，乡村振兴示范建设必然要把握时代脉搏，承载历史使命，体现天津特色。

一、乡村振兴示范村创建标准研究

（一）示范村创建与乡村振兴战略目标的耦合机制

《天津市乡村振兴战略规划（2018—2022 年）》指出，到 2022 年，全市要建成农村现代产业发展体系、乡村生态环保体系、乡村文化体系、现代乡村治理体系、农民民生保障体系和政策支持体系，并提出"十三大工程"的规划任务。2021 年出台的《天津市推进农业农村现代化"十四五"规划》中，则提出实现"三美四乡""五个现代化"的奋斗目标，重点实施六大任务。以上两项规划，在时间上承前启后，相互衔接，是指导天津农业农村发展、推进乡村振兴的纲领性文件，其中所提出的发展目标、重点任务一脉相承，是新时期天津打造现代都市型农业升级版、实现农业农村高质量发展、建设高水平创新型大都市的重要举措。

乡村振兴示范村的创建，即是要将乡村振兴提出的"五大振兴"要求，全面对应落实到"三美四乡"的奋斗目标中去，以美丽田园、美丽乡村、美丽庭院为抓手，以建成兴业之乡、宜居之乡、文明之乡、幸福之乡为载体，实现乡村的全面振兴。示范村是长效推进机制最先构建并推行的先行区域，是具有示范意义和推广价值的典型样板，也是未来承载各个部门建设投入的核心载体，因此必须在制度设计和标准制定上遵循科学精神，为我市全部乡村达到振兴目标作出示范。

根据以上分析，拆解乡村振兴示范村所应体现的要义、建设的重点、示范引领的方向，将乡村振兴战略"二十字"总方针与农业农村现代化目标相互对应，构建起示范村创建与乡村振兴战略目标的耦合机制（表1）。

表1 天津市乡村振兴示范村创建与乡村振兴战略目标耦合机制

创建重点	建设目标	目标耦合
美丽田园	重点围绕实现乡村产业高质高效，将示范村建设成"有绿色底蕴、田园环境好，有主导产业、融合发展好，有组织带动、经营效益好"的美丽田园	产业兴旺＋生态宜居＋生活富裕＝兴业之乡＋幸福之乡
美丽乡村	重点围绕实现乡村宜居宜业，将示范村建设成"有坚强组织、村庄治理好，有科学规划、村庄建设好，有文化阵地、乡风建设好"的美丽乡村	生态宜居＋乡风文明＋治理有效＝宜居之乡＋文明之乡
美丽庭院	重点围绕实现农民富裕富足，将示范村建设为"有良好习惯、居家环境好，有幸福生活、综合服务好，有稳定收入、社会保障好"的美丽庭院	乡风文明＋治理有效＋生活富裕＝文明之乡＋幸福之乡

（二）示范村标准体系设计

根据以上思路，指标选取以"美丽田园、美丽乡村、美丽庭院"建设为抓手，打造具有天津特色的兴业之乡、宜居之乡、文明之乡、幸福之乡样板，引领乡村产业现代化、生态现代化、文化现代化、治理现代化、生活现代化建设，为率先实现农业农村现代化、推进共同富裕探索路径和模式。

1. 美丽田园

具体要求是：示范村具有主导产业发展规划，发展 1 个以上依托当地资源禀赋、绿色低碳、特色明显、品牌优势突出，能够带动农民实现稳定增收致富的生态环境友好型主导产业。产业资源利用效率较高，生态资源价值能够有效转化。具有农业产业的村庄，能够为全市乡村探索产业融合发展、带动农民增收的农业产业发展模式。具备发展二、三产业的村庄，能够依托当地资源禀赋，发展适宜的特色产业。通过产业带动，示范村集体经营性收入较创建前得到明显提升。

2. 美丽乡村

具体要求是：示范村具有建设规划，生产生活生态空间布局合理，村庄内公共基础设施和公共服务完备，生活便利化程度满足居民日常生活需求。村庄绿化景观错落有致，建筑风貌与乡村色彩协调统一、整洁靓丽，对山、水、林、田、湖、草等自然资源利用、保护和监管到位，打造美、净、宜、璞的生态环境和人居环境。示范村的党建引领作用突出，能够为全市提供党组织领导下的村庄善治经验。示范村社会主义核心价值观深入人心，新时代文明实践站作用突出、特色文化深厚、公共文化活跃，是建设文明乡风的示范平台。

3. 美丽庭院

具体要求是：农民居家环境美化，农户庭院干净整洁，建成院落美、居室美、厨厕美、绿化美、和谐美的"五美庭院"。公共服务完善，村民能够就近实现幼有所育、病有所医、老有所养，低保人员、特困供养人员、低收入救助家庭等困难群体得到精准救助和及时关怀。定期开展精神文明创建活动，民风淳厚，无红白事大操大办、厚葬薄养、人情攀比、封建迷信等陈规陋习。农民收入稳步增长，示范村农民人均可支配收入高于本区城乡居民平均水平。

根据以上构想，乡村振兴示范村标准以构建评价考核指标体系为方向，初步设计包含 3 大类、18 个一级指标、30 个二级指标和 62 个三级指标的体系。其中一二级指标见表2。

表2　天津市乡村振兴示范村评价考核指标体系

类别	一级指标	二级指标
美丽田园	绿色底蕴	农业污染防治
		其他产业污染防治
	田园环境	资源保护与利用
	主导产业	农业产业
	融合发展	产业融合
	组织带动	组织类型
		利益联结
	经营效益	集体经济实力
		资源资产盘活利用
美丽乡村	坚强组织	组织建设
	村庄治理	治理机制
		治理效果
	科学规划	建设规划
		产业规划
	村庄建设	交通设施
		公共服务设施
		环境治理
	文化阵地	文化设施
	乡风建设	乡村文化
美丽庭院	良好习惯	日常行为
		精神风貌
	居家环境	住房环境
		庭院环境
	幸福生活	生活条件
		生活配套设施
	综合服务	服务资金保障
		服务项目
	稳定收入	就业创业
		农民收入
	社会保障	村民福利

二、乡村振兴示范县创建思路——以西青区为例

（一）创建思路

以习近平新时代中国特色社会主义思想为指导，深入贯彻党的二十大精神，全面贯彻落实习近平总书记关于"三农"工作重要论述和对天津工作"三个着力"重要要求，立足新发展阶段、贯彻新发展理念、构建新发展格局，坚持稳中求进工作总基调，坚持农业农村优先发展，坚持改革创新，以率先实现城乡一体化发展为引领，以缩小城乡区域发展差距、促进农民共同富裕为主攻方向，深入探索破解城乡二元结构、健全城乡融合发展的体制机制，着力在发展现代都市型农业、培育乡村新产业新业态、深化农村改革、创新乡村治理等方面先行示范，全面推进乡村产业振兴、人才振兴、文化振兴、生态振兴、组织振兴，在全市率先建成兴业之乡、宜居之乡、文明之乡、幸福之乡，不断增强农民群众的获得感、幸福感、安全感和认同感，进一步促进农业高质高效、乡村宜居宜业、农民富裕富足，为东部沿海地区特大城市全面推进乡村振兴探索路径、打造样板。

（二）实现路径

结合自身优势与基础条件，从示范引领全市乡村振兴的高度出发，通过"组织推动、政策引领、多方合力、农民为主"的发展方式，构建"三链协同""三类共促""三维推进""两山共建""四治统一"从而实现五大振兴的"33324"乡村振兴路径。

1. "三链协同"的产业振兴路径

围绕西青区乡村产业的资源优势与产品优势，以种业为引领，以品牌为依托，打造小站稻和高端精品蔬菜（沙窝萝卜）两条农业全产业链，围绕乡村产业链部署创新链、围绕创新链完善资金链，促进产业链、创新链、资金链"三链协同"，有效配置科技创新资源、金融服务资源，加快全区乡村产业转型升级。

2. "三类共促"的人才振兴路径

按照保供固安全、振兴畅循环的工作定位，区分主体人才、支撑人才和管

理服务人才，推进"三类"乡村振兴人才队伍建设。坚持分类施策、分层推进、分工协作，立足各类人才队伍特点，实行针对性政策措施；坚持创建平台、创新机制、创设抓手，构建乡村振兴人才培育、引进、使用、激励的体制机制，谋划实施人才培育重大工程项目；坚持促进人才下乡、人才返乡、人才兴乡，引导激励各类人才到农村基层一线开展服务，为人才返乡干事创业提供系统性支持服务，吸引各类人才在乡村振兴中建功立业。

3. "三维推进"的文化振兴路径

立足传统文化、乡村文化和群众文化三种类型文化的各自内涵、特征与用途，加大乡村文化资源保护传承与创造性转化利用，围绕运河文化、农耕文化、红色文化、精武文化等特色资源，充分利用区内丰富的非物质文化遗产资源，传承打造乡村特色文化产业，补齐文化人才队伍建设短板，形成资源、产业与人才的"三维"推进路径。

4. "两山共建"的生态振兴路径

坚持"绿水青山就是金山银山"理念，以辛口镇、王稳庄镇两个国家级"两山"理论实践创新基地为引领，在全区开展生态环境保护、农村生活环境治理、生态旅游发展行动，促进生态环境质量提升，推动生态经济绿色发展，带动农民致富增收，进一步探索"两山"转化模式，创新"两山"转化路径，完善"两山"转化制度，让绿色产品、生态产品成为新的生产动力。

5. "四治统一"的组织振兴路径

以健全完善乡村治理体系和治理能力为重点，统筹乡村发展、乡村建设和乡村治理，持续推进西青区乡村治理体系建设试点工作，坚持典型示范引领，探索乡村有效治理模式，为解决乡村治理难点问题探索路子，形成"事务自治、秩序法治、文明德治、管理共治"的治理新格局，加快推广运用积分制、清单制等治理方式，充分运用数字化、信息化等新型治理手段，为乡村振兴提供强有力的保障。

三、乡村振兴示范村创建实践——以白滩寺村为例

(一) 示范村创建需要解决的问题

白滩寺村集体经济主要依靠厂房、土地出租收入，村内曾先后发展过汽车

零配件加工、园林绿化、商贸服务等产业，实现了集体经济的壮大。然而，随着近年来清退小散乱污企业、设立永久性生态红线保护区等政策的相继落地，村庄产业结构调整面临严峻考验，村内厂房闲置率逐渐增加，村集体经济收入急剧下滑。示范创建前，村农业规模效益较低、资源零散缺乏融合、乡村品牌建设滞后、新型农业经营主体作用发挥不强、科技支撑体系不健全、乡村风貌亟待提升等问题制约着村庄的进一步发展。

对照《天津市乡村振兴"三美四乡"建设标准和评价指标（试行）》关于乡村振兴示范村创建标准要求，经过村领导班子和第三方评估机构的认真梳理，共发现田园生态、田园产业、田园管理、院落美四个方面的 9 个问题，事前评估村庄得分 92 分。一是田园生态存在问题，主要包括：林地局部有少量生活垃圾，林地旁沟渠中有少量垃圾漂浮物；林地内辅助设施用房用来堆放杂物，无人看管；大棚看护房局部墙皮脱落影响整体观感。二是田园产业存在问题，主要包括：村庄农业综合亩均效益不达标；村庄未形成依托农业产业纵向延伸发展的三产融合产业链条；村庄农业生产、加工及观光旅游等服务配套设施不完善；村庄无"津农精品"农业品牌或市级以上部门认定的乡村特色品牌，无区级农业品牌或乡村特色品牌。三是田园管理存在问题，主要为：村庄无获得市级以上称号的新型经营主体。四是院落美存在问题，主要包括：农房未设置门牌；庭院绿化空间需拓展。

（二）示范村创建思路与工作机制

1. 创建思路

通过认真梳理村庄发展短板弱项，仔细分析自我优势和资源家底，对标我市乡村振兴示范村创建"三美四乡"指标，并借鉴了国内乡村振兴先进地区经验，村"两委"将白滩寺示范村创建的整体思路定位于"串珠成链，汇聚资源要素培育农教文旅融合发展产业体系""文化铸魂，彰显原生文化魅力，形成乡村振兴文化内核""数字赋能，推进乡村治理能力与治理效果双重提升"。

2. 工作机制

一是坚持党建引领，凝聚发展目标。首先，构建派驻单位与示范村的党建联动机制，制定《天津市财政局直属党组织与西青区杨柳青镇白滩寺村党总支"互联互动"工作方案》，充分发挥派驻乡村振兴示范村第一书记桥梁纽带作用。其次，构建所在镇与示范村的组织运行机制，成立白滩寺乡村振兴示范村创建工作领导小组，切实做到主要领导亲自抓，分管领导具体抓，属地人员全程抓，确保各责任主体主动作为、各司其职，工作务实尽责。通过政策宣讲、主题党日、外出调研等方式，促使全村上下统一思想、明确目标、凝聚共识。

二是坚持规划先行，把握发展节奏。2022 年初，《白滩寺村村庄规划（2021—2035 年）》既已编制完成，并于 2022 年 7 月 25 日获西青区政府批复并正式实施。根据该文件内容及白滩寺村在事前评价中发现的弱项短板，结合村庄自身发展需求，按照"缺什么补什么"的原则，委托天津市农业科学院编制了《西青区白滩寺乡村振兴示范村创建方案》，明确创建目标、任务、项目、资金、保障措施，该方案于 2022 年 8 月 18 日通过市级评估，成为示范村创建的行动指南。

三是盘活资源资产，建立合作机制。对村内土地、房屋、产品及文化资源进行梳理，特别是对非遗文化等无形资产进行系统整理，作为村庄构建一二三产业融合体系的基础。建立村集体经济股份合作社、农业生产专业合作社、新型农业经营主体和农户之间利益共享、风险共担的合作机制，以资源资产的保值增值开发作为促进产业振兴、发展集体经济和带动农民增收的根本途径，实现乡村的可持续发展。

四是坚持多方联动，优化发展环境。以村庄为核心，发挥村"两委"团结一致和开放合作的优良作风，吸引、聚集各类资源投入乡村振兴建设。开展镇村联动，以白滩寺村作为杨柳青镇实现全域乡村振兴的引领区，示范镇域其他村庄升级发展；开展村企联动，充分发挥社会资本的作用，实现村内资源的盘活与开发；开展产学研联动，引进高校、科研院所专家团队为乡村振兴提供坚实的科技支撑；开展城乡联动，为城市居民提供乡野热土，为原住居民提供生活乐土。

（三）示范村创建方案与取得成效

1. 创建项目方案

白滩寺村在乡村振兴示范村创建期间，落实"补短板、强弱项、增实力、上水平"要求，对照"三美四乡"短板弱项及创建目标，与村庄规划相结合，开展示范村创建工作。创建期间有针对性地具体整合实施 10 个项目，包括现代农业提升、农产品集配、研学基地建设、特色品牌创建、新型农业经营主体培育、智慧科技支撑、数字乡村建设、村庄环境整治及村史馆建设、门牌标志牌设置、最美庭院评选等。其中现代农业提升、农产品集配、研学基地建设、数字乡村建设、村庄环境整治及村史馆建设、门牌标志牌设置、最美庭院评选7个项目为需投入资金的建设类项目，共投入资金675万元；其余3项为不需投入资金的软环境支撑类项目。

2. 取得成效

通过创建工作的开展及创建方案中明确的项目实施完成，村庄现得分为98.5分。一是产业实现延链补链增值增效。确立农教文旅主导产业，构建一二三产融合发展体系，农业亩均效益提高到8 000元，村集体经济收入实现400万元，形成"村集体＋合作社＋企业＋农户"产业化经营体系，初步打造"白滩寺"鲜活农产品品牌，生产、加工及观光服务配套设施逐步健全，田园生态环境焕然一新。二是乡村文化底蕴充分彰显。拍摄村庄宣传片，谱写村歌，建成村史馆，汇聚村内非物质文化遗产项目，开展对地方特有传统技艺的保护、继承与宣传，彰显村庄深厚人文底蕴，弘扬传统文化，为农教文旅产业体系提供文化支撑；创新村庄管理模式，开展乡村治理积分制，提升村庄治理能力和水平；设计安装极具村庄特色的门牌、宣传牌，建成120座美丽庭院，彻底改善村民生活条件和精神面貌。三是数字乡村建设走在全市前列。搭建"白滩寺村综合管理服务平台"，综合运用大数据，将乡村治理、乡村服务、产业兴村融为一体，构建"1＋2＋3"数字化乡村服务新模式，提高白滩寺村数字化管理水平，实现村级事务指挥调度"一张图"，为村民事务提供精准化服务。四是形成集体资产盘活利用的创新创建模式。对集体资产的活化利用和长期规划是白滩寺示范村创建的核心。宜农则农、宜工则工、宜旅则旅、宜居则居的资产盘活利用思路为村庄发展提供了示范借鉴。新引入和提升的各类项目既是对现有资产的充分运用，也是对村庄规划长远目标的支撑，最终形成各类资源、各种项目遥相呼应、相互支撑、同频共振的局面，打造形成村域内"参观＋研学＋采摘＋休闲"旅游精品线路，聚沙成塔，串珠成链。

项目来源：本项目综合整理了研究所承担的乡村振兴示范创建领域多项研究成果，主要包括：天津农业农村调查研究课题——天津乡村振兴示范村标准研究（项目编号：TJNN2020003）；天津市各涉农区农业农村委横向委托课题——国家乡村振兴示范县创建方案；天津市西青区农业农村委横向委托课题——西青区乡村振兴示范村创建方案

执笔人：史佳林、李瑾、郭华、韩金博、李峰、刘悦、郁滨赫、胡文星、张磊

参考文献

冯俊锋，2017. 乡村振兴与中国乡村治理［M］. 四川成都：西南财经大学出版社：24-28.

郭晓鸣，张克俊，虞洪，等.2018. 实施乡村振兴战略的系统认识与道路选择［J］. 农村经济，10（1）：16-18.

郭园庚，鲁俊辉，2018. 准确把握当前乡村发展难题深刻理解乡村振兴战略的目标和任务［J］. 经济论坛，6（2）：11-14.

黄杉，武前波，潘聪林，2013. 国外乡村发展经验与浙江省"美丽乡村"建设探析［J］. 华中建筑，4（5）：4-6.

姜岩，2018. 乡村振兴战略的农业经济学解析［J］. 农业经济，2（7）：24-26.

林留兴，2018. 实施乡村振兴战略的路径探析［J］. 现代农业科技，6（4）：12-14.

刘合光，2017. 乡村振兴的战略关键点及其路径［J］. 中国国情国力，4（12）：3-6.

刘瑞丽，2018. 乡村振兴战略的若干思考［J］. 新西部，4（23）：6-9.

罗歆，2018. 贯彻新发展理念，努力实施乡村振兴战略［J］. 农村经济与科技，1（11）：8-9.

蒲义彬，2018. 新时代背景下中国乡村振兴战略实施的战略思考［J］. 经济研究导刊，8（22）：5-8.

乔金亮，2018. 乡村振兴战略：新时代农业农村经济工作总抓手：访农业部部长韩长赋［J］. 农村工作通讯，1（1）：1-4.

史守剑，2018. 制度创新与乡村振兴战略［J］. 农村经济与科技，7（12）：10-12.

王东荣，顾吾浩，2018. 上海郊区实施乡村振兴战略若干问题研究［J］. 上海农村经济，10（5）：20-23.

王桃红，2018. 实施乡村振兴战略面临的问题与对策［J］. 乡村科技，2（12）：4-5.

张建刚，2018. 新时代乡村振兴战略实施路径：产业振兴［J］. 经济研究参考，4（13）：10-12.

天津新型农村集体经济发展路径研究

一、研究背景

发展壮大农村集体经济是巩固集体所有制的内在要求，是推进乡村全面振兴的重要内容，是实现共同富裕的重要支撑。近年来，我市在全面完成集体产权制度改革基础上，以换届选举、明晰权责边界、强化监督管理为抓手，持续深化改革。截至 2021 年末，全市 3 628 个村集体经济组织全部完成换届，村党支部书记通过法定程序担任理事长；应用"津农经云"系统，建立起"四级四环节"的集体资产"一网管理"模式，在有效防范风险的同时激活要素，为集体资产的盘活利用奠定了基础。然而，在实地调研中，课题组发现，全市村级集体经济组织发展存在区域间不平衡、村域间差异大、集体经济构成模式单一等问题。全市 800 个集体经济薄弱村具有迫切的壮大集体经济的现实需求，但大量农村资源资产的盘活利用渠道尚不明确。与此同时，众多工商企业、社会资本有投资建设乡村的意愿，但存在信息不对称、目标不一致、机制不健全等诸多问题，导致项目难以落地。

基于此，课题组以我市农村集体经济组织股份制改革后如何实现发展壮大作为切入点，通过文献整理、资料梳理、部门访谈等多种形式，结合对我市 16 个村庄的调研走访，总结我市农村集体经济发展现状，归纳发展成效，以问题为导向提出全市发展壮大农村集体经济的对策建议。

二、天津农村集体经济组织发展现状与问题

（一）发展现状

近年来，天津市认真贯彻落实中央关于"三农"工作的各项决策和实施乡村振兴战略的部署，在不断深化农村集体产权制度改革的同时，着力完善相关

政策，指导支持集体经济发展壮大，取得了重要进展。

1. 农村集体产权制度改革全面深化

一是建立健全集体经济发展的组织基础。农村集体经济组织是发展壮大集体经济的组织载体。2017 年以来，市委、市政府在全市部署推进农村集体产权制度改革。截至 2020 年底，全市 3 628 个村全部建立了股份经济合作社或经济合作社形式的农村集体经济组织，为发展壮大集体经济奠定了组织基础。同时，在指导推动改革过程中，积极指导村党组织书记通过法定程序兼任村委会主任和村集体经济组织负责人，有力加强了党对农村集体经济组织的领导，实现了"提衣提领子、牵牛牵鼻子"的效果，强化了基层党组织在发展壮大集体经济中的领导核心和战斗堡垒作用。

二是探索农村集体产权制度改革的新路径。2016 年，宝坻区被确定为国家"积极发展农民股份合作，赋予农民对集体资产股份权能改革试点"单位。五年来，宝坻区农村土地"三权分置"和集体产权制度改革持续深化，农村产权交易市场建设改革试验扎实开展，流转土地面积近 30 万亩，全面完成农村产权交易、集体资产股权交易、闲置农房盘活利用三项任务，总结出一系列改革创新路径和方法。目前，已将改革试验成果推广全市应用。截至 2021 年底，农村产权流转交易市场实现全市覆盖，完成交易 6 389 笔，成交金额突破151.26 亿元，累计带动农民增收 7.18 亿元，惠及农户 17.97 万户（次）；2 376 个村股份经济合作社完成股权托管，股权流转交易和变更登记超过 3 071 笔。

2. 农村集体经济收入稳步提高

一是促进农村集体经济发展的政策措施不断完善。2021 年，市农业农村委结合乡村振兴示范村创建，挖掘农村集体闲置资产，编制《天津市农村集体资源资产盘活利用项目推介手册》，为农村集体经济发展提供有力支撑；开展闲置农房盘活利用试点并总结试点成效，印发《关于盘活利用闲置宅基地和闲置农房的指导意见》。政策的带动与基层组织的实践探索，为我市农村新型集体经济发展壮大提供了众多可行路径。同时，我市深入贯彻落实《关于加强农村承包地管理 丰富所有权承包权经营权有效实现形式的意见》和《市农业农村委 市规划资源局 市市场监管委关于加强工商企业等社会资本流转农村土地经营权服务和监管的意见》，进一步巩固农村土地所有权、承包权、经营权"三权分置"格局，强化对社会资本流转农村土地经营权的规范引导和风险监管，从而构建起较为完善的制度体系，保障农村集体经济不断壮大。

二是农村集体经济收入水平稳步提高。根据《中国农村政策与改革统计年鉴（2020 年）》，2020 年我市村集体经济组织总收入实现 80.27 亿元，其中经营收入 30.79 亿元，发包及上交收入 17.3 亿元，投资收益 3.18 亿元，补助收入 12.33 亿元，其他收入 16.66 亿元。同年，村集体经济组织总支出 74.46 亿元，当年实现经营收益 5.81 亿元。农户分配 3.69 亿元。在全部 3 628 个村集体经济组织中，当年经营收益在 10 万～50 万元的村占比最高，共有 727 个，占 20%；年经营收益超过 50 万元的村共有 492 个，占 13.6%。此外，农村集体建设用地出租出让面积 12 971 亩，实现收入 2.96 亿元。2020 年，全市村级资产总计 1 389.95 亿元，其中固定资产 575.01 亿元；经营性资产总额 653.07 亿元，其中经营性固定资产 183.93 亿元，已量化的经营性资产总额 521.77 亿元；全市征地补偿费 90.29 亿元。2020 年村集体经济组织分红总额 5.69 亿元，累计分红总额 10.22 亿元。

3. 新型农业经营主体带动能力不断增强

一是多种类型新型农业经营主体日益壮大。培育市级以上龙头企业 145 家，其中国家级 17 家。"一村一品"专业村达到 79 个，其中全国"一村一品"示范村 32 个。全市工商登记注册农民合作社达到 1.2 万家，服务带动农户约 52.8 万户，市级农民合作社累计达到 524 家，国家示范社达到 48 家。累计创建市级示范家庭农场 236 个，培育家庭农场 814 个，在农业农村部名录系统登记的家庭农场数量达到 1.2 万家。印发引导各类人才创办家庭农场的工作方案，组织召开天津市家庭农场主大会，多方位宣传推广典型经验，引领家庭农场高质量发展。

二是土地适度规模经营比重显著提升。近年来，我市不断规范农村土地经营权有序流转，加强对小农户的农业社会化服务，发展多种形式农业适度规模经营。通过经营权流转、股份合作、代耕代种、土地托管等多种方式，加快发展土地流转型、服务带动型等多种形式规模经营，截至 2019 年底，全市适度规模经营面积为 324.66 万亩，多种形式土地适度规模经营比重已达到 63.3%。

4. 集体经济产业形态不断丰富

一是积极拓展农业多种功能，培育新产业新业态。村集体依托自身资源，不断探索产业融合发展之路，因地制宜发展"农业＋旅游""农业＋文化""农业＋会展"等新产业新业态，创建蓟州、宝坻、武清、西青 4 个全国休闲农业和乡村旅游示范区，打造 19 个国家级美丽休闲乡村，规范提升 22 个市级休闲农业示范园区和 243 个市级示范村，全市休闲农业带动农民近 30 万人，年接待游客数量近 2 000 万人次，综合收入突破 75 亿元。未来，天津的休闲农业和乡村旅游还将释放更大活力。

二是跨界融合不断深化，打造新型商业模式。"一村一品"建设更加广泛深入，促进品牌农业快速发展，农产品品牌体系初步形成，为发展新型商业模式奠定良好基础。截至 2021 年底，共认定 197 个"津农精品"品牌，小站稻、沙窝萝卜、茶淀玫瑰香葡萄、宝坻黄板泥鳅等 4 个区域公用品牌入选中国农业品牌目录，沙窝萝卜被认定为"2017 年中国百强区域公用品牌"；零售商直采、生产者（合作社、基地、园区、农业企业等）自主直销等多种模式并行，电子商务、电商平台等新业态、新模式不断发展壮大。全市共认定 18 家农产品电子商务示范企业，共有 62 家商超、260 家便利店搭建了冷链销售终端，8 家超市自建了物流配送中心；此外，通过直播软件、购物网站、微信群等方式宣传产品的行为越来越多，"农业＋互联网＋冷链物流"模式逐步构建，成为带动农村集体经济发展的新引擎。

（二）存在问题

整体上看，天津市农村集体经济发展趋势相对平稳，但也存在村民认识不足、集体资产收入来源单一、村庄贫富差距大、政策制约、集体经济刚性支出较大等情况，集体经济增长乏力。

1. 村集体收入来源相对单一

目前，农村集体收入主要有两大类来源，产业经营收入以及租金收入，其中租金是村集体收入的主要来源。一方面，农业项目开发建设需要投入大量资金，且投资回报期较长，回报率却低。农村集体经济大多徘徊于产业链的低端，附加值低。例如很多村庄将种植小站稻作为村庄的主导产业，如宝坻区宋庄村，但仅简单进行初级加工成稻米产品，集体经济从中获益有限。另一方面，受经济形势下行以及环保政策影响，集体经济依赖于资产租赁收入的近郊区出现物业空置率上升的情况，造成村集体经营性收入下降。例如西青区白滩寺村现有集体所有产权厂房 2.1 万平方米，凭借靠近城市的优越区位条件，受到城市化的红利影响，多年来依靠厂房和土地出租实现了集体经济的良好发展，2015 年村集体经济收入达到 856.2 万元。2016 年后，受全市经济转型影响，厂房租赁市场萎缩，闲置严重，村集体经济收入出现较大波动，最高时有440 万元/年，而最低时仅有 208 万元/年。

2. 村庄贫富差距大

由于自然条件、区位条件的差异和历史原因，各村经济发展不平衡。环城四区等高度城市化地区，特别是西青区，地理位置较为优越、交通便利，适合发展不动产物业经营，集体经济发展水平比较高，村集体收入较高，第六埠村集体经济年收入超过 1 200 万元，侯台村集体经济年收入则远超亿元。但是，天津还有很多农村地区距离城区较远，交通不发达，整体的发展基础比较薄弱，发展空间较小，村可支配收入比较少，很多村庄低于 20 万元，仅依赖些许的占地租金收入，例如武清区大良镇东崔庄村集体经济年收入低于 10 万元，武清区田水铺村集体经济的主要来源是村集体林地和青萝卜种植大棚租金，每年村集体经济收入 30 万元左右，在武清区已是中上水平。

3. 可开发利用的集体资源资产有限

目前在粮食安全和生态保护政策下，很多村庄基本农田保护区和生态红线范围内，产业发展的选择受到很多限制，设施农业、休闲农业以及相关配套设施建设受限，由此也导致产业融合发展受限。很多村庄集体经济负责人表示，目前政策对于一些新产业新业态支持不足，村庄产业辗转腾挪空间有限。武清区大良镇的很多村庄都位于基本农田保护区内，只能种植粮食作物，村集体收入也较为有限。西青区大柳滩村绝大部分位于永久性生态保护区域，开发建设受到限制，产业发展上主要以一产种植业为主，主要种植林果、鲜食玉米以及水稻，附加值比较低，带动村民增收作用有限。而林下经济和三产融合发展项目因为配套设施用地的制约而难以落地，由此也导致村庄产业发展受限，杨柳青镇内的村民收入处于较低水平。武清区三里浅村面临同样的问题，村集体资产很少，也造成目前村庄主要还是以一家一户的经营为主，再加上村庄在土地开发、基础设施、服务体系等软硬件环境上没有优势，也很难招商引资。

4. 人才资本匮乏

新型农村集体经济发展离不开人才支持，即使大都市地区的农村也同样面临着人才匮乏的问题。从新型农村集体经济发展的主体来看，由于本村难以为年轻人提供就业机会，年轻人往往选择去外地打工，返乡的较少，大多数农村地区只留下一些老年人和孩子，特别缺乏新型农村集体经济所需的高技能职业农民。难以吸引到愿意来农村寻找发展机会的新农人来到农村创业，也很难吸引到相关的高素质人才，在宁河苗庄镇的天祥水产，也是苗庄本地企业家所投资的高端淡水养殖龙头企业，研究生以上学历的年轻人也仅有 2 人，严重制约了企业研发育种能力的提升。传统农村集体经济带头人大多年龄偏大，缺乏对市场新动向、新趋势的敏感性和对资源资产的运营能力，容易满足于出租房屋、土地、林地等微小的租金收入，且基层工作繁重，村干部无暇对集体经济发展进行长远规划。

三、发展壮大农村集体经济的对策建议

（一）提高思想认识，更新观念，激发农村集体主体活力

一是要培育提高村民的主体意识。正确引导他们的集体经济价值观，充分发挥村民的主体作用，激活农村的内部力量，引导他们主动为集体经济的发展付出自己的努力。创建有活力的新乡村，使乡村留得住人，让村民感受到集体经济的发展将对每个人带来的变化与影响，赋予他们更多权利，使其充满幸福感。二是建立目标统一的利益共同体。村集体组织是联结村民与外部企业、村民与产业的主要组织，通过村集体组织将有序建立目标统一的利益共同体。村集体、外部企业与政府管理部门三者在考虑社会资本投入村庄建设的初始阶段，就应将各相关利益群体之间的目标进行整合，立足长远，建立长期可持续发展的合作关系，构建"合作—共建—共享—共赢"的利益共同体。

（二）深度挖掘乡村集体资源价值，研判严选确认发展路径

一是厘清自身资源价值。集体对自身资源情况和产业特色需要进行精确分析，挖掘真正的价值所在，无论是自然资源的优势，人文资源的优势，人力资源的优势抑或没有明显优势需要借助外力，等等，都将对产业的选择产生巨大的影响。模仿与复制不应该成为产业选择的主导，因地制宜、因村施策，才是农村集体经济发展路径选择的原则。二是探索有效实现形式。具有产业发展基础的，村集体有能力做精做优做强做大的，由村集体完善组织体制机制，带领

村民实现集体经济的壮大。以特色农业为基础，推动农产品加工、乡村文旅融合的，探索产业相融、产权同享、创新发展等方式，形成农业"接二连三"的附加值产业链。以新产业引进与新市场拓展为依托的，探索多形态合作模式，加快村级集体经济经营方式转型升级，选择适应市场体制的开放合作模式，培植优势特色乡村产业。

（三）实施优质项目带动战略，实现乡村集体经济步入新轨

一是实现集体优势资源与项目的对接。在产业强链延链的契机下，将产地农产品与加工物流等项目对接，自然资源与农村服务等项目对接；在发展乡村旅游的契机下，将人文资源与旅游项目对接，手工传承与体验项目对接；在资产盘活的契机下，将集体资产转化资本与新产业新项目的引进对接。二是搭建村庄与外部资源信息交流与共享的平台。动态更新《天津市农村集体资源资产盘活利用项目推介手册》，破解信息不对称难题，寻找合适的产业项目，形成有效的项目载体，聘请第三方专业机构为村庄编制专项招商引资计划书，内容包括资源现状、特色优势、产业项目、市场前景、投资估算、效益分析、运行机制、利益分配方案等内容，提出适宜社会资本投资的重点领域、重点项目，调动各类市场主体的投资热情。三是优化招商环境、创新招商方式。加快村集体经济经营方式转型升级，创新适应市场体制的运营方式与利益分享机制，发展多形态合作模式，推动村集体与现代企业的合作。总之，让优势资源充分发挥优势，优质项目充分实现带动。

（四）引入多元资金支持，搭建乡村集体经济扶持平台

一是建立政策性投入长效机制。财政资金要紧密对接乡村产业振兴，做大做强乡村集体经济产业，健全乡村公共服务体系，加强对集体产业发展的配套设施建设，推进产业发展的完善完备。有序扩大用于支持乡村振兴的专项债券发行规模，积极盘活财政存量资金，采用有效管理模式和因素法分配机制，推行村集体经济发展资金统筹使用。二是吸引社会资本的注入。首先，通过模式创新、机制创新，引导有条件的村庄，将自身资源资产、特色优势进行盘活吸引社会资本形成合作共赢。其次，采用投资兴业的手段，颁布优惠政策，刺激工商业资本对乡村的开发进行投资。三是创新担保方式、优化业务流程。充分

发挥农业信贷担保体系作用，稳步放大担保倍数，扩大农村抵押担保物范围，开展农业生产设施抵押贷款，农村土地承包经营权、林权等权益抵押贷款，以及畜禽资产抵押贷款，做大面向新型农业经营主体的担保业务。四是设立村集体经济融合发展基金。拉动民间资本做大村集体经济发展资金池。基金通过股权或债权等方式投资于村集体创业机构，以支持"村集体＋现代企业""村集体＋合作社""村集体＋产业园区"等融合发展，推动村集体资源外来与内在的双向流动。

（五）强化政策支撑保障，营造良好的集体经济发展环境

一是明确政策指引。村集体经济壮大的过程是一个长期复杂的过程，需要延续性的政策保障机制与可持续性的发展理念支撑。要从"人、地、钱"等方面全面建立健全支持新型农村集体经济发展的政策保障体系。首先，要强化政策引导，指明社会资本投资方向，引导社会资本注入乡村、注入农业。其次，建立依托村集体土地资源合理开发的集体经济政策导引，解决土地利用中存在的问题，挖掘多元化价值。再次，形成村集体领办创办实体支撑机制，鼓励村集体领办创办各类合作社、公司，组建混合所有制经营实体，带动新型农业经营主体、小农户共同发展。第四，建立事前、事中、事后的全流程动态监管体系。在事前进行准入审查，构建严格的社会资本下乡准入机制；在事中对于大规模的农地流转建立定期检查检测系统；在事后对于社会资本的退出应当同进入一样，建立起完善的评估机制。二是理顺村集体经济产权关系。实行资产实物、账务和核算分离，明确村集体产权主体和清晰成员边界，理顺村集体资产产权关系，将非经营性资产确权登记在自治组织名下，将经营性资产确权登记在村集体经济组织名下，同时分设行政账和经济账。三是规范合作关系。构建企业与农民利益联结监管机制，实现村庄发展诉求与企业盈利诉求的统一。打造具有产权清晰、政经分开、定位准确、公平分配、管理民主等鲜明特征的合作框架。强化契约意识，维护稳定的利益联结机制，保障企业和农民双方的合法权益。

（六）创新人才支撑体系，提高村集体经济产业竞争力

一是"多方引智"持续增智赋能。要坚持以需求为导向积极引进人才，立

足本地实际情况，结合发展战略需求，做好服务，为能力的展现和作用的发挥提供沃土，以此吸引人才。二是"多点引流"推动能人下乡。支持高校、科研院所等事业单位科研人员与村集体经济组织联合创办、领办、兴办集体经济项目。鼓励优秀农民工、退伍军人、大学生等参与村集体经济组织经营管理。以乡情为纽带，鼓励"走出去"的企业家、退休人员回乡投资、返乡兴业，从而留住人才。三是"多元施教"育好本土新才。实施村集体经济组织"领头雁"培育计划，加强教育引导，统筹做好理事长和经营管理人员培训，提升发展经济能力水平。加强人才培养"传帮带"，通过思想上帮、工作中带、业务上教等方式，畅通大学生村官、党务工作者等青年后备人才成长通道，培养对本村情况熟、业务精、感情深的人才，从而培育新才。

项目来源：2022 年天津市社科深化应用调研课题（项目编号：2203006）

执笔人：史佳林、郭华、韩金博、郁滨赫、刘悦

参考文献

侯永军，2020. 试论农村集体产权制度改革的重点，路径与方向 [J]. 农家参谋（12）：19-21.

孔祥智，2020. 产权制度改革与农村集体经济发展：基于"产权清晰＋制度激励"理论框架的研究 [J]. 经济纵横（7）：32-41.

刘义圣，陈昌健，张梦玉，2019. 我国农村集体经济未来发展的隐忧和改革路径 [J]. 经济问题（11）：81-88.

任晓娜，2021. 北京新型农业经营主体经营模式发展思考：以两个新型农业经营主体为例 [J]. 北京农业职业学院学报（35）：44-50.

盛宇飞，2021. 乡村振兴视角下农村新型集体经济发展研究 [J]. 区域经济（16）：197-199.

王德刚，孙平，2021. 农民股份制新型集体经济模式研究：基于乡村旅游典型案例的剖析 [J]. 山东大学学报（1）：142-151.

王立胜，张弛，2021. 新型农村集体经济：中国乡村的新变革 [J]. 文化纵横（6）：41-53.

王炜，2020. 乡村振兴战略背景下农村集体经济发展路径 [J]. 乡村科技（21）：63-65.

王晓飞，岳晓文旭，周立，2021. 村企统合：经营村庄的新模式：以浙江省湖州市 L 村为例 [J]. 农业经济问题（10）：20-31.

魏建，2022. 以新型集体经济促进农村共同富裕 [N]. 光明日报，2022-9-20（11）.

徐世江，周健，2022. 交互嵌入：农村新型集体经济与乡村治理体系的协同机理：山东省
　　D 村"三社""三自"实践的理论解读［J］. 农业经济（2）：53 - 55.

叶娟丽，曾红，2020. 乡村治理的集体再造：基于山东烟台 X 村党支部领办合作社的经验
　　［J］. 西北大学学报（3）：80 - 90.

余丽娟，2021. 新型农村集体经济：内涵特征、实践路径、发展限度：基于天津、山东、
　　湖北三地的实地调查［J］. 农村经济（6）：17 - 24.

赵强社，2018. 新时代农村集体经济如何创新发展［N］. 农民日报，2018 - 2 - 3（5）.

赵晓慧，陈令怡，雷军成，2022. 资源整合与利益互享的乡村旅游开发思路：以淇县赵庄
　　村为例［J］. 安徽农业科学（11）：129 - 132.

朱婷，夏英，2021. 新型农村集体经济的理论逻辑及框架［J］. 农业经济（7）：8 - 11.

第三编

新时代天津农业农村发展规划案例研究

天津市休闲农业精品线路规划设计

一、规划设计背景

（一）我国城乡开始逐步进入现代休闲社会

随着我国人均 GDP 已超过 5 000 美元，公共假期已有 115 天，达到中等发达国家水平，已经跨入休闲时代的门槛，休闲和旅游产业已经成为国民经济的战略性支柱产业，国家与地方政府都出台了一系列政策来保障行业的健康有序发展。2009 年，国家旅游局与中国社会科学院联合发布的《休闲绿皮书》指出，未来 5 年将是我国旅游、体育、文娱消费等休闲产业快速发展的黄金时期，我国城乡将开始逐步进入现代休闲社会。2013 年 2 月，国家颁布了《国民旅游休闲发展纲要（2013—2020 年）》，指出要进一步落实带薪休假，积极创造开展旅游休闲活动的便利条件，不断促进国民旅游休闲的规模扩大和品质提升，最终把美丽中国的建设成果转化成为广大城乡居民的美好生活，让全体国民能够共享美丽中国。2013 年 4 月 25 日通过，并于 2013 年 10 月 1 日起施行的《中华人民共和国旅游法》，对转变旅游发展方式、调整旅游产业和产品结构、规范旅游市场秩序、保护旅游者和旅游经营者合法权益、协调行业管理关系、促进旅游业及相关行业发展具有重大意义，将产生深远影响。

（二）精品旅游线路推出是休闲农业持续发展的保证

旅游线路是以旅游景点为节点，以交通线路为线索，专门为旅游者设计，通过串联或组合而成的旅游过程具体走向。精品旅游线路推出是休闲农业功能整合与提升的重要途径，旅游线路的设计是否科学合理，不仅关系到旅游者出行目的的实现，而且关系到旅游目的地形象的塑造。随着自助旅游的兴起，休闲农业旅游发展潜力巨大，推行合理有效的旅游线路无疑是保证休闲农业旅游持续发展的重要因素。事实证明，一个良性发展的休闲农业旅游区大都设有一条或数条合理线路确保旅游者有效进入，并将休闲农业旅游资源充分整合，以不断提升知名度。

作为旅游产品，旅游线路涵盖了"吃、住、行、游、购、娱"六大要素。在旅游线路设计过程中，还需要综合考虑资源的特色及空间布局、游客的行为特征、地理环境条件、相关的政策法规等内容。具体来看，要以区域旅游资源的特色与空间布局为基础，以市场需求为导向，以实现效益最大化为目标，契合旅游者的心理行为特征，主题突出、机动灵活、冷热（门）结合、不断创新，建立一个合理通畅、高效能的旅游线路网络体系，促进旅游资源的合理开发与利用，推动休闲农业旅游的可持续发展。

在学习借鉴国内外休闲农业发展模式及扶持政策、总结精品旅游线路设计经验的背景下，按照市农委提出的"促进天津休闲农业的组织化发展和市场化运作"要求，课题组依据优越区位交通条件、独特资源禀赋条件、良好产业发展条件，制定天津市休闲农业精品旅游线路规划设计，以进一步整合与优化旅游产品，提升行业发展水平，同时便于旅游活动的组织与管理，方便游客出行。

二、规划设计思路与方案

（一）规划设计理念

1. 梳理资源条件，勾画精品游线主题

精心梳理和分析天津休闲农业资源现状和核心特色，依托城市交通体系和路网系统，确定不同区域休闲农业的发展重点，勾画线路主题形象、功能定位、景点分布、重大项目及主要发展策略。

2. 实施景观改造，提升整体风格品位

在融入天津城市整体风格和传统民俗村庄建设格调的基础上，挖掘可以演化为系列景观的元素，体现美学设计和实用性理念，从视觉和氛围上营造美丽景观和精致景点，打造各条游览线路的鲜明特色。

3. 构建产品网络，加强服务设施整合

以休闲农业项目开发为基础，发挥农业集生产、生活、生态与服务于一体的特性，构建主题鲜明、内容丰富的产品体系和景观体系，并提出合理的基础

设施与服务设施的配套建设方案；明确近、中、远期建设内容，形成合理的开发建设顺序。

4. 注重生态效益，构建低碳休闲模式

注重对生态环境的保持与维护，在景点设计与项目建设时尽可能保持生态系统稳定，推广低碳、循环、节能、环保的生产、生活方式，倡导低碳休闲模式，营造静谧自然的休闲环境，形成可持续的生态开发理念，促进区域可持续发展。

5. 体现文化内涵，凸显地域风情特色

在保持农业原生态风貌的基础上，引入现代农业生产方式，配合区域民俗文化和历史典故，将农耕体验、民风民情、饮食文化、戏曲艺术、庆典活动等融入休闲农业精品线路规划设计，凸显地域特色，打造从传统农业到现代都市农业的全方位展示空间。

（二）规划设计目标

计划用 5 年时间实现以下目标：

第一，打造形成 9 条休闲农业精品线路，确立每条线路独特的形象主题；线路交通方便快捷，景点布局合理，每个景点距离中心城区或滨海新区的车程不超过 1.5 小时；游览活动内容丰富，体现文化内涵，接待服务设施完善，自然风景秀丽。

第二，分批建设 55 个休闲农业精品项目，以休闲农业园区、农家生活体验、生态旅游观光、民俗文化开发、美丽乡村展示等类型为主，确保每个项目特色鲜明，设施完善，经营运作良好，并具有一定规模。

第三，通过休闲农业精品线路和精品项目的规划设计，每年培育全国知名休闲农业品牌 1～2 个，推出大型休闲农业节庆活动 8～10 种。休闲农业项目年接待游客达到 2 000 万人次，在京津冀地区的知名度和影响力明显提升。

第四，通过对休闲农业精品线路和精品项目的规划设计，带动全市休闲农业发展，在现有基础上改造提升 200 个休闲农业特色村和特色点，培育 3 000 个乡村旅游经营户，形成 3 300 个农（渔）家乐休闲旅游项目，建设一批休闲型美丽村庄，提升休闲农业产值至 40 亿元。

第五，通过对休闲农业精品线路和精品项目的规划设计，保护农田、森林、湿地等资源，增加绿色廊道的数量和质量，开发景观的生态恢复功能，提升休闲农业的生态服务价值。

（三）规划设计方案

1. 设计思路

根据天津市不同区县资源环境特色、人文历史风貌以及休闲农业发展基础，在实地调研和科学规划的基础上，以天津休闲农业九大发展组团为基底，以城市交通网络为骨架，以休闲农业精品项目为节点，按照"以线串点、以点带面"的思路，深入细化全市休闲农业项目，并通过多种宣传方式向外界推广交通便捷、风景秀丽、各具特色的休闲农业精品线路，服务京津冀都市圈居民，形成天津休闲农业发展的良好局面。

2. 设计方案

本规划设计以特色农业资源、民俗旅游资源和生态景观为核心，依托主干公路系统，形成 9 条精品线路，具体分布见图 1。

9 条精品线路根据所含景点类型和游览方式的不同，分别规划为山野养生游、农家探奇游、湿地泛舟游、科技寻趣游、文化创意游、滨海渔家游、低碳休闲游、田园生态游以及农耕体验游。在每条精品线路下，根据目标客源出发地的不同，选择景点内容的不同，以及游览时间长短的不同，又可细化为若干条 1—3 日游线路。围绕 9 条精品线路，分期分批发展休闲农业园区建设、农（渔）家乐与民俗文化体验、生态旅游观光等三类休闲农业重点项目。

农业休闲旅游活动涉及政府、媒体、经营主体以及游客等四个利益群体，精品旅游线路的成功营销有赖于各相关利益群体的通力合作。因此，应建立以政府推介为引导，以媒体推介为手段，以主体推介为依托，以联盟推介为亮点的宣传推广体系。

三、保障措施

（一）健全组织机构，加强精品线路组织管理

一是成立由市农委和市旅游局主要领导任组长，相关部门负责同志为成员的休闲农业精品线路建设领导小组，加强精品线路规划管理、政策扶持、项目审批、组织推动，协调解决休闲农业产业发展中的重要问题。二是建立由涉农

图1　天津市休闲农业精品线路规划设计方案

区县主管领导任组长、相关部门参与的休闲农业发展组织领导机构，负责本区县精品线路的基础设施及重点项目建设工作。

（二）加大投资力度，建立多元化投融资机制

一是以政府投资为主、村集体投资为辅。各区县结合美丽乡村建设，大力

提升乡村基础设施建设水平，美化乡村环境。市农委联合市财政研究设立休闲农业精品线路建设专项资金，重点扶持休闲农业新型经营主体发展，提升休闲农业服务水平。二是积极争取国家扶持资金。主要用于精品线路上重点项目建设中的农业基础设施建设及改造提升。三是形成多元化投融资体系。建立休闲农业项目的股票债券融资、招商引资、金融信贷、民间资本等多元化融资体系。

（三）推进土地流转，为重点项目开发提供用地保障

一是提高农民对土地使用权流转的认识。通过宣传教育，组织引导农民开展土地使用权合理有效流转。二是创新机制，促进农民非农就业。以重点项目为依托，通过土地入股，让农民成为项目的股东。培养农民再就业技能，通过农民素质提高工程的技能培训，提高职业农民素质能力，增加农民在休闲旅游领域的就业创业机会。三是培育壮大休闲农业企业和合作组织。培育知名休闲农业企业和组织，鼓励企业和组织聘用当地参与土地流转的农民，促进农民转移就业和收入增长。

（四）推进文化旅游融合，提升重点项目的生命力

一是深入挖掘和整理旅游文化资源，为特色精品线路旅游创造条件。把握自然与人文两种景观的结合点，编撰精品线路旅游景区景点解说词和传奇故事，使游客得到精神愉悦和健康享受。二是提高文化内涵，开发具有天津地方特色的文化旅游产品。在服饰上，注重天津传统服饰的研究与设计；在民族艺术上，努力挖掘天津传统戏剧曲目，弘扬天津传统艺术；在历史文化上，注重内容和形式表现的统一，重点展示传统文化典故。三是打造旅游文化精品。注重市场运作的文化旅游产业发展模式，打造农业生态休闲旅游文化精品，以文化精髓统领休闲旅游市场。

（五）加强宣传推介，打造休闲农业品牌形象

一是加大宣传力度。加强行业内外的营销整合，充分发挥各区县相关部门、新闻媒体和项目企业的优势和力量，形成强大的宣传合力。二是整合区域资源，扩大市场影响力。依托精品线路对周边景点、文化、商务、接待设施和

社会服务等旅游资源进行有机整合，联合宣传推广，提高天津休闲农业旅游的影响力。三是挖掘精品旅游线路节点特色。重点宣传推广特色资源、特色产业、特色体验、特色生态、特色民俗文化及特色旅游村点，将政府宣传与相关部门绩效考核挂钩，将媒介和推广合作单位的收入与旅游收入挂钩，通过不同激励机制，提高宣传推广的积极性。

（六）培育专业人才，为精品线路建设提供智力支撑

一是出台休闲农业人才相关政策。创设提升从业技能、晋升技术职称、安排培养经费、提高福利待遇等政策，以培养知识密集型的管理层为目标，着重培养复合型、有创新意识的高级管理人才。二是鼓励企业或专业机构培养人才。结合精品旅游线路特点和要求，有针对性地开展相关岗位培训和专题培训。三是建立人才交流平台。加强与市人才交流中心的合作，积极引进通晓旅游规划、市场营销、文化传承、旅游服务等方面理论与实践的专业人才，建立休闲农业人才信息库，为天津休闲农业发展引进国内外高层次的经营管理人才和专业技术人才。

项目来源：2013 年天津市农村工作委员会委托调研项目
执笔人：李瑾、史佳林、郭华、贾凤伶、张蕾、张磊、杨青松

静海县龙海现代农业产业带总体规划

一、规划背景

(一) 静海县提出规划建设龙海现代农业产业带

2013 年 12 月,《中共中央 国务院关于加快发展现代农业进一步增强农村发展活力的若干意见》中明确指出:加大新一轮"菜篮子"工程实施力度,扩大园艺作物标准园和畜禽水产品标准化养殖示范场创建规模。以奖代补支持现代农业示范区建设试点。推进种养业良种工程,加快农作物制种基地和新品种引进示范场建设。同年,《中共天津市委、市人民政府关于加快发展都市现代农业进一步增强农村发展活力的若干意见》(津党发〔2013〕2 号)提出:推进设施农业提升工程与农业科技创新工程,提高都市农业现代化水平,保供给增效益促增收。为落实中央和市委决策部署,静海县委县政府提出全面建设"循环静海、绿色静海、健康静海、法治静海、活力静海、和谐静海"总体目标,坚持都市型现代农业发展思路,推动农业生产向规模化、设施化、专业化、组织化、产业化方向发展,规划建设总面积约 50 平方公里的龙海现代农业产业带。

(二) 产业带成为天津现代都市型农业发展的重要载体

"十二五"期间,静海县已建成 65 个现代农业示范园区,特别是 100 平方公里的林海循环经济示范区基本建成,成为天津最大的循环经济示范区。在此基础上,规划建设龙海现代农业产业带,发展设施园艺产业、优质林果产业、高效作物产业和休闲服务产业。通过提升装备化、科技化、标准化、组织化、产业化、功能化和农产品质量安全水平,建成天津最大的现代农业示范区,与林海循环经济示范区实行错位发展,是创新现代农业经营机制的重要探索、打造绿色静海及支撑六个静海建设的重要举措、促进农业产业升级及农民就业增收的重要途径。

二、规划思路

(一) 总体思路

按照"政府扶持、产业带动、园区支撑、培训引导、组织助推、农民主体、社会参与"的思路，以全面提升设施农业、生态农业和休闲观光农业发展能力为目标，以建设特色农业园区为重点，以提高科技水平和组织化程度为抓手，以政策引导、机制创新和增加投入为保障，实施"合作社＋投资者＋农户"的产业化经营模式，不断提高农业规模化、设施化、科技化、标准化、集约化、组织化和功能化水平，实现农业效益不断提升、农民收入持续增加、生态环境明显改善、农村社会和谐稳定和可持续发展能力显著增强。

(二) 发展定位

1. 总体定位

立足静海，服务全市，面向环渤海地区，构建安全蔬菜、优质果品、物流配送、休闲服务产业体系，建成生产、生活、生态三位一体的龙海现代农业产业带，努力成为天津市规模化设施农业基地、区域性现代都市型农业示范样板和服务型生态农业观光带。

2. 功能定位

一是产业经济功能。以实现高效益为总目标，集设施安全种植、产品整理配送、农业体验、休闲观光等形态于一体，打造规模化、标准化、产业化设施农业产业带，以安全农产品和优质服务满足市场需求。

二是示范带动功能。以设施蔬菜的产业化示范为主导，集成应用新品种、新技术，通过在产业链条构建、功能拓展、运行管理、特色产品开发以及农民技能培训等方面的率先示范，打造静海设施种植业的样板。

三是休闲服务功能。以生态型、设施型、观光型农业产业为依托，构建视觉效果良好的水景和绿化廊道，营造采摘体验、科普教育活动场所，配备住宿餐饮、康体养生等设施，提供休闲观光服务。

四是物流配送功能。按照"合理布局、完善功能、提高档次、改善管理"

要求，在示范区和园区建立产销电子服务平台，配套农产品整理包装设施设备，推进农产品质量标准化，建立稳定的产品流通渠道。

五是就业增收功能。优化设施种植结构，提高劳动生产率和土地产出率。拓展农业多种功能，延长产业链条，提升产品附加值，开辟农民就业渠道。通过实施农业产业化经营，实现农业增效、农民增收。

六是生态平衡功能。实施土壤改良，推广节地节水节肥节材等技术。倡导应用替代技术、减量技术、资源化技术，实现农业废弃物资源综合利用，为区域协调发展提供良好的生态基础。

三、规划布局

（一）总体布局方案

产业带总占地面积66 500亩，形成"一核三园一区"空间布局（图1—图3）。通过发展设施园艺、优质林果、高效作物、物流配送和休闲服务产业，建成设施农业、休闲农业和生态农业集群发展的产业带、景观带和观光带。

一核：核心示范区，即龙海现代农业产业带示范基地，涉及静海镇、梁头镇、双塘镇，占地面积9 511亩。

三园：在双塘镇、陈官屯镇、唐官屯镇共建设三个特色农业园区，占地面积15 756亩。

一区：在京福公路改线两侧剩余耕地上发展果树、设施园艺和高效经济作物，为产业带辐射发展区，占地面积41 233亩。

（二）功能区建设重点

1. 核心示范区

北起玉田庄北界，南至子牙快速路，西起运西排干渠，东至京福公路改线，规划建设6个功能区（图3）。

一是生态观光区，占地面积2 736亩。重点建设培训质检中心、农产品展厅、智能连栋温室、休闲林地、休闲木屋、观赏鱼园、迷宫、特色餐厅、景观湖、垂钓园、广场、停车场等。

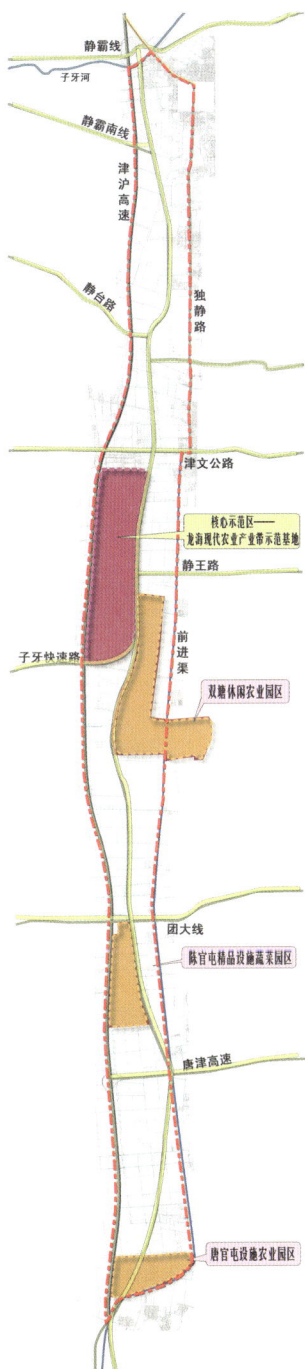

图1 静海县龙海现代农业产业带总体
规划——一核三园位置

图2 静海县龙海现代农业产业带总体
规划——一核三园布局示意

生态观光区
工厂化示范区
农事体验区
设施蔬菜示范区
精品果树示范区
绿色农产品生产示范区
边界

图 3 静海县龙海现代农业产业带总体规划——核心示范区功能分区

二是工厂化示范区，占地面积 652 亩。重点建设智能连栋温室、整理配送车间、保鲜库、配套用房、仓库等。

三是农事体验区，占地面积 1 074 亩。重点建设智能温室、日光温室、采摘果园、枣林等。

四是设施蔬菜示范区，占地面积 842 亩。重点建设寿光温室、日光节能温室。

五是精品果树示范区，占地面积 1 171 亩。重点建设连栋大棚、露地精品果园、水肥一体化设施、葡萄物联网系统、整理配送车间等。

六是绿色农产品生产示范区，占地面积 3 037 亩。重点建设寿光六代温室、连栋大棚和露地防虫网、市民菜园、整理配送车间、田间市场。

2. 双塘休闲农业园区

位于双塘镇，以京福公路改线为西边界，东至静双路西 500 米和南运河，北至西兴路，南至双塘镇界。涉及西双塘、董莫院、周家院、朴楼 4 个村。规划建设 7 个功能区。

一是休闲服务区，占地面积 620 亩。重点建设服务用房、整理配送车间、保鲜库、配套用房、仓库等。

二是温室蔬菜区，占地面积 971 亩。重点建设寿光六代温室共 152 栋；日光温室 180 栋。

三是林地休闲区，占地面积 2 123 亩。重点建设林带、木屋、特色果园等。

四是采摘体验区，占地面积 1 504 亩。重点建设果树大棚、采摘果园、配套用房、仓库等。

五是设施观光区，占地面积 540 亩。重点建设全光智能温室和节能日光温室，配套建设加工整理车间、仓库以及道路、沟渠、机井等设施。

六是运河景观带，占地面积 153 亩。重点建设桃花堤、梅花堤，辅以石雕、凉亭、趣味阶梯等景观小品。

七是中国北方养生养老基地，占地面积 2 461 亩。重点建设老年公寓、三级甲等医院、社区卫生服务机构、餐饮服务中心、文化娱乐场所、老年大学、老年运动中心、温泉养生中心等。

3. 陈官屯精品设施蔬菜园区

位于京福公路改线陈官屯镇西钓台村路段东西两侧，北起陈大公路，南至纪庄子南排干，西至京沪高速，东至京福公路改线东侧果树带，涉及西钓台、邹咀、纪庄子三个村。规划建设4个功能区。

一是设施蔬菜区，占地面积1 619亩。重点建设新型节能日光温室、寿光土温室、塑料大棚以及智能温室。

二是设施果品区，占地面积748亩。重点建设葡萄种植新型塑料大棚，发展葡萄—蔬菜立体间作栽培。

三是观光采摘区，占地面积1 910亩。重点建设葡萄种植新型塑料大棚、蔬菜种植新型节能日光温室、半地下式高效温室，打造观光果树带、市民农园、葡萄采摘园。

四是展示服务区，占地面积43亩。重点建设管理办公室、信息培训中心、质检中心、配套附属用房以及加工整理车间、农产品展厅和生态餐厅。

4. 唐官屯设施农业园区

园区西起京沪高速公路，北至运西排干（鲁辛庄引渠），包括2、3、4、5、6、7斗六条地，涉及曲庄子、马辛庄、鲁辛庄、马集、小张屯、林庄子6个村的耕地。规划建设4个功能区。

一是日光温室区，占地面积638亩。重点建设日光温室200栋。

二是塑料大棚区，占地面积1 229亩。重点建设塑料大棚830栋。

三是精品果园区，占地面积939亩。重点建设高标准果园和休闲观光设施。

四是散养猪场，占地面积25亩。重点建设猪舍、散养围栏。

5. 辐射发展区

为龙海现代农业产业带除"一核三园"以外的区域，作为产业带辐射发展区规划建设。

一是露地果树种植区，占地面积9 271亩。重点种植苹果、梨、桃、葡萄、枣等。

二是设施园艺种植区，占地面积15 075亩。重点建设日光温室、塑料大棚。

三是高效作物种植区，占地面积16 887亩。重点更新原有品种、引进新品种，延伸产业链条。

四、规划实施

（一）经营运作机制

1. 产业化经营机制

构建"合作社＋公司＋农户""合作社＋农户"的产业化经营组织模式，推动产业带走"市场导向、组织带动、农民主体、企业介入"的集约化、组织化、产业化发展道路。农民专业合作社为成员提供产前、产中、产后系列服务，以建立风险基金、保护价收购、资产联结和利润返还等与农户之间的紧密型利益联结机制。

2. 多功能开发机制

在强化精品生产功能，提高农业经营效益的同时，拓展休闲观光功能，以生态林和经果林建设为主导，用景观生态理念打造产业带优美的整体环境，为市民提供特色休闲体验服务。建立农民实训基地，开展设施类型、生产技术、经营模式等多种示范培训，以点带面、以园带片，引领带动静海县乃至天津市现代都市农业的持续健康发展。

3. 组合营销机制

支持绿色食品等特色标志认证，打造产业带系列特色农产品品牌，以品牌战略占领市场。拓展营销渠道，发展产地订单销售、果蔬连锁经营、电子商务运营等现代营销方式，形成农超、农企、农校、农社对接等销售模式。通过网站、电视台等新闻媒体，积极对外宣传产业带发展规划、资源优势和产品特色，做好品牌推介。

4. 风险保障机制

支持经营主体建立全方位的信息搜集、整理、分析、反馈系统和相应的机制，以增强经营决策能力和抗风险能力。优先选择市场潜力大、科技含量高、综合效益好、示范带动强的设施农业项目。对项目的投资建设进行风险评估，把不同风险程度的项目按比例组合，分散投资风险。支持农民参加农业保险，规避农业经营风险。

（二）实施保障措施

1. 加强组织领导

一是强化领导体系的组织保障。建立县相关部门与乡镇紧密结合、分级管理、上下联动的良性工作推进机制。确保产业带统一规划、分步实施，滚动发展。二是制定《天津市静海县龙海现代农业产业带管理办法》。出台产业带优惠政策、贷款扶持、入园条件、综合服务、管理考核办法等规章制度。鼓励各类投资主体以项目建设、承包、租赁等多种形式参与产业带建设。

2. 争取扶持政策

一是申请财政扶持资金。申请市财政设立的设施农业提升工程和农业科技创新工程补助资金，以及其他方面的项目扶持资金。申请县财政设立的龙海现代农业产业带发展扶持资金。二是积极争取金融保险支持。有针对性地争取国家政策性银行、商业银行及各类金融服务机构的贷款扶持。利用银政合作平台，争取贴息、小额信贷、中长期贷款。探索农业风险补偿机制，争取农业保险的补贴扶持资金。

3. 强化科技支撑

一是健全设施农业技术推广体系，依托市农业科研与推广部门，加强棚室选型、新品种引进，推行水肥一体化、节水灌溉模式和测土配方施肥技术。二是强化农民技能培训。组织实施农业技术实地培训，重点开展安全农产品生产技术规程和关键技术等培训，造就技能型、管理型农村实用人才；强化农民培训工作，把农业技术培训纳入农村劳动力转移就业技能培训计划。

项目来源：2013 年天津市静海县农业委员会委托规划咨询项目
执笔人：李瑾、黄学群、孙国兴、陈丽娜、秦静、刘悦、刘欣宇

京津冀休闲农业一体化发展规划研究

一、规划背景

当前，我国经济发展进入稳步发展的新常态。由依靠出口、投资为主的发展模式逐步转为依靠扩大内需的发展模式。休闲农业融合一二三产业，利用农村、农业、自然、生态资源为市民提供休闲、娱乐、教育、养生等一系列服务，吸引市民到农村消费，成为拉动内需的一股重要力量，休闲农业在经济发展新常态中，发挥出重要作用。

贯彻落实京津冀协同发展战略，推进京津冀休闲农业一体化发展意义重大。本着"优势互补、资源共享、共赢发展"的原则，依托京津冀三地的地缘优势、资源禀赋、市场优势、组织优势和创新优势，对区域休闲观光农业一体化发展进行顶层设计、建设方案研究迫在眉睫。鉴于此，天津市农村工作委员会委托天津市农村经济区划研究所承担《京津冀休闲农业一体化发展规划研究》项目，旨在促进三地休闲农业合作共赢发展，服务京津冀协同发展战略的有效实施。

本项目在推进过程中，承担单位与天津市休闲农业协会、北京市观光休闲农业行业协会、河北省农业生态环境与休闲农业协会紧密合作，在对京津冀三地休闲农业发展现状进行深入调研基础上，对三地休闲农业的资源整合、发展定位、空间布局，提出建设重点和精品线路设计等，并广泛征求三地休闲农业主管部门意见，最终成果报告已报送三地休闲农业主管部门作为决策参考。

二、思路定位

(一) 规划思路

紧紧抓住休闲旅游产业发展的时代机遇，贯彻落实京津冀协同发展规划纲要，以京津市场为核心，以河北为腹地，按照"市场导向、优势互补、资源共享、特色鲜明、共赢发展"的原则，依托京津冀三地的地缘优势、资源禀赋、市场优势、组织优势和创新优势，对三地休闲农业的资源进行整合，不断延长服务链、产业链和经济链，突出京津冀休闲农业在区域外的影响力，示范带动全国其他区域休闲农业的升级发展。

（二）总体定位

京津冀地区地域辽阔、资源多样、人口众多、市场广阔，在京津冀协同发展战略背景下，休闲农业一体化发展将在资源利用效率、产业发展规模、景点项目数量、接待游客能力、辐射带动范围、经营机制创新等多方面实现突破，从而形成具有中国北方特色的休闲农业服务城市群发展实践区、全国休闲农业协同推进示范区、面向全球的休闲农业旅游目的地。

（三）区域定位

北京——打造成为京津冀休闲农业发展领航区、休闲农业新业态创新样板区和具有中国特色文化的创意农业发展高地，为全国休闲农业和乡村旅游发展提供先行经验和展示样板。

天津——打造成为京津冀休闲农业产业化发展示范区、休闲农业旅游综合服务区和现代农业园区休闲旅游展示区。

河北——打造成为京津冀休闲农业发展拓展区、农业转型发展展示区和休闲农业多业态组合基地。

三、规划布局

按照京津冀协同发展规划纲要的总体要求，遵循休闲农业和旅游产业发展规律，依据各地的休闲农业旅游资源特征、区位条件、市场定位及其空间布局，以京津都市圈辐射出的高速公路、国道干线以及河流水系为轴，统筹兼顾行政区划的相对完整性和资源相似性，坚持点、线、面相结合，划分出不同层次、不同级别、不同功能、不同定位的节点、聚集区和功能区，形成产业聚集和规模效应，形成体系完整、层次合理、空间完善、分工明确、区域协调的空间布局结构，形成"四大功能区、多节点、多聚集区"的总体空间格局（图1）。

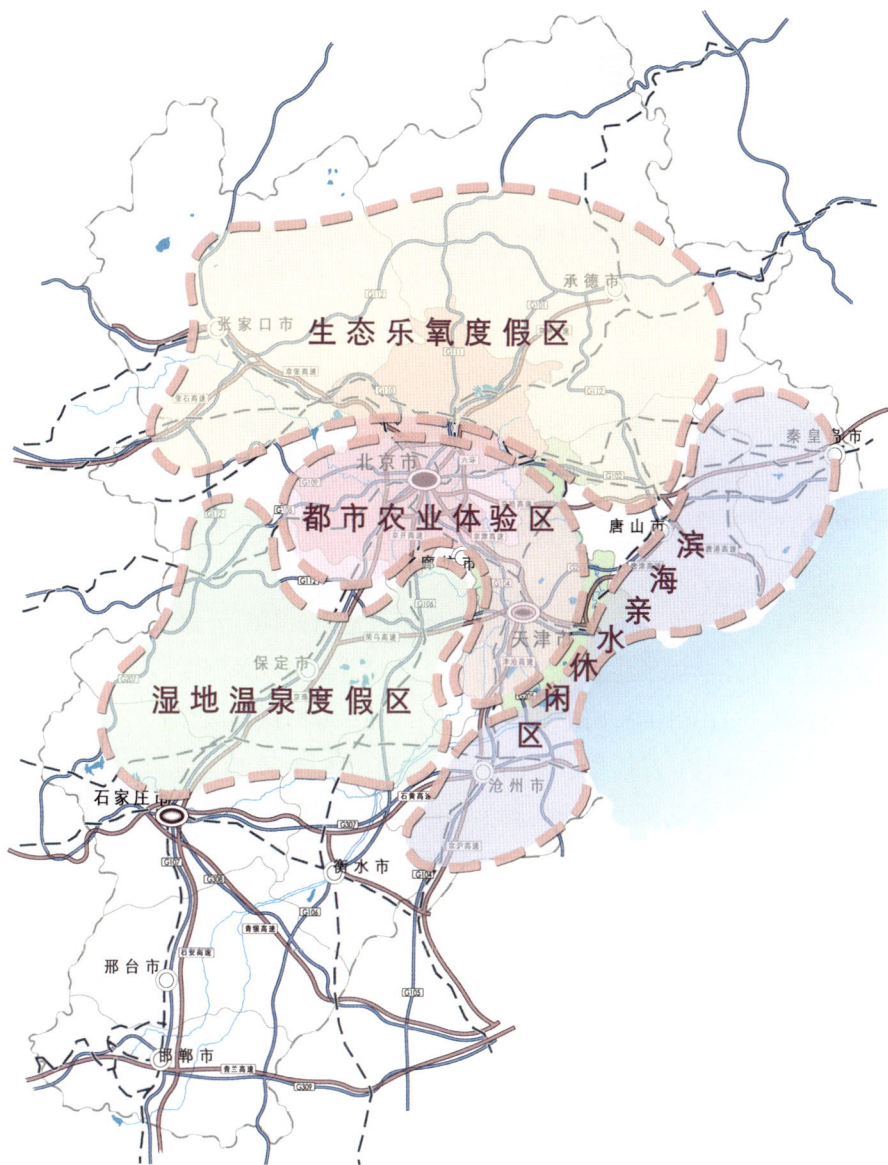

图1　京津冀休闲农业一体化——功能分区

（一）四大功能区布局重点

1. 生态乐氧度假区

主要包括河北省张家口市、承德市下辖的县市，北京市的延庆、怀柔、房山、密云、门头沟区，天津市蓟县等区域。区域内有张承、张石、京张、京承、京藏等高速公路通过，经由国道和省道，可比较方便地进入本区域。

该区域生态条件优越，拥有坝上草原、温泉冰雪、特色农产品等资源，已经形成了草原风情度假区、桑洋河谷百里葡萄长廊、赤城温泉度假村、崇礼滑雪场等，市场影响力较大。

发展重点：联动历史文化旅游、山水自然观光、乡村休闲度假等相关产品，重点发展以生态为特色、以特色农产品为依托、以温泉冰雪体验为重点的休闲农业与乡村旅游活动。

2. 滨海亲水休闲区

主要包括秦皇岛市的北戴河区、南戴河区、昌黎县的滨海区域，唐山市乐亭县的滨海区域，以及天津滨海新区。区内有京沈、津唐、沿海等高速公路通过，与北京、天津、沈阳等城市连通，处于京—津的 2 小时交通圈内。区内有京山、京秦、大秦等铁路干线。

该区域资源富集，生态优良，滨海休闲度假条件优越，海水、沙滩等资源品质优良，已经形成了北戴河、南戴河、昌黎黄金海岸滨海度假区、乐亭三岛的休闲度假区、山海关等历史文化旅游区、天津滨海旅游区，此外还有长城文化遗产、葡萄酒等高品质旅游资源，市场影响力较大。

发展重点：联动历史文化旅游、自然生态观光等相关产品，开发滨海亲水休闲、休闲渔业活动、葡萄文化体验等特色产品，构建以海洋、沙滩、渔家乐和葡萄酒为特色的滨海休闲度假区。

3. 湿地温泉度假区

主要包括河北保定部分县市和廊坊部分县市，以白洋淀为核心，涵盖保定市的安新县、雄县、高阳县、容城县，高碑店市、廊坊市的霸州市和固安县以及沧州市的任丘市的相关区域。区内有京开、京石、津保、大广等高速公路通过，与北京、天津、保定、石家庄等城市连通，处于京—津的 1 小时交通圈内。

该区域资源富集，生态优良，湿地温泉度假条件优越，温泉、湿地等资源品质优良，已经形成了北太行生态休闲带、白洋淀温泉城、永—固—霸温泉度假区、特色购物休闲区，此外还有多种美食小吃、民俗文化等旅游资源，市场影响力较大。

发展重点：联动历史文化旅游、自然生态观光、农业休闲体验等相关产品，进一步开发温泉休闲、湿地观光、休闲购物等活动，构建以大温泉、大湖泊为特色的精品观光休闲目的地。

4. 都市农业体验区

主要包括河北廊坊北部、北京平原区和天津西南部区县，具体为：天津市的宝坻、武清、静海、西青、津南和北辰区，廊坊市的廊坊市区、三河市、大厂回族自治县、香河县，北京市的顺义、海淀、大兴、朝阳区。区内有京津塘、京沈等高速公路通过，与北京、天津、唐山等城市连接，处于京—津的半小时交通圈内。

该区域以京津两大城市为核心，科技水平高、文化创意突出、市场消费力强，已经建成了一批农业科技园区、现代农业示范园区和休闲农庄，市场影响力和知名度显著。

发展重点：联动都市农业展示、历史文化旅游、自然生态观光、农业休闲体验等相关产品，立足区位优势，重点开发会议展览、休闲体验、文化创意、科普旅游等活动，形成聚集效应和组合效应，构建京津都市圈休闲农业发展高地。

（二）多节点布局重点

依据京津冀区域所辖各县市休闲农业发展水平、资源禀赋以及市场区位条件，打造 29 个特色休闲县（市），以此为增长极，引领带动周边县（市）休闲农业发展，最终促进三地休闲农业与乡村旅游持续健康发展。如表 1 及图 2 所示。

表 1　京津冀休闲农业一体化旅游多节点体系

区域	京津冀休闲农业一体化网络关键节点
北京	密云区、延庆区、通州区、大兴区、海淀区
天津	蓟县、宁河县、静海县、西青区、滨海新区
河北	迁西县、迁安市、遵化市、乐亭县、涿州市、雄县、易县、涞源县、怀来县、张北县、崇礼县、蔚县、围场县、丰宁县、兴隆县、滦平县、隆化县、昌黎县、黄骅市安新县、安国市

（三）多聚集区布局重点

依托乡村文化、民风民俗、田园风光、自然景观、农（渔）家乐、农业观

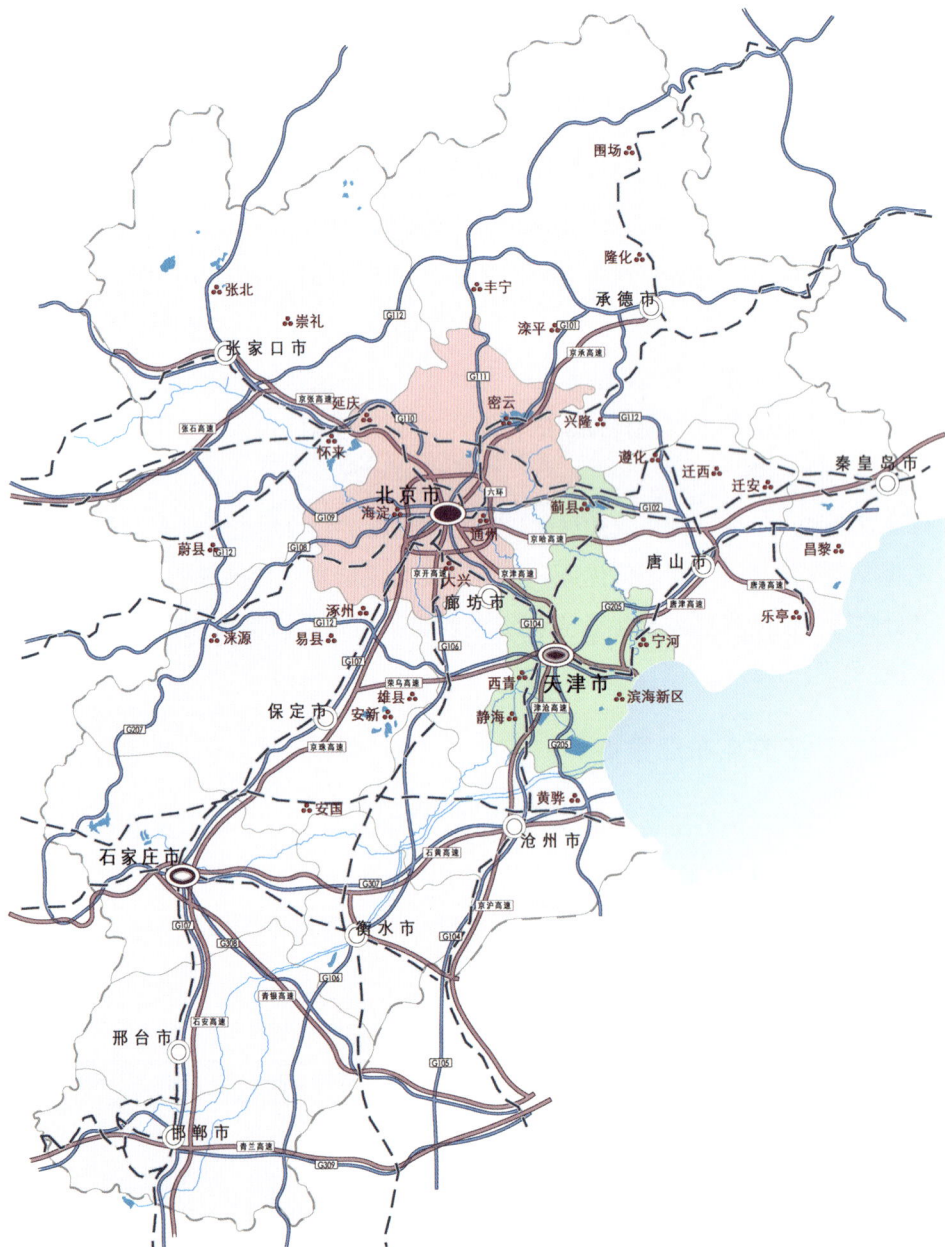

图 2　京津冀休闲农业一体化——多节点分布

光园、休闲农庄等资源，以"生态观光、休闲体验、绿化美化、文化创意"为
发展方向，以"资源化整合、精品化打造、片区化开发、产业链带动"为发展

理念，统筹健全旅游六大要素，打造一批在京津冀协同发展中起到示范带动作用的休闲农业聚集区。如图3所示。

图3　京津冀休闲农业一体化——聚集区分布

四、精品线路设计

目前京津冀休闲农业发展已形成"四大功能区、多节点、多聚集区"的总体空间格局。在此基础上，对京津冀三地的农业和农村的特色资源、特色文化、特色活动、特色风情、特色服务进行深度挖掘和合理开发，形成9条风格各异、主题突出的休闲农业精品游览线路（图4），构架起京津冀休闲农业发展的整体脉络。

（一）运河文化休闲线路

1. 线路特色

运河文化＋精致农业＋温泉休闲＋民俗文化体验＋特色购物＋科普教育＋1—2日游。

2. 线路范围

河北的沧州青县、吴桥、沧县、南皮县、泊头市等，北京的朝阳区、海淀区、通州区、顺义区，天津的静海区、西青区、北辰区、武清区等。

3. 节庆活动

昌平的北京农业嘉年华（4月）、通州张家窝镇葡萄节（8月）、通州台湖镇金秋捉蟹节（9月底）、西青杨柳青民俗文化旅游节（腊月二十三至正月十六）、武清津溪桃源桃花节（4月）、永清采摘节、沧州吴桥杂技节、青县盘古庙会（三月初三、九月初九）等。

（二）潮白生态休闲线路

1. 线路特色

潮白生态＋山野风光＋生态氧吧＋文化民俗体验＋1—2日生态休闲体验。

2. 线路范围

张家口赤城县，北京顺义区、延庆区、怀柔区，天津宁河区、宝坻区等地区。

3. 节庆活动

"遇见宝坻 印象潮白"（全年）、宝坻金秋钓蟹节（9—10月）、宁河七里海河蟹文化节（9—10月）、怀柔虹鳟鱼美食节（6月）、延庆冰雪文化节（1—2月）等。

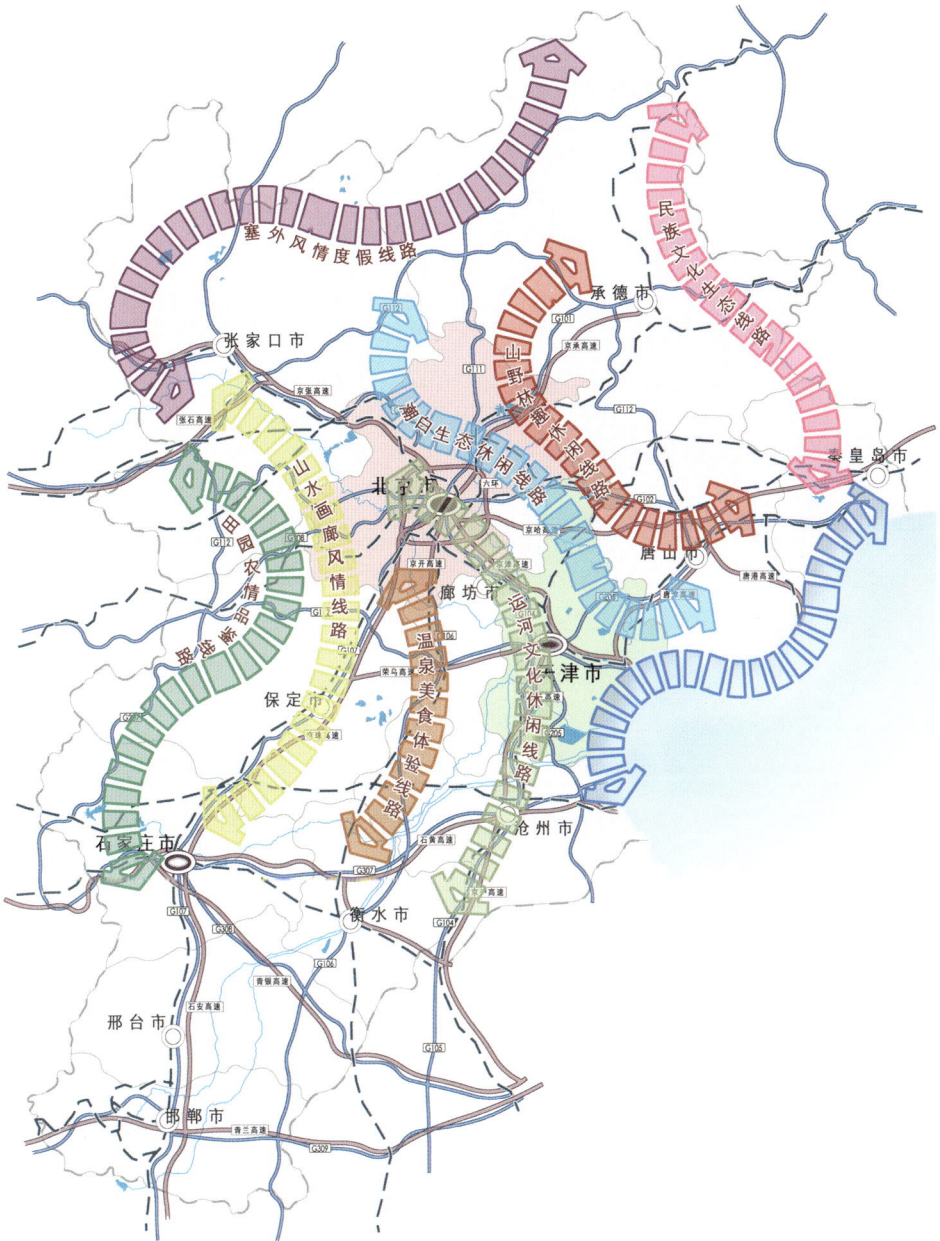

图 4　京津冀休闲农业一体化——精品线路

（三）塞外风情度假线路

1. 线路特色

原生态山地风光＋坝上草原＋草原狩猎＋康体养生＋历史文化古迹＋2—4日休闲度假。

2. 线路范围

承德的围场县、丰宁县，张家口的尚义县、张北县、沽源县、崇礼县等山区。

3. 节庆活动

丰宁坝上草原赛马大会（7月）、张北草原音乐节（7月）、尚义赛羊会暨羊肉美食节（8月）、木兰围场森林草原旅游文化节（7—8月）等。

（四）山野林趣休闲线路

1. 线路特色

山野林海＋生态氧吧＋赏花采摘＋特色购物＋1—2日生态体验。

2. 线路范围

河北承德的滦平县、兴隆县，唐山的遵化县、玉田县、迁西县、迁安县、滦县等山区，天津蓟州区，北京密云区、平谷区。

3. 节庆活动

蓟州团山子梨园节（3月）、蓟州盘山开山节（3月）、迁西板栗文化节——栗林花海·香约迁西（6—7月）、遵化"亚太"草莓采摘文化节（4月）、密云农耕文化节（4—5月）、密云鱼王美食节（9月）、密云冰雪风情节（12月）、平谷桃花节（3月）等。

（五）民族文化生态线路

1. 线路特色

满蒙民族文化＋皇家度假＋赏花采摘＋特色购物＋1—2日生态文化体验。

2. 线路范围

河北承德的隆化县、宽城县、平泉县、承德县，唐山青龙县等山区。

3. 节庆活动

承德满族颁金节（10月）、青龙官场梨花节（4月）、青龙天女木兰节（6

月）、青龙祖山红叶节（9—10月）、承德·隆化茅荆坝红叶节（9—10月）、宽城满族文化节（9—10月）等。

（六）山海风情度假线路

1. 线路特色

滨海风情＋休闲渔业＋葡萄特色产业带＋1—2日海滨度假。

2. 线路范围

天津滨海新区、津南区、东丽区等，河北唐山乐亭县、秦皇岛昌黎区、沧州黄骅县等地区。

3. 节庆活动

滨海新区开海节（9—10月）、茶淀葡萄文化旅游节（9—10月）、大港皇家枣园冬枣节（9—10月）、黄骅冬枣采摘节（9—10月）、沧州开海节（9—10月）、乐亭缤纷旅游文化节（6—9月）等。

（七）田园农情品鉴线路

1. 线路特色

田园风光＋民俗文化＋科普教育＋乡村体验＋美食体验＋1—2日体验游。

2. 线路范围

张家口蔚县、怀来县、涿鹿县，保定顺平县、满城县、涞源县、唐县、易县等。

3. 节庆活动

怀来海棠花节（4—5月）、涿鹿"十里杏花坡"活动（3—4月）、涿鹿二月二龙文化节（3—4月）、顺平桃花节（3—4月）、唐县桃花文化节（3—4月）、满城草莓文化节（4月）、易县牡丹文化节（4月）等。

（八）温泉美食体验线路

1. 线路特色

温泉休闲＋休闲采摘＋美食体验＋文化体验＋1—2日生态游。

2. 线路范围

北京大兴区；河北廊坊永清县、固安县、霸州市，保定雄县，沧州河间市等。

3. 节庆活动

河间驴肉美食文化节（5月）、永清西红柿节（5月）、霸州温泉风情节（全年）、固安桃花节（3月）、大兴庞各庄梨花节（4月）、大兴西瓜节（5—6月）等。

（九）山水画廊风情线路

1. 线路特色

秀美山水＋湿地景观＋乡村体验＋文化古迹＋特色购物＋1—2日游。

2. 线路范围

北京房山区、门头沟区，河北怀来县、涿州市、涞水县、安新县、高阳县、博野县、清苑县、安国市、定州市等。

3. 节庆活动

门头沟京白梨采摘文化节（9月）、涞水野三坡开山节（4月）、涞水鲜桃采摘节（4月）、白洋淀荷花节（7月）、清苑县西瓜节（6—8月）、安国国际药材节（6月）、博野县冰雪草莓采摘节（2—3月）、定州东坡文化节（11月）等。

项目来源：2014年天津市农村工作委员会委托规划咨询项目

执笔人：郭华、史佳林、郁滨赫、刘悦、董霞、崔凯、陈亦捷、刘莉

京杭大运河天津段沿线现代农业发展规划

一、规划背景与条件

(一) 规划背景

启动京杭大运河沿线开发工作，既是对运河历史风貌的恢复、延展和开发，更是对运河文化的挖掘、保护和传承，是促进大运河沿岸地区经济社会发展、强化大运河的历史地位、提升大运河载体功能的重要举措。梳理大运河天津段沿线农业资源禀赋、农村生态环境、优势主导产业和特色文化资源，并对该区域农业未来发展思路、定位、目标、功能和重点任务加以科学规划，有利于发挥天津农业优势，推动京津冀生产要素合理流动与资源高效利用，有利于破解区域农业产业发展与生态环境保护、产量增加与品质提升、成本攀升与价格低迷、农民增收传统动力减弱与新动力跟不上等矛盾，有利于加快培育农业农村发展新动能，提升农业供给结构的质量、效益和竞争力，促进农村一二三产业融合发展，带动农民就业增收，实现美丽乡村建设目标。

(二) 规划条件

京杭大运河天津段流经武清、北辰、西青和静海四个涉农区，四区内全程总长 141.3 公里。沿线涉及 18 个乡镇、269 个村。详见表 1。

本规划范围为天津境内大运河沿线两侧各约 1 000 米区域内农业用地及保留村庄。规划范围内，截至 2016 年末，有常住人口 49.2 万人，耕地及设施农业用地 19.23 万亩、果园 0.48 万亩、草地 0.46 万亩、林地 1.19 万亩。分区规划基础如下：

1. 武清区

武清区段沿线两侧有耕地 8.27 万亩，农业主要以蔬菜和粮食种植为主，有农业园区、采摘园、垂钓园等 20 多处，包括漫森活农场、良庄生态农业示

表 1 京杭大运河天津段流经长度及区域情况

涉及区	区内长度/公里	涉及乡镇	涉及村庄数量/个
武清区	43	大碱厂、大良、下伍旗、南蔡村、大孟庄、河西务	69
北辰区	20.7	双街、北仓、天穆	32
西青区	28.6	中北、杨柳青、辛口镇	58
静海区	49	唐官屯、陈官屯、双塘、静海、良王庄、独流	110
合计	141.3		269

范园、山炮营农园、和润福德绿色庄园、宝建农庄、红骨顶生态农场、南辛庄设施农业园等。

2. 北辰区

北辰区段沿线两侧有耕地 1.22 万亩，主要位于北运河以西万亩高效农业种植园区内，特色农产品主要有双街村草莓、葡萄和食用菌以及沙庄村的放心蔬菜等。

3. 西青区

西青区段沿线两侧有耕地 3.26 万亩，农业主要以露地蔬菜种植和设施生产为主，已建设的各类农业园区共 5 个，分别为中北镇曹庄花卉市场、雷庄花卉基地、杨柳青镇水高庄园、辛口镇沙窝萝卜精品产业园和辛口镇第六埠高新科技农业示范园区（核心示范区）。

4. 静海区

静海区段沿线两侧有耕地 6.63 万亩，有粮食生产基地 4.80 万亩，蔬菜生产基地 1.30 万亩，果树生产基地 2 124 亩，油菜花种植面积 1 500 亩。独流镇春光家庭休闲农场、静海镇范庄子生态园区、双塘镇双塘休闲农业园区、陈官屯镇吕官屯农业园区等一批农业园区已建设成为农业结构调整、农民就业增收、农村产业转型升级的重要载体。

与此同时，大运河沿线地区农业农村发展也面临着诸多问题，主要包括：农业用地空间持续缩小、农业生产方式传统落后、农业生态环境亟待改善、农业建设资金严重短缺、配套建设用地严重不足、专项扶持政策尚待完善等，亟须通过加强规划和合理开发等加以解决。

二、规划定位与目标

（一）总体定位

根据天津市规划院提出的"总体规划"要求，京杭大运河沿线现代农业重点打造体现农业科技展示、精品绿色生产、特色产业融合等高端功能的产业发展带，以及集运河文化、农耕文化、漕运文化、古镇文化、生态文化于一体的休闲观光带、文化传承带和生态景观带。

武清区——打造成为现代都市型农业和乡村旅游发展引领区、农业特色村镇建设示范基地。

北辰区——打造成为现代都市型农业示范展示窗口、京杭大运河特色旅游精品节点。

西青区——打造成为特色精品农业聚集区、京杭大运河文化创意旅游目的地。

静海区——打造成为农耕文明传承廊道、乡村生态旅游体验基地。

（二）发展目标

通过现代农业的开发与建设，实现农业转型、产业集聚、景观提升、服务升级、文化传承的目标。规划到 2025 年，大运河沿线现代农业将成为区域内现代产业体系的重要支撑、农民安居乐业的重要保障、城乡一体化发展的重要途径，以及农耕文化传承的重要载体。

三、规划布局与任务

（一）规划布局

大运河沿线重点规划建设四种类型现代农业功能区，分别为田园观光功能区、休闲体验功能区、生态养生功能区、农耕文化功能区（图 1）。

1. 田园观光功能区

田园观光功能区主要分布于大运河沿线武清区河西务镇北部、大孟庄镇南部及南蔡村镇运河两岸，以及静海区良王庄乡、静海镇运河两侧区域。

主要依托大面积基本农田、粮食生产基地、绿化苗木基地以及花卉生产基

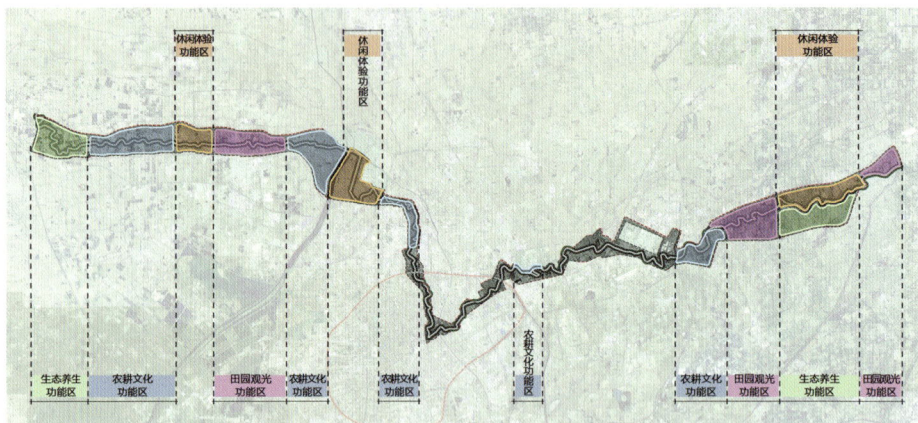

图 1　京杭大运河天津段沿线现代农业发展规划——功能布局

地建设形成。通过调整种植品种结构，加强农田基础设施建设，重点打造连片花海、花田、苗圃、林地、果园、粮田等农业形态，融入艺术设计理念，与原有的生态林带和运河水道相结合，配套建设具有自然风情的生态景观小品，形成错落有致的田园生态景观，开发自然体验式休闲活动，打造集绿色生产、生态观光、艺术品鉴等功能于一体的休闲农业功能区。

2. 休闲体验功能区

休闲体验功能区主要分布于大运河沿线武清区河西务镇南部、大孟庄镇北部及大良镇运河西岸，西青区辛口镇，以及静海区双塘镇运河两侧区域。

依托现有的设施农业基地、现代农业产业园区、农业观光园区、休闲采摘园区以及市民菜园聚集区建设形成。在充分利用现有生产与服务设施的基础上，对农业设施进行改造提升，突出地域农业品牌特色和市民农园经营特色，以延长农业产业链条和扩展产业功能为核心，打造集农业生产、农耕体验、休闲观光、科普教育、科技展示、文化创意于一体的休闲体验功能区，并开展低碳生活、采摘垂钓、亲子体验、特色餐饮购物、游憩放松等休闲农业和乡村旅游活动，打造乡村旅游度假基地。

3. 生态养生功能区

生态养生功能区主要分布于运河沿线武清区下伍旗镇、大良镇运河东岸，静海区唐官屯镇运河两侧区域。

依托生态林地、绿色蔬菜基地、中草药种植基地等建设形成。突出农业、林业对生态环境的改善与营造功能，结合森林养生、中草药文化、健康饮食、运动健身等主题，推进"农业＋文旅＋养生"休闲农业模式开发，吸引农产品物流、农业生态旅游、林地富氧养生、中医药文化传承、民俗文化展示、乡土健康美食、民间艺术展演等关联项目，延伸产业链条，形成养生度假产业融合集群，并建立绿道慢行系统，设置水上游线路和码头，开展健康骑行、水上游乐、湿地垂钓等休闲养生活动，打造集赏大运河湿地风光、农耕体验、休憩养生等于一体的生态养生功能区。

4. 农耕文化功能区

农耕文化功能区主要分布于大运河沿线武清区南蔡村镇南部及大碱厂镇，北辰区双街镇上蒲口、张湾、杨堤、柴楼、双街、下蒲口、沙庄、下辛庄、西赵庄和常庄村，西青区杨柳青镇，以及静海区独流镇和陈官屯镇大运河两侧区域。

此功能区依托历史古镇、特色旅游村、一村一品示范基地、民俗文化园以及文物古迹等资源建设形成。结合大运河两侧"绿色走廊"，以农业园区为龙头，将区域内大运河沿线的特色农业、文物古迹、历史人物、传说故事等串联、融合，将农耕文化、漕运文化、古镇文化、民间文化相融合，以大运河博物馆、古建筑、农耕文化展示园、休闲农业园区等多种形式加以保护、开发、展示和传承，打造成为大运河沿线集农耕文明传承、品牌农产品展示、水乡古韵风情体验于一体的特色文化休闲区，向游客展示千年古城向现代文明跨越发展的图景。

（二）重点任务

京杭大运河天津段沿线现代农业发展本着"特色鲜明、产业高效，规模适度、配套完善，主体明确、带动力强，农耕文化、底蕴深厚"的原则，重点建设现代农业产业园区、休闲农庄、观光采摘园、农耕文化园、特色种植基地以及产业融合发展特色村镇等工程，将以上工程打造成为大运河沿线现代农业发展和新农村建设的亮点（图 2、图 3）。

1. 现代农业园区、基地类项目

根据各区提供资料，经调研考察和充分论证，京杭大运河天津段沿线两侧各约 1 000 米范围内拟规划现代农业产业园区、休闲农庄、观光采摘园、农耕文化园、特色种植基地类重点项目 34 项，分为改造提升（26 项）和规划新建（8 项）两种类别，其中：示范段（即武清区木厂闸至筐儿港闸）改造提升园

图 2　京杭大运河天津段沿线现代农业发展规划——产业园区、基地布局

图 3　京杭大运河天津段沿线现代农业发展规划——产业融合特色村镇布局

区项目 10 项，新建园区项目 1 项；北运河段改造提升园区项目 12 项，新建园区项目 2 项；南运河段改造提升园区项目 14 项，新建园区项目 6 项。

政府财政投入作为启动和引导资金，主要用于基础设施（道路、沟渠、电力等）配套、土壤土地改良及农业设施提升（棚室改造、节水灌溉工程建设、物联网设施配套等）。

2. 产业融合特色村镇类项目

经实地考察和调研分析，京杭大运河天津段沿线两侧各约 1 000 米范围内，拟规划建设产业融合特色村镇共 22 个，其中特色镇 3 个，特色村 19 个。

在原有"一村一品"的基础上，以市场需求为导向，以完善利益联结机制为核心，以制度、技术和商业模式创新为动力，以推进供给侧结构性改革和农业增效、农民增收、农村增实力为目标，坚持"创新驱动、产业支撑、旅游带动、文化打造、功能提升、设施保障、生态修复、品牌营造"的发展思路，创建一批产业特色鲜明、人文气息浓厚、生态环境优美、多功能叠加融合、体制机制灵活的特色村镇，成为大运河沿线两侧现代农业产业融合发展示范样板和休闲农业旅游线路上的重要节点。

四、规划保障措施

为保障京杭大运河天津段沿线现代农业规划的顺利实施，促进该区域农业转型升级、农村环境改造、农民就业增收，拟从政策创新、资金投入、科技支撑、项目扶持、体制机制等方面提出系列保障措施，主要有：进一步优化现代农业，特别是推进休闲农业用地政策、农村集体产权制度改革；强化财政资金投入、建立多元化投入机制；强化科技支撑农业发展能力，加强现代农业从业人员培训；明确项目扶持重点领域，加强项目载体实施建设；培育新型农业经营主体，创新农村金融服务手段等。

项目来源：2017 年天津市农业农村委员会政府采购项目（项目编号：0615 - 174117090229）

执笔人：李瑾、史佳林、陈丽娜、张蕾、黄学群、张磊

蓟州区农业产业发展规划

一、规划背景

2015 年 1 月，中共中央办公厅和国务院办公厅联合印发了《关于农村土地征收、集体经营性建设用地入市、宅基地制度改革试点工作的意见》，随后天津市蓟州区被列为全国 15 个农村宅基地制度改革试点区县之一。根据工作安排，蓟州区制定了《宅基地管理暂行办法》等 12 项配套政策，2017 年在首批 36 个村完成试点任务，在其余 745 个村完成调查摸底，全部进入实施阶段。通过试点，探索了宅基地有偿使用和自愿有偿退出的机制，充分发挥集体经济组织作用，探索建立了"依法公平取得、节约集约使用、自愿有偿退出"的农村宅基地管理制度。

以宅基地改革为主的农村土地制度改革落地实施对蓟州区规范农村土地使用，整合农村闲置资源，促进农村资源、资产的资本化和市场化转变，拓宽农民融资渠道，提高农村土地利用效率，推进农业规模化经营，实现农村经济稳定发展，助力现代农业建设具有重要意义。

2017 年 6 月，按照市委、市政府部署，天津市农村工作委员会、天津市蓟州区人民政府共同研究《蓟州区农业产业发展规划》编制事宜。根据蓟州区委、区政府安排部署，蓟州区农业委员会委托天津市农村经济与区划研究所联合南开大学旅游与服务学院、天津农学院人文学院组成近 30 人的规划团队，在深入全区 25 个镇及宅基地改革试点村调研考察的基础上，广泛征求区级涉农主管部门意见，开展镇村规划研讨论证，并按照市领导指示和要求进行修改完善，最终编制形成本规划。

二、规划思路

(一) 指导思想

贯彻落实党的十九大报告提出的"实施乡村振兴战略"的总体目标任务，

树立"创新、协调、绿色、开放和共享"的发展理念，按照市委、市政府决策部署和蓟州区委、区政府总体要求，以宅基地改革创新为动力，以农业增效、农民增收、农村增绿为目标，以提高农业质量效益和竞争力为核心，以推进农业供给侧结构性改革为主线，以结构调整为重点，以多种形式适度规模经营为引领，着力培育新动能、打造新业态、扶持新主体、拓宽新渠道，加快推进农业转型升级，构建一二三产业深度融合的现代农业产业体系、生产体系、经营体系，保障农产品有效供给、农民持续增收和农业可持续发展，依靠科技引领、改革推动、设施支撑、品牌拉动、功能融合，走产出高效、产品安全、资源节约、环境友好的现代都市型农业发展道路，支撑服务京津冀现代农业协同发展，为蓟州区实现绿色发展提供重要保障。

（二）目标定位

立足蓟州区，面向全市，服务京津冀，坚持生态涵养区发展定位，瞄准中等规模现代化旅游城市目标，强化农业的安全农产品供给能力、示范带动能力、市场竞争能力和综合服务能力，努力将蓟州区建设成为区域性绿色农产品供给基地、农业可持续发展示范区、休闲农业和乡村旅游发展领航区、土地制度改革促进农业发展试验区，不断开创美丽宜居蓟州区建设新局面。

到 2030 年，通过全面实施乡村振兴战略，加快绿色开发与建设，促使资源要素充分激活，城市和工业资源要素向农村流动显著增加，城乡公共服务均等化水平明显改善；遵循开放共享理念，积极面向京津冀市场，引进农业、生态、环保、旅游、文创、教育、健康、养老等项目，提升蓟州区整体经济发展水平。最终将蓟州区农业产业打造成为区域现代产业体系的重要支撑、农民安居乐业的重要保障、城乡一体化发展的重要途径，以及农耕文化传承的重要载体。

三、规划内容

（一）总体布局

遵循《蓟州区土地利用总体规划（2006—2020 年）》划定的农业用地空间，与《蓟州区城乡总体规划修编（2016—2030 年）》相衔接，形成蓟州区四大农业板块，即以高效经济作物为重点的东部生态农业板块、以绿色蔬菜为重点的南部高效农业板块、以苗木花卉为重点的西部特色农业板块、以生态旅游为重点的北部休闲农业板块（图1）。

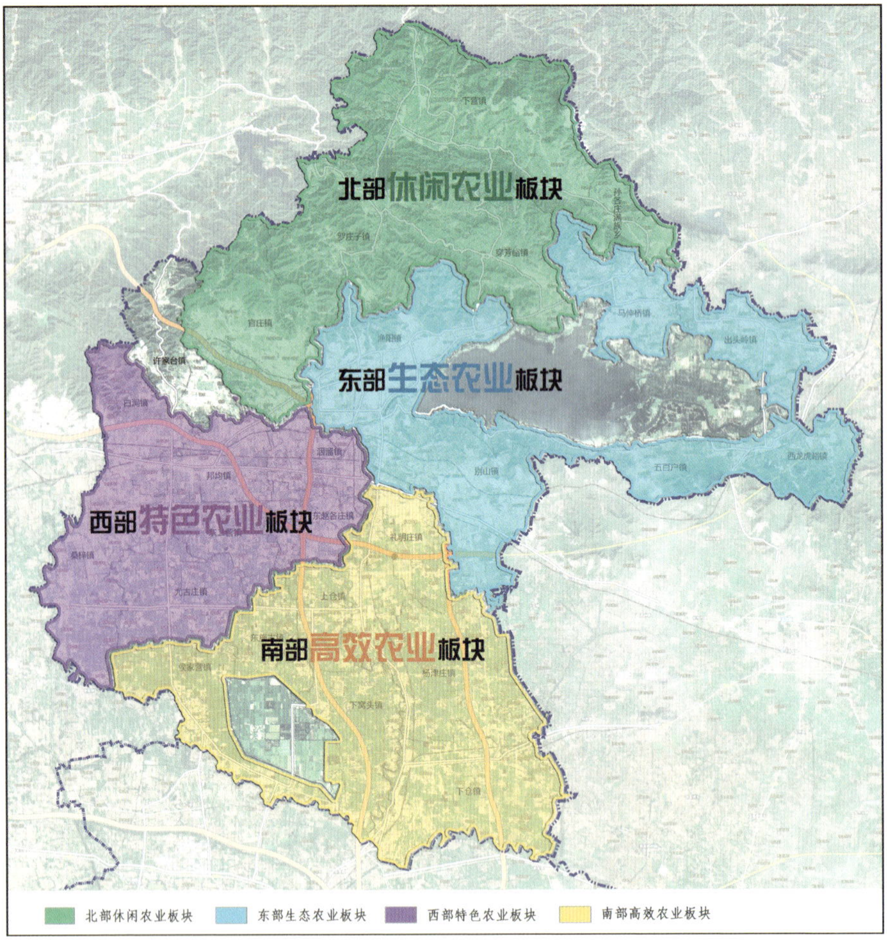

图1　总体布局

（二）分区规划

1. 以高效经济作物为重点的东部生态农业板块

规划范围：主要包括马伸桥镇、出头岭镇、西龙虎峪镇、渔阳镇、别山镇和五百户镇共6个镇，涉及村庄214个。到2020年，该板块保有耕地面积10.93万亩，其中粮占耕地5.88万亩，占比约53.8%。还有菜田面积2.43万亩，果园面积 6.42 万亩，林地面积 25.97 万亩。

发展定位与产业选择：以"生态＋农业＋观光"模式，建立绿色生态农业产品体系和服务体系，创建库区绿色农产品品牌，延长农业的服务链、产业链和价值链，努力建成京津绿色农产品供给基地、水源地保护发展的示范样板、生态旅游观光基地。以水源地生态涵养为目的，以库区农民增收为目标，发展生态林果产业、设施菌菜产业、农旅结合服务业、加工物流农业。

空间布局：构建"三区"空间布局，即生态林果休闲区、绿色菌菜果种植区、三产融合聚集区（图 2）。

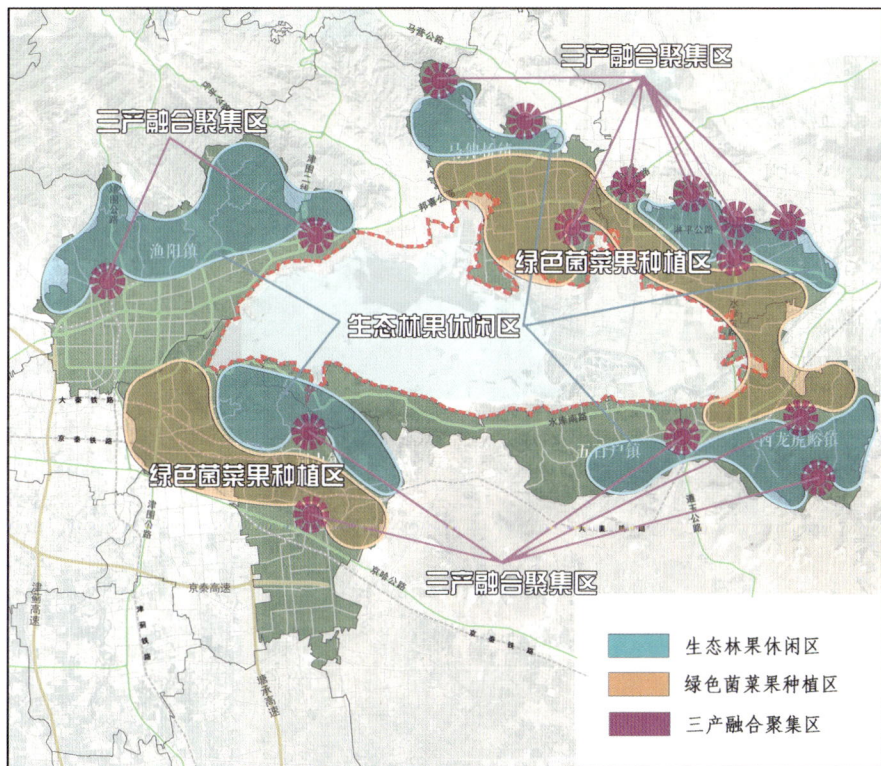

图 2　蓟州区农业产业发展规划——东部生态农业产业布局

2. 以绿色蔬菜为重点的南部高效农业板块

规划范围：主要包括礼明庄镇、杨津庄镇、上仓镇、下仓镇、下窝头镇、东施古镇、侯家营镇共 7 个镇，共涉及 286 个村庄。到 2020 年，该板块保有耕地面积 26.45 万亩，其中粮占耕地 21.33 万亩，占 80.6%；菜田面积 5.39

万亩；果园面积 0.12 万亩，林地面积 6.42 万亩。

发展定位与产业选择：以"产城融合、现代高效、鱼米之乡、生态田园"为主题，打造蓟州区现代农业转型升级示范样板，努力将该区域建设成为蓟州区产城融合发展示范样板、平原休闲农业旅游聚集区和京津绿色农产品供给保障基地。重点发展绿色蔬菜产业、特色种养产业、休闲农业产业、优质粮食产业，以及为城市功能区服务的生态产业。

空间布局：构建"一带五区"空间布局，即环青甸洼渔农文化体验带、产城融合生态产业示范、绿色蔬菜产业聚集区、特色种养产业聚集区、休闲农业产业聚集区、优质粮食产业聚集区（图 3）。

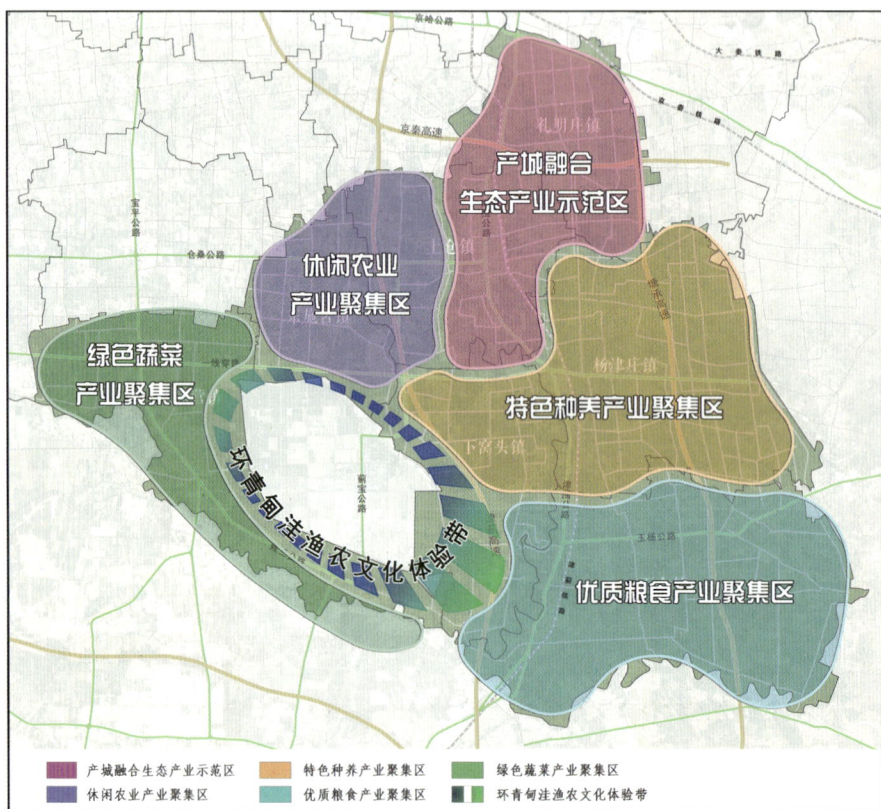

图 3　蓟州区农业产业发展规划——南部高效农业产业布局

3. 以苗木花卉为重点的西部特色农业板块

规划范围：主要包括邦均镇、东二营镇、白涧镇、尤古庄镇、桑梓镇、泗溜镇、东赵镇共 7 个镇。涉及村庄 230 个。到 2020 年，该板块保有耕地面积

16.73 万亩，其中粮占耕地 10.68 万亩，占 63.8%；菜田面积 2.88 万亩；果园面积 1.43 万亩；林地面积 5.94 万亩。

发展定位与产业选择：以"农业＋林业＋旅游"模式，不断完善苗木花卉物流体系和休闲农业服务体系，推进苗木花卉产业与商贸流通业、休闲旅游业、美丽乡村、养老养生深度融合，把产业优势转化为竞争优势，力争将该板块打造成为蓟州区乃至京津冀苗木花卉产业集聚区。重点发展苗木花卉产业、苗木物流服务业、休闲度假产业、优质果蔬产业。

空间布局：重点发展苗木花卉产业，构建"一带四区"空间布局，即绿色特色园区发展带、苗木花卉发展区、苗木物流贸易区、生态休闲度假区、精品果蔬发展区（图 4）。

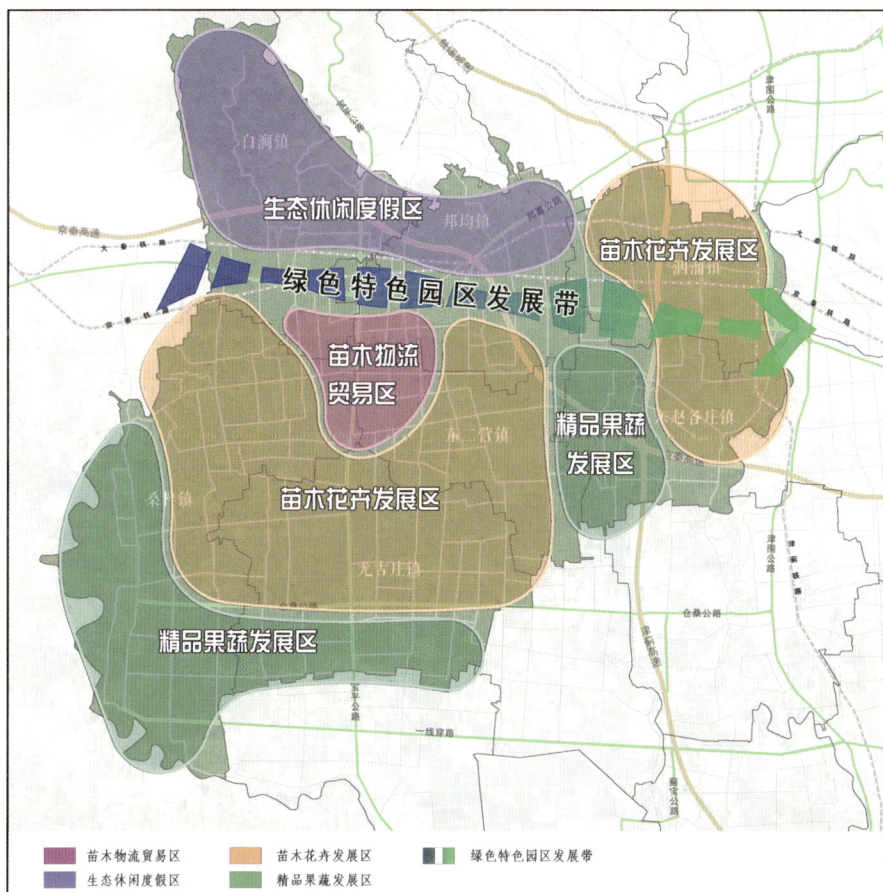

图 4　蓟州区农业产业发展规划——西部特色农业产业布局

4. 以生态旅游为主的北部休闲农业板块

规划范围：主要包括官庄镇、罗庄子镇、下营镇、孙各庄满族乡、穿芳峪镇共5个乡镇。涉及村庄133个。到2020年，该板块保有耕地面积3.89万亩，其中粮占耕地2.11万亩，占54.2%；菜田面积0.2万亩；果园面积13.3万亩，林地面积52.78万亩。

发展定位与产业选择：推进农业与旅游、农业与文化、农业与体育、农业与康养、农业与研学等多产业的融合，使农宅变民宿、山林变景观、农产品变商品、农民变服务员，实现以旅游带农业，农文旅商协调发展，力争将该板块打造成为蓟州区优质果品生产基地、京津冀休闲乡村生态旅游核心区。重点发展森林康养农业、观光体验农业、果品种植加工业、高效生态农业。

空间布局：提升改造果品基地，重点发展休闲农业，构建"四带两区"空间布局。"四带"是指马平公路、马营公路、津围公路、津围公路二线四条休闲农庄发展带；"两区"即森林康养度假区、休闲农业体验区（图5）。

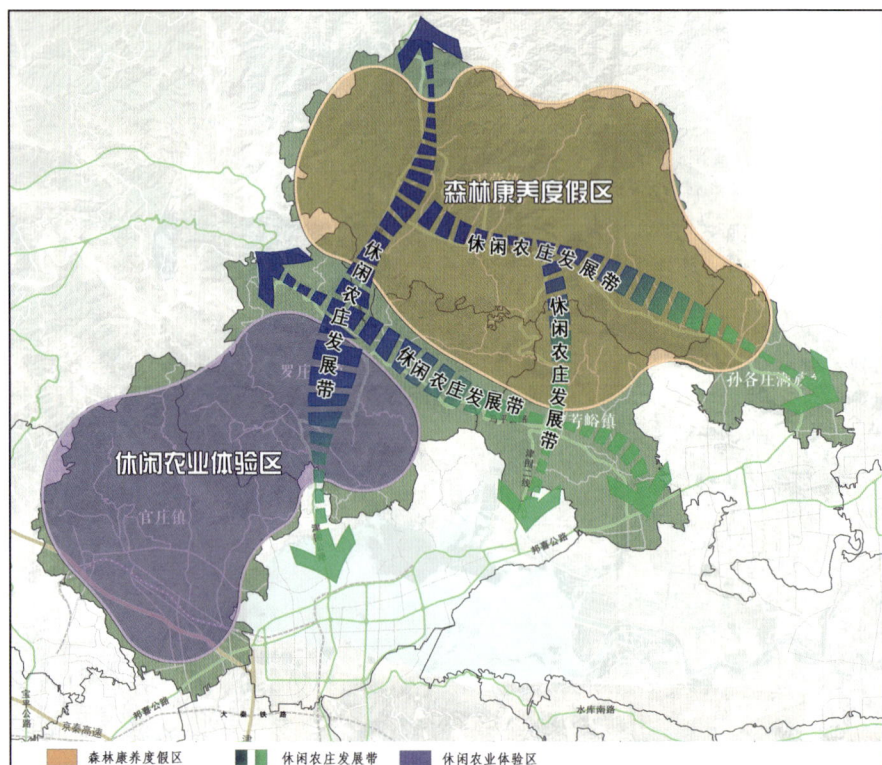

图5　蓟州区农业产业发展规划——北部休闲农业产业布局

（三）重点任务

一是优化农业产业结构。促进高效种植业发展，稳步发展现代畜牧业，加快推进渔业转型升级。

二是提高三产融合发展水平。促进农产品加工物流业转型升级，开发农业多种功能，创建三产融合示范项目。

三是增强绿色安全生产能力。全面推行农业标准化生产，做强蓟州区绿色农产品品牌，强化农产品质量安全监管。

四是健全新型农业经营体系。培育新型农业经营主体，发展多种形式适度规模经营，完善农业社会化服务体系。

五是完善基础设施支撑条件。规模推进高标准农田建设，强化小型农田水利设施建设，完善农村基础设施建设。

六是努力打造田园综合体。包括以现代农业产业园为基础的田园综合体，以美丽村庄为重点的田园综合体，以乡野公园为依托的田园综合体。

四、保障措施

（一）组织管理保障

成立由蓟州区主管区长任组长，相关单位负责人为成员的蓟州区农业发展领导小组。由区农委牵头负责本规划的实施指导工作，强化项目管理，加强稽查考核，推动本规划与《蓟州区土地利用总体规划》等上位规划的有效衔接和顺利实施。

（二）资金投入保障

积极争取农业产业发展财政资金，引导社会资本投入，支持金融机构加大农业投入力度，重点投入本规划提出的产业发展项目。

（三）政策扶持保障

以宅基地制度改革试点为契机，进一步深化农村土地制度改革，完善涉农产业扶持政策，创新农业生产性服务政策，为农业产业升级发展创造良好政策环境。

（四）生态环境保障

将生态环境保护作为首要任务，实施农业清洁生产，加强农村生态环境治理，落实严格的生态用地保护机制，积极用好生态补偿机制，保障蓟州区生态涵养功能的实现。

（五）科技人才保障

进一步创新产学研合作机制，创新科技人才政策，打造新型职业农民队伍，为蓟州区现代农业发展提供可靠的智力支撑。

项目来源：2017 年天津市蓟州区农业委员会政府采购项目（项目编号：JZGPC‑2017‑131）

主要执笔人：李瑾、史佳林、孙国兴、徐虹、高书军、黄学群、陈丽娜、贾凤伶

天津小站稻产业振兴规划

一、规划背景

天津小站稻米粒椭圆形，晶莹透亮，垩白极少，洁白有光泽，蒸煮时有香味，饭粒完整、软而不糊（黏），食味好，冷后不硬，清香适口。天津种稻历史悠久，自明万历年间即在葛沽、白塘口（现津南区葛沽镇、辛庄镇）两地垦田种稻5 000余亩，后经长期培育，生产出银珠粒粒的"小站稻"，并成为清朝皇室的贡米。1999年"小站稻"成为全国第一个粮食作物地域性证明商标，2002年"津沽牌"小站稻米获国家原产地标记保护证明。如今，小站稻已成为驰名中外的天津产品。2018年4月12日，习近平总书记到海南国家南繁基地考察时，对从事优质稻繁种工作的我市水稻专家说："优质稻，好！"并关切地问："天津有个'小站稻'，'小站稻'怎么样了？"同时鼓励广大农业科技工作者，勇于创新，为全国人民从吃饱到吃好作出更大贡献。

经过多年发展，天津小站稻形成了稳定的种植规模，同时具有较为突出的生态、市场、品牌、科技、品质与文化优势。然而，产业发展也面临着一系列问题，主要有优质品种覆盖率低、绿色生产技术普及率不高、基础设施条件落后、产品加工质量不高，以及品牌建设管理松散等，此外，水土资源的制约、标准化体系的滞后都影响着小站稻产业的整体升级。为深入贯彻落实习近平总书记关于种业发展的重要指示精神，按照市领导指示批示要求进行本规划编制，研究制定小站稻产业振兴发展的思路定位、空间布局、重点任务和保障措施，为推动小站稻产业振兴提供决策依据。

二、规划思路

（一）小站稻产业振兴思路

以推进乡村振兴和农民增收为目的，立足京津冀，面向全国，围绕质量兴农、绿色兴农、品牌强农战略，以农业供给侧结构性改革为主线，依托小站稻的产业基础、品牌影响力、文化底蕴等优势，以"精品、绿色、品牌"为发展方向，坚持生态优先，以质量为本，强化科技支撑，注重文化提升，共享京津冀区域内科技、人才等要素资源，转变发展方式。通过选育推广一批优质高效新品种、建设完善一批优种繁育基地和标准化生产基地、集成推广一批绿色技术模式、提升打造一批知名米业品牌、培育扶持一批新型农业经营主体、建设发展一批稻田湿地休闲旅游景点，全面提升小站稻品质和品牌竞争力。

（二）小站稻产业振兴发展战略

1. 提质增效同步战略

将提升小站稻品质与提高种植效率、扩大市场占有率相结合，以农业供给侧结构性改革为主线，进一步优化调整小站稻品种结构和布局结构。大力推广具有优质、抗病、食味好等特征的优良品种，进一步提高小站稻优质品种种植比例；在水源供给可保障的前提下，进一步扩大小站稻种植规模，并通过推广绿色种植、绿色防控技术，提高小站稻单产水平，更大限度满足市场对优质小站稻米的需求，提升小站稻米市场竞争力。

2. 产业融合发展战略

以大米加工企业作为切入点，以打造小站稻品牌为落脚点，以大型龙头企业为载体，在整个产业统一良种、统一种植、统一收储、统一质量、统一包装、统一宣传，并将产业链条上的农业科研、良种育培、稻米种植、加工经销企业等要素统筹联合起来，建立小站稻产业统一的质量标准体系、商标识别体系。在此基础上，开发湿地景观、挖掘稻作文化、加强农村原生态保护，开展稻田生态观光旅游，将拉长产业链、提升价值链、筑牢品牌链高度融合。

三、规划内容

（一）小站稻产业布局

以津南区为保护区，围绕宝坻、宁河及西青三个水稻种植优势区进行拓展，在宁河、宝坻、武清、津南四个区实施小站稻种子生产基地建设项目和水稻基质育秧基地建设项目（图1）。

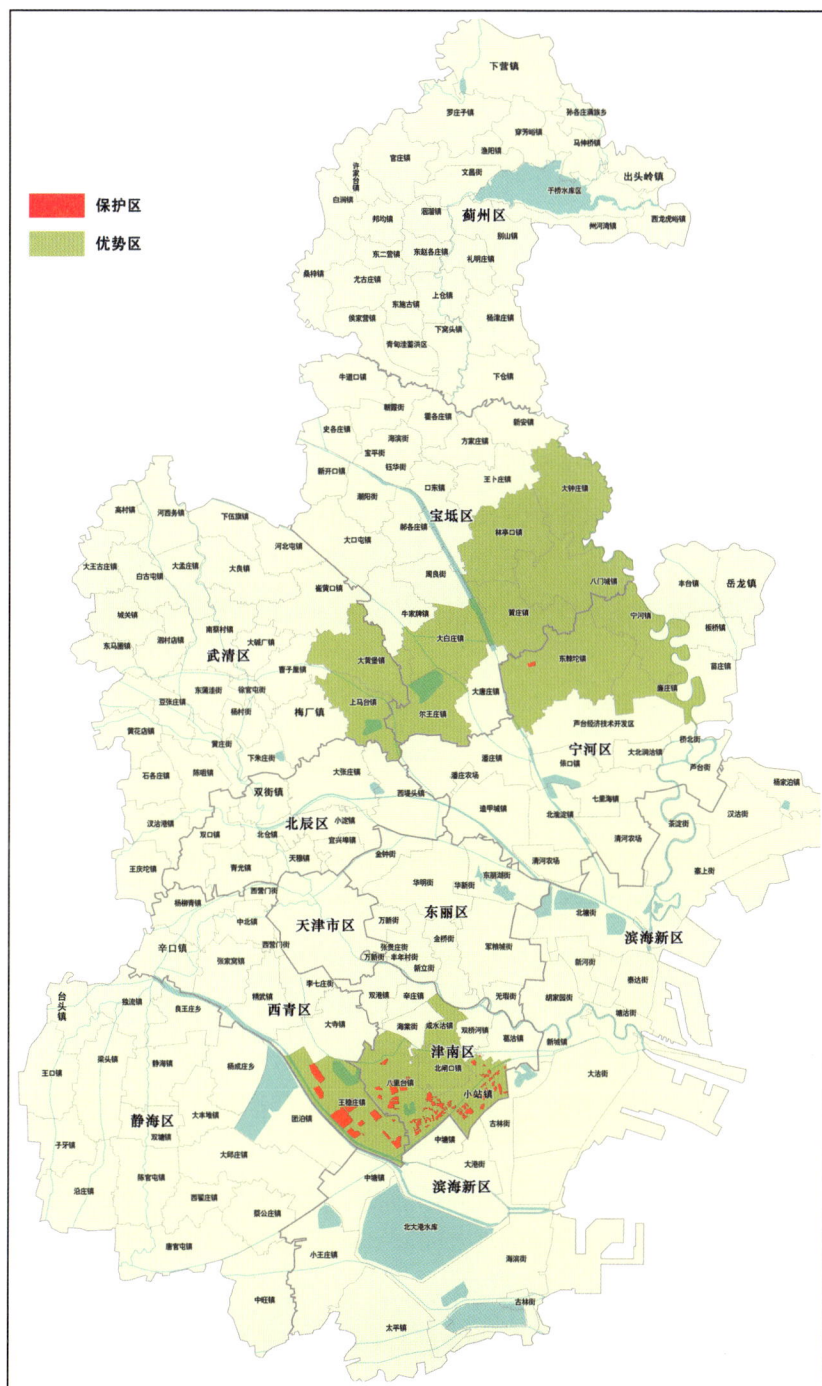

图 1　小站稻产业布局

（二）小站稻产业振兴重点任务

1. 地方标准构建行动

依托天津市水稻产业技术体系创新团队，组建小站稻地方标准制定工作组，制定、修订标准 6 项，为天津小站稻的栽培方式、检验方法、加工标准、分类及包装、运输、贮存等每一个关键环节制定标准和依据，使小站稻从种子生产到大米加工实现全过程标准化管理。

2. 品种研发升级行动

进行种质资源收集、保存、创新和利用研究，定位克隆重要农艺性状控制基因，对部分性状进行分子解析，构建并完善小站稻精品育种技术体系。以具有自主知识产权的小站稻品种开发为核心，以优质、高产、抗逆、减肥、减药及特用为目标，选育目标性状突出、综合性状优良的精品粳稻新品种 8～10 个。开展水稻制繁种技术研究，打造具有自主知识产权和较强市场竞争力的全国性高端种业品牌。

3. 绿色技术提升行动

加强水稻节水技术推广应用，示范推广机械化旱直播水管技术，引进基于物联网技术的智能化灌溉系统，实施激光平地作业，有效控制小站稻种植用水总量，提高水资源利用率。做好水稻简化栽培、水稻基质育秧、节水栽培、精确定量施肥、减量使用投入品、绿色防控技术推广。推广水稻全程机械化技术，在耕整地、机播、机插、机收环节逐步实现机械化的基础上，加快推广水稻病虫害统防统治技术及装备，引进先进实用的水稻秸秆收集、贮运、加工利用技术工艺和装备，推进水稻生产全程机械化进程。示范"水稻＋N（螃蟹、鱼、泥鳅等）"的稻田立体种养模式，提高小站稻品质和种植效益。

4. 生态环境改造行动

升级农田基础设施，执行国家高标准农田建设标准，将小站稻种植区全部打造成高标准稻田。鼓励构建精致高产绿色稻米生产区。探索在绿色生态屏障划定区内，或以水资源禀赋和后发优势为基础，发展小站稻种植，兼具人工湿地效果。开展水利设施建设，加快调蓄水工程的建设落实，主要包括宁河区潮白新河乐善橡胶坝的更新改造、宁河区新建蓟运河李台橡胶坝、北京排水河扩挖增容、宝坻区改建黄庄洼水库等工程。各调蓄水工程建设完成后，新增调蓄水量优先用于增加稻田供水。开展小站稻气候信息溯源与气候品质评估工作，为小站稻的市场销售提供信用支撑。

5. 高端品牌打造行动

整合现有使用"小站稻"地理标志证明商标的生产企业，统一种质资源、统一生产格局、统一加工标准、统一产品包装、统一品牌标识。树立精致化包装理念，将"兵米文化"和地域特色融入包装设计，让天津的文化底蕴、历史基因成为"小站稻"品牌的强力支撑。积极创建并申报市级特色农产品优势区，为把"小站稻"打造成中国名牌产品创造条件。开展消费提升行动，持续做好"小站稻"宣传推介活动，积极组织参加"中国国际农产品交易会""中国农民丰收节"等大型活动。成立小站稻产业联盟或产业协会，由相关科研单位、龙头企业及水稻种植经营主体共同组成，执行小站稻各项地方标准，实现从生产到销售各个环节的统一规范管理，提升小站稻品质及声誉。

6. 三产融合发展行动

以大米加工企业作为切入点，以打造"小站稻"品牌为落脚点，以大型龙头企业为载体，实现从农业科研、良种育培、稻米种植到米制品、米保健品的加工及销售全产业链融合。拓宽小站稻销售渠道，建立各类旗舰店、直营店、体验店，同时大力开拓网络销售渠道，有效利用知名电商平台，进行 O2O、B2B 营销。引进中央大厨房项目，推动"小站稻米饭"进机关、进社区、进校园。利用"旅游＋""互联网＋""生态＋"等模式，推进小站稻产业与观光旅游、水产养殖、文化教育、健康疗养等产业的深度融合。

7. 经营主体培育行动

支持新型农业经营主体成为小站稻产业发展的骨干力量，鼓励通过土地经营权流转、股份合作、土地托管等多种形式开展适度规模经营。以使用"小站稻"地方证明商标生产企业为龙头，进一步完善稳定订单、利润返还、股份合作、"保底收益＋按股分红"等利益联结机制，让农民分享二、三产业增值收益。鼓励稻米加工企业直接流转农户土地，开展水稻规模化种植。强化农民合作社和家庭农场基础作用，培育发展以水稻种植为特色和主导产业的家庭农场，提升水稻种植专业合作社规范化水平，鼓励发展合作社联合社，积极发展生产、供销、信用"三位一体"综合合作。

8. 特色文化传承行动

深入挖掘天津稻作文化内涵，紧密结合美丽乡村、特色小镇、田园综合体建设，开发小站稻特色文化，将稻作文化与"小站练兵"等历史事件相结合，保护恢复周公祠、小站练兵遗址等历史建筑，以小站稻文化为脉络展现天津近代文化史，兼顾文化传承与乡村发展。创新开展稻作文化传承保护活动，将小站稻生态资源同丰富多彩的民俗文化、历史文化相结合，依托诗歌、绘画、舞蹈、歌曲等艺术形式，科学规划与适度开发以弘扬传统文化为内涵的乡村休闲旅游及文化创意活动，形成独具特色的乡村稻作文化旅游产业。申报"小站稻作系统"为全国农业重要文化遗产项目。

四、保障措施

(一) 强化组织保障

成立由市政府分管领导任组长的小站稻产业振兴工作协调推进小组，成员单位包括市农业农村委、市发展改革委、市财政局、市水务局、市工信局、市科技局、市人社局、市知识产权局、市气象局、市金融工作局、市民政局、市商务局、市文化和旅游局、市市场监管委、市农科院、天津农学院、市农业发展服务中心、市农村社会事业发展服务中心、天津食品集团、宝坻区人民政府、宁河区人民政府、津南区人民政府、西青区人民政府等，负责小站稻产业振兴的指导、推动、组织、协调等工作。

(二) 完善政策保障

在我市已有的农业节水灌溉专项资金中，提高对水稻种植区域建设农业节水灌溉工程的扶持比例，充分提高农业灌溉水利用效率，在现有的灌溉水量中调剂部分水量用于新增稻田用水。加大小站稻品种选育扶持力度，设立品种选育扶持专项资金，鼓励开展新品种选育，加快优势良种的选育与推广进程。积极注册"小站稻"系列产品商标，打造"小站稻"区域公用品牌。加强对"小站稻"品牌商标使用情况的跟踪，加强市场监管，强化对品牌商标等知识产权的保护，严厉打击侵犯"小站稻"产品系列商标知识产权的违法行为。建立"小站稻"品牌诚信制度，加强"小站稻"区域公用品牌管理和社会监督，多方合力共同保护"小站稻"品牌，维护良好的品牌信誉。

（三）创新科技保障

依托中国农业科学院、有关高等院校和科研机构、市水稻产业技术体系创新团队、市农业推广机构等单位，成立天津小站稻专家技术委员会。由市水稻产业技术体系创新团队具体负责天津小站稻政策研究、标准制定、区域划定、品种选育、绿色生产、储藏加工、品牌打造、市场营销、人才培养等方面的技术支撑工作。积极筹建国家级小站稻技术协同创新中心和水稻组学大数据中心，为种质资源收集、保存、创新、新品种选育、制种提供技术支撑。建立农民技能实训基地平台，以小站稻生产者、经营者和各级管理者为重点对象，开展多形式、多渠道技能培训，培养技能型、管理型实用人才，不断提高水稻生产技术水平和经营管理能力。

（四）夯实资金保障

优化财政供给结构，统筹整合现有涉农资金，按"大专项＋任务清单"管理模式，向地方标准构建、品种研发升级、绿色技术提升、生态环境改造（包括高标准农田建设）、高端品牌打造、三产融合发展、经营主体培育、特色文化传承等方面倾斜，加快建立资金扶持长效机制，提高小站稻财政资金的使用效益。其他财政支农资金向小站稻产业重点项目倾斜。充分发挥地方债券融资带动作用，撬动金融和社会资本更多投向小站稻振兴。鼓励和引导社会资本通过和政府合作模式参与用于支持小站稻产业振兴的公共服务领域项目。

（五）优化服务保障

围绕水稻生产全过程，培育壮大水稻生产中的机械化耕整地、集中育秧、机械化插秧、测土配方施肥、统防统治、机械化收割、秸秆综合利用及产品加工等环节的社会化服务组织，通过政府购买服务的方式，采取"公司＋基地＋农户"的方式，发展水稻生产全程社会化服务，支持具有资质的经营性社会化服务组织开展农业公益性服务，提高农业综合生产能力。健全应急管理工作领导机构设置，明确职能，建立并完善应急预案，不断增强气象灾害、重大植物病虫害监测防控等能力。

（六）加强宣传推广

充分利用各种媒体及旅游体验活动，加强对天津小站稻历史、发展进程及前景的宣传工作。广告宣传要在多种宣传媒介上同时着力：通过电视广告、影视节目冠名、报纸广告、车身广告、店内 POP 等传统媒体广告形式进行捆绑式媒介推广，为天津小站稻现代化产业建设创造良好的市场氛围；运用新媒体资源，发挥网络营销、微信营销和微博营销的巨大作用，利用其受众广且具有持续性的特征，吸引游客主动参与营销，从接受者变成传播者。及时总结小站稻产业发展中的经验，形成可复制、可推广的产业建设模式，为相关产业发展提供技术借鉴与支持。

项目来源：2019 年天津市农业农村委员会委托规划咨询项目

执笔人：史佳林、陈丽娜、董霞、张蕾、张磊

天津宝坻"三辣"产业振兴规划
——辣椒产业专题规划

一、规划背景

天鹰椒又名朝天椒，干果鲜红，风味香辣，是 20 世纪 70 年代宝坻区自日本引进的品种，是天津农产品出口创汇的重要产品之一。宝坻区地处"九河下梢"，土壤条件优越，种植历史悠久，国内外市场声誉较高。"宝坻天鹰椒"获得了农业部农产品地理标志登记保护、国家工商总局商标局地理标志证明商标，与"宝坻五叶齐大葱""红皮大蒜"齐名，合称"宝坻三辣"。

宝坻天鹰椒种植以一家一户传统模式为主，受多种因素影响，近些年辣椒种植规模有所下降。2019 年宝坻区成立辣椒产业专班，通过政策引导、品种优化、技术指导、资金补贴等措施，大力推动辣椒产业振兴。2020 年底，全区天鹰椒种植面积 6 383.67 亩，主要分布在新安、牛道口、王卜庄、方家庄、林亭口等街镇。辣椒产业协会、天鹰红（天津）农业科技有限公司和天津三鹰农副产品加工有限公司等龙头企业，以及辣椒经纪人等主体组织引领带动作用日益凸显，产业化经营体系逐步建立。然而，辣椒产业发展仍存在种植规模小、人工成本高、新品种新技术覆盖率不高、产品质量不稳定、效益不明显等问题。本规划是贯彻天津市打造农业特色品牌、做强"老字号"部署，落实宝坻区实施"三辣"振兴工程、"宝坻天鹰椒"地理标志农产品保护工程的重要举措，明确了宝坻辣椒产业振兴发展的规划思路、重点任务和保障措施。

二、规划思路

（一）发展思路

贯彻落实宝坻区委、区政府实施"三辣"振兴工程的决策部署，以推动辣椒产业高质量发展、促进农民增收为目标，按照"政府扶持、龙头带动、科技支撑、创新发展"的思路，瞄准国内外市场需求，发挥宝坻天鹰椒资源基础和品牌优势，依托龙头组织，引进辣椒产业优质新品种新技术新装备，建设标准化生产基地，推进全程机械化作业，探索创新生产经营模式，健全市场交易体系，构建辣椒全产业链，示范带动宝坻区辣椒规模化生产、标准化建设、产业化经营、融合化发展，全面提升辣椒品牌影响力和产业竞争力，实现宝坻区辣椒产业振兴。

（二）发展定位

立足宝坻、面向京津冀、辐射华北、走向世界，重点突出品种改良、产业升级、链条延伸、设施配套、主体培育、品牌重塑，转变辣椒产业发展方式，打造高质高端专用型辣椒产业，努力建成宝坻区富民强区的优势主导产业、华北地区辣椒优势产区、出口专用型辣椒的重要生产基地。

（三）发展目标

到 2025 年，建成规模 500 亩以上天鹰椒标准化生产示范基地 20 个，引进 2～3 个国内有影响力的辣椒行业龙头企业，壮大 5 个以上辣椒龙头企业，培育 20 个以上农民专业合作社、50 个以上家庭农场、100 个以上辣椒经纪人。构建起集种苗繁育、标准化生产、精深加工、集散物流、休闲体验于一体的辣椒产业链条，生产产品丰富、品质优良、品牌突出的宝坻辣椒，打造体系健全、功能多样、特色鲜明、生产集约、效益突出、生态良好、竞争力强的辣椒产业。

（四）空间布局方案

立足宝坻区水土资源条件，根据辣椒产业基础，结合粮食生产功能区布局，规划构建"一极两源两片区"发展布局。

1. 一极——辣椒交易中心

规划占地 200 亩的辣椒交易中心，建设交易大厅、加工车间、冷库、信息中心等基础设施，配套检疫检测、信息发布、安全控制、电子结算等设施设备，聚集辣椒加工企业、购销摊点、经纪人等经营主体，建成集辣椒交易、仓储冷链、加工配送、电子商务等多功能于一体，线上线下结合、三次产业融合的交易场所，打造华北地区辣椒集散地、价格风向标，构建宝坻区辣椒产业发展的增长极。

2. 两源

（1）动力源——天鹰椒科技示范园区。以天鹰红（天津）科技有限公司为主体，以天津市宝坻区生物中心为基础，规划建设占地 1 000 亩的天鹰椒科技示范园。建设辣椒优种实验室、新技术新装备集成中心、育苗中心、标准化示范基地、贮藏加工车间、科普文化长廊等功能区，配套全程机械化设施设备，打造集辣椒新品种培育、集约化育苗、绿色化生产、机械化作业、产业链延伸、多功能发展为一体的全产业链模式示范园区，形成引领宝坻区辣椒产业高质量发展的动力源。

（2）辐射源——天鹰椒创业创新园区。以天津三鹰农副产品加工有限公司为主体，规划建设占地 1 000 亩的天鹰椒创业创新园区。以项目为载体，搭建集聚天鹰椒产业发展政策、交流天鹰椒市场信息、孵化天鹰椒生产大户和辣椒经纪人的平台，为宝坻乡村创业主体提供种苗供给、产品回购、就业培训、创业指导等服务，形成带动宝坻区天鹰椒产业持续发展的辐射源。

3. 两片区

结合宝坻区粮食生产功能区布局，规划建设宝坻东部和西部两大辣椒生产片区（图 1）。围绕辣椒精品生产和辣椒高效种植两种生产模式，因地制宜，组团式推进宝坻辣椒集中连片生产。其中，东部辣椒生产片区以王卜庄镇、新安镇、林亭口镇为核心，辐射带动周边方家庄镇、大钟庄镇等。西部辣椒生产片区以牛道口镇、潮阳街道、牛家牌镇等为核心，向史各庄镇、郝各庄镇、大口屯镇、新开口镇等周边区域辐射。

三、重点任务

（一）坚持协调发展，夯实产业发展基础

一是推动辣椒产业区域化、规模化发展。合理确定辣椒产业发展区，处理好与粮食生产功能区关系，建设规模化种植基地、辣椒专业村、辣椒示范镇。改善提升辣椒基地设施条件，依托高标准农田建设，提高基地标准化水平。结

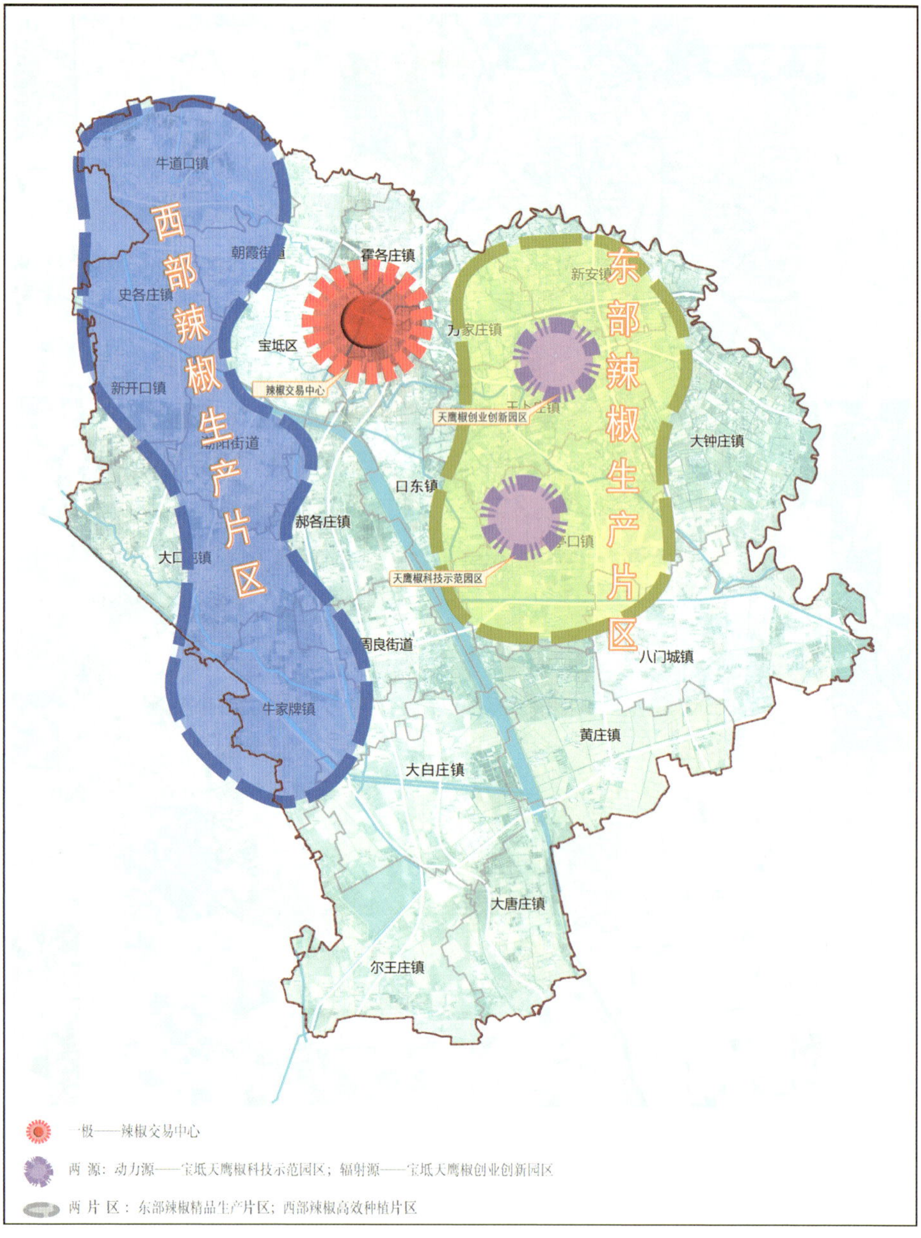

图1　天津宝坻"三辣"产业振兴规划——辣椒产业发展布局

合农业农村部"三农"领域补短板工程，持续完善辣椒仓储保鲜冷链物流体系，提高辣椒连片基地仓储保鲜能力。二是培育辣椒产业全程社会化服务组织。发挥辣椒产业协会作用，制定辣椒生产技术标准规范。成立托管中心、综合服务体等组织，培育辣椒服务产业，围绕"品种选择→育种→移栽→田间管理→收获→仓储→精深加工→销售→品牌管理"进行全程专业化社会化服务，实现节本增效。三是延伸辣椒产业链条。建设辣椒加工专业园区，吸引龙头企业进驻，开发辣椒初加工和精深加工产品。搭建宝坻辣椒线上销售平台，鼓励龙头企业与天津劝宝电商平台及"宝坻在线"合作，建立拥有长期稳定客户群的品牌会员制直销配送模式。筹划建设天津宝坻华北地区辣椒交易中心，打造立足天津、面向华北、辐射全国、走向世界的辣椒集散中心。

（二）坚持创新发展，提升科技支撑能力

一是推动辣椒产业科技成果转化。依托市内外科研单位、市蔬菜产业技术体系创新团队，引进推广适用的新品种新技术新设备，特别是适合宝坻辣椒种植模式的高效专用农机设备。建设宝坻区辣椒新品种繁育中心，加强与国内外辣椒知名研发企业、"育繁推一体化"种子企业合作，引进筛选适合宝坻生态环境及栽培模式、产量高、抗病性好的优质品种，建设一批辣椒种子（种苗）良种生产基地。二是推动辣椒产业与现代信息技术融合。试验示范辣椒生产环境数字化控制系统，筛选确定辣椒最优种植管理模式，实现智能育秧、精准作业和适时采摘。推进"互联网＋辣椒产业"。发挥"益农信息社"作用，搭建农资采购、产品销售和信息技术培训的创新平台，开展基于物联网和大数据技术的农机社会化服务。三是加大辣椒产业人才队伍建设。加强农技推广队伍建设，强化高素质农民培训，挖掘辣椒"带头人"，加大辣椒生产"土专家"、农机手、经纪人的培养，打造知农事、懂技术、会管理、善经营的辣椒产业专门人才队伍。

（三）坚持开放发展，提高产业竞争力

一是开辟外埠基地和市场。积极引导企业"走出去"，充分利用外埠基地土地、气候和劳动力成本优势，在河北省、内蒙古自治区、新疆和田等区域发展规模化标准化种植基地，完善"龙头企业＋基地"产业化运营模式。借力"一带一路"倡议，依托京津区位和三鹰公司国际市场销售基础优势，扶持壮大出口种植基地，进一步开拓国际市场，重振"天津小椒"国际影响力。二是加大辣椒产业招商引资力度。引进老干妈、阿香婆等国内知名企业，强化辣椒产业资

本投入，创办辣椒加工企业、流通服务企业等经营主体，延伸产业链，做大天鹰椒产业"蛋糕"。三是强化宝坻天鹰椒品牌培育。实施"宝坻天鹰椒"地理标志农产品保护工程，申请"津农精品"区域公用品牌认定，培育"宝坻天鹰椒"知名品牌。调优供给结构，重点开发优质特色辣椒产品，发展中高端产品用户，注重培育新业态、新模式，讲好宝坻天鹰椒品牌故事，丰富品牌文化内涵。

（四）坚持绿色发展，提高可持续发展能力

一是加大质量安全监管力度。严把产地准出关，推行田间档案记录、投入品使用等相关制度，支持绿色食品、有机农产品认证。完善农产品质量监管体系，改善区、镇街和基地检测条件，提高检测水平。建立健全辣椒质量追溯体系，推进规模化辣椒基地全部纳入国家农产品质量安全追溯管理信息平台。二是加强面源污染治理。推进化肥农药减量增效行动，加速推广有机肥、生物质水溶肥替代化肥，推行病虫害绿色综合防控和测土配方施肥技术，减少化肥农药施用总量。健全农药投入品追溯系统，规范种植户生产管理。保护产地环境，开展农田环境定点监测和常态化预警监测工作。三是推广产业生态循环发展模式。试验示范推广麦辣套种模式，完善专用机械化设施设备。推进辣椒副产品无害化处理，鼓励规模化种植户对辣椒收获及初加工后副产品就地处理，变"废"为"肥"。对不具备条件的种植户，结合清洁村庄行动，由农业废弃物资源化利用专业服务企业，对副产品进行统一集中回收处理。

（五）坚持共享发展，提升产业发展活力

一是积极发展适度规模经营。结合辣椒产业作为劳动密集型产业的显著特征，积极引导农村土地经营权有序流转，发展龙头企业带动下的以农民合作社和家庭农场为代表的适度规模经营种植基地。二是促进传统种植户和辣椒产业有机衔接。完善扶持辣椒种植小农户发展的政策体系，加强面向小农户的社会化服务，提高小农户生产经营能力。创建一批辣椒示范家庭农场，促进辣椒小农户技术装备和生产设施显著升级。加大对辣椒示范家庭农场的金融保险扶持力度，扩大普惠金融覆盖面，提升其抵御市场风险能力。三是探索并出台农业保险扶持政策。贯彻落实《天津市农业农村委、天津市财政局关于开展特色农产品保险试点的通知》，完善"辣椒种植保险附加价格保险"品种，争取市区

财政政策支持，构建辣椒种植保险产品从"风险保障型"向"风险保障＋收益型"延伸的长效机制。

四、宝坻辣椒产业振兴保障措施

（一）强化组织保障

成立宝坻区辣椒产业振兴领导小组，主要负责宝坻天鹰椒振兴的指导、推动、组织、协调、督导等工作。围绕辣椒产业发展相关的土地流转、基地建设、辣椒生产、加工、仓储、销售等各环节设施配套，按照具体目标任务和建设内容，建立区农业农村委牵头协调、区各有关部门各负其责、各相关街镇政府落实属地责任合力推进、上下联动的工作机制，强化辣椒产业专班建设，为规划实施提供组织保障。

（二）强化用地保障

优先保障辣椒产业融合发展用地需要。围绕宝坻区辣椒产业布局，将"一极两源"发展所需的建设用地，在区年度新增建设用地计划指标中可优先给予倾斜。利用存量建设用地建设辣椒产业相关的加工园、仓储物流、交易市场和农村电商等项目，在确保粮食安全的前提下，允许在粮食生产功能区，结合小麦生产，发展麦辣套种模式，拓宽辣椒产业发展空间。

（三）完善政策保障

统筹整合高标准农田、蔬菜育苗、特色农产品等项目资金，向辣椒产业倾斜。建立辣椒产业发展专项基金，进一步完善土地流转、种苗繁育、机械化发展、冷库建设、烘干设施、交易市场，农业保险及品牌运营等相关扶持政策。协调相关部门对新型农业经营主体提供贷款贴息、税收减免、农业用水用电优惠等政策。加大招商引资力度，优化营商环境，鼓励引导社会资本、工商资本投资辣椒产业建设，引进三产融合发展的龙头企业。

（四）创新科技保障

依托相关科研院所、市蔬菜产业技术体系创新团队、市农业推广机构、龙头企业等，开展宝坻辣椒产业发展政策研究、标准制定、品种研发、机械作业、贮藏保鲜、品牌打造、市场营销等方面技术支撑工作。围绕天鹰椒集约化育苗移栽、病虫害防治、绿色施肥、麦辣套种等关键技术和操作规程，面向生产者开展知识和技能培训，不断提高生产技术水平。

（五）优化服务保障

发挥宝坻区辣椒协会的协调作用，牵头成立宝坻区辣椒产业托管中心，开展宝坻辣椒全产业链服务、土地托管服务。探索政府部门从托管中心购买服务模式。结合宝坻"浓情辣椒节"，发挥"天津小椒"在辣椒行业高知名度的优势，宣传、重塑"宝坻天鹰椒"品牌形象，培育一批"津农精品"辣椒品牌，提升区域公共品牌的影响力。注重市场监督监管，规范使用"宝坻天鹰椒"地理标志证明商标，加强"宝坻天鹰椒"品牌保护力度。

项目来源：2021年天津市宝坻区农业农村委员会委托规划咨询项目
执笔人：陈丽娜、孙国兴、韩金博、刘悦

天津宝坻"三辣"产业振兴规划
——大蒜产业专题规划

一、规划背景

宝坻大蒜，是与天鹰椒、五叶齐大葱一同被称为宝坻"三辣"的天津地方特色农产品，"三辣"中以宝坻大蒜种植历史最为悠久，据史料记载，距今已经有六百多年。宝坻大蒜经过数百年的种植和改良，与宝坻土壤结构和气候特点相适应，形成了独特品质和性状，明清时期就成为御膳廷馔的佳品，在京城一带享有盛名。改革开放以来，宝坻大蒜以其优良品质和独特口感，获得了长足发展，不仅在国内享有良好声誉，同时由于品质好，也曾远销日本等国家。

然而近年来，宝坻大蒜出现品种退化和品质下降的问题，重茬严重、养分失衡、病虫害加重、用工量大、市场不稳定等因素也导致种植收益急剧下滑，农民生产积极性持续减弱，全区大蒜种植规模已由最高峰时期的6万余亩锐减至5 000亩左右。由此，振兴大蒜产业、提升产业能级成为宝坻特色农业发展的迫切需要。

二、规划思路

（一）振兴发展思路

贯彻落实天津打造现代都市型农业升级版目标要求，立足宝坻、面向京津冀，实施质量兴农、绿色兴农、品牌强农战略，利用宝坻大蒜的产地优势、品牌影响力和文化底蕴，以现代科技为支撑，以新型农业经营主体为龙头，以构建前后衔接的产业链条为核心，按照"打造精品、拓展功能、突出品牌、提升效益、扩大规模"的发展思路，坚持生态优先，立足质量为本，注重文化提升，通过保护优质种质资源、完善品种选育技术、建设良种繁育基地和标准化生产基地、集成推广机械化种植技术、培育扶持新型农业经营主体、提升打造知名大蒜品牌、开发文化创意产品，提升宝坻大蒜品质效益和市场竞争力，为宝坻区乡村产业振兴树立示范样板。

（二）定位目标

到 2026 年，将宝坻大蒜打造成为"津农精品"区域公用品牌，将宝坻区打造成为天津品牌强农的示范区、特色产业振兴发展的样板区，实现宝坻区大蒜产业转型升级和蒜农增产增收。

第一，品种提升。解决大蒜种质资源退化问题，建立大蒜种质资源圃和优质蒜种繁育基地，全区优质脱毒品种覆盖率达到 80％以上，并辐射带动周边适宜区域蒜种更新。

第二，产业发展。全区大蒜生产面积发展到 9 000 亩，蒜头平均亩产达到 1 000 千克；打造"津农精品"品牌产品 3 种，培育区域公用品牌 1 个；集成推广 3 种高效栽培模式，示范推广 4 项重点技术或机械装备；打造 1 个大蒜文化及农业体验式休闲项目。

第三，经营主体培育。争取引进大蒜相关制品加工企业 1 家；培育大蒜加工企业 1～2 家；培育规模化、集约化、机械化、专业化程度较高的家庭农场、农民合作社等新型农业经营主体 3～5 家。

（三）空间布局

以林亭口镇、大钟庄镇、王卜庄镇为核心区域，口东镇、新安镇为辐射区域，合理布局大蒜种质资源圃、蒜种生产基地、标准化种植示范基地、保鲜冷藏设施等，打造 3 个"一村一品"示范村，结合村庄红色旅游资源等条件，将大米庄村逐渐升级为大蒜主题特色旅游村，最终构建"2＋4"的产业布局，即大蒜产业发展核心区与辐射区、1 个种质资源圃、1 个蒜种生产基地、1 个标准化种植示范基地、1 个大蒜主题特色旅游村（图 1）。

三、重点任务

（一）提高产品商品化水平

一是提高优质品种覆盖率。借助宝坻大蒜种质资源圃建设，收集筛选宝坻

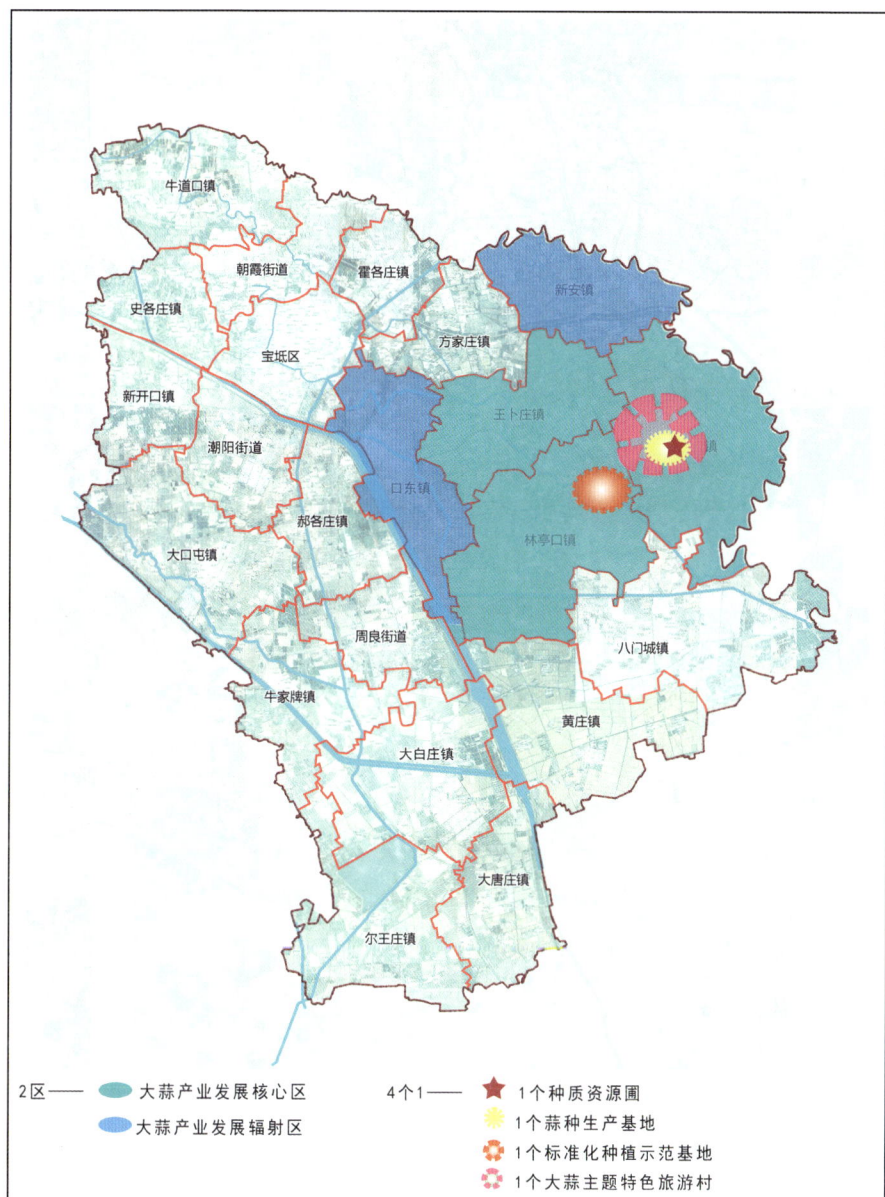

图1 天津宝坻"三辣"产业振兴规划——大蒜产业发展布局

大蒜的优质原种资源，依托天津师范大学生命科学院等单位的专业技术力量进行新品种创制，对资源圃内品种进行提纯复壮和资源更新，建设组培生产车间，培育脱毒种蒜瓣，从源头上解决大蒜品质下降、经济效益下跌问题。二是提高种植过程机械化覆盖率。加强对大蒜播种、采收、植保、产后加工等机械设备试验应用，引进、试用适合宝坻大蒜种植特点和生长条件的各类机械设备，并在试验过程中不断改进，提高设备的适配程度，推动大蒜全程机械化作业，从根本上解决大蒜种植用工多的问题。三是完善冷藏保鲜技术与设施。依托专业技术团队，对适宜宝坻大蒜采后贮藏保鲜的温度控制、湿度控制、气体调节等技术进行研发，结合全区其他农产品的贮藏保鲜需求，根据生产基地布局情况，建设 1 座大蒜专用保鲜库，满足大蒜种植规模扩大后的贮藏需求，从根本上解决大蒜集中上市、价格受限的问题。

（二）延伸拓展产业链条

一是挖掘品质优势，建立加工体系。充分挖掘宝坻大蒜大蒜素含量高，且富含维生素 C、硒等成分的优质特性，积极研究对外招商引资政策和企业培育政策，做强自有的"喜笑辣妹"香辣酱品牌，并与中央厨房企业、食品加工企业、保健品生产企业合作，开发具有宝坻大蒜突出特色和品质的加工产品，如蒜片、蒜粉等，打造高端品牌。二是挖掘文化优势，拓展旅游功能。深入挖掘大蒜历史、大蒜文化，讲好宝坻大蒜故事，通过编纂出版书籍、开发文创产品、建立文化展馆、开发特色旅游、开放网络宣传频道等途径，活化宝坻大蒜内涵，进一步拓展产业服务功能。结合生产种植基地资源，开发参与体验式旅游项目，如种蒜、割薹、收蒜、编蒜体验，蒜园认养等，结合历史文化知识的传播，打造富有宝坻特色的农耕旅游项目。三是挖掘品牌效应，完善流通体系。通过规范宝坻大蒜品牌使用范围、注册品牌商标、宣传非遗文化、发展线上线下销售等手段，进一步扩大宝坻大蒜的品牌效应。树立精致化包装理念，将大蒜文化和地域特色融入包装设计，让宝坻文化底蕴、历史基因成为"宝坻大蒜"品牌的强力支撑。持续开展"宝坻大蒜"宣传推介活动，积极开拓市场，特别是利用天津"劝宝"等商超服务网络，与京津冀高端市场紧密连接，走直销或专供的道路，同时利用电子商务平台，开展网络营销和物流配送。

（三）培育壮大新型农业经营主体

一是扶持家庭农场、专业合作社。宝坻大蒜未来以实现全程机械化生产为方向，需要建立相对集约，具有一定规模的生产种植基地，因此应支持鼓励家庭农场、专业合作社通过土地流转，发展规模化、机械化、标准化种植。二是培育提供农机服务、土地托管服务的专业合作社。充分考虑宝坻区农业劳动力不足的问题，面向特色产业发展，组建农机服务平台，发挥农机合作社在生产全过程中的重要作用，提供土地托管服务，为大蒜产业扩大规模、提高效益提供解决方案。三是引入加工、流通企业，完善产业配套。积极引进以"三辣"为原材料的食品加工企业、中央厨房企业、冷链物流企业等，或与外地企业签订长期供货协议，重点是为宝坻大蒜寻找到技术可靠、产品销售有保障的精深加工企业，以加工企业带动产业效益提升和规模增长，实现稳定可持续发展。四是吸引从事文化、旅游、创意开发产业的经营主体投资。营造支持返乡入乡人才创新创业的氛围，将大蒜非遗文化资源、历史典故、知名事件等作为开发创意产品、文化产品的核心，吸引文创产业、民宿产业、旅游产业、教育产业团队围绕蒜文化主题进行产品、活动、品牌的开发，打造乡村特色农业文创项目孵化器。

（四）建立健全科技支撑体系

一是建立产学研一体化的科技支撑体系。发挥宝坻区位优势和政策优势，以宝坻区农业发展服务中心为平台，依托天津蔬菜产业技术体系创新团队，加强与国内农业科研院所、高等院校、科技型企业大蒜研发团队合作，建立产学研一体化的科技支撑体系，充分发挥各类科技创新主体的优势，以项目为纽带，团结协作，引领大蒜产业振兴发展。二是围绕产业链短板开展科技攻关。深入分析宝坻大蒜产业在品种品质、栽培技术、肥药管理、产后处理、流通配送等环节的短板，强化科技投入，注重对大蒜标准化生产过程中出现的问题进行归纳总结，为产业振兴发展储备一批科技项目，积极争取国家、天津市和宝坻区相关部门支持。三是强化科技推广服务人员队伍建设。依靠政策支持，为大蒜产业发展培育一支能够长期稳定提供科技服务的人才队伍，优化人员结构，创新服务模式，充分运用互联网技术，开发线上技术服务平台，定期组织种植户进行专题培训，确保产业持续健康发展。

（五）完善产业配套服务体系

一是建立宝坻大蒜地方标准体系。依托天津市蔬菜产业技术体系创新团队，组建宝坻大蒜地方标准制定工作组，在天津市地方标准《地理标志产品宝坻大蒜》基础上，制定、修订标准 2～3 项，为宝坻大蒜的定义、品种、种植区域、质量要求、栽培方式、检验方法、分类包装、贮藏运输要求等每一个关键环节制定标准和依据，使大蒜从种子生产到产品上市实现全过程标准化管理。二是建立产品质量监管体系。严格大蒜生产投入品使用，依法实施农业投入品登记许可，加强对生产经营管理和使用的指导，建立区级农业投入品生产经营购销台账。积极推动宝坻大蒜绿色食品、有机农产品认证工作，推进数字化发展，建设绿色有机生产基地，严格落实技术规范，加强相关认证产品监测，严格淘汰退出机制。三是完善土地流转机制。积极落实中共中央办公厅、国务院办公厅《关于引导农村土地经营权有序流转发展农业适度规模经营的意见》，按照其中"对土地经营规模相当于当地户均承包地面积 10 至 15 倍、务农收入相当于当地二、三产业务工收入的，应当给予重点扶持"的原则，积极配套鼓励土地流转、规模经营的政策，推动以农民合作社和家庭农场为代表的宝坻大蒜适度规模经营种植基地建设。

四、保障措施

（一）强化组织保障

一是建立多部门联合的工作机制。围绕大蒜产业发展做好相关的土地流转、基地建设、种植生产、贮藏加工、物流销售等各环节设施配套，各有关部门、街镇等单位统筹协调、明确任务分工，确定专人负责，确保目标任务落实落地。二是探索"政府＋协会＋农户"的组织模式。成立由宝坻区农业农村委牵头、区农业发展服务中心负责的大蒜产业振兴工作组，统一管理产业资源、品牌资源，规划布局、项目建设；组建宝坻区大蒜产业协会，具体管理大蒜地理标志商标、申报"津农精品"品牌，共享信息、推广先进模式、提供对策建议等。

（二）完善土地保障

一是优先保障大蒜产区多种类型土地供给。以蓟运河和箭杆河交汇地带为核心区，严格落实国家地理标志产品所划定的大蒜产区，在政策层面确保原产地面积不缩减，突出地域特色。围绕大蒜产业布局，将各类项目建设所需的设施农业用地提前备案，预留发展空间。充分利用存量建设用地建设大蒜产业相关的加工厂房、仓储设施、交易市场和农村电商等项目，有效保障大蒜产业建设发展用地需要。二是规范促进土地流转和适度规模经营。利用农村产权流转交易市场，立足区域资源禀赋，重点扶持龙头企业、专业合作社、家庭农场流转农业用地，鼓励土地适度规模经营，对流转土地规模 100 亩以上的经营主体在土地租赁费等方面给予优惠支持。

（三）创新科技保障

一是开展新品种培育筛选，完善良种繁殖体系建设。支持产学研相结合，依托天津蔬菜产业技术体系创新团队，通过技术开发和成果转让，重点解决大蒜种性退化、病虫害防控和土质下降问题，实现蒜种脱毒技术工业化，提高大蒜产量和品质。二是推广标准化栽培技术，培育农户科学种田意识。以大蒜产业协会为平台，推广标准化栽培技术、机械化作业技术、病虫害控制技术等，提高大蒜产品的价值。发挥宝坻区农业发展服务中心、农广校职能，加强与科研院所合作，形成一支稳定的技术支撑团队。广泛开展技能培训，引导大蒜生产经营者更新发展观念。

（四）加大资金扶持

一是加大财政资金投入。以财政资金为主要渠道，持续加强对水利、道路、供电等农田基础设施建设的资金投入，重点对贮藏保鲜设施项目资金扶持。统筹现有涉农补贴资金，以项目资金的形式向大蒜品种研发和生产企业进行资金补贴；设立大蒜机械化种植项目补贴资金和机械研发专项资金，建立资金扶持长效机制，提高财政资金使用效益。二是拓宽融资渠道。深化与银行、保险公司、担保公司等各类金融机构的合作，健全多方联动、协同高效的市场体系，围绕大蒜产业链打造，设计金融、保险产品，鼓励金融机构与企业、合作社、种植大户服务对接，帮助新型经营主体发展进入"快车道"。

（五）优化服务体系

一是建立产业大数据平台。搭建第三方信息平台，健全大蒜信息预警系统，引导农户按市场规律安排生产计划，提高抵御市场风险能力。注重市场监督监管，加强"六瓣红"大蒜品牌保护力度；鼓励推行大蒜制品标准化生产和分级包装，逐步建立产品信息全流程追溯系统。二是搭建产品推介平台。推进政企合作，通过定期开办"三辣"展销会、交易会等方式，拓宽市场销售渠道。对绿色食品、有机农产品大蒜制品对接商超开通绿色通道，降低企业销售运营成本。通过政策扶持和职业培训，引进先进经验，加强农民经纪人队伍建设，助力宝坻大蒜产业振兴。

项目来源：2021 年天津市宝坻区农业发展服务中心委托规划咨询项目

执笔人：史佳林、张明亮、刘悦、张蕾、孙国兴、陈鹏

天津宝坻"三辣"产业振兴规划
——大葱产业专题规划

一、规划背景

宝坻大葱已有四百多年种植历史，在宝坻民间早就有"大葱蘸酱，吃个白胖"的说法。天津市津宝葱蒜研究所所长陈光星高级农艺师先后选育了五叶齐大葱和扁叶葱，冠名"宝坻大葱"。2011 年，农业部批准对"宝坻大葱"实施农产品地理标志登记保护，明确品种是"选用高产、优质、抗病虫、抗逆性强的五叶齐大葱种子"。同年，"宝坻大葱"被国家工商总局商标局授予地理标志证明商标，具有良好的市场知名度和竞争力。

宝坻大葱是宝坻区特色优势农产品，历史上种植面积曾经达到 12 万亩。近年来，由于品种退化、品质下降、单产降低、种植模式单一、上市集中等造成单位产值下降，且因机械化程度低、雇工贵导致用工荒造成单位成本上升，大葱比较效益持续下降，宝坻大葱种植面积急剧减少，大葱产业发展陷入困境。2021 年全区大葱种植面积 6 776 亩，主要以小规模零散种植为主。本规划立足宝坻大葱产业振兴，明确了大葱产业发展的规划思路、重点任务和保障措施。

二、规划思路

（一）发展思路

全面贯彻新发展理念，以创新驱动为引领，实施宝坻大葱"三品一标"提升行动，围绕"品种培优、品质提升、品牌打造和标准化生产"，着力集聚优势要素资源，合理规划宝坻大葱产业空间布局，坚持"1234"工作思路，即做大一个品牌——做大宝坻大葱区域品牌；推进两区共建——推进宝坻大葱传统种植保护区、宝坻大葱现代化种植示范区建设；聚焦三条主线——聚焦产学研深度融合的良种繁育体系、标准化栽培体系和三产融合发展体系三条主线；强化四个保障——强化组织推动、政策支持、科技服务、品牌推介四个保障。构建宝坻大葱全产业链条，全面提升产业核心竞争力、品牌市场影响力和绿色可持续发展能力，为宝坻区乃至天津市特色农产品发展树立榜样。

（二）定位目标

立足宝坻、面向天津、辐射京津冀，聚焦宝坻大葱品种培优、品质提升、品牌打造和标准化生产，推进适度规模经营，形成优势特色产业集群，构建一二三产业融合发展体系，提供优质、健康、安全的大葱品牌产品，打造为天津特色蔬菜产业示范样板和国家地理标志产品的闪亮名片。

围绕总体定位，明确重点任务，以重点项目为抓手推进宝坻大葱振兴，经过 5 年努力，到 2026 年实现产业规模水平、基地建设水平、品牌培育水平显著提升，宝坻大葱产业振兴目标初步实现。

第一，产业规模水平显著提升。全区大葱种植面积达到 1.5 万亩，平均亩产达到 5 000 千克，总产 7.5 万吨，培育以大葱为特色的市级新型农业经营主体 3 家，直接带动大葱种植户 1 000 户，户均增收 7.5 万元，辐射带动天津其他区乃至河北省等周边地区大葱种植面积 2 万亩。

第二，基地建设水平显著提升。建成宝坻大葱良种繁育示范园 1 家、工厂化育苗示范园 1 家，初加工及贮藏保鲜示范园 1 家，通过开展大葱托管服务等方式，带动种植面积 100 亩以上的标准化示范园 7 家，建成宝坻大葱特色村 5 个，打造大葱文化主题休闲体验项目 3 项。

第三，品牌培育水平显著提升。研发推出一批宝坻大葱系列优新品种，实施宝坻大葱地理标志保护工程，申请农业农村部"中国特色农产品优势区"和"一村一品"认定，完成宝坻大葱绿色食品认证 1 个以上，完成宝坻大葱"津农精品"区域品牌认定，培育"津农精品"产品品牌或企业品牌 3 个以上。

（三）空间布局

以宝坻大葱地理标志保护范围为基础，整合提升现有大葱生产能力，规划形成宝坻大葱"两区、十园"空间发展布局。"两区"即建设宝坻大葱传统种植保护区和宝坻大葱现代化种植示范区。"十园"即建设宝坻大葱良种繁育示范园（1个）、宝坻大葱工厂化育苗示范园（1个）、宝坻大葱初加工及贮藏保鲜示范园（1个）以及宝坻大葱标准化示范园（7个）（图1）。

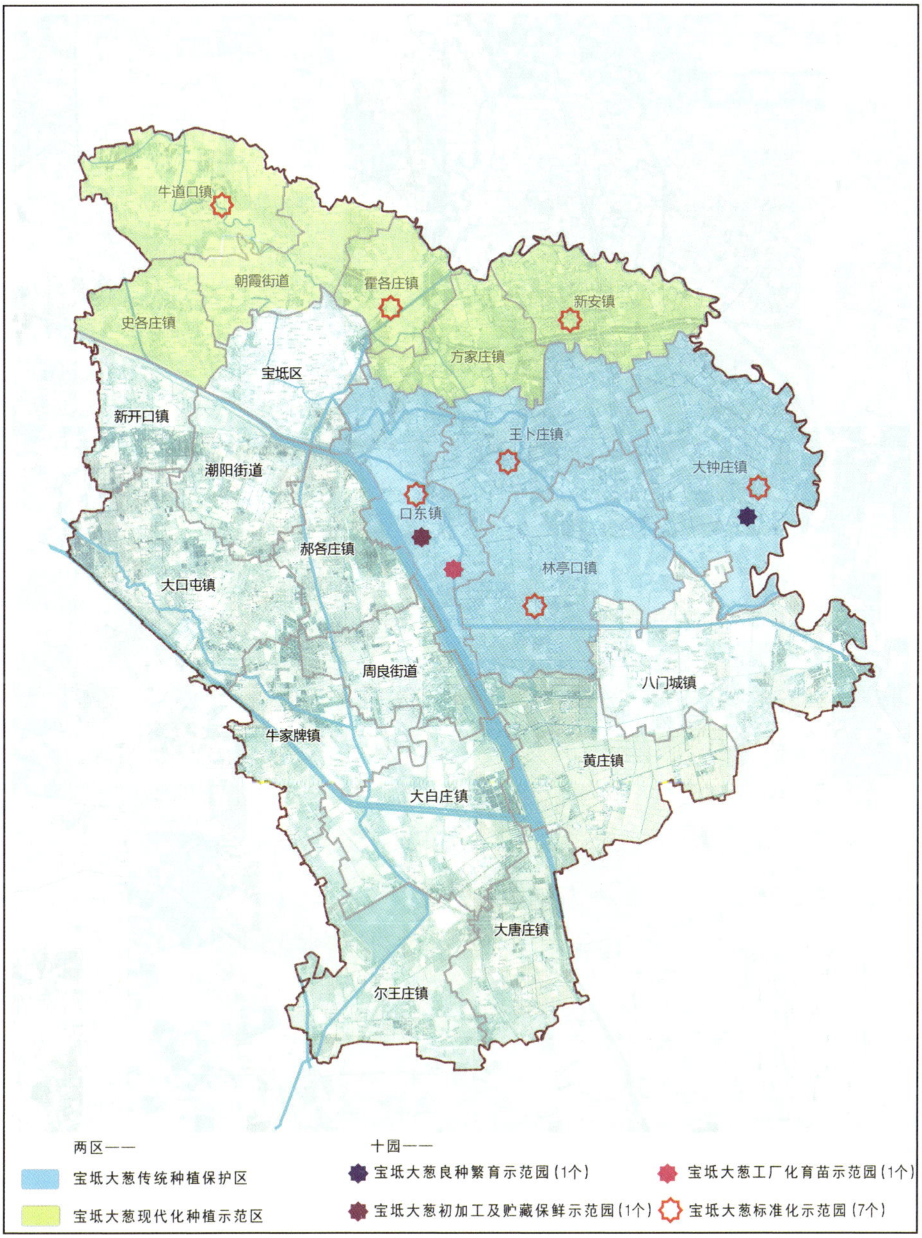

图 1　天津宝坻"三辣"产业振兴规划——大葱产业发展布局

三、重点任务

（一）强化品种培优，满足市场化需求

依托宝坻区农业发展服务中心、宝坻区葱蒜研究所建设宝坻大葱良种繁育示范园，与天津师范大学生命科学院、天津市农业科学院蔬菜研究所等科研单位合作，针对宝坻大葱品种退化问题，开展品种提纯复壮和系列新品种创制研究。在保证宝坻五叶齐大葱独特品性基础上，以增加葱白长度、提升鲜食口感为目标，通过错季栽培、排开上市等方式进行试验研究和品种改良。支持借助基因测序、基因编辑等生物育种技术，扎实开展定向育种，培育一批符合市场消费需求、适宜机械化操作的高端新品种，构建宝坻大葱优良品种繁育体系，培育"育繁推一体化"大葱种业企业。依托天勤家庭农场等龙头组织，建设宝坻大葱工厂化育苗示范园，满足农户对优质大葱生产种源的需求。

（二）强化技术支撑，实现创新化发展

依托天津市蔬菜产业技术体系创新团队，试验示范推广大葱全程机械化生产技术、大葱四季种植技术、春小麦—大葱连作技术、大葱周年优质安全生产及和绿色防控技术、大葱品质提升及标准化生产技术等，为宝坻大葱产业提升提供技术保证。面向大葱生产者、经营者和各级管理者，定期开展多种形式、多种渠道的技能培训，推广普及优良新品种、先进栽培技术、质量控制技术和经营管理、产品营销等相关知识，培养技能型、管理型高素质农民，不断提高大葱生产技术水平和经营管理能力，为宝坻大葱产业提升提供人才保证。

（三）强化基地建设，实现规模化经营

扶持引导种植大户、家庭农场、农民合作社、龙头企业流转土地，建设大葱规模化种植基地。借助乡村振兴示范村创建、经济薄弱村扶持契机，发挥政府主导作用和村集体的组织功能，选取大葱种植基础较好村，发展大葱专业合作社，创新"合作社＋农户"模式，村民通过土地所有权、经营权入股，按照股份进行分红，创建大葱种植特色村，推进大葱示范镇建设，促进宝坻大葱向

区域化、专业化方向发展，提高大葱产业示范带动效应。结合高标准农田建设，重点改造升级生产用电配套设施、农田水利设施和田间作业路，提高基地标准化水平。

（四）强化质量管理，推行标准化生产

强化宝坻大葱系列生产标准及规范的制定和实施，面向大葱种植户全面推行从品种选择、育苗移栽到生长收获的统一质量管理体系，推动大葱育苗、移栽、管理、收获全程机械化生产。推行生产过程中生产档案、关键技术、操作规程、监测方法、标志标识"五统一"管理。推广生物有机肥、缓释肥料、水溶性肥料、高效叶面肥、高效低毒低残留农药、生物农药等绿色投入品，建立产品质量追溯制度，实现产品全程可追溯、食用农产品合格证全覆盖。

（五）强化主体培育，提高组织化程度

培育大葱龙头企业、农民合作社、家庭农场、社会化服务组织等新型经营主体，创新"公司＋合作社＋农户""农场＋农户""合作社＋农户"等产业化经营模式，完善利益联结机制。支持新型农业经营主体建设大葱初加工及贮藏保鲜示范园、大葱标准化示范园，建立覆盖蔬菜批发交易市场、种植信息、农资服务、配套机具以及大葱交易商户的信息服务平台，完善社会化服务体系建设，实现小农户和现代农业有机衔接。支持大葱新型经营主体申报市级农业产业化重点龙头企业、市级农民专业合作社和市级示范家庭农场，增强大葱经营主体的创新力和竞争力，提高带动农户的生产能力和水平。

（六）强化品牌打造，实行多元化营销

以宝坻大葱地理标志产品保护为基础，统一产品包装、统一品牌标识，建立大葱品牌诚信制度。积极申请"宝坻大葱"成为"津农精品"区域公用品牌，支持新型农业经营主体申报"津农精品"企业品牌和产品品牌，支持有条件的经营主体申请绿色食品认证，形成宝坻大葱品牌群，提高品牌影响力。积极培育扶持大葱运销队伍，完善覆盖京津蔬菜批发交易市场、大型超市和配送中心的传统营销网络，建立长期稳定客户群。鼓励龙头组织与大型电商平台合

作，采用会员制直销配送模式，积极利用新媒体资源，发展直播营销、微信营销和微博营销等，实现线上电商、线下实体融合销售，扩大市场规模，拓宽销售渠道。

（七）强化精深加工，实现多层次增值

支持宝坻大葱向精深加工延伸，采取当地加工企业建设宝坻大葱加工流水线或委托有实力的食品企业代加工形式，加工不同规格鲜食大葱葱段，开发大葱葱白礼盒系列产品，开发大葱酱、葱油、冻干葱粉、速冻葱丝、葱花蜂巢蜜等调味品。鼓励与食品保健品研究机构合作进行宝坻大葱营养成分分析，为宣传宝坻大葱和产品开发奠定基础。开发"宝坻大葱宴"，创作大葱系列美味佳肴。形成礼盒产品、调味品、保健品等精深加工产品体系，多渠道延长产业链条，大幅度提高大葱附加值。

（八）加强化文化传承，实现融合化发展

深入挖掘宝坻大葱历史文化内涵，讲好宝坻大葱故事，通过组织编纂系列丛书、设计宝坻大葱吉祥物，传播大葱文化。通过开发大葱系列礼品包装产品、精深加工产品、文创产品，设立大葱特色产品展销厅、大葱特色"农家饭"，开发特色旅游产品、开放网络宣传频道等，活化宝坻大葱内涵，进一步拓展产业服务功能。结合生产种植基地资源，开发参与体验式旅游项目，如种葱、刨葱、收葱、品葱、葱园认养等，结合特色传统文化精髓的传播，打造宝坻大葱特色旅游村。

四、保障措施

（一）加强组织保障

一是成立宝坻大葱产业振兴推进小组。成立由宝坻区政府分管领导任组长的宝坻大葱产业振兴推进小组，成员单位包括区农业农村委、区发改委、区财政局、区规划资源局、区科技局、区农业发展中心和区农村社会发展中心等，授权区农业发展中心成立"宝坻大葱"专班，负责宝坻大葱振兴具体工作。二是成立宝坻区大葱产业协会。由宝坻区农业发展中心组织策划，委托有实力的

大葱经营主体牵头成立。推进宝坻大葱相关标准实施，组织会员开展相关技术试验示范项目，维护会员利益。推行协会对会员单位大葱产业托管服务模式，与会员签订服务协议，明确责权利。探索政府部门向协会购买服务模式或后补助机制，支持大葱产业发展。

（二）优先用地保障

一是优先保障大葱产前产后领域发展用地需要。围绕宝坻大葱产业布局，将产前工厂化育苗、产后商品化处理、贮藏保鲜及精深加工重点项目所需建设用地，在区年度新增建设用地指标中优先给予倾斜，同时积极盘活农村闲置建设用地、闲置车间厂房资源，保障项目需求。二是支持建设大葱规模化种植基地。健全土地流转台账，做好村级土地流转备案，扶持引导龙头企业、农民合作社、家庭农场流转土地，建设宝坻大葱规模化种植基地。鼓励农户采取出租（转包）、入股等方式向大葱种植户集中，推动适度规模经营。对连片种植大葱达到 100 亩以上的规模种植户给予工厂化种苗补贴，推动宝坻大葱专业化生产、规模化经营进程。

（三）完善资金保障

一是积极争取上级财政资金投入。将宝坻大葱振兴项目纳入宝坻区现代都市型农业重点项目，争取资金扶持。围绕宝坻大葱良种繁育体系和标准化栽培体系建设，积极申请天津市科技创新项目与成果转化项目；围绕提高大葱连片基地仓储保鲜冷链物流能力，积极申请农业农村部农产品仓储保鲜冷链物流设施项目。积极争取国家、天津市对优势特色农产品、品牌农产品发展的各种专项资金。鼓励和引导社会资本通过与政府合作模式参与宝坻大葱工厂化育苗、规模种植、贮藏保鲜、精深加工、互联网销售、大葱特色村建设等项目。二是区财政设立宝坻大葱专项扶持资金。宝坻区财政统筹整合现有涉农资金，设立宝坻大葱专项扶持资金 500 万元，连续支持 5 年，向大葱产业发展的土地流转、工厂化育苗、农机示范、种植保险、有机农产品和绿色食品认证、品牌策划宣传等方面给予资助，提高财政资金的使用效益。区科技局设立宝坻大葱科技试验示范推广专项资金 50 万元，重点资助宝坻大葱品种研发与推广、机械化移栽及收获技术试验与推广等。

（四）优化服务保障

一是建立完善大葱社会化服务体系。发挥宝坻区农业发展服务中心大葱技术服务的主责作用，支持鼓励高校和科研院所开展大葱科研成果转化和科技服务，围绕大葱生产全过程，构建涵盖机械化耕作土地、工厂化育苗、机械化移栽、测土配方施肥、统防统治、机械化收获及产品贮藏保鲜等环节的大葱社会化服务体系，支持新型农业经营主体与农户建立紧密的利益联结机制，探索并推广"技物结合""技术托管""农地托管"等创新服务模式，调动农户大葱种植的积极性和主动性。二是强化对宝坻大葱品牌的保护与宣传。加强对宝坻大葱地理标志产品、地理标志证明商标的使用情况进行跟踪与市场监管，强化对品牌商标等知识产权的保护。加大宝坻大葱品牌策划、宣传和推介力度，充分利用网络平台、电视、电台等媒体渠道发布公益广告，定期举办"宝坻大葱节"，加强对宝坻大葱历史、产品特点的宣传，重塑宝坻大葱品牌公众形象。发动多方力量共同保护大葱品牌，树立良好的品牌信誉，培育品牌价值。

项目来源：2021年天津市宝坻区农业发展服务中心委托规划咨询项目
执笔人：张蕾、孙国兴、陈鹏、刘悦、史佳林、张明亮

图书在版编目（CIP）数据

新时代天津农业农村发展研究／天津市农业科学院
农村经济与区划研究所编著．—北京：中国农业出版社，
2024.5

ISBN 978-7-109-31974-5

Ⅰ.①新… Ⅱ.①天… Ⅲ.①农业经济发展—研究—
天津②农村经济发展—研究—天津 Ⅳ.①F327.21

中国国家版本馆 CIP 数据核字（2024）第 101480 号

中国农业出版社出版

地址：北京市朝阳区麦子店街 18 号楼
邮编：100125
责任编辑：孙鸣凤　邓琳琳
版式设计：杨　婧　责任校对：吴丽婷
印刷：北京通州皇家印刷厂
版次：2024 年 5 月第 1 版
印次：2024 年 5 月北京第 1 次印刷
发行：新华书店北京发行所
开本：700mm×1000mm　1/16
印张：24
字数：391 千字
定价：188.00 元